JN116253

ひと目でわかる

労働保険徴収法の実務

令和6年版

労働新聞社

はじめに

労働保険とは、労働者の業務上の負傷、疾病等に対して迅速な補償を行う『労災保険』と、労働者が失業した場合にその生活の安定を図るための『雇用保険』の総称であり、この労働保険制度は、企業経営者にとっても、労働者の福祉の向上を図ることによって企業経営をより円滑に進めるための重要な役割を果たしています。

本書は、労働保険の事務担当者ならびに関係者のために、労働保険制度の仕組み及び運用等の要点を、問答形式及び図解やイラストで解説し、さらに各様式ごとに記載例を付して、実際に労働保険の申告事務等を行う場合の諸手続きをできるかぎりわかりやすく編集してあります。

本書が労働保険の事務担当者の方々をはじめ広く関係者に活用され、実務のご理解の一助になればと心から願うものであります。

令和６年３月

株式会社労働新聞社

ひと目でわかる　労働保険徴収法の実務　目次

第２章　手続と記載例

付録

凡例

徴 収 法＝労働保険の保険料の徴収等に関する法律
令＝労働保険の保険料の徴収等に関する法律施行令
則＝労働保険の保険料の徴収等に関する法律施行規則
整 備 法＝失業保険法及び労働者災害補償保険法の一部を改正する法律及び労働保険の保険料の徴収等に関する法律の施行に伴う関係法律の整備等に関する法律
整 備 令＝失業保険法及び労働者災害補償保険法の一部を改正する法律及び労働保険の保険料の徴収等に関する法律の施行に伴う関係政令の整備に関する政令
整備省令＝失業保険法及び労働者災害補償保険法の一部を改正する法律及び労働保険の保険料の徴収等に関する法律の施行に伴う労働省令の整備等に関する省令

※本書の掲載内容や様式は、令和６年３月８日時点で判明・確認しているものとなります。以降の変更につきましては対応しておりません。ご了承ください。

※最新の様式等については、厚生労働省のパンフレットやWEB等をご確認ください。

年間手続カレンダー

（法定納期日が、日・祭日の場合は翌日）

1月

31 日…概算保険料
第３期分法定納期日

2月

14 日……概算保険料
第３期分法定納期日
（労働保険事務の処理を労働保険事務組合に委託している事業のみ）

3月

31 日……概算保険料
第４期分法定納期日
（有期事業のみ）

4月

5月

6月

1日……年度更新手続開始日

7月

10 日……年度更新締切日
確定保険料・概算保険料
第１期分法定納期日

8月

9月

10月

31 日……概算保険料
第２期分法定納期日

11月

1 ～ 30 日……適用促進月間

14 日……概算保険料
第２期分法定納期日
（労働保険事務の処理を労働保険事務組合に委託している事業のみ）

12月

労働保険の事務手続一覧

労働保険の適用徴収に係る手続

1．継続事業（一括有期事業を含む）

内　容	手　続	必要書類	提出先	期　限
適用事業に該当する事業を新たに開始する場合、又は現在行っている事業が新たに適用事業に該当することになった場合	保険関係成立の届出	保険関係成立の届出（1号）	所轄労働基準監督署長又は所轄公共職業安定所長	新たに保険関係が成立した日から10日以内
任意適用事業の事業主が保険加入の申込みをする場合	任意加入の申請	任意加入の申請書（1号）	労災保険分は所轄労働基準監督署を経由して所轄労働局長、雇用保険分は所轄公共職業安定所を経由して所轄労働局長	そ　の　つ　ど
毎保険年度の当初に当該年度分（保険年度の中途に保険関係が成立したものについては、保険関係の成立の日からその保険年度の末日まで）の概算保険料を申告・納付する場合	概算保険料の申告・納付	概算・増加概算・確定保険料・一般拠出金申告書、納付書(6号(甲))	金融機関（日本銀行の本店、支店、代理店及び歳入代理店(全国の銀行、信用金庫の本店又は支店、郵便局))、所轄労働局、所轄労働基準監督署	毎年6月1日から7月10日まで（保険年度の中途に保険関係が成立したものについては、保険関係の成立の日から50以内）
概算保険料の算定基礎とした賃金総額の見込額が2倍を超えて増加することが見込まれ、かつ、その増加した賃金総額を算定基礎とした概算保険料額と申告済概算保険料額との差額が13万円以上となる場合	増加概算保険料の申告・納付		同　上	増加が見込まれることとなった日から30日以内
現在、任意加入している事業主が当該事業についての保険関係を消滅させたい場合	保険関係の消滅の申請	保険関係消滅申請書（20号）	労災保険分は所轄労働基準監督署を経由して所轄労働局長、雇用保険分は所轄公共職業安定所を経由して所轄労働局長	そ　の　つ　ど
毎保険年度の当初に前年度分（保険年度の中途に保険関係が消滅したものについては、当該保険年度の初日から当該保険関係の消滅の日まで）の確定保険料を申告（確定精算の際、追加納付となる場合は、その納付も併せて）する場合	確定保険料の申告・納付	概算・増加概算・確定保険料・一般拠出金申告書、納付書(6号(甲))	所轄労働局、所轄労働基準監督署（確定精算の際、追加納付となる場合は金融機関（日本銀行の本店、支店、代理店及び歳入代理店（全国の銀行・信用金庫の本店又は支店、郵便局))でも可)	毎年6月1日から7月10日まで（保険年度の中途に保険関係が消滅したものについては、保険関係の消滅の日から50日以内）
確定精算の結果、保険料又は一般拠出金の超過額があり、当該超過額の還付を希望する場合	保険料の還付の請求	労働保険料一般拠出金還付請求書（8号）	所轄労働局資金前渡官吏	確定保険料申告書を提出する際

保険関係が成立している事業について、 ①事業主の氏名又は名称及び住所又は所在地 ②事業の名称 ③事業の行われる場所 ④事業の種類 に変更が生じた場合	変更事項の届出	名称・所在地等変更届（2号）	所轄労働基準監督署長又は所轄公共職業安定所長	変更を生じた日の翌日から起算して10日以内
継続事業の事業主が2つ以上の事業について保険関係の一括扱いを希望する場合、又は既に受けている一括扱いの変更若しくは取消をしたい場合	継続事業の一括扱いの申請	継続事業一括認可・追加・取消申請書（5号）	労災保険分は所轄労働基準監督署を経由して所轄労働局長、雇用保険分は所轄公共職業安定所を経由して所轄労働局長	そのつど
事業主が代理人を選任して事業主が行うべき労働保険に関する事項の全部又は一部を処理させる場合、若しくは当該代理人を解任する場合	代理人の選任、解任の届出	代理人選任・解任届（19号）	所轄労働基準監督署長又は所轄公共職業安定所長	同　上

2．有期事業（土木建築及び林業の一般的な手続）

内　容	手　続	必要書類	提出先	期　限
新たに有期事業を開始する場合	保険関係成立の届出	保険関係成立届出（1号）	所轄労働基準監督署長	新たに保険関係が成立した日から10日以内
新たに有期事業を開始し，当該事業の全期間に係る概算保険料を申告・納付する場合	概算保険料の申告・納付	概算・増加概算・確定保険料・一般拠出金申告書、納付書（6号(乙)）	金融機関（日本銀行の本店、支店、代理店及び歳入代理店(全国の銀行・信用金庫の本店又は支店、郵便局))、所轄労働局又は所轄労働基準監督署	保険関係が成立した日から20日以内
概算保険料の算定基礎とした賃金総額の見込額が2倍を超えて増加することが見込まれ、かつ、その増加した賃金総額を算定基礎とした概算保険料額と申告済概算保険料額との差額が13万円以上となる場合	増加概算保険料の申告・納付		同　上	増加が見込まれることとなった日から30日以内

有期事業が終了し，当該事業に係る確定保険料を申告・納付する場合	確定保険料の申告・納付	概算・増加概算・確定保険料・一般拠出金申告書、納付書（6号（乙））	所轄労働局又は所轄労働基準監督署（確定精算の際、追加納付となる場合は金融機関（日本銀行の本店、支店、代理店及び歳入代理店（全国の銀行・信用金庫の本店又は支店、郵便局））でも可）	保険関係が消滅した日から50日以内
保険関係が成立している事業について、 ①事業主の氏名又は名称及び住所又は所在地 ②事業の名称 ③事業の行われる場所 ④事業の種類 ⑤事業の予定される期間 に変更が生じた場合	変更事項の届出	名称・所在地等変更届（2号）	所轄労働基準監督署長	変更を生じた日の翌日から起算して10日以内
元請負人において一括する有期事業に係る保険関係について、下請負人が行う部分を独立させて、当該下請負人を事業主として保険関係を成立させようとする場合	下請負人を事業主とする承認を得る申請	下請負人を事業主とする認可申請書（4号）	所轄労働基準監督署を経由して所轄労働局長	当期有期事業に係る保険関係成立の日から10日以内

3．特別加入についての手続

内　容	手　続	必要書類	提出先	期　限
(中小事業主) 労働保険事務組合に事務を委託する中小事業主が労働者以外で事業に従事するものを含めて特別加入の申請をする場合	特別加入の申請	特別加入申請書(中小事業主等)(34号の7)	所轄労働基準監督署長を経由して所轄労働局長	そのつど
(一人親方等) 労働者を使用しないで、自動車を使用して行う旅客又は貨物の運送の事業、建設の事業、漁船による水産動植物の採捕の事業、林業の事業、医薬品の配置販売の事業、及び再生利用の目的となる廃棄物等の収集等の事業を行う者等について特別加入の申請をする場合	特別加入の申請	特別加入申請書(一人親方等)(34号の10)	同　上	同　上
(特定作業従事者) 特定農作業従事者、指定農業機械作業従事者、職場適応訓練従事者等、家内労働者、労働組合等の常勤役員及び介護作業従事者等について特別加入の申請をする場合	特別加入の申請	特別加入申請書(一人親方等)(34号の10)	同　上	同　上

（海外派遣者） 開発途上地域に対し技術協力の実施の事業を行う団体が、その地域で行われている事業に従事させるため派遣する者について特別加入申請する場合、又は事業主が、日本国内で行われる事業（有期事業を除く）から派遣されて海外の事業に従事する労働者及び中小事業の代表者等について特別加入申請する場合	特別加入の申請	特別加入申請書（海外派遣者）（34号の11）	同　上	同　上
（派遣元の）事業主又は団体が、特別加入の脱退の申請をする場合	特別加入の脱退の申請	特別加入脱退申請（34号の8）（34号の12）	同　上	同　上
特別加入をしている保険加入者に変更が生じた場合	特別加入者に関する変更の届	特別加入に関する変更届(34号の8）（34号の12）	同　上	同　上

4．労働保険事務組合についての手続

内　容	手　続	必要書類	提出先	期　限
事業主の団体又はその連合団体が、その団体の構成員である中小企業事業主等の委託をうけて、労働保険事務を行う場合	労働保険事務組合の認可の申請	労働保険事務組合認可申請書（14号）	所轄公共職業安定所長を経由して都道府県労働局長　ただし、労災保険分のみに係る場合は、所轄労働基準監督署長を経由して都道府県労働局長	そのつど
中小企業事業主等から労働保険事務の処理の委託があった場合	労働保険事務処理に関する委託の届	労働保険事務処理委託届（1号）	所轄公共職業安定所長を経由して所轄労働局長　ただし、労災保険分のみに係る場合は、所轄労働基準監督署長を経由して所轄労働局長	そのつど遅滞なく
中小企業事業主等から労働保険事務の処理の委託解除があった場合	労働保険事務処理に関する委託解除の届	労働保険事務等処理委託解除届（15号）	同　上	同　上
労働保険事務組合の認可申請書記載事項等に変更のあった場合	労働保険事務組合認可申請書記載事項等の変更届	労働保険事務組合認可申請書記載事項等変更届（組様式2号）	同　上	変更のあった日の翌日から14日以内

5．雇用保険についての手続

内　容	手　続	必要書類	提出先	期　限
新たに事業所を設置したとき、又は事業所を増設したとき	適用事業所の設置の届	雇用保険適用事業所設置届	事業所を管轄する公共職業安定所長	新たに設置した日の翌日から起算して10日以内
		雇用保険被保険者資格取得届		取得の事実のあった日の属する月の翌月10日まで
事業所を廃止したとき	適用事業所の廃止の届	雇用保険適用事業所廃止届	同　上	廃止の日の翌日から10日以内
事業主の氏名又は住所が変更したとき、あるいは事業所の名称等が変更したとき	適用事業所又は事業主に関しての変更の届	雇用保険事業主事業所各種変更届	同　上	変更のあった日の翌日から10日以内

保険給付請求及び特別支給金申請の主な手続

※編註　通勤災害関係様式は告示により別様式となる。複数事業労働者に対する給付は業務上災害関係様式と共用です。

内　容	給付の種類	必要書類	誰　が	期　限	提出先
業務上の事由又は複数業務要因による事由により負傷し、又は疾病にかかり、労災病院、指定病院及び指定薬局で療養の給付を受けようとするとき	療　養	療養補償給付及び複数事業労働者療養給付たる療養の給付請求書（５号）	労　働　者	そのつど	労災指定病院等を経て所轄労働基準監督署長
業務上の事由又は複数業務要因による事由により負傷し、又は疾病にかかり、労災指定病院等以外の病院等で療養を受けたとき	療　養	療養補償給付及び複数事業労働者療養給付たる療養の費用請求書（７号（１）、（２）、（３）、（４）、（５））	労　働　者	同　上	所轄労働基準監督署長
業務上の事由又は複数業務要因による事由による負傷又は疾病による療養のため、働けず賃金を受けない日が４日以上に及ぶとき	休　業	休業補償給付支給請求書・複数事業労働者休業給付支給請求書・休業特別支給金支給申請書（８号）	労　働　者	同　上	同　上
業務上の事由又は複数業務要因による事由による負傷又は疾病が治り、身体に障害が残ったとき	障　害	障害補償給付支給請求書・複数事業労働者障害給付支給請求書・障害特別支給金支給申請書・障害特別年金支給申請書・障害特別一時金支給申請書（10号）	労　働　者	同　上	同　上
労働者が業務上の事由又は複数業務要因による事由により死亡したとき（年金受給資格者がいる場合）	遺　族	遺族補償年金支給請求書・複数事業労働者遺族年金支給請求書・遺族特別支給金支給申請書・遺族特別年金支給申請書（12号）	年金受給権者たる遺族	同　上	同　上
労働者が業務上の事由又は複数業務要因による事由により死亡した当時遺族補償年金を受けることができる遺族がいない場合、又は、受給権者の権利が消滅した場合において、他に年金受給資格者がなく既に支給された年金の額の合計額が給付基礎日額の1,000日分に満たない場合	遺　族	遺族補償一時金支給請求書・複数事業労働者遺族一時金支給請求書・遺族特別支給金支給申請書・遺族特別一時金支給申請書（15号）	労働者の遺族	同　上	同　上
労働者が業務上の事由又は複数業務要因による事由により死亡しその葬祭を行う場合	葬　祭	葬祭料請求書・複数事業労働者葬祭給付請求書（16号）	労働者の葬祭を行う者	同　上	同　上
一定の障害により傷病補償年金・複数事業労働者傷病年金又は障害補償年金を受けている者が現に介護を受けている場合	介　護	介護補償給付・複数事業労働者介護給付・介護給付支給請求書（16号の２の２）	労　働　者	介護を受けた月の翌月の１日以降	同　上
保険関係が成立する以前に発生した業務上の事由又は複数業務要因による事由による負傷又は疾病について、保険関係の成立後保険加入者が保険給付を申請する場合		特例による保険給付申請書（業務災害用及び複数業務要因災害（甲）通勤災害用（乙））	事　業　主	そのつど	同　上
労働安全衛生法に基づく定期健康診断において「過労死」等に関する一定の項目（血圧・血中脂質、血糖・肥満度）の全ての検査について異常の所見があると診断されたとき（ただし、労災保険制度に特別加入されている方及び既に脳血管疾患又は心臓疾患の症状を有している方は対象外）	二次健康診断等給付	二次健康診断等給付請求書（様式第16号の10の２）	労　働　者	同　上（１年度に１回のみ）	健診給付病院等を経て所轄都道府県労働局長

保険給付請求に関連して行う主な手続

内　容	関連する保険給付の種類	必要書類	誰　が	期　限	提出先
療養補償給付・複数事業労働者療養給付を受けている者が、労災指定病院等を変更する場合	療　養	療養補償給付及び複数事業労働者療養給付たる療養の給付を受ける指定病院等（変更）届（6号）	労働者	そのつど	労災指定病院等を経て所轄所轄労働基準監督署長
休業補償給付・複数事業労働者休業給付を受けている者のうち、療養開始後1年6カ月を経過している者	傷　病	傷病の状態等に関する届（16号の2）	労働者	療養開始後1年6カ月を経過した日から1カ月以内	所轄労働基準監督署長
障害補償年金・複数事業労働者障害年金を受けている者の障害の程度に変更があった場合	障　害	障害補償給付・複数事業労働者障害給付・障害給付変更請求書・障害特別年金変更申請書（11号）	労働者	そのつど	同　上
遺族補償年金・複数事業労働者遺族年金の受給権者が変更した場合	遺　族	遺族補償年金・複数事業労働者遺族年金・遺族年金転給等請求書・遺族特別年金転給等申請書（13号）	新たに受給権者となった遺族	同　上	同　上
遺族補償年金・複数事業労働者遺族年金を受ける権利を有する者の所在が1年以上明らかでない場合	遺　族	遺族補償年金・複数事業労働者遺族年金・遺族年金支給停止申請書（14号）	同順位又は次順位の受給権者	同　上	同　上
遺族補償年金・複数事業労働者遺族年金を受ける権利を有する者の権利が消滅した場合	遺　族	遺族補償年金・複数事業労働者遺族年金・遺族年金受給権者失権届（21号）	受給権者であった者	同　上	同　上
遺族補償年金等の受給権者と生計を同じくしている遺族補償年金等を受けることができる遺族の数に増減が生じた場合	遺　族	遺族補償年金額・複数事業労働者遺族年金額・遺族年金額算定基礎変更届（22号）	受給権者	同　上	同　上
年金等の受給権者が（遺族補償年金等にあっては死亡労働者）の生年月日に応じ、6月末日迄（1～6月生れ）又は10月末日迄（7～12月生れ）に所定事項について定期報告する場合	年　金	年金たる保険給付の受給権者の定期報告書（18号）	受給権者	毎年6月末日又は10月末日迄	同　上
年金等の受給権者について氏名、住所等に変更が生じた場合	年　金	年金たる保険給付の受給権者の住所・氏名　年金の払渡金融機関等変更届（19号）	受給権者	そのつど	所轄労働基準監督署長（受給権者の住所を管轄する監督署でも可）
厚生年金保険等他の社会保険の受給関係に変更が生じた場合	年　金	厚生年金保険等の受給関係変更届（20号）	受給権者	同　上	所轄労働基準監督署長
保険給付及び特別支給金を受ける権利を有する者が死亡した場合、その死亡した者に支給すべき保険給付でまだその者に支給しなかったものがあるとき	全給付	未支給の保険給付支給請求書・未支給の特別支給金支給申請書（4号）	死亡したものと同一の生計にあった配偶者その他の遺族	同　上	同　上

※編註：通勤災害の場合の請求手続、様式は別に定められることになるが、業務災害の場合の手続と同様である。

第1章

労働保険の基礎知識

I　労働保険制度のしくみ

1　労働保険とは

労働保険とは労働者災害補償保険法（以下､「労災保険法」という）による労働者災害補償保険（以下､「労災保険」という）と雇用保険法による雇用保険とを総称した言葉ですが、単に労災保険と雇用保険の総称というだけではなく、両保険を総合的・不可分一体的にとらえた言葉です。

（1）労災保険

労働保険のうち「労災保険」は、「業務上の事由、事業主が同一でない２以上の事業に使用される者（複数事業労働者）の２以上の事業の業務を要因とする事由又は通勤による労働者の負傷、疾病、障害、死亡等に対して迅速かつ公正な保護をするため、必要な保険給付を行い、あわせて、業務上の事由、複数事業労働者の２以上の事業の業務を要因とする事由又は通勤により負傷し，又は疾病にかかった労働者の社会復帰の促進、当該労働者及びその遺族の援護、労働者の安全及び衛生の確保等をはかり、もって労働者の福祉の増進に寄与することを目的」とし、政府がこれを管掌する（労災保険法第１条及び第２条）こととされています。

（2）雇用保険

「雇用保険」は、「労働者が失業した場合及び、労働者について雇用の継続が困難となる事由が生じた場合に必要な給付を行うほか、労働者が自ら職業に関する教育訓練を受けた場合及び労働者が子を養育するための休業をした場合に必要な給付を行うことにより、労働者の生活及び雇用の安定を図るとともに、求職活動を容易にする等その就職を促進し、あわせて、労働者の職業の安定に資するため、失業の予防、雇用状態の是正及び雇用機会の増大、労働者の能力の開発及び向上その他労働者の福祉の増進を図ることを目的」とし、政府がこれを管掌する（雇用保険法第１条及び第２条）こととされています。

（3）徴収の一本化

これら労災保険事業および雇用保険事業の効率的な運営を図るため、「労働保険の保険料の徴収等に関する法律」（以下、「労働保険徴収法」という）により、原則として両保険の適用徴収を一元的に処理することとし、保険料は一本として徴収されることになっています。

この労働保険の事業の効率的な運営を図るため、労働保険徴収法で、労働保険の保険関係の成立および消滅、労働保険料の申告・納付の手続、労働保険事務組合等に関して必要な事項を定めることとされています。

2　労働保険の適用

（1）労働保険の保険関係

労働保険の保険関係とは、保険事故（業務災害、複数業務要因災害、通勤災害等、失業等）が生じた場合に労働者ないし被保険者は、保険者（政府）に対して保険給付を請求する権利をもち、これに対応して保険加入者（事業主）は、保険者に保険料を納付する義務を負うという、権利義務関係の基礎となる継続的な法律関係をいいます。

この保険関係は、原則として労災保険と雇用保険の双方を一元的なものとして構成されています。

（２）「事業」の単位

労働保険の保険関係は「事業」を単位として成立します。この適用単位としての「事業」とは、工場、事務所、商店、建設工事など、一つの経営体、すなわち一定の場所において一定の組織のもとに有機的に相関連して行われる一体的な経営活動をいいます。

したがって、会社そのもの、企業そのものではなく、一つの会社にいくつかの支店や工場がある場合には、原則として支店や工場ごとに保険関係が成立することになります。

（３）適用事業

労働保険が適用される事業は、当然適用事業と暫定任意適用事業とに区別されます。

「当然適用事業」とは、およそ労働者を使用して事業が行われている限り、法律上当然に労災保険又は雇用保険の保険関係が成立するとされている事業をいいます。

したがって、当然適用事業においては、事業主や労働者の意思に関係なく、その事業を開始した日又はその事業が適用事業に該当するに至った日に法律上当然に保険関係が成立することになります。

「暫定任意適用事業」とは、当然適用事業ではない事業のことで、労災保険又は雇用保険に加入するかどうかは、原則として事業主の自由意思によりますが、雇用保険の加入については労働者の２分の１以上の同意が必要です。また、労災保険については労働者の過半数、雇用保険については、労働者の２分の１以上が加入を希望している場合には、事業主は加入の申請をしなければなりません。

なお、労災保険、雇用保険の暫定任意適用事業の詳細については、「労働保険一問一答……適用事業（Ｐ26参照）」の項目を参照してください。

（４）一元適用事業と二元適用事業

次に、適用の仕方として、一元適用事業と二元適用事業とに区別されます。

一元適用事業とは、労災保険の保険関係と雇用保険の保険関係とを合わせて一つの労働保険の保険関係として取扱い、保険料の申告・納付等を両保険一本として行う事業です。

二元適用事業とは、その事業の実態から労災保険と雇用保険の適用の仕方を区別する必要があるので、労災保険の保険関係と、雇用保険の保険関係を別個に取扱い、労働保険の申告・納付等はそれぞれ別個に二元的に行う事業となります。

3　保険関係の一括扱い

（1）労働保険特有の一括扱いとは

労働保険の保険関係は、原則として適用単位となる個々の事業ごとに成立するので、事業主が２以上の事業を持っている場合は、それぞれについて保険関係を成立させ、保険料の納付などの手続きをしなければならないので、事務処理が煩雑となります。

このような事務処理を簡素化するために、一定の要件を満たす場合は、２以上の保険関係を一括して一つの保険関係として処理することができることになっています。

保険関係の一括には、有期事業の一括・請負事業の一括・継続事業の一括の３つの型があります。

このうち、有期事業の一括と請負事業の一括は、労災保険にかかる保険関係が成立している事業についてのみ行うことができるものです。

（2）有期事業（建設工事等のように事業の期間が予定されている事業）の一括

小規模の建設工事や立木伐採事業を２以上行っている場合に、各事業ごとに、保険料の申告・納付などの手続きをすることは煩雑であり、事務処理も合理的ではありません。

そこで、一定の要件を満たしている２以上の小規模の有期事業を、法律上当然に一つの事業とみなし、継続事業と同様に取り扱うことにより、保険関係に伴う事務等を簡素化・合理化することとしています。

（3）請負事業の一括

建設の事業単位については、請負事業者がその請け負った工事の全部又は一部を、さらに他の請負業者に請け負わせる場合がほとんどです。この場合、保険技術的にも有機的な関連をもって行われる一体の事業を数個の下請負事業に分割して適用することは実情に合わず困難です。

そこで、建設の事業が数次の請負によって行われている場合には、法律上当然に下請負事業を元請負事業に一括して、元請負人のみを適用事業の事業主として取り扱うこととしています。

ただし、下請負人の請け負った工事が一定の規模を超え、独立した事業として取り扱うことができる場合には、当事者の申請に基づき、実質的に事業主の地位にあるその下請負人を保険関係上も事業主とすることができます。

（4）継続事業の一括

多数の支店や営業所などを持つ企業の場合、通常、本店のほか各支店・営業所ごとに保険関係が成立し、一企業であっても多数の保険関係を持つことになるのが原則です。

ただ、このような場合でも、一つの保険関係として処理し、保険徴収関係に関する事務等の簡素化・合理化を図ることが認められています。

ただし、この継続事業の一括扱いは、前記の有期事業の一括や請負事業の一括と異なり、法律上当然に一括されるわけではなく、あくまで事業主の申請に基づき、適当と認められるものについてのみ行うことができるものです。

4　保険料の計算方法

（1）保険料のしくみ

労働保険の保険料は、労働保険の事業（労災保険事業と雇用保険事業）の運営に要する費用の財源とするため徴収されますが、労働保険の事業のうち、労災保険の事業の運営に当てられる財源は、原則として事業主から徴収する保険料で、これは保険の性格から、その全額を保険加入者である事業主が負担することになっています。

また、雇用保険事業の運営に当てられる財源は、事業主及び被保険者が負担する保険料のほか、国庫の負担金とされています。これは、雇用保険の失業給付の対象となる失業は、事業主側の理由によるものと、労働者側の理由によるものとを含んでおり、国としても相応の負担をして制度の目的の達成を図る必要性からです。

しかしながら、労災保険事業と雇用保険事業に要する費用に当てるために徴収する保険料は、これら２つの保険事業ごとにそれぞれ別々に徴収するものではなく、両保険につき不可分一体の労働保険料として徴収することになっています。

（2）保険料の種類

イ　一般保険料

事業主が労働者に支払う賃金を基礎として算定する通常の保険料

ロ　第一種特別加入保険料

労災保険の中小事業主等の特別加入者についての保険料

ハ　第二種特別加入保険料

労災保険の一人親方等の特別加入者についての保険料

ニ　第三種特別加入保険料

労災保険の海外派遣の特別加入者についての保険料

ホ　印紙保険料

雇用保険の日雇労働被保険者について、雇用保険印紙により納付する保険料

ヘ　特例納付保険料（平成 22 年３月 31 日法律第 15 号）P37 参照。

（3）保険料の計算方法

イ　一般保険料の計算方法

一般保険料は、事業主がその事業に使用するすべての労働者に支払う賃金の総額に労災保険率と雇用保険率とを合算した率を乗じて計算します。ただし、労災保険又は雇用保険のどちらか一方の保険関係のみが成立している場合には、労災保険率又は雇用保険率のみを乗じて計算します。

なお、雇用保険では、高年齢労働者を対象とする保険料免除制度が設けられていましたが、令和元年度をもって終了しています。

以上、一般保険料の計算方法を表にしてまとめると、次ページのようになります。

労働保険料の算定方法と負担

<table>
<tr><th colspan="3">区分</th><th>算定方法</th><th>負担</th></tr>
<tr><td rowspan="3">一般保険料</td><td>一元適用</td><td>労災保険及び雇用保険に係る一般保険料</td><td>賃金総額（注）×（労災保険率＋雇用保険率）</td><td>労災保険分は事業主が全額負担
雇用保険分は失業等給付と育児休業給付分は事業主と被保険者の折半負担で、雇用保険二事業分は事業主が全額負担</td></tr>
<tr><td rowspan="2">二元適用</td><td>労災保険に係る一般保険料</td><td>賃金総額×労災保険率
（なお、有期事業で賃金総額が正確に把握できないときは、次の方法による。
請負金額×労務費率×労災保険率
ただし、林業の場合は、
1 m^3 当りの労務費の額×素材の見込生産量（m^3）×労災保険率）</td><td>事業主が全額負担</td></tr>
<tr><td>雇用保険に係る一般保険料</td><td>賃金総額×雇用保険率</td><td>失業等給付と育児休業給付分は事業主と被保険者の折半負担
雇用保険二事業分は事業主が全額負担</td></tr>
<tr><td rowspan="3">特別加入保険料</td><td colspan="2">第1種特別加入保険料</td><td>保険料算定基礎額の総額×第1種特別加入保険料率</td><td>事業主が全額負担</td></tr>
<tr><td colspan="2">第2種特別加入保険料</td><td>保険料算定基礎額の総額×第2種特別加入保険料率</td><td>事業主となる団体が全額負担</td></tr>
<tr><td colspan="2">第3種特別加入保険料</td><td>保険料算定基礎額の総額×第3種特別加入保険料率</td><td>事業主となる団体か事業主が全額負担</td></tr>
<tr><td colspan="3">印紙保険料</td><td>印紙保険料は賃金日額が、
11,300円以上は176円
8,200円以上11,300円未満は146円
8,200円未満は96円</td><td>事業主と日雇労働被保険者が折半で負担
（日雇労働被保険者は雇用保険に係る一般保険料も事業主と折半で負担）</td></tr>
</table>

（注）賃金総額については、労災保険と雇用保険で異なる場合があります。雇用保険では、臨時労働者（パートタイマー、アルバイト等）で、適用除外となるケースがあるためです。以下同様です。

一般保険料の計算に当たって、賃金総額に乗ずる保険料率は以下のとおりです。

① 労災保険と雇用保険の両方の保険関係が成立している事業……労災保険率と雇用保険率とを加えた率

② 労災保険に係る保険関係のみが成立している事業……労災保険率

③ 雇用保険に係る保険関係のみが成立している事業……雇用保険率

ロ 労災保険率

労災保険率は、業務災害、複数業務要因災害及び通勤災害に係る災害率等を考慮して事業の種類ごとに定められています。この労災保険率は、一定規模以上の事業については個々の事業ごとに労働災害の多寡に応じて上げ下げする、いわゆる「メリット制」がとられています。

これは、事業主の保険料負担の公平を図るとともに、事業主の自主的な労働災害防止努力にも役立っています。

労災保険率は、54の事業の種類ごとに定められており、徴収則第16条及び徴収則別表第1「労災保険率表」に規定されています。平成30年４月以降の労災保険率は、最高1,000分の88（金属鉱業、非金属鉱業又は石炭鉱業）から最低1,000分の2.5（金融業、保険業又は不動産業等５事業）までとなっています。

なお、事業の種類の細目については、別途「労災保険率適用事業細目表」及び「船舶所有者の事業の種類の細目表」が告示されています（巻末付録参照）。

また、一般拠出金の料率は業種を問わず一律1,000分の0.02です。これは石綿（アスベスト）健康被害者の救済費用に充てるためのものです。

ハ　雇用保険率

雇用保険率は、一般の事業〔1,000分の15.5〕と建設の事業を除く特掲事業〔1,000分の17.5〕及び特掲事業のうち建設の事業〔1,000分の18.5〕の３種類となっています。特掲事業は以下のとおりで、これ以外が一般の事業です。

① 土地の耕作若しくは開墾又は植物の栽植、栽培、採取若しくは伐採の事業その他農林の事業（園芸サービスの事業は除く）
② 動物の飼育又は水産動植物の採捕若しくは養殖の事業その他畜産、養蚕又は水産の事業（牛馬の育成、酪農、養鶏又は養豚の事業及び内水面養殖の事業は除く）
③ 土木、建築その他工作物の建設、改造、保存、修理、変更、破壊若しくは解体又はその準備の事業〔建設の事業〕
④ 清酒の製造の事業

（4）一般保険料の負担

一般保険料の負担には、労災保険分（労災保険率の部分）については、労災保険の趣旨からして事業主が全額負担することになっていますが、雇用保険分については、雇用保険率に応ずる額から1,000分の3.5（特掲事業のうち建設の事業については1,000分の4.5）に応ずる額を控除した額の２分の１ずつを、事業主と被保険者で負担することになっています。そして、この被保険者負担分は、賃金が支払われる都度、その賃金額に被保険者負担率を乗じることにより計算します。

この被保険者負担分は、その月の賃金支払いの際に賃金から差し引くことはできますが、賃金から控除したときは、保険料控除に関する計算書（賃金台帳で代用可能）を作成し、その控除額を被保険者に知らせなければならないことになっています。

（5）賃金総額とは

イ　賃金に含まれるものと含まれないもの

一般保険料の算定の基礎となる賃金総額は、事業主がその事業に使用するすべての労働者に対し、名称の如何を問わず、労働の対償として一般に保険年度中に支払うすべての賃金の総額をいいます。この場合、通貨以外で支払われる一定範囲の現物支給についても賃金に含まれることになっています。

なお「労働の対償として支払われるもの」とは、現実に提供された労働の直接的な対価として支払われるものだけでなく、労働に対する報酬として支払われるものなど広い意味をいいます。

ただし、労働の対償なので、一般に労働協約、就業規則、労働契約などにより、その支払いが事業主に義務づけられていることが必要で、任意的なもの・恩恵的なもの・実費弁償的なものは「事業主が労働者に支払うもの」であっても、「労働の対償」として支払うものではないので「賃金」には該当しないことになります。

以上の、労働保険の賃金総額に算入されるものと算入されないものは、の「賃金総額算入早見表（P 44 参照）」に具体的に記載しています。

ロ　請負事業における賃金総額の計算方法

請負によって行われる建設の事業で、賃金総額を正確に算定することが困難なものについては、その事業の請負金額に事業の種類に応じて定められている「労務費率」（〔付録〕参照）を乗じて得た金額を賃金総額とします。

また、ここでいう請負金額とは、請負契約書に定められた請負代金の額（消費税相当額を除く）そのものではなく、以下のような工事用物等に相当する額を考慮して計算された額となります。

■ 工事用物等の取扱い

事業主が、注文者その他の者からその事業に使用する資材など工事用物の支給を受け、又は機械器具等の貸与を受けた場合には、支給された物の価格に相当する額又は機械器具の損料に相当する額を請負代金の額に加算します。

ただし、厚生労働大臣が定める工事用物（〔付録〕参照）の価格は、請負代金の額に加算しません。もし、請負代金の額に、上記で述べた価格が含まれている場合には、請負代金の額から、これらの工事用物の価格を控除します。

5　一般保険料の申告・納付

工場、事務所等の継続事業の事業主は、毎年度の初めに、その保険年度中に労働者に支払う賃金総額の見込額を基礎に概算保険料を算定し、納付しておき、毎保険年度末に、その保険年度に実際に支払った賃金総額を基礎に確定保険料を算定し精算します。

通常、概算保険料の算定は、前年度に支払った賃金の総額によって行い、現年度分の賃金上昇などによる増加分は、翌年度の初めに精算します。

なお、計算した概算保険料の額が 40 万円（労災保険又は雇用保険のどちらか一方の保険関係のみが成立している場合は 20 万円）以上の場合、又は労働保険事務組合に事務処理を委託した場合は、その概算保険料を２期又は３期に等分して分割納付することができます。

確定保険料の算定は、概算保険料の精算のために行われるもので、概算保険料の額が確定保険料の額を超える場合は、その超過額は翌年度の概算保険料等に充当されるか、事業主に還付されることになります。

以上の概算・確定保険料の納付手続きは、毎年６月１日から７月 10 日までの年度更新の期間に「**概算・確定保険料申告書**」と「**納付書**」に必要事項を記入し、この申告書と納付書に本年度の概算保険料と前年度の確定保険料に不足額があった場合はその不足額を添えて、日本銀行（本店・支店・代理店又は歳入代理店（全国の銀行・信用金庫の本店又は支店、郵便局））、又は所轄の都道府県労働局、労働基準監督署に申告・納付することになります。

Ⅱ　労働保険一問一答

労働保険の適用と保険料

労働保険とは

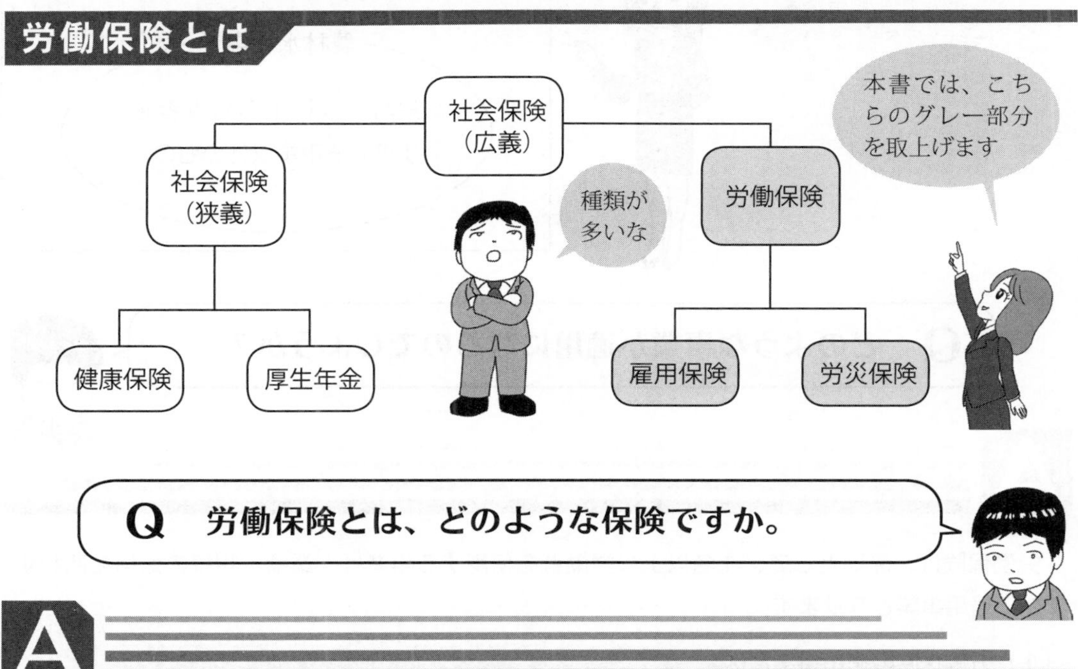

（１）「労働保険」とは、労災保険及び雇用保険の総称であり、昭和 47 年４月１日に労災保険及び失業保険（現在は「雇用保険」）の適用徴収に関する事項についてそれぞれに規定されていたものを徴収法に一括して規定されたものです。

（２）労働保険のうち「**労災保険**」は、「業務上の事由、複数業務要因災害又は通勤による労働者の負傷、疾病、障害、死亡等に対して迅速かつ公正な保護をするため、必要な保険給付を行い、あわせて、業務上の事由、複数事業労働者の２以上の事業の業務を要因とする事由又は通勤により負傷し、又は疾病にかかった労働者の社会復帰の促進、当該労働者及びその遺族の援護、労働者の安全及び衛生の確保等を図り、もって労働者の福祉の増進に寄与することを目的」とし、政府がこれを管掌する（労災保険法第１条及び第２条）こととされています（詳細は「ひと目でわかる『労災保険給付の実務』」（労働新聞社刊）参照）。

（３）「**雇用保険**」は、「労働者が失業した場合及び労働者について雇用の継続が困難となる事由が生じた場合に必要な給付を行うほか、労働者が自ら職業に関する教育訓練を受けた場合及び労働者が子を養育するための休業をした場合に必要な給付を行うことにより、労働者の生活及び雇用の安定を図るとともに、求職活動を容易にする等その就職を促進し、あわせて、労働者の職業の安定に資するため、失業の予防、雇用状態の是正及び雇用機会の増大、労働者の能力の開発及び向上その他労働者の福祉の増進を図ることを目的」とし、政府がこれを管掌する（雇用保険法第１条及び第２条）こととされています。

（４）この２つの政府の管掌する保険事業を運営していく費用として労働保険料を徴収する（徴収法第 10 条第１項）ことになっています。

適用事業

適用事業以外は
暫定任意適用事業
といいます

適用事業以外（暫定任意適用事業）
農林水産事業 常時５人以上の労働者を 使用する事業以外のもの

Q　どのような事業が適用になるのでしょうか？

A

労働保険は、原則として、１名以上の労働者を使用する事業は、業種、規模の如何を問わず、すべて適用事業となります。

（1）労働保険の適用事業とは

法律上当然に保険関係が成立する事業をいいます。したがって、適用事業については、その事業が開始された日又は適用事業に該当するに至ったときに、事業主の意思にかかわりなく法律上当然に保険関係が成立することになります。

（2）暫定任意適用事業とは

適用事業以外の事業をいいます。暫定任意適用事業の場合には、労働保険に加入するかどうかは事業主の意思又は当該事業に使用されている労働者の意思にまかされており、事業主が任意加入の申請をし、認可があった日にその事業について保険関係が成立します。

（3）労災保険の適用事業及び暫定任意適用事業とは

労災保険については、農林水産の事業の一部を除き、労働者を使用する事業は業種の如何を問わず、すべて適用事業とし、適用事業としない農林水産の事業の一部は暫定任意適用事業とされています。

暫定任意適用事業の具体的な範囲は、農林水産の事業（都道府県、市町村その他これらに準ずるものの事業、法人である事業主の事業、特定農作業従事者及び指定農業機械作業従事者として特別加入しているものが、労働者を使用して行う当該特別加入に係る事業及び「業務災害の発生のおそれが多いものとして厚生労働大臣が定める事業」を除きます）であって、常時５人以上の労働者を使用する事業以外のものとされています。

（4）雇用保険の適用事業及び暫定任意適用事業とは

雇用保険については、農林水産の事業の一部を除き、労働者が雇用される事業は業種の如何を問わず、すべて適用事業とし、適用事業としない農林水産の事業の一部は暫定任意適用事業とし、その具体的な範囲は、農林水産の事業（国、都道府県、市町村その他これらに準ずるものの事業及び法人である事業主の事業を除きます）であって、常時５人以上の労働者を雇用する事業以外のものとされています。

（５）暫定任意適用事業の場合

労働保険に加入するかどうかは、事業主の意思又は当該事業に使用されている労働者の意思にまかされており、事業主が任意加入の申請をし、認可されれば労働保険に加入することができます。

なお、労災保険については労働者の過半数、雇用保険については労働者の２分の１以上が加入を希望している場合には、事業主は加入の申請をしなければなりません。

父と母、つまり家族だけで経営している場合は、原則として適用事業とはみなされません。詳しくは、「労働者の概念」（P 31 参照）の項を参照してください。

事業の概念

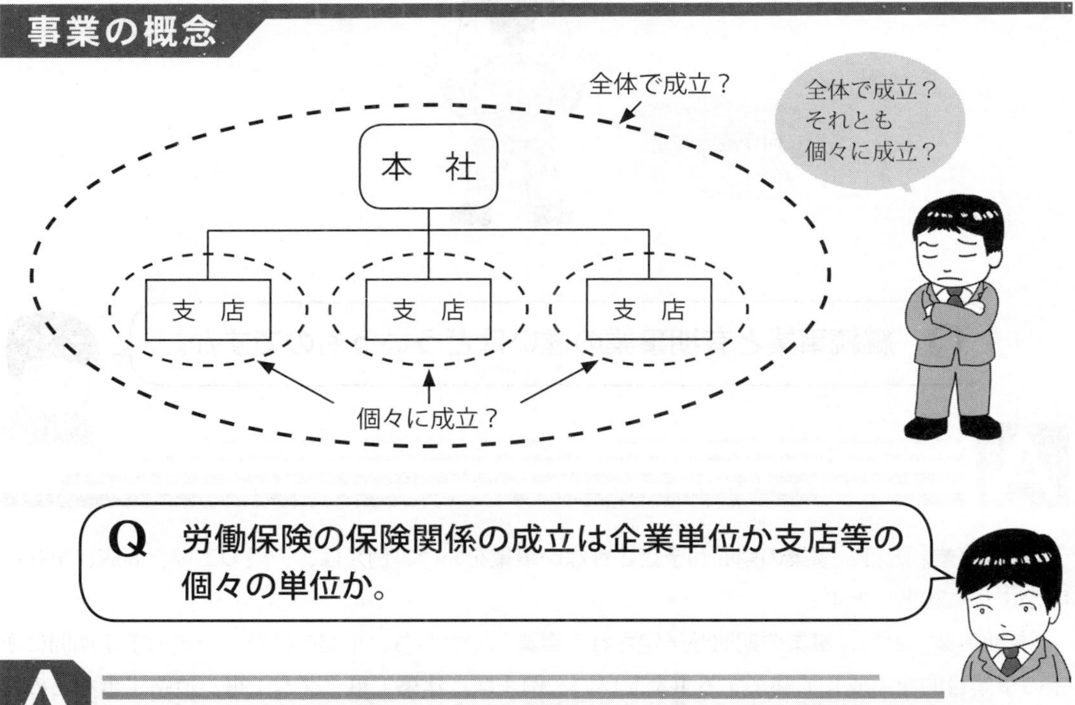

Q　労働保険の保険関係の成立は企業単位か支店等の個々の単位か。

A

事業とは、一般に反復継続する意思をもって業として行われるものをいいますが、労災保険に係る保険関係及び、雇用保険に係る保険関係の成立単位としての事業、すなわち、一定の場所において一定の組織のもとに有機的に相関連して行われる一体的な経営活動がこれにあたります。

したがって、事業とは、経営上一体をなす本店、支店、工場等を総合した企業そのものを指すのではなく、個々の本店、支店、工場、鉱山、事務所のように、一つの経営組織として独立性をもった経営体をいうことになります。

継続事業及び有期事業

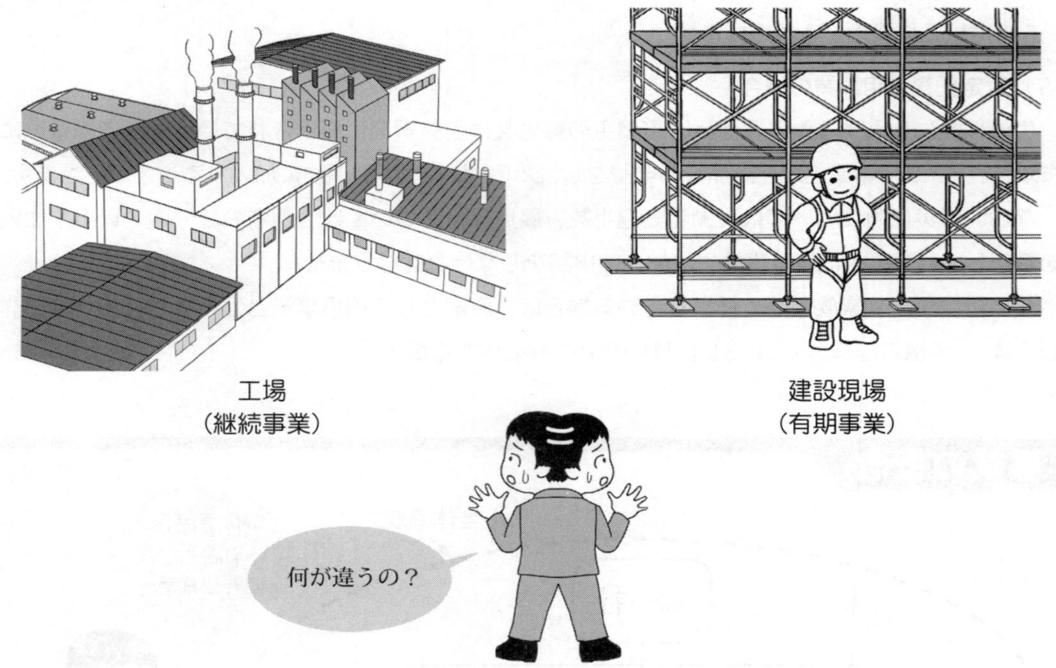

工場
（継続事業）

建設現場
（有期事業）

Q　継続事業と有期事業の違いはどういうものですか。

A

「継続事業」とは、事業の期間が予定されない事業をいい、例えば、一般の工場、商店、事務所等がこれに該当します。

「有期事業」とは、事業の期間が予定される事業、すなわち、事業の性質上一定の予定期間に所定の事業目的を達成して終了する事業をいい、例えば、建築工事、ダム工事、道路工事などの建設の事業、立木の伐採などの林業の事業がこれに該当します。

一元適用事業及び二元適用事業

Q　労働保険の成立手続を行う場合、労災保険と雇用保険の手続は、一緒にできるのですか。

A

（１）労働保険は、各適用事業ごとに、労災保険及び雇用保険の両保険が一体となった労働保険の保険関係が成立するものとして、保険関係の成立、消滅等を一元的に処理することを原則としています（「一元適用事業」といいます）。

（２）労災保険と雇用保険における適用労働者の範囲、適用の方法に相違等のある

①　都道府県及び市町村の行う事業

②　都道府県に準ずるもの及び市町村に準ずるものの行う事業

③　六大港湾における港湾運送の事業（※）

④　農林水産の事業

⑤　建設の事業

については、両保険ごとにそれぞれ別に適用したほうが効率的なため別個の事業とみなして二元的に処理するものもあります（「二元適用事業」といいます）。

（３）一元適用事業の場合は、労働保険事務組合に事務処理を委託している事業又は雇用保険に係る保険関係のみが成立している個別加入事業を除いては、所轄の労働基準監督署で手続をすることになりますが、二元適用事業の場合は、労災保険については所轄の労働基準監督署、雇用保険については所轄の公共職業安定所で手続をすることになります。年金事務所での手続きも一部可能とされていますが、本書では原則となる窓口について説明します（以下同様です）。

（※）六大港湾とは、東京港、横浜港、名古屋港、大阪港、神戸港及び関門港をいいます。

地域的適用範囲

Q 日本国内にある外国企業の支店、出張所等の場合には、労働保険の適用がありますか。

A

（1）日本国領土内における事業については、外国の商社、銀行の支店、出張所等についても適用されます。

（2）前記（1）の場合とは逆に海外において行われる事業については、適用されません。

ただし、海外で行われる事業に派遣される労働者であって次の者については、特別加入の承認（第3種特別加入）を受けていれば、**労災保険法**が適用されます。

① 独立行政法人国際協力機構等開発途上地域に対する技術協力の実施を業務（継続事業に限られます）とする団体から開発途上地域で行われている事業に派遣される者

② 日本国内で行われる事業（継続事業に限られます）から海外支店、工場、現場、現地法人、海外の提携先企業等へ派遣される労働者

③ 日本国内で行われる事業（継続事業に限られます）から海外支店、工場、現場、現地法人、海外の提携先企業等海外で行われる300人（金融業、保険業、不動産業又は小売業にあっては50人、卸売業又はサービス業にあっては100人）以下の労働者を使用する事業に派遣される事業主その他労働者以外の者

なお、単に留学する者あるいは現地採用者は、海外派遣の対象とはなりません。

また、適用事業に雇用される労働者が、海外において就労する場合であっても次の者については**雇用保険法**が適用されます。

イ 日本国の領域外にある適用事業主の支店、出張所等に転勤した場合（現地で採用される者は、国籍の如何にかかわらず被保険者とはなりません）。

ロ 出向元の事業主と雇用関係を継続したまま日本国の領域外にある他の事業主の事業に出向し雇用された場合（雇用関係が継続しているかどうかは、その契約内容によります）。

労働者の概念

パートタイマー

この中で
労働者でないのは
どれでしょう？

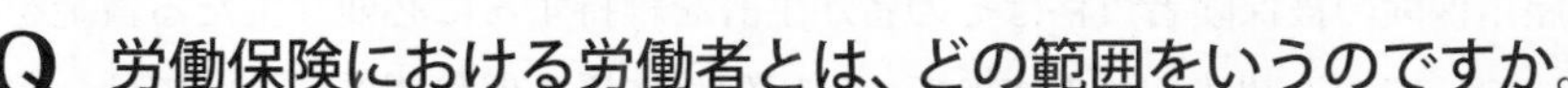

Q　労働保険における労働者とは、どの範囲をいうのですか。

1　労働者の概念

労働者とは、職業の種類を問わず、事業に使用される者で、賃金を支払われる者をいいます。ただし、雇用保険法上の労働者とは、事業主に雇用され、事業主から支給される賃金によって生活している者、及び事業主に雇用されることによって生活しようとする者であって現在その意に反して就業することができないものをいいます。

なお、労災保険法及び雇用保険法の適用を受けない者（労働者であっても雇用保険法上の被保険者とならない者を含みます）は、徴収法上の「労働者」とされず、労働保険料のうち労災保険又は雇用保険に係る部分（労災保険率又は雇用保険率に応ずる部分）の額の算定に当たり、賃金総額の計算対象から除かれることになります。

（※）船舶所有者が加入されている船員保険は、平成22年1月に職務上疾病失業が労災保険・雇用保険に統合されました。

2　労働者の具体的範囲

（1）請負と労働関係

請負契約による下請負人は、労務に従事することがあっても徴収法上の「労働者」とはなりません。しかし、請負のような形式をとっても、その実態において使用従属関係が認められるときは、当該関係が労働関係（又は雇用関係、以下同じです）であり、当該請負人は「労働者」となります。このような形態は林業や建設業に比較的多く見られます。

（2）委任と労働関係

委任は、「事業に使用される」関係ではありませんが、その委任者と受託者の間に実質的に使用従属関係があって労働関係と見られる場合もあります。

（3）共同経営と労働関係

共同して事業を経営するような場合には、民法第667条の組合契約のこともあり、あるいは、中小企業協同組合法による組合経営の場合もありますが、単に共同経営だからといって、直ちにそこで働く者が「労働者」でないとはいいきれません。

（4）自営業者等と労働関係

自営業者は、労働者を使用している場合には労働基準法上の使用者となりますが、「労働者」となることはありません。ただし、実態において第三者の支配を受ける場合に労働関係があるとみられる場合があり、既に請負と労働関係、委任と労働関係で説明したとおりです。

（5）２以上の適用事業主に雇用される者

労災保険に係る保険関係については、当該２以上のそれぞれの事業において「労働者」とされます。雇用保険の被保険者資格はその者が生計を維持するに必要な主たる賃金を受ける一の雇用関係についてのみ認められますので、雇用保険に係る保険関係については、主たる賃金を受ける一の事業以外の事業においては雇用保険法の適用を受けない者であり、これらの事業における雇用保険に係る保険関係については、「被保険者」としないことになります。ただし、令和4年1月1日から、65歳以上の高年齢被保険者については、本人の申出に基づく二重加入制度が導入されています。

（6）引き続き長期にわたり欠勤している者

労働者が長期欠勤している場合であっても、雇用関係が存続する限り（賃金の支払を受けていると否とを問いません）雇用保険の被保険者になります。

3　法人の役員等

（1）労災保険

①　法人の取締役・理事・無限責任社員等の地位にある者であっても、法令・定款等の規定に基づいて業務執行権を有すると認められる者以外の者で、事実上業務執行権を有する取締役・理事・代表社員等の指揮監督を受けて労働に従事し、その対償として賃金を得てい

る者は、原則として「労働者」として取り扱います。

② 法令又は定款の規定により、業務執行権を有しないと認められる取締役等であっても、取締役会規則その他内部規定によって業務執行権を有する者と認められる者は、「労働者」として取り扱いません。

③ **監査役及び監事**は、法令上使用人を兼ねることを得ないものとされていますが、事実上一般の労働者と同じように賃金を得て労働に従事している場合には、「労働者」として取り扱います。

④ **特例有限会社の取締役**は次により取り扱われます。

1．特例有限会社の取締役は、会社法第 349 条第２項の規定により各自会社を代表することとされていることから、同条第３項の規定に基づく代表取締役が選任されていない場合には、代表権とともに業務執行権を有していると解されるので、労働者として取り扱いません。

2．特例有限会社において代表取締役が選任されている場合であっても、代表取締役以外の取締役は、当然には業務執行権を失うものではないが、定款、社員総会の決議若しくは取締役の過半数の決定により業務執行権がはく奪されている場合、又は実態として代表取締役若しくは一部の取締役に業務執行権が集約されている場合にあっては、業務執行権を有していないと認められることから、事実上、業務執行権を有する取締役の指揮、監督を受けて労働に従事し、その対償として労働基準法第 11 条の賃金を得ている取締役は、その限りにおいて労働者として取り扱います。

（２）雇用保険

① **株式会社の取締役は、原則として「被保険者」となりません。**取締役であって同時に会社の部長、支店長、工場長等従業員としての身分を有する者は、報酬支払等の面から見て労働者的性格の強い者であって、雇用関係ありと認められるものに限り「被保険者」となります。

② **代表取締役は「被保険者」となりません。**

③ **監査役については、**会社法上従業員との兼職禁止規定があるので、「被保険者」となりません。

ただし、名目的に監査役に就任しているに過ぎず、常態的に従業員として事業主との間に明確な雇用関係があると認められる場合には、「被保険者」として取り扱います。

④ **合名会社、合資会社の社員**は株式会社の取締役と同様に取り扱い、**代表社員は「被保険者」となりません。**

⑤ **特例有限会社の取締役**は、株式会社の取締役と同様に取り扱い、**会社を代表する取締役については、「被保険者」となりません。**

4　同居の親族

（１）労災保険

同居の親族は、原則として労災保険上の「労働者」としては取り扱いませんが、同居の親族であっても、常時同居の親族以外の労働者を使用する事業において、一般事務又は現場作業等に従事し、かつ、次の用件を満たすものは労災保険法上の「労働者」として取り扱います。

① 業務を行うにつき、事業主の指揮命令に従っていることが明確であること。

② 就労の実態が当該事業場における他の労働者と同様であり、賃金もこれに応じて支払われていること。特に、（ⅰ）始業及び終業の時刻、休憩時間、休日、休暇等及び（ⅱ）賃金の決定、計算及び支払の方法、賃金の締切り日及び支払の時期等について、就業規則その他これに準ずるものに定めるところにより、その管理が他の労働者と同様になされていること。

（2）雇用保険

個人事業の事業主と同居している親族は、原則として雇用保険上の「被保険者」としては取り扱いません。

法人の代表者と同居している親族については、通常の被保険者の場合の判断と異なるものではありませんが、形式的には法人であっても実質的には代表者の個人事業と同様と認められる場合もあると考えられ、この場合通常は事業主と利益を一にしていると見られますので、個人事業主と同居の親族の場合と同様、原則として「被保険者」にはなりません。

5 短時間就労者（いわゆるパートタイマー）

（1）労災保険

「労働者」として取り扱います。

（2）雇用保険

短時間・有期雇用契約で働く者は、次のいずれの条件にも該当する場合に被保険者となります（「9 雇用保険の被保険者の範囲」を参照）。

① 1週間の所定労働時間が20時間以上であること

② 31日以上引き続き雇用されることが見込まれること

6 清算中の会社の従業員

保険関係は、事業主とすべての労働者との労働関係が解消し、保険給付の原因となる労働災害又は失業が発生する余地がなくなった時点において消滅すると解すべきですから、清算中の会社の従業員（清算人となる者を除きます）も、清算終了のときまでは、「労働者」として取り扱います。

7 高年齢労働者

（1）労災保険

「労働者」として取り扱います。

（2）雇用保険

65歳に達する日以前から雇用されている者は65歳に達した時点で、65歳に達した日以後に雇用された者はその日から、高年齢被保険者となります。高年齢被保険者については、令和4年1月1日から本人申出に基づく二重加入制度が導入されています。

8　海外出張勤務者

（1）労災保険

① 商談、視察、業務連絡、技術指導等の用務で海外に赴くが国内の事業に所属し、当該事業の使用者指揮に従って勤務する者は出張となります。

② 海外の事業場に所属し当該事業の使用者の指揮に従って勤務する者は海外派遣者であって、国内法の労働者とは認められず特別加入者とならなければ給付を受けることはできません。

（2）雇用保険

出張、出向は被保険者となりますが、海外の事業場に現地で採用される者は「被保険者」となりません。

9　雇用保険の被保険者の範囲

（1）被保険者

適用事業に雇用される労働者は、下記に該当しない限り、その意思の如何にかかわらず「被保険者」となります。

○ 被保険者とならない者（雇用保険法第６条）

第６条　次に掲げる者については、この法律は適用しない。

1　１週間の所定労働時間が 20 時間未満である者（第 37 条の 5 第 1 項の規定による申出をして高年齢被保険者となる者及びこの法律を適用することにした場合において第 43 条第 1 項に規定する日雇労働被保険者に該当することになる者を除く）。

2　同一の事業主の適用事業に継続して 31 日以上雇用されることが見込まれない者（前２月の各月において 18 日以上同一の事業主の適用事業に雇用された者及び、この法律を適用することとした場合において第 42 条に規定する日雇労働者であって第 43 条第 1 項各号のいずれかに該当するものに該当することになる者を除く）。

3　季節的に雇用される者であって、第 38 条第 1 項各号のいずれかに該当するもの

4　学校教育法（昭和 22 年法律第 26 号）第 1 条、第 124 条又は第 134 条第 1 項の学校の学生又は生徒であって、前３号に掲げる者に準ずるものとして厚生労働省令で定める者

5　船員法（昭和 22 年法律第 100 号）第 1 条に規定する船員（船員職業安定法（昭和 23 年法律第 130 号）第 92 条第 1 項の規定により船員法第 2 条第 2 項に規定する予備船員とみなされる者及び船員の雇用の促進に関する特別措置法（昭和 52 年法律第 96 号）第 14 条第 1 項の規定により船員法第 2 条第 2 項に規定する予備船員とみなされる者を含む。以下「船員」という））であって、漁船（政令で定めるものに限る）に乗り組むため雇用される者（一年を通じて船員として適用事業に雇用される場合を除く）。

6　国、都道府県、市町村その他これらに準ずるものの事業に雇用される者のうち、離職した場合に、他の法令、条例、規則等に基づいて支給を受けるべき諸給与の内容が、求職者給付及び就職促進給付の内容を超えると認められる者であって、厚生労働省で定めるもの

労働保険料の種類

労働保険料
にも種類が
あるのね

一般保険料

第一種特別加入保険料

第二種特別加入保険料

第三種特別加入保険料

印紙保険料

特例納付保険料

はぁ〜
これも多いね

Q　労働保険料には、どのような種類の保険料があるのでしょうか。

政府は、労働保険の事業に要する費用にあてるため労働保険料を徴収しますが、その種類は、次の６つに区分されています（法第 10 条第２項）。

1　一般保険料

事業主が労働者に支払う賃金を基礎として算定する通常の保険料

2　第一種特別加入保険料

労災保険の中小事業主等の特別加入者についての保険料

3　第二種特別加入保険料

労災保険の一人親方等の特別加入者についての保険料

3の2　第三種特別加入保険料

労災保険の海外派遣の特別加入者についての保険料

4　印紙保険料

雇用保険の日雇労働被保険者[※]についての雇用保険印紙による保険料（「印紙保険料」の項参照）をいいます。

（※）雇用保険法では、日雇労働者とは、日々雇用される者及び 30 日以内の期間を定めて雇用される者をいいます。ただし、日雇労働者が同一事業主の適用事業に２月の各月において 18 日以上雇用された場合は、その翌月から一般被保険者、高年齢被保険者又は短期雇用特別被保険者として取り扱われます。また、同一事業主の適用事業主に継続して 31 日以上雇用された場合はその日から、一般被保険者、高年齢被保険者又は短期雇用特別被保険者として取り扱われます。日雇労働被保険者となるのは、上記の日雇労働者のうち、次のいずれかに該当するものです。

①　特別区若しくは公共職業安定所の所在する市町村の区域（厚生労働大臣が指定する区域は除かれます）又は当該区域の隣接市町村の全部又は一部の区域であって厚生労働大臣が指定する区域（以下「適用区域」といいます）に居住し、雇用保険の適用事業に雇用される者

②　適用区域外に居住し、適用区域内にある適用事業に雇用される者

③　適用区域外に居住し、適用区域外の厚生労働大臣指定の適用事業に雇用される者

④　厚生労働省令で定めるところにより公共職業安定所長の認可を受けた者

５　特例納付保険料

労働保険徴収法の中に「特例納付保険料」が創設されました（平成 22 年 10 月１日施行）。

事業主が被保険者資格取得の届出を行わなかったため、雇用保険に未加入となっていた労働者については、これまでは被保険者であったことが確認された日から２年前まで遡及して適用可能とされていましたが、２年前までしか遡及できないため、給与から雇用保険料を控除されていた期間が、例えば 20 年あったとしても算定基礎期間は２年となり所定給付日数が短くなるケースも発生します。特例納付保険料は、雇用保険に未加入とされた者に対する遡及適用期間の改善のために創設されたものです。

改正後は、事業主から雇用保険料を控除されていたことが給与明細書等の書類により確認された者については、**２年を超えて遡及**（雇用保険料の天引きが確認された時点まで遡及）。

関係条文：徴収法第 10 条、第 26 条、徴収則第 56 条、第 57 条、第 58 条、第 59 条

労働保険料の計算方法

Q　労働保険料はどのようにして計算するのでしょうか。

（１）一般保険料の計算（法第 12 条）

一般保険料は、原則的には事業主がその事業に使用するすべての労働者に支払う賃金の総額に労災保険率（付録を参照）と雇用保険率とを合計した率を乗じて計算します（法第 11 条）。ただし、労災保険又は雇用保険のいずれか一方の保険関係のみが成立している場合には、労災保険率又は雇用保険率のみを乗じて計算します。

（２）第一種特別加入保険料の計算（法第 13 条）

中小事業主等特別加入者に係る保険料算定基礎額の総額にその者の係る事業についての第一種特別加入保険料率（労災保険率と同一の率）を乗じて計算します。

（３）第二種特別加入保険料の計算（法第 14 条）

一人親方等の特別加入者に係る保険料算定基礎額の総額に第二種特別加入保険料率（付録を参照）を乗じて計算します。

（４）第三種特別加入保険料の計算（法第 14 条の２）

海外派遣の特別加入者に係る保険料算定基礎額の総額に第三種特別加入保険料率（1,000 分の３）を乗じて計算します。

（※）給付基礎日額を変更したい場合は、前年度の３月２日～３月 31 日の間又は、年度更新期間中に変更が可能です。ただし、災害発生後の変更は不可です。

（５）印紙保険料（法第 22 条第１項）

雇用保険の日雇労働被保険者一人につき１日当たりの賃金日額が 11,300 円以上の者については 176 円（第１級印紙保険料日額）、賃金日額が 8,200 円以上 11,300 円未満の者については 146 円（第２級印紙保険料日額）、賃金日額が 8,200 円未満の者については 96 円（第３級印紙保険料日額）です。

なお、日雇労働被保険者については、印紙保険料のほか一般保険料の負担があります。

特別加入保険料算定基礎額表　（平成 25 年８月１日施行）

給付基礎日額	保険料算定基礎額
25,000 円	9,125,000 円
24,000 円	8,760,000 円
22,000 円	8,030,000 円
20,000 円	7,300,000 円
18,000 円	6,570,000 円
16,000 円	5,840,000 円
14,000 円	5,110,000 円
12,000 円	4,380,000 円
10,000 円	3,650,000 円
9,000 円	3,285,000 円
8,000 円	2,920,000 円
7,000 円	2,555,000 円
6,000 円	2,190,000 円
5,000 円	1,825,000 円
4,000 円	1,460,500 円
3,500 円	1,277,500 円

賃金とは

Q　労働保険料の算出の基礎となる賃金には、どういうものが該当するのでしょうか。

（1）賃金とは

賃金、給与、手当、賞与など名称の如何を問わず、労働の対償として事業主が労働者に支払うすべてのものをいい、一般には労働協約、就業規則、労働契約などにより、その支給が事業主に義務づけられているものです。

ですから、**賞与、通勤手当等も当然賃金として取り扱うことになります。**

なお、労働保険では、退職金（退職を事由として支払われるものであって、退職時に支払われるもの又は事業主の都合等により退職前に一時金として支払われるものに限る）、結婚祝金、死亡弔慰金、災害見舞金などは、労働協約等によりその支給が事業主に義務づけられていても、これを賃金として取り扱わないことにしています。

また、現物給付については、原則的には所定の現金給付の代わりに支給するもの、つまり、その支給によって現金給付が減額されるものや、労働契約において、あらかじめ現金給付のほかにその支給が約束されているものは、賃金となります。このような現物給付でも、代金を徴収するもの[※1]や労働者の福利厚生的とみなされるものは、賃金には該当しませんが、代金を徴収する場合でも、それが社会的通念上著しく低額であるものは賃金となりますので注意を要します。

○建設事業など支払賃金が正確に把握できない場合には､賃金総額の特例[※2]が認められています。

（※1）代金を徴収するものとは……例えば、昼食の給食等を提供している場合に、実費相当額を賃金から控除するような場合

（※2）賃金総額の特例とは…………請負による建設業等において賃金総額を正確に算定することが困難な場合にその事業の種類に従い、その事業についての請負金額に労務費率を乗じた金額を賃金総額とすることができる。

（2）賃金の解釈

①　賃金と解されるものの例

イ　休業手当

労働基準法第26条の規定に基づく休業手当は、賃金です。労働争議に際して、同一事業の当該争議行為に参加していない労働者の一部が労働を提供し得なくなった場合に、その程度に応じて労働者を休業させたときは労働基準法第26条の休業手当の支給義務はありませんが、その限度を超えて休業させた場合には、その部分については、休業手当の支払義

務があると解されています。したがって、その限度を超えて休業させたものであれば、その部分に対して支給される手当は賃金となり、また、その限度内で休業させたときに支払われる手当であれば、恩恵的なものとして、賃金とはならないと解されます。

ロ　有給休暇日の給与

有給休暇日に対して支払われる給与は、賃金となります。

ハ　法定外有給休暇の買上げ

有給休暇の買上げについては、労働基準法第39条の規定により禁止されているところですが、事業によっては、法定休暇日数以上に休暇を与え、これが有給休暇をとることなく勤務した場合には、先に与えた休暇日数を買上げる措置をとっているときがあります。この場合には、法定休暇日数を超える日数について「有給休暇の買上げ」として支払われる金員については、それが有給休暇日に出勤し、労働したことによって支払われるものであって、その支払いについて労働協約、就業規則、労働契約等により事業主に法律上義務づけられているときは賃金となります。

ニ　住宅手当

ホ　物価手当又は勤務地手当

ヘ　生活補給金

ト　健康保険法に基づく傷病手当金支給前の３日間について事業主から支給される手当

従業員が業務外の疾病又は負傷のため４日以上勤務に服することができないため、健康保険法に基づく傷病手当金が支払われるまでの３日間について支払われる手当金は、賃金となります。ただし、恩恵的なものでないものに限られています。

チ　健康保険法に基づく傷病手当金支給終了後に事業主から支給される給与

賃金となります。ただし、恩恵的なものでないものに限られています。

リ　遡って昇給したことにより受ける給与

遡って昇給が決定し、個々人に対する昇給額が未決定のまま離職した場合において、離職後支払われる昇給差額については、個々人に対して昇給をするということ及びその計算方法が決定しており、ただその計算の結果が離職時までにまだ算出されていない場合にも事業主としては支払義務が確定したものとなりますから、賃金となります。

ヌ　通勤手当

ル　創立記念日等の祝金

恩恵的なものであって、賃金とはなりません。労働協約、就業規則等によって事業主に支払義務があり、かつ、恩恵的なものでない場合における会社の創立記念日等の祝金は、賃金となります。

ヲ　日直、宿直料

ワ　単身赴任手当

転勤を命ぜられた転勤先事業所に住居がないため単身で赴任し一時的に家族と別居する場合に支給される手当は、賃金となります。

カ　受験手当及び転勤休暇手当

勤務先の業務に関連する試験を受けた場合に支払われる受験手当及び転勤に要する期間

中について支払われる転勤休暇手当は、実費弁償的なものであれば賃金としませんが、日給者については、定額賃金の支払われない日について、それらの手当が支給される場合であって、その額が労働した日に支払われていた定額賃金とほぼ同程度であるものは、賃金となります。

ヨ　争議解決後に支払われる基準賃金の増給及び一時金

争議解決後において、事業主と労働組合との間において締結された協定に基づき、基本給に加算して支払われる増額分は、賃金となります。

また、争議後に支払われる一時金については、争議中に必要であった衣食住の費用を弁ずるために事業主が一方的に恩恵的に支払うものでなく、争議中の生活資金に当たらないと考えられるものは、賃金となります。

タ　不況対策による賃金からの控除分が労使協定に基づき遡って支払われる場合の当該給与

不況対策として、事業主と労働組合の間に締結された協定に基づき、組合員に支給されるべき賃金から権利留保として控除された部分について、労使協議に基づいて遡って支払われる金員は、賃金となります。

レ　無事故褒賞金

無事故運転者に支払われる無事故褒賞金は、それが恩恵的なものでない限り賃金となります。

ソ　食事の利益

食事の利益は、賃金となりえます。ただし、食事の提供に対して、その実費相当額が賃金から減額されるもの及びたまたま支給される食事等、福利厚生的なものと認められるものは保険料算定の基礎に参入されません。

なお、食事の利益（住込労働者で１日に２食以上給食されることが常態にある場合を除きます）については、原則として、次のすべてに該当する場合は、賃金として取り扱わず、福利厚生として取り扱います。

（イ）給食によって賃金の減額を伴わないこと。

（ロ）労働協約、就業規則等に定められるなど、明確な労働条件の内容となっている場合でないこと。

（ハ）給食による客観的評価額が社会通念上僅少なものと認められる場合であること。

ツ　被服の利益

被服の利益は、賃金となりえます。ただし、労働者が業務に従事するため支給する作業衣又は業務上着用することを条件として支給し、若しくは貸与する被服の利益は、保険料算定の基礎に算入されません。

ネ　住居の利益

住居の利益は、賃金となりえます。ただし、住居施設を無償で供与される場合において、住居施設が供与されない者に対して、住居の利益を受ける者と均衡を失しない定額の均衡手当が一律に支給されない場合は、当該住居の利益は賃金になりません。

（※）食事、住居の利益の評価（現物給与の価額）については厚生労働省の告示で示されています。被服の利益の評価は、その利益が毎月供与されるものであるときは、月額相当額により定めるものとし、その他の場合はその都度評価します。

ナ　社会保険料、所得税等の労働者負担分を事業主が負担したもの

事業主が社会保険料、所得税等の労働者負担分を労働協約等の定めによって義務づけられて負担した場合には、その負担額は賃金となります。この場合、保険料額の計算がきわめて煩雑となる場合には、事業主から労働者が支給を受けた額及びその額に対して算定される社会保険料、所得税等の額をもって保険料の算定の基礎賃金額とすればよいことになっています。

なお、労働協約等により手取り賃金が保障されて支給されるべき賃金として定められている場合は、事業主が社会保険料、所得税等を負担しているものであるから、その事業主の負担分を含めて前記の方法により保険料の算定を行わなければなりません。

ラ　歩合給

歩合給とは、賃金の出来高払制における賃金支払の一形態です。したがって、賃金となります。

ただし、保険会社等の外務員の歩合給は、その把握が困難な場合が多いので、賃金台帳、所得税申告書及び給与明細書等により確認され得るものに限り、賃金として取り扱います。

ム　外務員等に対するいわゆる実費弁償的賃金

販売、契約、集金等のため、外務員を使用する生命保険会社等の事業にあっては、通常、事業主は外務員が支出する旅費等の費用にあてると称して契約高などに応じ、勧誘費、集金費等の名目で支払っているものがありますが、これは、当該外務員等が支出する旅費等の費用の如何にかかわらず、労働の対償として契約高などに応じて支払われるものであり、たとえ、勧誘費、集金費等の費目を単に就業規則、労働協約その他労働契約等で実費弁償的賃金である旨の定めをしていても、明確に実費弁償の部分を算定できる場合を除き、保険料算定の基礎に算入される賃金となります。

ウ　いわゆる前払い退職金

労働者が、在職中に、退職金相当額の全部又は一部を給与や賞与に上乗せするなど前払いされる場合は、労働の対償としての性格が明確であり、労働者の通常の生計にあてられる経常的な収入としての意義を有することから、原則として保険料算定の基礎に算入される賃金となります。

②　賃金と解されないものの例

イ　休業補償費

労働基準法第76条の規定に基づく休業補償は、労働不能による賃金喪失に対する補償であり、労働の対償ではないので、賃金とはなりません。

なお、休業補償の額が平均賃金の60％を超えた場合でも、その超えた額を含めて賃金とはなりません。

ロ　傷病手当金

健康保険法第99条の規定に基づく傷病手当金は、健康保険の給付金であって、賃金とはなりません。

また、標準報酬額の３分の２に相当する傷病手当金が支給された場合において、その傷

病手当金に付加して事業主から支給される給付額は、恩恵的給付と認められる場合には賃金とはなりません。

ハ　工具手当、寝具手当

一般的に実費弁償的性格のものであり、賃金とはなりません。

ニ　チップ

チップは、接客従業員等が客からもらうものなので賃金とはなりません。ただし、一度事業主の手を経て再分配されるものは賃金となります。

ホ　会社が全額負担する生命保険の掛金

従業員の退職後の生活保障や在職中の死亡保障を行うことを目的として、事業主が従業員を被保険者として保険会社と生命保険等厚生保険の契約をし、事業主が当該保険の保険料を全額負担した場合の当該保険料は、賃金とはなりません。

ヘ　解雇予告手当

ト　慰労金

業績躍進特別運動を行った後、運動中の従業員に対して支払われる慰労金は、その支給が労働協約、就業規則等により事業主に義務づけられていない場合は、賃金とはなりません。

チ　安全衛生表彰規程に基づく個人褒賞金

安全衛生表彰規程により支給される褒賞金であっても、稟申基準に該当し褒賞対象として申請しても、その決定が常務会等の裁量行為となっている場合は、一定期間に一定以上の成績をあげれば褒賞金が支給されるという期待とその可能性が不明確であり、恩恵的給付であると認められるので、賃金とはなりません。

リ　勤続褒賞金

勤続年数に応じて支給される勤続褒賞金は、一般的には賃金とはなりません。

ヌ　退職金

退職を事由として支払われる退職金であって、退職時に支払われるもの又は事業主の都合等により退職前に一時金として支払われるものについては、保険料算定の基礎に算入される賃金とはなりません。

ル　祝金、見舞金等

結婚祝金、死亡弔慰金、災害見舞金など個人的、臨時的な吉凶禍福に対して支給されるものは、労働協約等によって事業主にその支給が義務づけられていても、賃金とはなりません。

ヲ　財産形成貯蓄等のため事業主が負担する奨励金等

勤労者財産形成促進法に基づく労働者の財産形成を奨励援助するために、事業主が一定の率又は額の奨励金等を当該労働者に支払ったときは、その奨励金等は、事業主が労働者の福利増進のために負担するものと認められるので、賃金とはなりません。

（3）賃金総額算入早見表

支給金銭等の種類	内容	算入・非算入別
基本給・固定給等基本賃金	日給・月給を問わず通常の賃金をはじめ、臨時、日雇労働者、アルバイトに支払う報酬	算入される
超過勤務手当、深夜手当、休日手当等、	通常の勤務時間以外の労働に対して支払われる報酬	〃
扶養手当、子供手当、家族手当	労働者本人以外の者について支払われる手当	〃
宿・日直手当		〃
役職手当、管理職手当		〃
住宅手当	社宅等の貸与を行っている場合、貸与を受けない者に対し均衡上住宅手当を支給する場合	住宅手当に相当する額が全員に支給されているものとみなされ、その額が算入される
	一部の社員のみ貸与され他の者に何ら均衡給与も支給されない	福祉施設とみなされ算入されない
地域手当	寒冷地手当、僻地手当等、地方手当等	算入される
教育手当		〃
単身赴任手当		〃
技能手当		〃
特殊作業手当	危険有害業務手当、臨時緊急業務手当等	〃
奨励手当	精・皆勤手当等	〃
生産手当	生産に応じて支給される手当	〃
物価手当		〃
調整手当	配置転換、初任給等の調整手当等	〃
賞与	いわゆるボーナス、プラスアルファー等特別加算額も含む。	〃
通勤手当	非課税分を含む。	〃
定期券、回数券等	通勤のために支給される現物給与	〃
休業手当	労働基準法第26条の規定に基づくもの	〃
雇用保険料その他社会保険料	労働者の負担分を事業主が負担する場合	〃
いわゆる前払い退職金	労働者が在職中に退職金相当額の全部又は一部を給与や賞与に上乗せするなど前払いされる場合	〃
退職金	就業規則、労働協約等に定めのあるとないとを問わず、退職を事由として支払われる場合であって、退職時に支払われるもの又は事業主の都合等により退職前に一時金として支払われるもの	算入されない
休業補償	法定額を上回る差額分を含む	〃
結婚祝金	就業規則、労働協約等に定めのあるとないとを問わない	〃
死亡弔慰金	〃	〃
災害見舞金	〃	〃
増資記念品代	就業規則、労働協約等に定めのない場合	〃
創立記念日等の祝金	恩恵的なものではなく、かつ、全労働者又は相当多数に支給される場合を除く	〃
私傷病見舞金		〃
解雇予告手当	労働基準法第20条の規定に基づくもの	〃
年功慰労金		〃
チップ	奉仕料の配分として事業主から受けるものを除く	〃
制服	交通従業員の制服、工員の作業服等、業務上必要なもの	〃
出張旅費、宿泊費等	実費弁償的なもの	〃
会社が全額負担する生命保険の掛け金	従業員を被保険者として保険会社と生命保険等厚生保険の契約をし、事業主が保険料を全額負担するもの	〃
財産形成貯蓄のため事業主が負担する奨励金等	労働者が行う財産形成貯蓄を奨励援助するため、事業主が労働者に対して支払う一定の率又は額の奨励金等	〃

保険料率

Q　保険料率とは、どういうものですか。

	⑦区分	算定期間　年　月　日　から		年　月　日　まで
確定保険料算定内訳		⑧保険料・一般拠出金算定基礎額	⑨保険料・一般拠出金率	⑩確定保険料・一般拠出金額（⑧×⑨）
	労働保険料	（イ）千百十億千百十万千 項11 千円	（イ）1000分の	（イ）百十億千百十万千百十円 項12 円
	労災保険分	（ロ）千百十億千百十万千 項13 千円	（ロ）1000分の	（ロ）百十億千百十万千百十円 項14 円
	雇用保険分	（ホ）千百十億千百十万千 項18 千円	（ホ）1000分の	（ホ）百十億千百十万千百十円 項19 円
一般拠出金（注1）		（ヘ）千百十億千百十万千 項35 千円	（ヘ）1000分の	（ヘ）百十億千百十万千百十円 項36 円
	⑪区分	算定期間　年　月　日　から		年　月　日　まで
概算・増加概算保険料算定内訳		⑫保険料算定基礎額の見込額	⑬保険料率	⑭概算・増加概算保険料額（⑫×⑬）
	労働保険料	（イ）千百十億千百十万千 項20 千円	（イ）1000分の	（イ）百十億千百十万千百十円 項21 円
	労災保険分	（ロ）千百十億千百十万千 項22 千円	（ロ）1000分の	（ロ）百十億千百十万千百十円 項23 円
	雇用保険分	（ホ）千百十億千百十万千 項26 千円	（ホ）1000分の	（ホ）百十億千百十万千百十円 項27 円

（１）労働保険の一般保険料に係る保険料率は、次のとおりです。

① 労災保険と雇用保険の双方の保険関係が成立している事業⇒労災保険率と雇用保険率を加えた率（法第 12 条第１項第１号）

② 労災保険の保険関係のみが成立している事業⇒労災保険率（法第 12 条第１項第２号）

③ 雇用保険の保険関係のみが成立している事業⇒雇用保険率（法第 12 条第１項第３号）

（２）労災保険率

労災保険率は、業務災害及び複数業務要因災害に係る災害率、通勤災害に係る災害率並びに二次健康診断等給付に要した費用の額、社会復帰促進等事業として行う事業の種類及び内容、その他の事情を考慮して事業の種類ごとに定められています（法第 12 条第２項）。

さらに、一定規模以上の事業については、個々の事業ごとに労働災害の多寡に応じて労災保険率を上げ下げする、いわゆる「メリット制」がとられています（法第 12 条第３項）。

メリット制は、事業主の保険料負担の公平を図り、一方、事業主の自主的な労働災害防止の努力に役立っているといえます。

労災保険率は、54 の事業の種類ごとに定められており、徴収則第 16 条及び徴収則別表第１「労災保険率表」に規定されています。平成 30 年４月１日以降の労災保険率は、最高 1,000 分の 88 から最低 1,000 分の 2.5 までとなっています（巻末付録参照）。

なお、事業の種類の細目については、別途「労災保険率適用事業細目表」及び「船舶所有者の事業の種類の細目表」が告示されています（巻末付録参照）。

また、一般拠出金の料率は業種を問わず一律 1,000 分の 0.02 です。

（3）雇用保険率

雇用保険率は一般の事業〔1,000 分の 15.5〕と、建設の事業を除く特掲事業〔1,000 分の 17.5〕及び特掲事業のうち建設の事業〔1,000 分の 18.5〕の３種類の率となっています。

特掲事業は、次の事業です。

① 土地の耕作若しくは開墾又は植物の栽植、栽培、採取若しくは伐採の事業その他農林の事業（園芸サービスの事業は除かれます）（法第 12 条第 4 項第 1 号）

② 動物の飼育又は水産植物の採捕若しくは養殖の事業その他畜産、養蚕又は水産の事業（牛馬の育成、養鶏、酪農又は養豚の事業及び内水面養殖の事業は除かれます）（法第 12 条第 4 項第 2 号）

③ 土木、建築その他工作物の建設、改造、保存、修理、変更、破壊若しくは解体又はその準備の事業（法第 12 条第 4 項第 3 号）〔建設の事業〕

④ 清酒の製造の事業（法第 12 条第 4 項第 4 号）

1事業1料率の原則

Q　同一場所で２以上の事業の種類に該当する事業を行っている場合、保険料率の適用はどうなるのでしょうか。

原則として、１つの事業については、１つの労災保険率が適用されます。したがって、１つの事業で２つ以上の事業内容を持つ場合であっても、原則としてその事業の主たる事業内容に該当する労災保険率が適用されることになっています。

具体的には、その事業の実質的な内容、主たる作業の種類、主たる製品、完成物、主として提供されるサービス等により総合的に判断することになります。

例えば、ある事業主が一定の場所において金属鉱業という事業を経営している場合においては、その事業の運営上、機械器具工場、製材所、発電所、事務所等が設けられ、鉱業本来の事業に数種の作業が附随していますが、これらは鉱業という事業の一部門にすぎないので、労災保険率の適用については、これらの附随作業を含めて１事業とし、「金属又は非金属鉱業」の労災保険率を適用することになります。

なお、事業の種類（労災保険率適用事業細目表による）を変更した場合には、「名称、所在地等変更届」の提出が必要になります。

メリット制

Q　メリット制とは、どういう制度ですか。

（1）メリット制の概要

労災保険率は，業務災害及び通勤災害に係る災害率等を考慮して事業の種類ごとに定められていますが、事業の種類が同一であっても作業工程、機械設備あるいは作業環境の良否、災害防止努力の如何等によって個々の事業ごとの災害率にはかなりの高低が認められます。そこで、事業主負担の具体的公平を図るとともに、事業主の災害防止努力を促進することを目的として、同種の事業であっても、一定規模以上の事業については、個々の事業の労働災害の多寡に応じ、労災保険率又は確定保険料の額（複数業務要因災害、通勤災害及び二次健康診断等給付に要した費用の額等を考慮して定められる率（非業務災害率という）又はその応ずる部分の額を除きます）を一定の範囲内で引き上げ又は引き下げることとしています。これが労災保険率の「メリット制」といわれるものです（法第 12 条第３項）。

（2）メリット制の適用となる事業

継続事業（一括有期事業を含む）について、今年度メリット制の適用となる事業は、前々年度の３月 31 日現在で、労災保険の保険関係成立後３年以上経過している事業で、前々年度以前３年度間の各年度において、次のいずれかを満たしている事業です。

① 100 人以上の労働者を使用する事業

② 20 人以上 100 人未満の労働者を使用する事業であって、その労働者数に事業の種類ごとに定められている労災保険率から非業務災害率 1,000 分の 0.6 を減じた率を乗じて得た数が 0.4 以上の事業

③ 一括有期事業である建設の事業又は立木の伐採の事業で、確定保険料の額が 40万円以上の事業

（※）単独有期事業では事業終了後一旦確定清算した労災保険料の額をメリット制により増減しています。確定保険料が 40 万円以上、又は建設の事業は消費税額を除いた請負金額が１億 1,000 万円以上（平成 27 年３月 31 日以前に開始された事業については消費税額を含む請負金額が１億 2,000 万円以上）立木の伐採の事業は素材の生産量が 1000 m^3 以上である場合に適用されます。

（3）メリット収支率

今年度の労災保険率を引き上げ又は引き下げる基準（以下「メリット収支率」といいます）は、前々年度以前３年度間における保険料のうち、労災保険率から非業務災害率を減じた率に応じる部分の額と、業務災害に係る保険給付及び特別支給金の額（ただし、算入する額は法令で定める方法で算定された額です）を用いて計算される割合です。

$$\text{メリット収支率} = \frac{\text{前々年度以前３年度間における業務災害に係る保険給付及び特別支給金の額（注）}}{\left(\text{前々年度以前３年度間の非業務災害率に応ずる部分の額を除いた確定保険料の額}\right) \times \text{調整率}} \times 100$$

（注）複数業務災害については、非災害発生事業場の賃金額に基づく給付分を除く

（4）メリット労災保険率

（3）のメリット収支率が85%を超え又は75%以下になる場合には、事業の種類ごとに定められている労災保険率から非業務災害率1,000分の0.6を減じた率を、メリット収支率に応じて40%（立木の伐採の事業については35%、建設の事業又は立木の伐採の事業であって、年度中の確定保険料の額が40万円以上100万円未満の事業については30%）の範囲内で引き上げ又は引き下げ、これに非業務災害率を加えた率が適用すべき労災保険率となります（巻末付録参照）。

このようにして引き上げ又は引き下げられた労災保険率は、労災保険率決定通知書により事業主に通知されます。

（5）メリット制の特例

中小企業事業主が、厚生労働省令で定める労働者の安全又は衛生を確保するための特別の措置を講じ、その措置を講じた年度の次の年度の4月1日から9月30日までの間にメリット制の特例の適用を申告しているとき、安全衛生措置が講じられた次の次の年度から3年度間、メリット制が適用になる年度に限り、メリット制による労災保険率の増減幅を、通常は最大40%であるところ、最大45%に拡大する特例が設けられています（法第12条の2）。

特例が適用となる中小企業事業主は、次の事業主です。

① 金融業、保険業、不動産業又は小売業を主たる事業とする事業主にあっては、常時使用労働者数が50人以下である事業主

② 卸売業又はサービス業を主たる事業とする事業主にあっては、常時使用労働者数が100人以下である事業主

③ ①、②以外の事業を主たる事業とする事業主にあっては、常時使用労働者数が300人以下である事業主

なお、建設の事業及び、立木の伐採の事業にあっては、特例が適用されません。

また、労働者の安全又は衛生を確保するための特別の措置は、次の措置です。

- 都道府県労働局長から確認を受けた労働安全衛生マネジメントシステムの実施

労働保険番号等

Q　労働保険番号は 14桁になっていますが、そのしくみはどうなっているのですか。

労働保険番号は、次のようなしくみになっています。

府県　所掌　管轄　基幹番号　　　枝番号

○○　 ○　 ○○　○○○○○○－○○○（14 桁）

府　　県：都道府県を表わしています。

所　　掌：１と３があります

１は各都道府県の労働基準監督署の扱いであることを表しています。

３は各都道府県の公共職業安定所の扱いであることを表しています。

管　　轄：所掌が１となっているときは、あなたの事業所がどこの労働基準監督署で加入しているかを表しています。

所掌が３となっているときは、あなたの事業所がどこの公共職業安定所で加入しているかを表しています。

基幹番号：あなたの事業所の番号です。

ただし、あなたの事業所が労働保険事務組合に事務処理を委託しているときは、その労働保険事務組合（原則として 90 万台）の番号を表しています。

枝 番 号：あなたの事業所が労働保険事務組合に事務処理を委託しているときは、この枝番号があなたの事業所の番号を表しています。

建設業の有期事業（原則として 80 万台の基幹番号）のときは、その工事現場を表しています。また、海外派遣特別加入をしているときは、この枝番号が 301 と表示されます。

Q　事業主にはどのような義務があるのですか。

事業主は、労働保険の保険関係においては保険加入者となります。

したがって、保険者である政府に対して保険料の納付をはじめ、種々の届出書の提出、帳簿の備付けなど、いままでに述べてきたような義務を負うことになります。

事業主、又は労働保険事務組合その他の関係者が義務に違反した場合には、労働保険徴収法に規定されている罰則が適用されます。

労働保険行政の事務分担

Q 労働保険の手続きについて都道府県労働局、労働基準監督署及び公共職業安定所の事務分担はどうなっているのですか。

A

事業主及び労働保険事務組合が行う諸手続の相手方になる労働保険行政の事務分担は、次の通りです。

都道府県労働局

（1）一般保険料、特別加入保険料の徴収
（2）特別保険料の徴収
（3）印紙保険料の徴収
（4）労働保険事務組合の認可、指導、監督
（5）労災保険及び雇用保険の任意加入の認可
（6）継続事業の一括の認可
（7）元請一括に係る下請負人を事業主とする認可

労働基準監督署

（1）一元適用事業（則第１条第３項）で、事務組合に事務処理を委託しない事業（以下「個別加入事業」という。一元適用事業で雇用保険に係る保険関係のみ成立している個別加入事業を除く）及び二元適用事業（法第 39 条第１項、則第 70 条）のうち、労災保険の保険関係に係る事業（個別加入事業、委託加入事業を問わない）に係る申請書等の受理
（2）（1）の事業に係る保険料等の徴収金に係る保険料申告書等の受理及び収納

公共職業安定所

（1）一元適用事業で、事務組合に事務処理を委託する事業（以下「委託加入事業」という）、一元適用事業で雇用保険に係る保険関係のみ成立している個別加入事業及び、二元適用事業のうち、雇用保険の保険関係に係る事業（個別加入事業、委託加入事業を問わない）に係る申請書等の受理（保険料等の徴収金に係る申告書等（保険料申告書、印紙保険料納付計器指定申請書、始動票札受領通帳等）の受理及び収納を除く）。
（2）雇用保険印紙関係事務その他日雇雇用保険関係事務

■年度更新の手続

年度更新の事務手順

申告・納付書類の確認	保険料の算定	申告書の記載と納付
・送付されてきた申告書・納付書の確認 ・前年の申告済概算保険料額の照合 ・印字内容（事業所の名称、所在地等）の誤りの有無の確認	・前年度賃金総額の算出 ・前年度賃金総額に基づく確定保険料の算定 ・確定保険料と申告済概算保険料の過不足額の算出 ・新年度概算保険料の算定 ・分割納付の検討	・申告書・納付書への記載 ・納付期限の確認 ・不足分の加算、超過分の充当 ・概算保険料の納付

労働保険の保険料は、毎年４月１日から次の年の３月 31 日まで（これを「保険年度」といいます）の１年間を単位として計算されることになっています。その額は、原則として保険関係が成立している事業で使用されるすべての労働者の「賃金総額」に、その事業に定められた「保険料率」を乗じて算出されます（法第 11 条）。

つまり労働保険では、まず、保険年度の当初に概算で保険料を決めて納付（法第 15 条）しておき、保険年度末に賃金総額が確定したところで精算（法第 19 条）するという方法をとっています。

したがって、前年度又はそれ以前から既に保険関係成立の手続を行っている一般の継続事業や一括有期事業の事業主は、新年度の概算保険料を納付するための申告・納付と前年度の保険料を精算するための確定保険料の申告・納付の手続が必要となります。これが「年度更新」の手続です。

この年度更新の手続は、原則として毎年６月１日から７月 10 日までの間に行なわれなければなりません。また、この手続は、労働保険事務組合や特別加入団体も行うことが必要です。

概算保険料の申告と納付

Q　労働険においては、「自主的に概算保険料の申告・納付を行う」となっていますが、どのように申告・納付を行えばよいのですか。

（１）工場、事務所等の継続事業は、一般保険料を毎保険年度（毎年４月１月から翌年３月 31 日まで）の初めにその保険年度の分を計算し概算保険料として、申告・納付することになります。

概算保険料は通常の場合、前年度に支払った賃金（支払うことが決まった賃金を含みます）の総額によって算定し、当年度における賃金上昇などによる増加分は、翌年度の初めに精算すればよいことになっています。保険年度の中途で保険関係が成立した事業は、当該保険関係が成立した日から保険年度の末日（3月31日）までの分を計算して申告・納付しなければなりません。

（2）納付手続としては、前年度から引き続き労働保険の保険関係が成立している事業は、原則として毎年6月1日から7月10日までの間（保険年度の中途で保険関係が成立した事業については、当該保険関係が成立した日から50日以内）に「概算保険料申告書」と「納付書」を作成し、この保険料申告書と納付書に概算保険料を添えて日本銀行（本店、支店、代理店及び歳入代理店（全国の銀行・信用金庫の本店又は支店、郵便局））、所轄の都道府県労働局又は労働基準監督署に申告・納付することになります（法第15条）。

（※）労働保険料及び一般拠出金は、これまでは金融機関や労働局の窓口で納付することになっていましたが、平成23年度第3期納付分から、口座振替による納付が可能となりました（参考用紙 P 207 参照）。

口座振替納付とは

あらかじめ金融機関の口座番号等を届出ることで、納付日に、届出をした口座から労働保険料等を引き落とし、納付することができる制度です。

概算保険料の延納

Q 概算保険料は、どのような場合に延納できるのですか。

概算保険料の計算は、その保険年度分の全額について行いますが、次の場合には延納（分割納付）の申請をすることができます（法第18条）。

すなわち、継続事業については、①当初の概算保険料の額が40万円（労災保険又は雇用保険のいずれか一方の保険関係のみが成立している場合は20万円）以上のもの又は、②労働保険事務組合に労働保険事務の処理を委託しているものは、概算保険料を3期（4月1日から7月31日まで、8月1日から11月30日まで、及び12月1日から翌年3月31日までの各期（4月1日から5月31日までに保険関係が成立した事業を含みます））又は2期（6月1日から9月30日までに保険関係が成立した事業については、当該保険関係が成立した日から11月30日まで及び12月1日から翌年3月31日までの各期）に等分して分割納付することができます。分割納付する場合の各期分の納期限は、次のとおりです。

第1期分⇒7月10日　第2期分⇒10月31日　第3期分⇒翌年1月31日

労働保険事務の処理を労働保険事務組合に委託している事業については、第2期分の納期限は11月14日、第3期分の納期限は翌年2月14日となりますが、納期限が土・日曜日、祝日の場合は、休日が明けた最初の日となります。

なお、単独有期事業については、事業の期間が6カ月を超え、かつ概算保険料の額が75万円以上のもの又は、労働保険事務組合に労働保険事務の処理を委託しているものは、おおむね上記に準じた方法で分割納付が認められています。

確定保険料の申告

Q　確定保険料の申告は、どのような場合に行うのでしょうか。

継続事業の確定保険料の額は毎保険年度の末日又は保険関係が消滅した日までに使用した労働者に支払った賃金（支払うことが決まった賃金を含みます）の総額を基礎として計算されます。

確定保険料の算定は、既に申告・納付してある**概算保険料の精算のために行われるもの**ですから、概算保険料の額が確定保険料の額に不足する場合には、その不足額を納付し、逆に概算保険料の額が確定保険料の額を超える場合には、その超過額は事業主に還付されるか、又は当年度の概算保険料等に充当することになります。

確定保険料は、その次の保険年度の6月1日から40日以内又は保険年度の中途に保険関係が消滅した事業については、当該保険関係が消滅した日から50日以内に申告納付しなければなりません。

すなわち、**納付すべき不足額がなければ、「確定保険料申告書」**のみ所轄の都道府県労働局又は労働基準監督署に提出し、**納付すべき不足額があるときは、「確定保険料申告書」及び「納付書」**に不足額を添えて日本銀行（本店、支店、代理店及び歳入代理店（全国の銀行・信用金庫の本店又は支店、郵便局））、所轄の都道府県労働局又は労働基準監督署に申告・納付することになります（法第19条）。

確定保険料の算定手順

被保険者・労働者の区分	→	賃金総額集計の準備
・パートタイマー、学生アルバイト等雇用保険の被保険者資格の確認 ・社長、監査役、顧問などの労働者でない人の除外		・算定基礎賃金集計表の作成 ・賃金の算入・非算入の確認

確定保険料の算定	←	賃金総額の集計
・賃金総額の 1,000 円未満の端数切捨て ・労災保険率、雇用保険率の確認 ・確定保険料の計算		・労災保険分の賃金額の集計 ・雇用保険分の賃金額の集計

確定保険料の算定手順路（参考）

1　労働者の個人別賃金台帳を確認します。

様式第20号（関係条文　法第108条、則第54条、第55条）　　**賃　金　台　帳**（常時使用される労働者に対するもの）

雇入年月日	所属	職名	氏名	性別
29年4月1日雇入	営業部一課	事務	松井秀一郎	男・女（男に○）

賃金計算期間	[illegible]月分	[illegible]月分	月分	月分	月分	月分	月分	月分	月分	月分	合計
労働日数	22日	24日	日	日	日	日	日	日	日	日	日
労働時間数	176時間	192時間	時間	時間	時間	時間	時間	時間	時間	時間	時間
休日労働時間数											
早出残業時間数	12	20									
深夜労働時間数											
基本給	180000	180000									
所定時間外割増賃金	18000	30000									
手当　家族手当	11000	11000									
手当　物価手当	10000	10000									
手当　手当											
手当　通勤手当	8400	8400									
手当											
手当											
手当											
小計	227400	239400									
臨時の給与											
賞与											
合計	227400	239400									
控除額　健康保険料	11964	11964									
控除額　厚生年金保険料	20969	20969									
控除額　雇用保険料	1197	1197									
控除額　市町村民税	3450	2450									
控除額　所得税	4200	4630									
控除額											
差引合計額											
実物給与											
差引支給額	185650	197190									
領収者印			印	印	印	印	印	印	印	印	

2　労災保険及び雇用保険の対象労働者の人数・賃金を集計します。

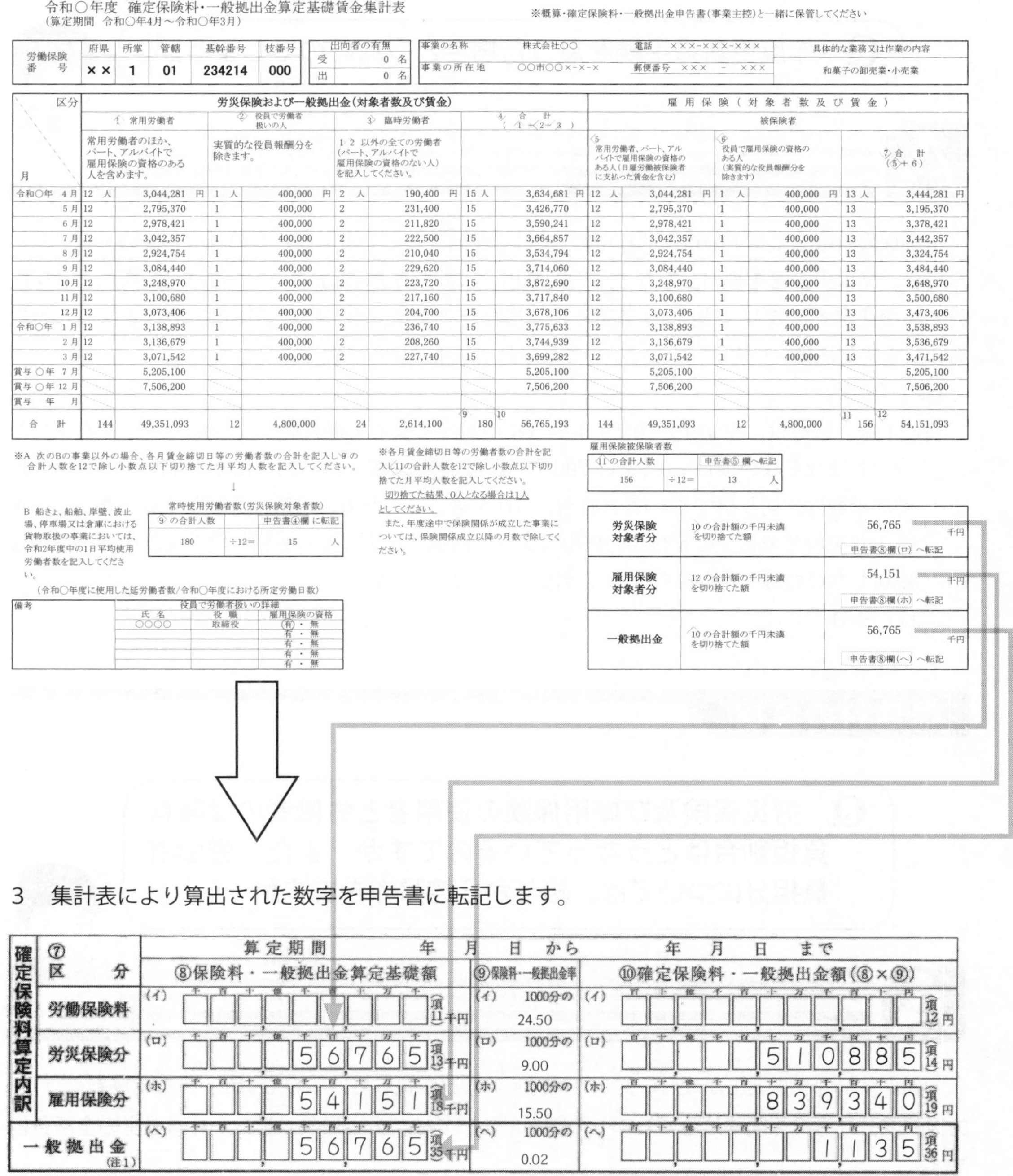

令和○年度　確定保険料・一般拠出金算定基礎賃金集計表
(算定期間　令和○年4月～令和○年3月)

※概算・確定保険料・一般拠出金申告書(事業主控)と一緒に保管してください

労働保険番号	府県	所掌	管轄	基幹番号	枝番号
	××	1	01	234214	000

出向者の有無	
受	0 名
出	0 名

事業の名称	株式会社○○	電話	×××-×××-×××	具体的な業務又は作業の内容
事業の所在地	○○市○○×-×-×	郵便番号	×××　-　×××	和菓子の卸売業・小売業

区分 / 月	労災保険および一般拠出金(対象者数及び賃金)								雇用保険(対象者数及び賃金)					
	① 常用労働者		② 役員で労働者扱いの人		③ 臨時労働者		④ 合計(①+②+③)		被保険者					
	常用労働者のほか、パート、アルバイトで雇用保険の資格のある人を含めます。		実質的な役員報酬分を除きます。		①②以外の全ての労働者(パート、アルバイトで雇用保険の資格のない人)を記入してください。				⑤ 常用労働者、パート、アルバイトで雇用保険の資格のある人(日雇労働被保険者に支払った賃金を含む)		⑥ 役員で雇用保険の資格のある人(実質的な役員報酬分を除きます)		⑦ 合計(⑤+⑥)	
令和○年 4月	12 人	3,044,281 円	1 人	400,000 円	2 人	190,400 円	15 人	3,634,681 円	12 人	3,044,281 円	1 人	400,000 円	13 人	3,444,281 円
5月	12	2,795,370	1	400,000	2	231,400	15	3,426,770	12	2,795,370	1	400,000	13	3,195,370
6月	12	2,978,421	1	400,000	2	211,820	15	3,590,241	12	2,978,421	1	400,000	13	3,378,421
7月	12	3,042,357	1	400,000	2	222,500	15	3,664,857	12	3,042,357	1	400,000	13	3,442,357
8月	12	2,924,754	1	400,000	2	210,040	15	3,534,794	12	2,924,754	1	400,000	13	3,324,754
9月	12	3,084,440	1	400,000	2	229,620	15	3,714,060	12	3,084,440	1	400,000	13	3,484,440
10月	12	3,248,970	1	400,000	2	223,720	15	3,872,690	12	3,248,970	1	400,000	13	3,648,970
11月	12	3,100,680	1	400,000	2	217,160	15	3,717,840	12	3,100,680	1	400,000	13	3,500,680
12月	12	3,073,406	1	400,000	2	204,700	15	3,678,106	12	3,073,406	1	400,000	13	3,473,406
令和○年 1月	12	3,138,893	1	400,000	2	236,740	15	3,775,633	12	3,138,893	1	400,000	13	3,538,893
2月	12	3,136,679	1	400,000	2	208,260	15	3,744,939	12	3,136,679	1	400,000	13	3,536,679
3月	12	3,071,542	1	400,000	2	227,740	15	3,699,282	12	3,071,542	1	400,000	13	3,471,542
賞与 ○年 7月		5,205,100						5,205,100		5,205,100				5,205,100
賞与 ○年 12月		7,506,200						7,506,200		7,506,200				7,506,200
賞与 年 月														
合計	144	49,351,093	12	4,800,000	24	2,614,100	⑨ 180	⑩ 56,765,193	144	49,351,093	12	4,800,000	⑪ 156	⑫ 54,151,093

※A 次のBの事業以外の場合、各月賃金締切日等の労働者数の合計を記入し⑨の合計人数を12で除し小数点以下切り捨てた月平均人数を記入してください。

↓

B 船きょ、船舶、岸壁、波止場、停車場又は倉庫における貨物取扱の事業においては、令和2年度中の1日平均使用労働者数を記入してください。

常時使用労働者数(労災保険対象者数)

⑨の合計人数		申告書④欄に転記
180	÷12＝	15 人

(令和○年度に使用した延労働者数/令和○年度における所定労働日数)

※各月賃金締切日等の労働者数の合計を記入し⑪の合計人数を12で除し小数点以下切り捨てた月平均人数を記入してください。
切り捨てた結果、0人となる場合は1人としてください。
また、年度途中で保険関係が成立した事業については、保険関係成立以降の月数で除してください。

雇用保険被保険者数

⑪の合計人数		申告書⑤欄へ転記
156	÷12＝	13 人

労災保険対象者分	⑩の合計額の千円未満を切り捨てた額	56,765 千円 申告書⑧欄(ロ)へ転記
雇用保険対象者分	⑫の合計額の千円未満を切り捨てた額	54,151 千円 申告書⑧欄(ホ)へ転記
一般拠出金	⑩の合計額の千円未満を切り捨てた額	56,765 千円 申告書⑧欄(ヘ)へ転記

備考	役員で労働者扱いの詳細		
	氏名	役職	雇用保険の資格
	○○○○	取締役	(有)・無
			有・無
			有・無
			有・無
			有・無

3　集計表により算出された数字を申告書に転記します。

確定保険料算定内訳 ⑦区分	⑧保険料・一般拠出金算定基礎額	⑨保険料・一般拠出金率	⑩確定保険料・一般拠出金額(⑧×⑨)
	算定期間　年　月　日から		年　月　日まで
労働保険料	(イ) 項11 千円	(イ) 1000分の 24.50	(イ) 項12 円
労災保険分	(ロ) 56765 項13 千円	(ロ) 1000分の 9.00	(ロ) 510885 項14 円
雇用保険分	(ホ) 54151 項18 千円	(ホ) 1000分の 15.50	(ホ) 839340 項19 円
一般拠出金(注1)	(ヘ) 56765 項35 千円	(ヘ) 1000分の 0.02	(ヘ) 1135 項36 円

年度更新未手続の事業

Q　年度更新の手続を怠った場合どうなるのでしょうか。

労働保険料は、事業主の自主的な申告・納付を建前としていますが、この年度更新の手続を怠った場合、又は申告書を提出したが、その記載内容に誤りがある場合には、政府が職権により保険料の額を決定すること（法第19条第4項）になり、また、その際に追徴金を徴収されることにもなります（法第21条）(※)。したがって、忘れずに手続する必要があります。

（※）（追徴金）

第21条　政府は、事業主が第19条第5項の規定による労働保険料又はその不足額を納付しなければならない場合には、その納付すべき額（その額に1,000円未満の端数があるときは、その端数は、切り捨てる）に100分の10を乗じて得た額の追徴金を徴収する。ただし、事業主が天災その他やむを得ない理由により、同項の規定による労働保険料又はその不足額を納付しなければならなくなった場合は、この限りでない。

（以下略）

保険料の負担

Q　労災保険及び雇用保険の使用者と労働者の保険料負担割合はどうなっているのですか。また、労働者負担分については、給与から控除できますか。

労働保険料は、事業主が政府に対して納付する義務を負っているのですが、一般保険料のうち、**労災保険分**（労災保険率に応ずる部分の額）については、労災保険の趣旨から**事業主の全額負担**です。

雇用保険分（雇用保険率に応ずる部分の額）については、雇用保険率のうち1,000分の3.5（特掲の事業のうち建設の事業については1,000分の4.5）の率に応ずる額は、雇用保険の事業としての雇用安定事業及び能力開発事業を行うための費用に充てることになり、**被保険者が負担する額は、雇用保険率に応ずる額から1,000分の3.5（又は1,000分の4.5）に応ずる額を控除した額の2分の1です**（法第31条第1項）。

すなわち雇用保険率が1,000分の15.5の事業については、1,000分の６$\left\{\left(\frac{15.5}{1,000}-\frac{3.5}{1,000}\right)\times\frac{1}{2}\right\}$、雇用保険率が1,000分17.5の事業については1,000分の７$\left\{\left(\frac{17.5}{1,000}-\frac{3.5}{1,000}\right)\times\frac{1}{2}\right\}$、雇用保険率が1,000分の18.5の事業については1,000分の７$\left\{\left(\frac{18.5}{1,000}-\frac{4.5}{1,000}\right)\times\frac{1}{2}\right\}$、に応ずる額が被保険者の負担する額です。

具体的には、その月又はその日の賃金支払の都度その賃金額に前述の被保険者負担率（1,000分の６又は1,000分の７）を乗じることにより計算されます。また、この被保険者負担分は、賃金額からその支払いの都度控除することができます。

被保険者負担分を賃金から控除したときは、保険料控除に関する計算書を作成（賃金台帳で代用できます）するとともに控除した額を被保険者に知らせなければなりません（法第32条第１項）。

■ 労働保険事務組合

労働保険への加入手続や労働保険料の申告・納付の手続、その他雇用保険の被保険者に関する手続などの労働保険事務は、中小零細事業主にとっては、わずらわしく、負担となっている場合が少なくありません。そこで、労働保険事務組合として認可された事業主の団体が、その構成員である事業主等の委託を受けて、労働保険料の申告・納付や労働保険の各種の届出等をすることができるような制度が設けられています。これは、中小事業主の事務処理面の負担を軽減し、労働保険の適用促進及び保険料の適正な徴収を図るための制度です（法第33条）。

労働保険事務組合とは、中小企業等協同組合法の事業協同組合、商工会法の商工会、その他の事業主の団体又はその連合団体が、事業主から委託された労働保険事務の処理について厚生労働大臣の認可を受けた場合におけるその団体等の呼称であり、事務処理を行うために与えられた一種の資格ともいえるものです。

委託事業の範囲

Q　労働保険事務組合には、どの事業主でも事務委託をすることができるのですか。

労働保険事務組合に労働保険事務の委託ができる事業主は、労働保険事務組合として認可を受けた事業主団体の構成員又は構成員以外の事業主のうち、次に該当する事業主です。

① 金融業、保険業、不動産業又は小売業にあっては、その使用する労働者数が常時50人以下の事業主

② 卸売業又はサービス業にあっては、その使用する労働者数が常時100人以下の事業主

③ 上記の①、②の業種（清掃業、火葬業、と畜業、自動車修理業及び機械修理業は除きます）以外にあっては、その使用する労働者数が常時300人以下の事業主

労働保険事務組合の責任

Q　労働保険事務組合は、委託事業主及び政府に対してどのような責任を負うのですか。

労働保険事務組合の責任は次のとおりです。

1　労働保険料等の納付責任

労働保険事務組合は事業主の代理人として労働保険料の申告及び納付を行うものですが、労働保険料その他の徴収金の納付についての責任の範囲は、委託事業主から交付を受けた金額の限度内で、政府に対し納付の責めに任ずるものです（法第35条第1項）。

したがって、委託事業主から交付を受けていない保険料等については納付責任がありません。

2　労働保険事務組合の責めによるもの

労働保険事務組合は委託事業主の代理人としての地位にあるわけですが、次の場合は、通常の代理人とは異なった責任を負うことになります（法第35条第2項）。

（1）追徴金の納付責任

①　委託事業主が前年度中に支払った賃金の総額などの確定保険料申告書を作成するにたる事実を報告したにもかかわらず申告期限を経過しても確定保険料申告書を提出しないため、政府の調査決定が行われ、その結果、追徴金を徴収される場合

②　その他労働保険事務組合の責めに帰すべき理由によって、追徴金を徴収される場合

（2）延滞金の納付責任

①　委託事業主が督促状の指定期限の前までに（具体的には事務処理規約によって定めた期間内）保険料を労働保険事務組合に交付したにもかかわらず、労働保険事務組合が指定期限までに、その保険料を政府に納付しないため延滞金を徴収される場合

②　政府からの保険料等の滞納に対しての督促を、労働保険事務組合が事業主に行わなかったため督促状の指定期限までに納付できず、そのため延滞金を徴収される場合

③　その他労働保険事務組合の責めに帰すべき事由によって、延滞金を徴収される場合

3　保険料等の滞納に関する責任

労働保険事務組合は、委託事業主から交付を受けた金額の限度内において、政府に対して責任を負いますが、それとの関連で交付を受けた保険料等につき滞納があった場合には、政府はまず、労働保険事務組合に対して滞納処分を行い、それでも、なお、徴収すべき残余があるときにその残余の額を当該委託事業主から徴収することにしています（法第35条第3項）。

4　不正受給等に対する責任

保険給付の不正受給をした者に対し、政府が保険給付に要した費用を徴収をする場合において、労働保険事務組合の偽りの報告などにより、不正受給が行われたものであるときは、労働

保事務組合は、不正受給者と連帯して徴収金を納付すべきことを政府から命じられることがあります（法第 35 条第４項）。

また、保険料を算定する基礎である賃金について故意に過少算出し、保険料の徴収を免れた場合における徴収を免れた保険料、追徴金等の納付についても同様です。

委託事務の範囲

Q　労働保険事務組合が事業主に代って行うことができる事務の範囲は、どうなっていますか。

労働保険事務組合が処理できる労働保険事務はおおむね次のとおりです。

① 概算保険料、確定保険料などの申告及び納付に関する事務
② 保険関係成立届、任意加入の申請、雇用保険の事業所設置届の提出等に関する事務
③ 労災保険の特別加入の申請等に関する事務
④ 雇用保険の被保険者に関する届出等の事務
⑤ その他労働保険についての申請、届出、報告等に関する事務

なお、印紙保険料に関する事務並びに労災保険及び雇用保険の保険給付に関する請求等の事務は、労働保険事務組合が行う事務から除かれています。

報奨金制度

Q　事務組合に対する報奨金とは、どういうものですか。

労働保険事務組合の行う事務のなかで、もっとも重要なものは、各委託事業主から委託を受けて適正に保険料を納付する仕事です。

そこで、政府は保険料の納付状況が著しく良好な労働保険事務組合には、報奨金を交付して労働保険事務組合の普及発展と中小規模事業への労働保険の適用を促進することとしています。

■ 継続事業に係る労働保険の諸手続き

適用事業では、その事業が開始された日又は適用事業に該当するに至ったときに、事業主の意思にかかわりなく、法律上当然に労働保険の保険関係が成立することになります。

したがって、適用事業の事業主は任意に労働保険の加入をやめることはできません。

しかし、これらの適用事業が、法律上当然に適用されるとはいっても、実際問題としては、自動的に成立する保険関係を政府と事業主が確認しなければ、労働保険料の納付や保険給付の手続はできません。

そこで、労働保険徴収法では、事業主に対して、労働保険の適用事業としての届出や、労働保険料の申告及び納付の義務を課しているわけです。

新規成立の手続

Q 労働保険に加入したいのですが、どのような手続が必要でしょうか。

（1）適用事業の事業主の義務

事業主の意思にはかかわりなく、法律上当然に労働保険の成立手続を行い、労働保険料を納付しなければなりません。

したがって、適用事業の事業主は任意に労働保険の加入をやめることはできません。

適用事業では、事業を開始した日に労働保険の保険関係が成立しますが、これらの適用事業が、法律上当然に適用されるとはいっても、実際には自動的に成立する保険関係を政府と事業主が確認しなければ、労働保険料の納付や保険給付の手続はできません。

そこで、労働保険徴収法では、事業主に対して、労働保険の適用事業としての届出や、労働保険料の申告及び納付の義務を課しているわけです。

（2）労働保険新規加入の手続

労働保険の新規加入の手続きは、その事業が、労災保険あるいは雇用保険の適用事業か、任意適用事業かによって異なっています。

適用事業とは、事業主が望むか否かに関わらず、法律上当然に労働保険が適用される（保険関係が成立する）事業のことです。

任意適用事業とは、労災保険については事業主の意思又は労働者の過半数の希望により、雇用保険については、労働者の２分の１以上の同意又は希望により、事業主が政府に保険加入の申請をし、認可を受けることにより保険関係が成立する事業のことです。

（3）適用事業の場合

適用事業については、その事業開始の日又は当然適用事業に該当することになった日に、保険関係が成立しますが、行政上、いつから当然適用事業になったかを政府が知る必要がありますので、まず保険関係成立の届出をしなければなりません。また、保険料の申告・納付も必要です。

■ 保険関係成立届の提出

当然適用事業の事業主は、事業開始の日、又は適用事業に該当することになった日から 10 日以内に「保険関係成立届」（様式第１号）を、所轄の労働基準監督署長又は所轄の公共職業安定所に提出しなければなりません。

提出された「保険関係成立届」のうち１部は、受付印が押され、労働保険番号を付与して事業主に返還されます。この労働保険番号は、手続のたびに必要となりますので誤りのないよう注意を要します。

なお、労災保険及び雇用保険の適用事業でなんらかの理由で一方の保険関係のみ成立していたものが他の一方の保険関係について成立の手続を行う場合についても「保険関係成立届」を提出しなければなりません。

（4）任意適用事業の場合

任意適用事業にあっては労災保険又は雇用保険に加入するかどうかは、原則として事業主の自由意思によりますが、雇用保険の加入については労働者の２分の１以上の同意が必要です。

また、労災保険については労働者の過半数、雇用保険については、労働者の２分の１以上が加入を希望している場合には、事業主は任意加入の申請をしなければなりません。

■ 任意加入申請書の提出

まず「任意加入申請書」（様式第１号）及び同意書を次の行政庁へ提出します。

労災保険の任意加入申請書を所轄の労働基準監督署長を経由して都道府県労働局長

雇用保険の任意加入申請書及び同意書を所轄の公共職業安定所長を経由して都道府県労働局長

この申請書の提出がありますと、都道府県労働局長から、加入を認可するか否かの通知があります。

加入が認可されたときの通知には、「任意加入認可年月日」と「労働保険番号」が記入されており「労働保険番号」はその後の労働保険料の申告・納付、労災保険の給付請求等などに使用しますので、記入に当たっては誤りのないよう注意してください。

（5）概算保険料の申告と納付

概算保険料というのは、その保険年度（毎年４月１日から翌年３月 31 日まで）の初日（保険関係の成立が年度途中の場合は、保険関係成立の日）から当該年度の末日（３月 31 日）までに使用するすべての労働者に支払う賃金総額（巻末付録参照）の見込額に保険料率（巻末付録参照）を乗じて算出したものです。「概算保険料申告書」（様式第６号（甲））はこの概算保険料がいくらになるかという申告で、これを基礎にして保険料を納付することになります（法第 15 条第１項）。労働保険は、このようにまず概算で保険料を支払い、その保険年度末に賃金総額が確定したところで精算する方法をとっています。

■ 保険料申告書の提出と保険料の納付

適用事業、任意適用事業の別なく労働保険の保険関係が成立したときは、その成立した日から 50 日以内に「概算保険料申告書」を提出し、概算保険料を納付しなければなりません。

また、既に労災保険又は雇用保険に係る保険関係が成立している事業が、新たに労災保険又は雇用保険に加入した場合等、加入後の労働保険料が、既に申告・納付してある概算保険料の額の２倍を超え、かつその差額が 13 万円以上である場合には「増加概算保険料申告書」（様式第６号（甲））を提出し、増加した増加概算保険料を納付（労災保険又は雇用保険に係る保険関係成立の日から 30 日以内）しなければなりません（法第 16 条）。

概算保険料申告書の提出と保険料納付のあて先は所轄の都道府県労働局労働保険特別会計歳入徴収官（都道府県労働局）です。

なお、概算保険料申告書には「納付書」も付いていますので、この保険料申告書と納付書に納付する全額を添えて、日本銀行（本店、支店、代理店及び歳入代理店（全国の銀行・信用金庫の本店又は支店、郵便局）、所轄の都道府県労働局又は労働基準監督署）に提出します。

概算保険料の納付については「延納」（分割納付）の制度もあります（法第 18 条）。

概算保険料の延納の手続

Q　概算保険料を延納する場合、どのような手続きが必要なのでしょうか。

概算保険料の申告をする際に申告書の⑰欄の「延納の申請」の「納付回数」を記入することにより延納できることになります（延納の要件は「概算保険料の延納」の項（P 52 ～ 53 参照））。

増加概算保険料

Q　概算保険料を申告した後、事業規模の拡大等によって賃金総額の見込額が増加した場合には、どのような手続が必要なのでしょうか。

概算保険料申告書を提出後、年度の中途で事業規模の拡大などにより、申告当時より賃金総額の見込額が 100 分の 200（２倍）を超えて増加し、かつ、その賃金総額によった場合の概算保険料の額と申告済の保険料との差額が 13 万円以上となったときは、増加概算保険料を申告・納付しなければなりません（法第 16 条）。

申告・納付の方法は、増加した日から 30 日以内に「増加概算保険料申告書」（様式第６号（甲））に増加概算保険料を添えて、日本銀行（本店、支店、代理店及び歳入代理店（全国の銀行・信用金庫の本店又は支店、郵便局)、所轄の都道府県労働局又は労働基準監督署）に申告・納付します。

なお、既に**概算保険料の延納（分割納付）が認められている事業については、増加概算保険料の分割納付ができます**。この場合の分割納付の方法は、増加した日の属する期（期の分け方は、４月１日〜７月31日、８月１日〜11月30日、12月１日〜３月31日）を最初の期とし、その期分の増加概算保険料を増加した日の翌日から起算して30日以内に、その後の各期分の保険料は、原則としてそれぞれの期の納期限までに納付することになっています。最初の期の次の期分の納期限が最初の期分の納期限より先に到来することとなる場合には、次の期分の増加概算保険料を最初の期分の増加概算保険料とともに最初の期分の納期限までに納付します。

なお、既に労災保険又は雇用保険に係る保険関係のみ成立している事業が、年度の中途で新たに労災保険又は雇用保険に係る保険関係が成立した場合で変更後の一般保険料率に基づき算定した概算保険料が申告済の概算保険料の２倍を超え、かつその差額が13万円以上となったときは、賃金総額の見込額が増加した場合と同様、増加概算保険料を申告・納付しなければなりません。

事業廃止の手続

Q　労働保険の成立手続をしている事業場が事業を廃止した場合の手続は、どのように行えばよいのですか。

（１）事業を廃止した場合

労働保険の成立手続をしている事業場が事業を廃止した場合には、保険関係が消滅することになります（法第５条）ので、確定保険料申告書（様式第６号（甲））を提出して、見込みで申告・納付してあった概算保険料を精算する必要があります。

確定保険料申告書の提出期日は、保険関係が消滅した日から50日以内ですが、もし確定保険料の額が概算保険料（中途で増加報告をした場合は増加分を含む）の額よりも多い場合には、その差額を同時に追加納付しなければなりません（法第19条）。

なお、「確定保険料申告書」を所定の期日までに提出しない場合、又は提出したとしても、その記載内容に誤りがある場合には、政府は職権により事業主が納付すべき保険料を決定します（法第19条第４項）。また、追徴金（法第21条）を徴収することもありますので、忘れずに手続する必要があります。

（２）保険料の還付を受ける場合の手続

労働保険料は、概算保険料で申告・納付し、年度が終了したり、事業を廃止したなどの場合には、確定保険料を計算して精算することになっています。

その精算の結果、既に納付した概算保険料の額が、確定保険料の額より多い場合には、原則として次の保険年度の概算保険料、又は未納の保険料のほか延滞金（法第 28 条）、追徴金（法第 21 条）に充当されますが、特に還付を希望する場合は事業主の請求により還付されます（法第 19 条第６項）。

具体的には、確定保険料申告をする際に、その申告する確定保険料の額が、既に納付した概算保険料の額より少額であって、その差額について還付の請求があったとき及び確定保険料の認定決定の通知を受け、その日の翌日から起算して 10 日以内に既に納付した保険料との差額について還付の請求をしたときは、その額が還付されます。保険料の還付を受けようとする場合は、「労働保険料還付請求書」を都道府県労働局労働保険特別会計資金前渡官吏に提出することになります。

変更手続

Q　事業の名称・所在地等が変更した場合には、どのような手続きが必要ですか。

（1）事業場の名称等を変更した場合の手続

労働保険の事務を行ううえで重要な事項とされている次の事項について変更があった場合には、速やかに変更事項、変更事由、変更年月日などを記載した「名称、所在地等変更届」（様式第２号）を所轄の労働基準監督署長又は所轄の公共職業安定所長に提出しなければなりません。

①　事業主の住所（法人の場合は主たる事務所の所在地）又は名称・氏名（法人の場合は名称のみ）

②　事業の名称又は所在地

③　事業の種類（労災保険率適用事業細目表による）

④　事業の予定される期間（有期事業）

この変更の届出を怠ると、労働基準監督署、公共職業安定所、都道府県労働局からの労働保険に関する通知、書類などが届かなかったり、また、事業の種類に変更があると、保険料率が変わりますので、事業主の負担する保険料に影響を及ぼしますから、忘れずに届け出る必要があります。

（2）事業主の代理人を選任（解任）した場合の手続

事業主は、代理人を選任して、事業主が行うべき労働保険に関する事務の全部又は一部を処理させることができます。

この代理人を選任し、又は解任したときは、その都度「代理人選任・解任届」（様式第 19 号）をその事業場の所轄の労働基準監督署長又は所轄の公共職業安定所長に提出しなければなりません。

また、選任された代理人の職名、氏名又は代理事項に変更があったときにも、「代理人選任・解任届」でその旨を速やかに届け出なければなりません。

継続事業の一括

Q　継続事業の場合、本店（社）等において、給与計算等を支店、営業所等の分も含めて行っている場合には、本店（本社）等でまとめて申告ができないのですか。

１　継続事業の一括とは

労働保険の保険関係は、個々の適用事業単位に成立するのが原則ですから、一つの会社でも支店や営業所ごとに数個の保険関係が成立することがあります。しかし、一定の要件を満たす継続事業については、これら複数の保険関係を厚生労働大臣が指定した一つの事業で、まとめて処理することができます。これを「継続事業の一括」と呼んでいます（法第９条）。

これは、事業経営の合理化、とりわけ電子計算機による事務処理の普及等により、賃金計算等の事務を集中管理する事業が増加していることからも、事業主及び政府の事務処理の便宜と簡素化を図るために必要な制度です。

この継続事業の一括は、事業主の申請に基づく政府の認可が必要です。

（１）継続事業の一括の要件

継続事業の事業主が、保険関係が成立している２以上の事業について継続事業の一括をしようとするときは、それぞれの事業が次のすべての要件に該当しなければなりません。

①　継続事業であること。

②　指定事業と被一括事業の事業主が同一であること。

③　それぞれの事業が、次のいずれか一つのみに該当するものであること。

・労災保険に係る保険関係が成立している事業のうち二元適用事業

・雇用保険に係る保険関係が成立している事業のうち二元適用事業

・一元適用事業であって労災保険及び雇用保険の両保険に係る保険関係が成立しているもの

④　それぞれの事業が、「労災保険率表」による「事業の種類」が同じであること。

また、継続事業の一括の認可を受けるための具体的要件として、次の各要件が具備されている必要があります。

・指定事業において、被一括事業の使用労働者数及び労働者に支払われる賃金の明細の把握ができていること

・労働保険事務を円滑に処理する事務能力を有していること

（２）継続事業の一括の効果

一括申請が認可されると、厚生労働大臣が指定した一の事業（指定事業といいます）に、保険関係がまとめられ、その他の事業についての保険関係は消滅します。消滅した事業については確定精算の手続が必要です。

なお、一括されたそれぞれの事業の労働者に係る労災保険給付の事務や、雇用保険の被保険者資格得喪の事務等は、その労働者の属する事業の所在地を管轄する労働基準監督署長又は管轄の公共職業安定所長が行うことになります。

2　申請手続（継続事業一括申請書）

継続事業の一括を受けようとする事業主は「継続事業一括認可・追加・取消申請書」を、厚生労働大臣の指定を受けることを希望する事業の所在地を管轄する労働基準監督署長又は公共職業安定所長を経由して都道府県労働局長へ提出することになっています。

継続事業の一括の申請を受けた都道府県労働局長は、その申請に対する認可又は不認可の通知を行います。

また、初めて継続事業の一括を申請する場合で、一括しようとする事業が新たに開始されるものである場合は「保険関係成立届」（暫定任意適用事業である場合は「任意加入申請書」）をその一括されるべき事業の所在地を管轄する労働基準監督署長又は公共職業安定所長を経由して都道府県労働局長に提出する必要があります。

なお、継続事業の一括を申請する時点において既に保険関係が成立している事業については、「保険関係成立届」（「任意加入申請書」）は必要ありません。

3　その他継続事業一括の後に注意すべきこと

（1）一括される事業を追加する場合

一括の認可を受けた事業主が、一括された事業と同種類の事業を新たに開始し、その事業をも一括に含めることを希望する場合は、「継続事業一括認可・追加・取消申請書」を指定事業の所在地を管轄する労働基準監督署長又は公共職業安定所長を経由して都道府県労働局長に提出することになります。

また、この申請書に先立ってその追加すべき事業の「保険関係成立届」（暫定任意適用事業である場合は「任意加入申請書」）を、その追加すべき事業の所在地を管轄する労働基準監督署長又は公共職業安定所長を経由して都道府県労働局長に提出する必要があります。

現在既に保険関係の成立している事業を追加する場合も上記と同様ですが、この場合は「保険関係成立届」（「任意加入申請書」）は必要ありません。なお、既に保険関係が成立している事業を追加する場合は、その事業の保険関係は消滅しますので**確定精算を行い、指定事業においては、労働者数及び賃金総額の増加として処理することになります。**

（2）一括されている事業を取り消す（廃止又は終了を除く）場合

継続事業の一括承認後当該事業が一括の要件に該当しなくなった場合も、「継続事業一括認可・追加・取消申請書」を、指定事業の所在地を管轄する労働基準監督署長又は公共職業安定所長を経由して都道府県労働局長に提出することになります。

なお、この場合には、指定事業における労働者数又は賃金総額の減少とみなして**確定保険料の申告の際に精算**します。

（3）一括されている事業の一部が廃止又は終了した場合

指定事業以外の事業が廃止又は終了したときは、指定事業における労働者数又は賃金総額の減少とみなし、確定保険料の申告の際に精算します。

指定事業が廃止又は終了したときは、指定事業の変更申請を一括される事業を追加する場合に準じて行います。

（4）一括されている事業のうち一部の事業の種類を変えた場合

事業の種類を変えた事業が指定事業でないときは、一括されている事業を取り消す場合の手続を行うと同時に、その事業について別に保険関係成立の手続を行います。したがって指定事業の労働者数又は賃金総額の減少とみなして**確定保険料の申告の際に精算する**ことになります。

指定事業又はこれを含む一部の事業の種類が変わったときは、一括されている事業を取り消す場合の手続を行うと同時に、指定事業の変更申請を一括される事業を追加する場合に準じて行うことになります。なお、取消承認後は、事業の種類の変更のあった各事業については**別個に保険関係成立の手続を行う**ことになります。

以上のほかに、一括されている事業の指定事業を他に変更する必要が生じたときには厚生労働大臣が事業主の申請に基づき、又は職権で指定の変更を行います。

（5）一括されている事業の名称所在地を変えた場合

指定を受けた事業以外の事業の名称又は当該事業の行われる場所に変更があったときは、遅滞なく、**「継続被一括事業名称・所在地変更届」**（様式第５号の２）を指定事業の所轄の都道府県労働局長に提出することになります。

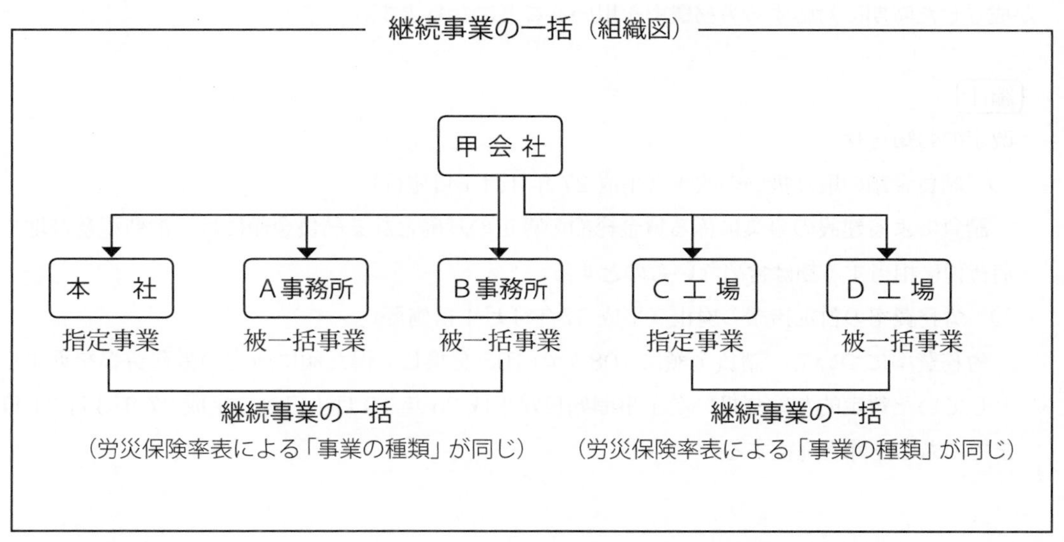

■ 有期事業に係る労働保険の諸手続

有期事業の保険料の納付手続及びメリット制の適用方法等は継続事業とは違っており、また、雇用保険の保険関係については有期事業の取扱いはしません。

つまり、有期事業についての一般保険料は、その事業の全期間に使用するすべての労働者に支払う賃金の総額に、労災保険率を乗じて計算するのが原則です。

ただし、建設の事業は、事業の特殊性から、数次の請負により施工されるのが常態なので、通常元請負人が下請負人の使用する労働者を含めて保険関係成立の手続をする必要があります。しかしながら、特例として、元請負人がその工事全体の支払賃金総額を正確に把握することが困難な場合は、賃金総額を請負金額から計算することが認められています。

このように、賃金総額を正確に把握することが困難な場合の保険料の算式は、以下のとおりです。

請負金額×労務費率×労災保険率＝保険料

なお、平成27年3月31日以前に保険関係が成立した事業については、賃金総額の算定に当たっては、請負金額に108分の105を乗じて得た額とする暫定措置が適用され、保険関係が成立した時期に対応する労務費率を用いることになります。

編注

改定のお知らせ

○　請負金額の取り扱いの改正（平成27年4月1日施行）

請負による建設の事業に係る賃金総額の算定の基礎となる請負金額には、消費税及び地方消費税に相当する額は含めないものとする。

○　労務費率の暫定措置の廃止（平成27年4月1日施行）

労務費率について、請負金額に108分の105を乗じて得た額に所定の労務費率を乗ずるとしていた暫定的な取り扱いを工事開始日が平成25年10月1日から平成27年3月31日までのものを除き廃止する。

有期事業の単位

Q　建設業の場合、事業単位はどのようになるのですか。

建設事業の事業単位は、工作物等が完成されるまでに行われる作業の全体をとらえて、一つの事業単位としています。

例えば、ビル建築工事、ダム建設工事などは、**工事現場を一つの事業単位**として、その事業が開始されるごとに保険関係成立の手続が必要となります。

しかし、一定の小規模建設事業（**消費税額を除いた請負金額が１億 8,000 万円未満**で、かつ、**概算保険料額が 160 万円未満のもの等**）であれば、これらをすべて一括し、一つの事業として一つの保険関係を成立させ、継続事業に準じて扱うことになります。これを「**有期事業の一括**」といいます（法第７条）。

したがって、有期事業として工事開始ごとに保険関係成立の手続をしなければならないものは、有期事業の一括に含まれない建設事業となります。

有期事業の新規成立手続

Q　建設事業を行っている場合、労働保険の成立手続は、どのように行えばよいのですか。

保険関係成立届と概算保険料の申告・納付

労働保険の保険関係は適用単位である事業ごとに成立することになりますので、建設事業の場合は、１工事現場ごとに１事業として、その事業が開始されるごとに保険関係成立の手続をすることになります。

ここで注意を要するのは、数次の請負によって行われる建設事業においては、下請負事業の分離が認められた場合を除き、元請負人は下請負人に請け負わせた部分も含めて保険関係成立の手続をしなければなりません（法第８条）。

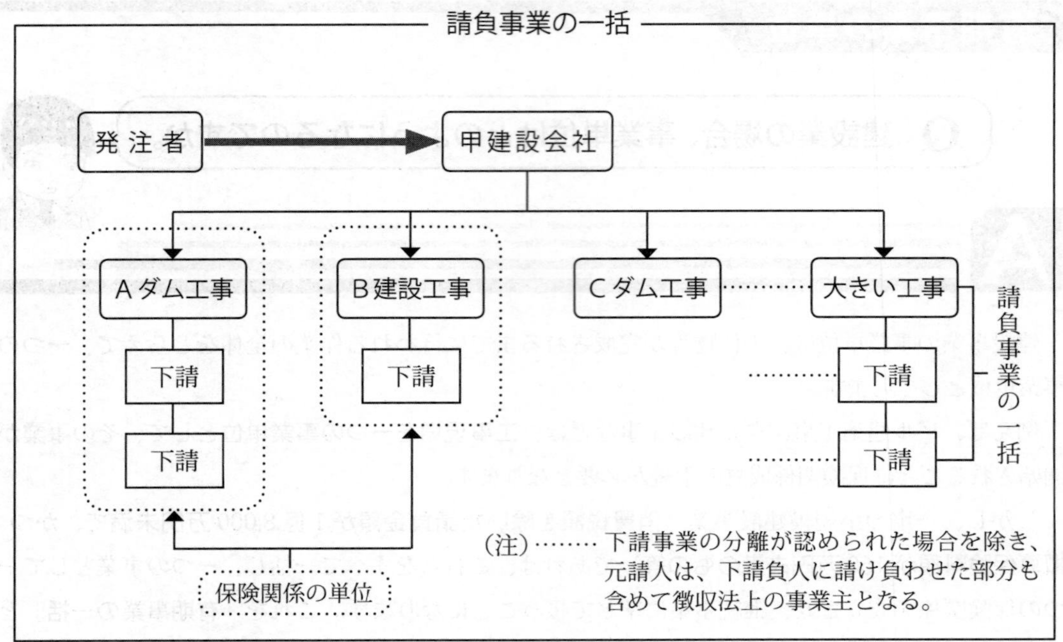

（1）保険関係成立届の提出

建設の事業を始めた場合は、その事業開始の日に保険関係が成立するので、事業主は、その成立の日から10日以内に、事業の所在地、名称、事業主の住所、名称、氏名、事業の概要、事業の種類、成立年月日、賃金総額の見込額及び請負金額等を記載した「保険関係成立届」（様式第1号）を工事現場を管轄する所轄労働基準監督署長に提出しなければなりません。この成立届が提出されますと、労働基準監督署長はその内容を確認して、労働保険番号を記入し、事業主控を事業主に返します。

（2）概算保険料の申告と納付

保険関係が成立した日から20日以内に概算保険料を申告・納付しなければなりません（法第15条第2項）。

概算保険料申告書は、事業主の納める保険料が決まる重要な書類なので、正確に作成する必要があります。

なお、概算保険料申告書の提出及び保険料の納付は、所轄の労働基準監督署、都道府県労働局、日本銀行（本店、支店、代理店及び歳入代理店（全国の銀行･信用金庫の本店又は支店、郵便局））で行います。

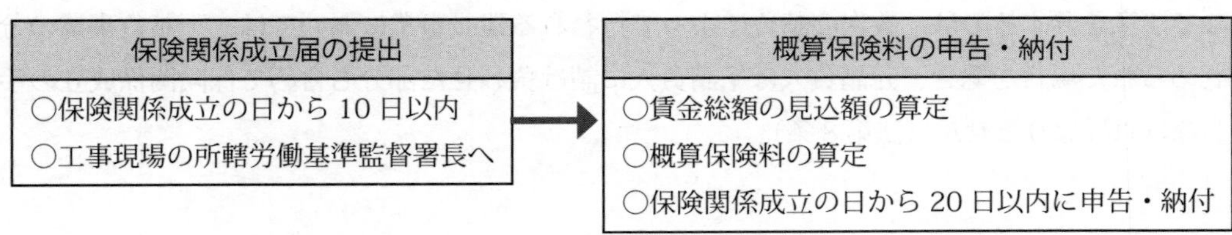

有期事業の延納

Q　有期事業の場合、概算保険料の延納（分割納付）の要件及び方法はどうなるのでしょうか。

概算保険料は、原則として一時にその金額を納付することになっていますが、工事の全期間が６カ月を超える場合で、①概算保険料の額が75万円以上のもの又は②労働保険事務組合に労働保険事務の処理を委託しているものについては、事業主の申請によって延納、いわゆる分割納付が認められています。その方法は、事業の全期間を通じて、毎年４月１日～７月31日、８月１日～11月30日、12月１日～翌年３月31日の各期に分けて納付することができます。

また、保険料の納付期限は、第１期は工事を開始した日から20日以内（例えば工事開始が５月１日の場合の最初の期（５月１日～７月31日）の納期限は５月21日）第２期（８月１日～11月30日）は10月31日、第３期（12月１日～翌年３月31日）は翌年１月31日、翌年の最初の期（４月１日～７月31日）の分は３月31日となっています。

なお、各期の中途で保険関係が成立した事業については、保険関係が成立した日から、その日の属する期の末日までの期間が２カ月を超える場合は、保険関係が成立した日からその日の属する期の末日までを最初の期とし、最初の期の期間が２カ月以内の場合は次の４カ月と合わせた期間を最初の期とします。

また、納付額は、概算保険料の額を期の数で除した額が、各期の納付額となりますが、端数があるときは、その端数を第１期分に加えます。

延納が認められた場合（有期事業の場合）

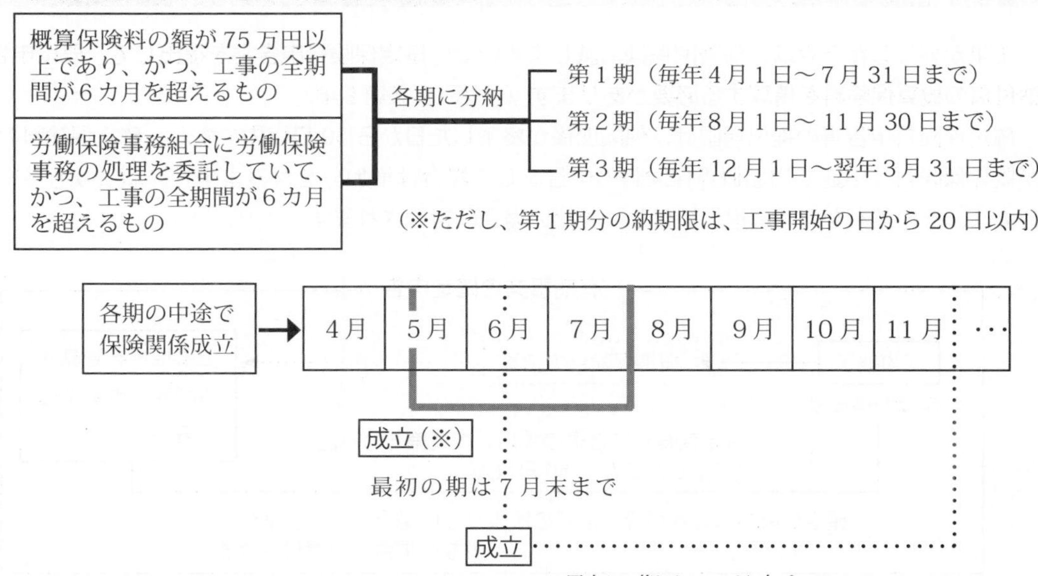

有期事業の変更届

Q　工事期間等に変更が生じた場合には、どのような手続を行うのですか。

A

以下の項目に変更があった場合には、速やかに「名称、所在地等変更届」（様式第２号）を所轄の労働基準監督署長に提出しなければなりません。

① 事業主の住所（法人の場合は主たる事務所の所在地）又は名称・氏名（法人の場合は名称のみ）
② 事業の名称又は所在地
③ 事業の種類（労災保険率適用事業細目表による）
④ 事業の予定期間

有期事業の確定申告

Q　建設工事等が終了した場合には、どのような手続きを行えばよいのですか。

工事が終了したときは、保険関係は消滅しますので、確定保険料申告書を提出して、既に申告・納付済の概算保険料を精算する必要があります（法第 19 条第２項）。

確定保険料申告書の提出期限は、保険関係が終了した日から 50 日以内ですが、確定保険料の額が概算保険料（中途で増加概算保険料の申告をした場合は増加分を含みます）の額よりも多い場合には、その差額を同時に追加納付し、少ない場合は還付されます。

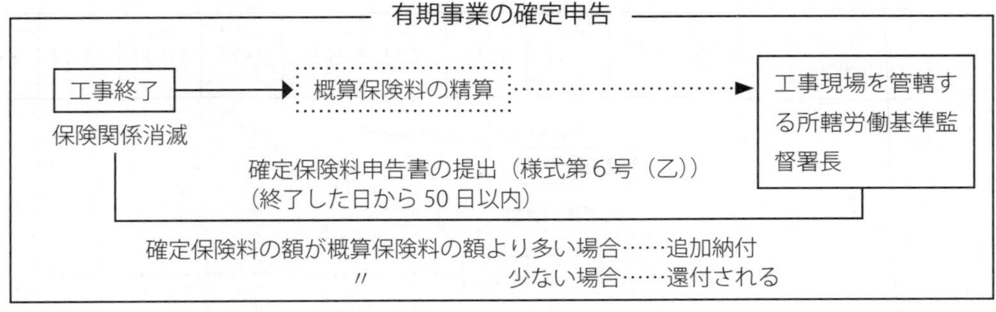

有期事業のメリット制

Q　有期事業にも継続事業と同じようにメリット制があるのですか。ある場合メリット制適用の要件は、どうなるのですか。

（1）有期事業におけるメリット制適用の要件

有期事業についても、継続事業と同様の趣旨によりメリット制があります（法第 20 条）。

有期事業のメリット制では、労災保険率ではなく確定保険料の額を引き上げ又は引き下げます。

メリット制が適用となる有期事業は、以下のいずれかを満たす事業です。

①　建設の事業で、確定保険料の額が 40 万円以上又は消費税額を除いた請負金額が 1 億 1,000 万以上（平成 27 年 3 月 31 日以前に開始された事業については消費税額を含む請負金額が 1 億 2,000 万円以上）の事業

②　立木の伐採の事業で、確定保険料の額が 40 万円以上又は素材の生産量が 1,000 立方メートル以上である事業

（2）メリット収支率

確定保険料の額を引き上げ又は引き下げる基準（以下「メリット収支率」といいます）は、その事業開始の日から事業終了後３カ月又は９カ月を経過する日前までの間における業務災害に係る保険給付及び特別支給金の額（ただし、算入する額は法令で定める方法で算定された額です）と確定保険料の額のうち労災保険率から非業務災害率を減じた率に応じる部分の額を用いて計算される割合です。

$$\text{メリット収支率} = \frac{\text{事業開始日から事業終了後３カ月又は９カ月を経過する日前までの間における業務災害に係る保険給付及び特別支給金の額（※）}}{\left\{\text{非業務災害率に応ずる部分の額を除いた確定保険料の額}\right\} \times \text{調整率}} \times 100$$

（※）複数業務災害については、非災害発生事業場の賃金額に基づく給付分を除く

（3）メリット労災保険率

（2）のメリット収支率が 85％を超え又は 75％以下になる場合には、確定保険料の額を業務災害に関する確定保険料の額にメリット収支率に応じて定められる 40％（立木の伐採の事業は 35％）以内の率を乗じた額だけ引き上げ又は引き下げて得た額が、改定確定保険料の額として事業主に通知されます。

改定により保険料の額が引き上げられた場合は納入告知書が送付されるので追徴額を納付しなければなりません。また、引き下げられた場合は還付請求書が送付されますので、必要事項を記入のうえ所轄の労働基準監督署に提出し、還付を受けることになります。

元請人と下請負人

Q 建設工事を元請負人として施工する場合に、下請負をさせる時に徴収法上どのような元請責任があるのでしょうか。

A

数次の請負によって行われる建設事業については、**元請負人が全体の事業についての事業主として労働保険の適用を受けることになります。**つまり、建設事業が数次の請負によって行われるときは、個々の下請負事業を独立した事業として把握せず、すべて元請負事業に吸収され一つの事業として取り扱うことになるのです。したがって、元請負事業主は、その請負事業に使用するすべての労働者について、保険料の納付等の義務を負うことになります（法第８条第１項）。

このように、数次の請負による事業の一括は、法律上当然に行われるので、事業主の特別の申請は心要ありません。

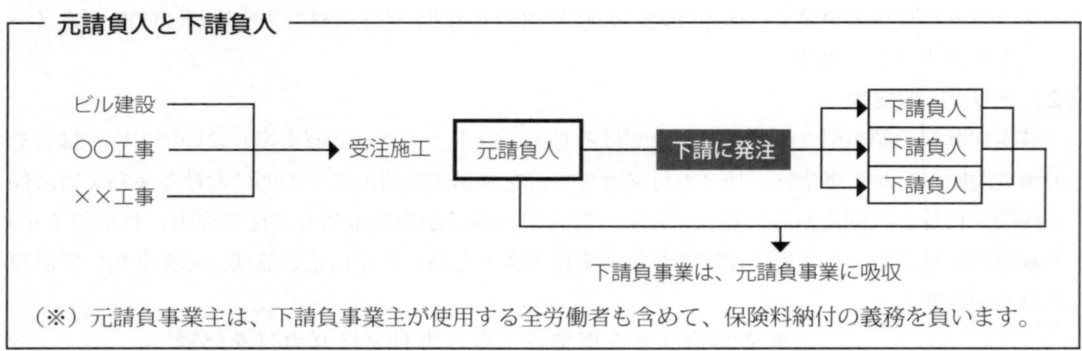

下請負事業の分離

Q 数次にわたる請負の場合、下請負人を事業主とできるのはどういう時ですか。

数次の請負事業の一括は、法律上当然行われるものですが、**下請負事業の概算保険料の額が160 万円以上又は消費税額を除いた請負金額が 1 億 8,000 万円以上になる場合であって、元請負人と、下請負人が共同で、保険関係が成立した日の翌日から起算して 10 日以内に「下請負人を事**

業主とする認可申請書」（様式第４号）を所轄の労働基準監督署長を経由して都道府県労働局長に提出し、その認可を受けた場合には、その下請負人がその下請負事業の事業主となることを認めております（法第８条第２項）。

なお、このような場合でも下請負事業の労災保険率は原則として、元請負事業の労災保険率と同じになります。

下記の分離図を参照して下さい。

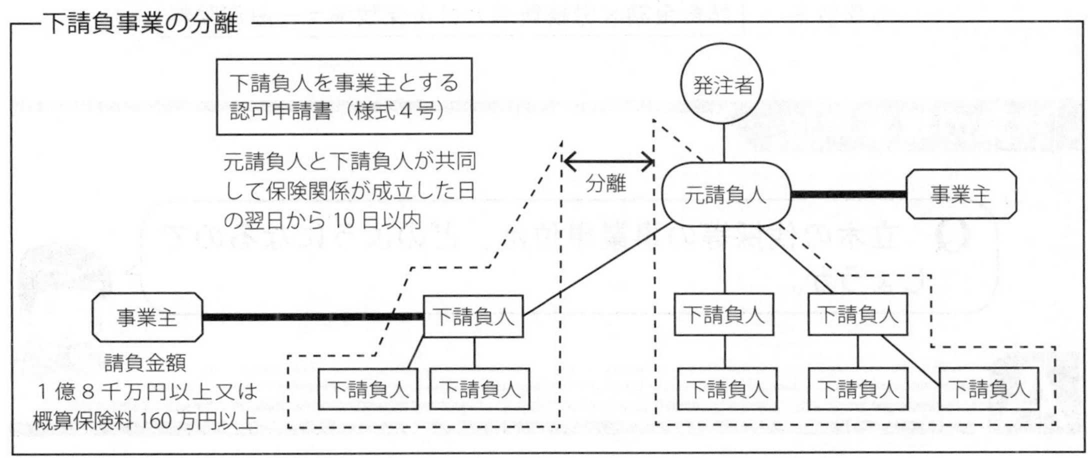

労務費率

Q　建設業の場合、数次にわたる請負のため賃金を正確に把握できないとき、賃金総額はどのようにするのですか。

労災保険に係る一般保険料については、その事業の全期間に使用するすべての労働者に支払う賃金の総額に、労災保険率を乗じて計算するのが原則です。

しかしながら、建設事業では、事業の特殊性から数次の請負により施工されるのが常態ですから、通常元請負人が下請負人の使用する労働者を含めて保険料の申告・納付を行う必要がありますが、元請負人は工事全体の支払い賃金総額を正確に把握することが困難な場合もあります。

このような場合には、賃金総額を請負金額から計算する特例が認められています（法第11条第３項）。

この特例による賃金総額は、その工事の請負金額に事業の種類ごとに定められた「労務費率」（巻末付録参照）を乗じた額が、その工事の賃金総額とされます。

ここでいう「請負金額」とは、請負代金の額そのものではなく、事業主が注文者などからその事業に使用する工事用の資材などを支給されたり、又は機械器具等を貸与された場合は、支給された物の価額相当額又は機械器具などの損料相当額が請負代金に加算されます。ただし、厚生労働大臣がその事業の種類ごとに定めた「工事用物」（巻末付録参照）の価額は請負代金の額に加算しません。また、請負代金の額に「工事用物」の価額が含まれている場合には、請負代金の額からそれらの「工事用物」の価額を差し引いた額です。

労務費率⇒ 請負金額×労務費率×労災保険率＝一般保険料

林業の事業単位

Q 立木の伐採等の事業単位は、どのようになるのでしょうか。

林業についても建設事業の場合と同様に、期間の定めがある場合には、１作業現場ごとに１事業として、その事業が開始されるごとにそれぞれ「有期事業」として保険関係成立の手続をします。

立木の伐採の事業については、特に一定の基準が設けられており、この基準に該当する事業は、一括して一つの事業として継続事業に準じて扱うことになります（法第７条）

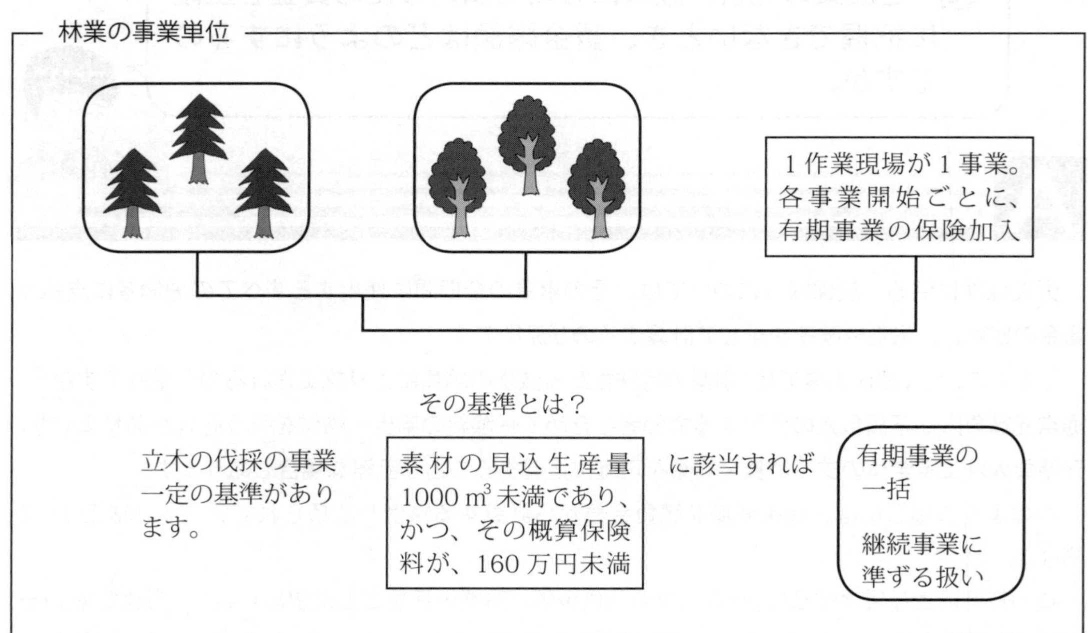

林業の事業単位
１作業現場が１事業。
各事業開始ごとに、
有期事業の保険加入
その基準とは？
立木の伐採の事業
一定の基準があります。
素材の見込生産量
1000 m³未満であり、
かつ、その概算保険
料が、160万円未満
に該当すれば
有期事業の
一括
継続事業に
準ずる扱い

林業における労務費率

Q　建設業においては、業種ごとに労務費率が定められていますが、林業においては、労務費率又はそれに類するものはないのでしょうか。

保険料は、原則的には、他の業種の事業と同様その事業に使用するすべての労働者に対して支払われる賃金総額の見込額に、労災保険率を乗じて算出します。

この場合の賃金総額には、その作業にかかる準備としての小屋掛、物資の搬入等又は作業が完了してからの小屋はずし、資材等の運搬等に要した支払賃金も算入しなければなりません。

また、立木の伐採の事業で支払い賃金総額が正確に把握できない場合には、都道府県労働局長が告示している素材１立法メートルを生産するために必要な労務費の額に、生産されるであろう素材の材積を乗じて得た額を支払賃金総額の見込額として次の算式によって計算します。

１立方メートル当たりの労務費の額 × 素材の見込生産量（立方メートル） × 労災保険率＝一般保険料

■有期事業の一括に係る労働保険の諸手続

有期事業の一括は、継続事業とみなされるので、継続事業の場合と同じように、毎年６月には新年度の概算保険料の申告・納付と、前年度の保険料を精算するための確定保険料の申告・納付の手続きが必要です。

ただし、有期事業の一括の場合、確定保険料申告書の提出による保険料の精算は、前年度中に工事を終了した事業についてのみ行うことになっています。

申告書の様式は、一般継続事業と同じものを使用します。

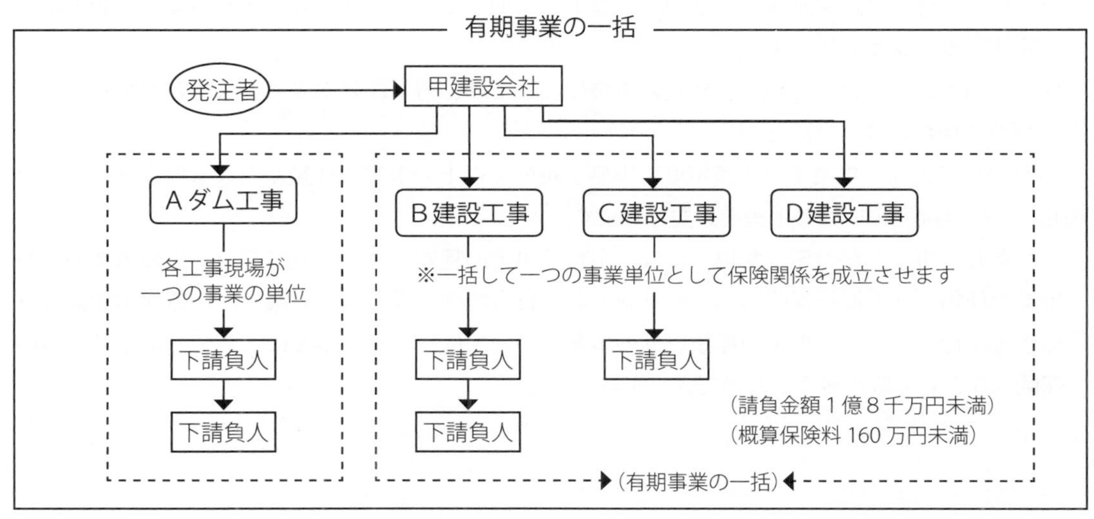

有期事業の一括

Q 建設業等の場合、期間の定められた種々の工事を行なっているが、一つ一つの工事ごとに保険関係を成立させることになりますが、これらの工事を一括して申告することはできないでしょうか。

A

小規模な建設事業や立木の伐採事業を年間を通じて数多く行う場合に、事業の開始、終了の都度保険手続を行うことは、事業主にとってわずらわしいことです。

そこで、同一事業主が年間を通じて一定規模以下の建設事業や立木の伐採事業を一定地域内で行う場合には、それぞれの事業をまとめて一つの保険関係で処理することにしています。これを「有期事業の一括」といいます（法第７条）。

有期事業の一括の要件

有期事業の一括は、それぞれの有期事業が次のすべての要件に該当したとき、それらの事業は法律上一つの事業とみなされ、継続事業と同様に取り扱われます。

① 事業主が同一人であること。

② それぞれの事業が建設の事業又は立木の伐採の事業であること。

③ それぞれの事業の規模が、概算保険料を試算し、その額が 160 万円未満であって、かつ、建設の事業においては、消費税額を除いた請負金額が１億 8,000 万円未満（平成 27 年３月 31 日以前に開始された事業について消費税額を含む請負金額が１億 9,000 万円未満）、立木の伐採の事業においては素材の見込生産量が、1,000 立方メートル未満であること。

なお、はじめこの規模に該当していたものが、その後の設計変更などのために保険料額、請負金額、素材の見込生産量が一括の基準以上に増加しても、あらためてその事業の分を一括から除外する必要はありません。

④ それぞれの事業の種類が、建設の事業においては、労災保険率表（巻末付録参照）にいう事業の種類と同一であること。

したがって、同一事業主が当該年度に実施予定の２以上の事業の種類が異なる場合は、事業の種類ごとに保険関係成立の手続を必要とします。

ただし、事業主が希望した場合には、主たる事業の種類（当該年度に施行予定の事業のうち事業の種類ごとの概算保険料の算定基礎となる賃金総額の最も多い事業）に係る保険関係成立の手続を行い、主たる事業の種類以外の事業については、主たる事業に含めて一括して一つの保険関係として取り扱うことができます。

有期事業の一括の手続

Q　有期事業を一括して申告を行う場合の手続はどうするのでしょうか。

1　保険関係成立届の提出

有期事業の一括は、特別な申請手続をまたずに自動的に一括されるものでありますから、一括される有期事業をはじめたときは、まず「保険関係成立届」（様式第1号）を、事業所の所在地を管轄する労働基準監督署長に提出します。この届書提出の時期は、有期事業の一括に含まれる事業を、いちばん最初に着手した日から10日以内です。

この届書が提出されますと、労働基準監督署長はその内容を確認して労働保険番号等を付し、事業主控を事業主に返します。

保険関係成立届の記載については、③欄の「事業の概要」欄には、当該保険年度における（3月まで）事業の概要、事業の見込施工件数、一括される有期事業の規模及び総請負金額（見込）を記入します。

2　概算保険料の申告と納付

保険関係成立届の届出によって付与された労働保険番号に基づいて概算保険料の申告・納付を行います。

この概算保険料は、一括される有期事業を開始した日から、その保険年度の末日までに使用する労働者に支払う賃金総額の見込額を基礎として計算しますが、下請負人を使用して事業を行うためなどにより支払賃金総額を正確に把握できない場合には、事業の見込施工件数、規模などから総請負金額を推定して概算保険料を計算することになります（建設事業の一般保険料の算出方法、記載ページ参照）。こうして計算した概算保険料は、保険関係の成立した日から50日以内に申告・納付しなければなりません。

3　その他の手続

（1）一括有期事業報告書の提出

有期事業の一括について、事業廃止や年度更新時の確定保険料申告を行う場合に、その年度における一括された有期事業の具体的実施内容を記載した「一括有期事業報告書」（様式第7号（甲）、（乙））を提出し、有期事業の一括の明細を報告することになっています。建設の事業については「一括有期事業報告書」の他に「一括有期事業総括表（建設の事業）」を提出しなければなりません。

なお、確定保険料の算定も、この報告書によって行うことになります。

従来、一括有期事業報告書の作成時には、一括有期事業開始届（毎月10日までに報告）と照合していましたが、一括有期事業開始届の届出義務は平成31年4月1日以降、廃止されています。

（2）保険加入者の氏名等を変更した場合の手続

労働保険の事務を行ううえで重要な事項とされている次の事項について変更があった場合には、すみやかに、変更事項、変更事由、変更年月日などを記載した「名称、所在地等変更届」を所轄の労働基準監督署長に提出しなければなりません。

① 事業主の住所（法人の場合は主たる事務所の所在地）又は名称・氏名（法人の場合は名称のみ）

② 事業の名称又は所在地

この変更の届出を怠りますと、労働基準監督署又は都道府県労働局からの労働保険に関する通知、書類などが届かなかったりすることになりますので、忘れずに届け出る必要があります。

（3）賃金総額が増加した場合の手続等

増加概算保険料の申告・納付、延納の方法などの手続は、継続事業の場合と同様です。

■ 印紙保険料

印紙保険料は、一般保険料が申告制による現金納付であるのと異なり、事業主が雇用する日雇労働被保険者に賃金を支払った都度、日雇労働被保険者手帳に雇用保険印紙を貼付し消印することによって納付するか又は厚生労働大臣の指定を受けた印紙保険料納付計器により日雇労働被保険者手帳に納付すべき印紙保険料額に相当する金額を表示して納付印を押すことによって納付しなければなりません（法第 23 条）。

雇用保険印紙の貼付は、現実に賃金が支払われた日に、その支払われた日数分についての雇用保険印紙の種別と枚数を決定し、これを貼付するものです。しかし、日雇労働被保険者に対する給付金の支給は直前の２月の印紙保険料の納付状況によって決定されますので、賃金の支払いが就労した月の末日を過ぎる場合には、その末日までに雇用保険印紙を貼付する必要があります。

日雇労働被保険者

Q 日雇労働被保険者とは、どのような人が対象になり、どのような手続きが必要ですか。

雇用保険の日雇労働被保険者にかかる労働保険料は、一般保険料と印紙保険料の２種類があります。

日雇労働被保険者を雇用する事業主は、その日雇労働被保険者に支払った賃金を一般保険料の算定に含めると同時に、印紙保険料の納付の義務を負うことになります。

1　日雇労働者とは、

雇用保険法でいう日雇労働者とは、次のいずれかに該当する労働者をいいます。

（1）日々雇用される者

（2）30 日以内の期間を定めて雇用される者

ただし、日雇労働者が、同一事業主の適用事業に前２月の各月において 18 日以上雇用された場合は、その翌月から、同一事業主の適用事業主に継続して 31 日以上雇用された場合はその日から一般被保険者等として取り扱われることになります。

2　日雇労働被保険者とは

日雇労働者のうち、日雇労働被保険者となるのは、次のいずれかに該当する者です。

（1）特別区や公共職業安定所の所在する市町村の区域（厚生労働大臣が指定する区域は除かれる）、あるいはこれらに隣接する市町村の全部又は一部の区域であって、厚生労働大臣が指定する区域（以下、適用区域と略称）に居住し、適用事業に雇用される者

（2）適用区域外に居住し、適用区域内にある適用事業に雇用される者

（3）適用区域外に居住し、適用区域外の厚生労働大臣指定の適用事業に雇用される者

ただし、上の（1）～（3）に該当しない日雇労働者であっても、適用事業に雇用される場合には、その者の居住地を管轄する公共職業安定所長の認可を受けて被保険者となることができます。

3　日雇労働被保険者になるための手続き

上の（1）～（3）に該当する日雇労働者は、それぞれの要件に該当するに至った日から５日以内に、その旨を居住地を管轄する公共職業安定所に届け出て、日雇労働被保険者手帳の交付を受けなければなりません。

なお、公共職業安定所長の認可を受けて被保険者となった日雇労働者については、認可のあった日に日雇労働被保険者手帳が交付されます。

印紙保険料の額とその負担

Q　印紙保険料の額はどのように計算するのでしょうか。また、その負担はどのようになるのでしょうか。

1　印紙保険料の額

印紙保険料の額は、雇用保険の日雇労働被保険者１人につき、１日当たり次に掲げる額です（法第 22 条第１項）。

①　賃金の日額が 11,300 円以上の者については、176 円

②　賃金の日額が 8,200 円以上 11,300 円未満の者については、146 円

③　賃金の日額が 8,200 円未満の者については、96 円

2　印紙保険料の種類

第１級は、額面 176 円のもの、第２級は、額面 146 円のもの、第３級は、額面 96 円のものです。

したがって、この雇用保険印紙は、賃金の支払いの対象になった日雇労働被保険者についての印紙保険料の額がいくらになるかを判断し、その印紙保険料の額に応ずる額面の雇用保険印紙を日雇労働被保険者手帳に貼付します。すなわち、事業主が日雇労働被保険者に支払う賃金の日額が 11,300 円以上の場合は第１級（額面 176 円）の雇用保険印紙を、賃金の日額が 8,200 円以上 11,300 円未満の場合は第２級（額面 146 円）の雇用保険印紙を、賃金の日額が 8,200 円未満の場合は第３級（額面 96 円）の雇用保険印紙をそれぞれ日雇労働被保険者手帳に貼付することになります。

3　印紙保険料の負担

印紙保険料は、事業主と日雇労働被保険者が、それぞれ２分の１ずつ負担します（法第 31 条第３項）。

事業主は、日雇労働被保険者に賃金を支払う都度、その日雇労働被保険者の負担すべき一般保険料の額及び印紙保険料の額を控除することができます（法第 32 条第１項）。

消印に使用する印影の届出

Q　雇用保険印紙の消印に使用する印影は、どの印影でもよいのでしょうか。

雇用保険印紙の消印に使用する印影の届出

事業主は、日雇労働被保険者を雇用した場合は、賃金を支払う都度、日雇労働被保険者を雇用した日数に相当する枚数の雇用保険印紙を日雇労働被保険者手帳の該当日欄に貼付して消印することになりますが、消印に使用する印影は、事業所の所在地を管轄する公共職業安定所長に届け出たものでなければなりません。この消印は「一つの事業に対し一つ」を原則としており、複数の届出は認められません。また、消印に使用する印影を変更しようとするときも、あらかじめ届け出る必要があります。

雇用保険印紙の購入手続

Q　雇用保険印紙は、誰でも、どこの郵便局でも購入できるのですか。

雇用保険印紙の購入手続

雇用保険印紙を購入しようとする事業主は、事務所の所在地を管轄する公共職業安定所長に雇用保険印紙購入通帳交付申請書を提出して雇用保険印紙購入通帳（様式第１号）の交付を受け、この通帳の印紙購入票（事業主控）及び印紙購入申込書に購入しようとする印紙の種類別枚数、その金額（事業主控のみ）、労働保険番号、購入年月日並びに事業主の氏名又は名称及び住所又は所在地を記入して、雇用保険印紙を販売する郵便局に提出します。

なお、雇用保険印紙購入通帳の有効期間は、当該通帳の交付の日より毎年度３月末日までとなっていますので、毎年３月１日から３月 31 日までの間に、事業主は雇用保険印紙購入通帳更新申請書（様式第９号）を現在使用している雇用保険印紙購入通帳とともに所轄公共職業安定所長に提出し、新たな有効期間の雇用保険印紙購入通帳の交付を受けることになります。

雇用保険印紙に係る備付け帳簿と報告書

Q　雇用保険印紙購入手帳の交付を受けている事業主は、どのような帳簿の備え付けと報告の義務があるのですか。

1　雇用保険印紙受払簿

日雇労働被保険者を雇用する事業主は、「雇用保険印紙受払簿」（次ページ例参照）を備えて、雇用保険印紙の毎月の受払状況を記録しなければなりません（法第 24 条）。

雇用保険印紙受払簿の記入要領は以下のとおりです。

（イ）受払簿は印紙の級ごとに作成します。

（ロ）「前月から繰越」欄の「残」欄には、前月末日現在の「残」欄の印紙の枚数を記入します。

（ハ）「受」欄には印紙を販売する郵便局から購入した印紙の枚数を記入します。

（ニ）「払」欄には被保険者手帳に貼付及び消印した印紙の枚数を記入します。なお、日雇労働被保険者の就労日と被保険者手帳に印紙を貼付及び消印する日とが一致しない場合は、印紙を貼付及び消印した日の日付によってこれを記入します。

(ホ)「日雇労働者数」欄には、雇用した日雇労働被保険者の人数を記入します。

(ヘ)「印紙貼付数」欄には雇用した日雇労働被保険者に対して雇用保険被保険者手帳に貼付した印紙の枚数を記入します。

(ト)「支払賃金総額」欄には、当日、日雇労働被保険者に支払った賃金の総額を記入します。

2　印紙保険料納付状況報告書の提出

雇用保険印紙購入通帳の交付を受けている事業主は、「印紙保険料納付状況報告書」によって、毎月における雇用保険印紙の受払状況を翌月末日までに、事業所の所在地を管轄する公共職業安定所長を経由して、都道府県労働保険特別会計歳入徴収官に報告しなければなりません（法第24条）。

印紙保険料納付状況報告書の記入要領は第２章の記載例のとおりですが、記入の際には雇用保険印紙受払簿（下表例）に基づき正しく記入して下さい。

雇用保険印紙受払簿（１級）　〇〇年７月分

項目／月日	① 受	② 払	③ 残	日雇労働者数	印紙貼付数	⑥ 支払賃金総額	備考
前月から繰越			43				
1	0	25	18	25	25	301,250	
2	0	15	3	15	15	189.250	
3	185	18	170	18	18	272,200	
省略							
29	0	1	113	1	1	12,000	
30	0	11	102	11	11	158,500	
31	0	23	79	23	23	317,400	
計	228	149	79	149	149	1,980,350	

（注）この書式はイメージです。

雇用保険印紙の買戻し

Q　雇用保険印紙を購入した事業が廃止されたり、雇用保険印紙が変更となった場合、未使用雇用保険印紙はどうなるのでしょうか。

雇用保険に係る保険関係が消滅し、又は日雇労働被保険者を雇用しなくなったため、既に購入済の雇用保険印紙が不用となったとき（保有する雇用保険印紙の等級に相当する賃金日額の日雇労働被保険者を使用しなくなったときを含みます）は、あらかじめ事業所の所在地を管轄する公共職業安定所長の確認を受けたうえで、郵便局にその保有する雇用保険印紙の買戻しを申し出ることができます。また雇用保険印紙が変更され購入済の雇用保険印紙が使用できなくなったときは、直接郵便局で買戻しを申し出ることができます（ただし、雇用保険印紙が変更された場合の買戻しの期間は、雇用保険印紙が変更された日から６カ月間です）。

特別加入制度

Q　特別加入とはどのような制度ですか。

労災保険は、事業主に使用され賃金を受けている者の災害に対する保護を主な目的とする制度ですから、事業主、自営業者、家族従事者など労働者以外の災害については、本来ならば保護の対象とはならないものです。また、労災保険法の適用については属地主義により、日本国内に限られており、海外の事業場に派遣された労働者の災害については、労災保険の保護の対象とはならないものとなっています。

しかしながら、中小事業主、自営業者、家族従事者などのなかには、その業務や通勤の実態、災害発生状況等からみて労働者に準じて保護するにふさわしい者がいます。

また、海外の事業場に派遣された労働者についても、外国の制度の適用範囲や給付内容が十分でないために、わが国の労災保険による保護が必要な者がいます。そこでこれらの者に対しても、労災保険本来の建前をそこなわない範囲で労災保険の利用を認めようとするのが特別加入の制度です。

特別加入者の保険料

Q　特別加入者の保険料の計算はどのようになるのでしょうか。また、申告はどのようにするのですか。

A

（1）保険料の計算式は次のとおりです。

第１種特別加入保険料（中小事業主等） 第２種特別加入保険料（一人親方等） 第３種特別加入保険料（海外派遣者）	＝	保険料算定 基礎額の総額	×	第１種特別加入保険料率 第２種特別加入保険料率 第３種特別加入保険料率

なお、保険年度の中途に新たに特別加入が認められた場合及び中途で特別加入を脱退した場合については、その年度における特別加入期間に応じた月数分の「保険料算定基礎額」とすることになります。

（2）保険料の申告・納付は、一般保険料の場合とおおむね同様の方式によって行います。

（3）特別加入制度とは

労災保険は、もともと労働基準法の適用労働者の業務災害又は通勤災害に対する保護を目的とした制度ですから、労働者でない者（事業主、自営業者等）の業務中の災害又は通勤災害については、本来的には保護の対象としないという建前になっています。

しかしながら、これら労働者でない者の中には、一部ではありますが、業務の実態や災害の発生状況などからみて、労働者と同じように労災保険によって保護するにふさわしい者たちが存在することもまた否定できません。

また、労災保険の適用範囲は、属地主義により、日本国内に限られており、国内の事業場から国外の事業場に派遣され当該事業に従事する者は、たとえ労働者であっても、わが国の労災保険の保護が及ばないことになっています。

労災保険では、こうした本来労災保険の適用がない者のうちの一部の者について、労災保険の建前を損なわない範囲で、また、災害が起こった場合の業務上外の認定等保険技術的に可能な範囲内で、特に労災保険の加入を認め、労災保険による保護を図ることができる制度を設けています。

この制度を「特別加入制度」といいます。

特別加入制度は任意加入の制度であり、労災保険への加入を希望する者は、特別加入申請を行い所轄労働基準監督署長を経由して都道府県労働局長の承認を得る必要があります。

また、この特別加入制度は、すべての業種について適用が認められるものではなく、適用業種の決定は、①業務の実態、災害の発生状況などからみて労働基準法の適用労働者に準じて保護するにふさわしいものであるかどうか、②労働関係のもとにある労働者と異なり、業務の範囲が労働契約、労働協約、就業規則などにより特定される者でないにしても、業務の実態からしてその者の業務の範囲が明確に特定でき、業務災害の認定をはじめ保険関係の適正な処理が技術的に可能であるかどうか等を十分に考慮して行われます。

(4) 特別加入できる者の範囲と加入手続

特別加入できる者の範囲と加入手続は次のとおりです。

	中小事業主等	一人親方等
特別加入者の範囲	労災保険法第33条第1～第2号	労災保険法第33条第3～第4号
	イ. 中小事業主(300人(金融業、保険業、不動産業又は小売業にあっては50人、卸売業又はサービス業にあっては100人)以下の労働者を使用する事業主)及びその家族従事者 ロ. 法人その他の団体の役員であるときは代表以外の役員のうち労働者でないもの	一人親方その他自営業者であって下記の事業を行う者およびその家族従事者 イ. 自動車を使用して行う旅客若しくは貨物の運送の事業又は原動機付自転車若しくは自転車を使用して行う貨物の運送の事業 ロ. 建設の事業 ハ. 漁船による水産動植物採捕の事業 ニ. 林業の事業 ホ. 医薬品の配置販売の事業 ヘ. 再生資源の取扱いの事業 ト. 船員法第1条に規定する船員が行う事業 チ. 柔道整復師が行う事業 リ. 創業支援等措置に基づき事業を行う高年齢者 ヌ. あん摩マッサージ指圧師、はり師又はきゆう師が行う事業 ル. 歯科技工士が行う事業
手続を行う者	中小事業主等	一人親方等で構成する団体(特別加入団体)
	労働保険事務組合が委託事業主の労働保険関係事務手続を行う	団体の代表者が労働保険関係事務手続を行う

	特定作業従事者	海外派遣者
特別加入者の範囲	労災保険法第33条第5号	労災保険法第33条第6～第7号
	イ. 一定規模の農業(畜産・養蚕を含む)における特定の危険有害業務従事者 ロ. 厚生労働大臣が定める種類の機械を使用して農作業に従事する者 ハ. 職場適応訓練従事者 ニ. 事業主団体等委託訓練従事者 ホ. 家内労働法の適用のある家内労働者とその補助者で労災保険法施行規則第46条の18第3号で定めた作業に従事する者 ヘ. 労働組合等の一人専従役員 ト. 介護労働者の雇用管理の改善等に関する法律(平成4年法律第63号)第2条第1項に規定する介護関係業務に係る作業であって、入浴、排せつ、食事等の介護その他の日常生活上の世話、機能訓練又は看護に関する作業を行う者、若しくは炊事、洗濯、掃除、買物、児童の日常生活上の世話及び必要の保護その他家庭において日常生活を営むのに必要な行為を代行し又は補助する者 チ. 放送番組(広告放送を含む)、映画、寄席、劇場等における音楽、演芸その他の芸能の提供の作業又はその演出若しくは企画の作業に従事する者 リ. アニメーションの制作の作業に従事する者 ヌ. 情報処理システムの設計、開発、管理、監査、セキュリティ管理若しくは情報処理システムに係る業務の一体的な企画又はソフトウェア若しくはウェブページの設計、開発、管理、監査、セキュリティ管理、デザイン若しくはウェブページに係る業務の一体的な企画その他の情報処理に係る作業に従事する者	イ. 独立行政法人国際協力機構等開発途上地域に対する技術協力の実施を業務とする団体から派遣されて開発途上地域で行われている事業に従事する者 ロ. 日本国内で行われる事業(継続事業に限る)から派遣されで海外支店、工場、現場、現地法人、海外の提携先企業等海外の事業に従事する労働者 ハ. 日本国内で行われる事業(継続事業に限る)から海外支店、工場、現場、現地法人、海外の提携先企業等海外で行われる300人(金融業、保険業、不動産業又は小売業にあっては50人、卸売業又はサービス業にあっては100人)以下の労働者を使用する事業に代表者等として派遣される者
手続を行う者	特定作業従事者で構成する団体(特別加入団体)	派遣先である団体又は事業主
	団体の代表者が労働保険関係事務手続等を行う	団体又は事業主が労災保険関係事務手続等を行う

（5）特別加入制度の概要

○は適用あり×は適用なし

根拠条文		特別加入者	事業又は作業の種類	保険料率		給付基礎日額	通勤災害の適用
法第33条 1号 2号		中小事業主 家族従事者等	中小事業主 中小事業主が行う事業に従事する者	第1種	当該事業に適用する料率	25,000円 24,000 22,000 20,000 18,000 16,000 14,000 12,000 10,000 9,000 8,000 7,000 6,000 5,000 4,000 3,500 家内労働者のみ（3,000円） （2,500円） （2,000円） ※給付基礎日額は、上の範囲において、特別加入者の希望を徴したうえ、都道府県労働局長が決定する。	○
3号	則第46条の17 1号	個人タクシー・個人貨物運送業者	自動車を使用して行う旅客若しくは貨物の運送の事業又は原動機付自転車若しくは自転車を使用して行う貨物の運送の事業	第2種	$\frac{11}{1000}$		×
4号	2号	建設業者の一人親方	土木・建築、その他の工作物の建設、改造、保存、修理、変更、破壊、若しくは解体又はその準備の事業		$\frac{17}{1000}$		○
	3号	漁船による自営漁業者	漁船による水産動植物の採捕の事業		$\frac{45}{1000}$		×
	4号	林業の一人親方	林業の事業		$\frac{52}{1000}$		○
	5号	医薬品の配置販売業者	医薬品の配置販売の事業		$\frac{6}{1000}$		○
	6号	再生資源取扱業者	再生利用の目的となる廃棄物の収集、運搬、選別、解体等の事業		$\frac{14}{1000}$		○
	7号	船員法第1条に規定する船員	船員法第1条に規定する船員が行う事業		$\frac{48}{1000}$		○
	8号	柔道整復師	柔道整復師法第2条に規定する柔道整復師が行う事業		$\frac{3}{1000}$		○
	9号	創業支援等措置に基づき事業を行う高年齢者	高年法に規定する創業支援等措置に基づき、委託契約その他の契約に基づいて高年齢者が新たに開始する事業又は社会貢献事業に係る委託契約その他の契約に基づいて高年齢者が行う事業		$\frac{3}{1000}$		○
	10号	あん摩マッサージ指圧師、はり師又はきゆう師	あん摩マッサージ指圧師、はり師、きゆう師等に関する法律に基づくあん摩マッサージ指圧師、はり師又はきゆう師が行う事業		$\frac{3}{1000}$		○
	11号	歯科技工士	歯科技工士法第2条に規定する歯科技工士が行う事業		$\frac{3}{1000}$		○
5号	則第46条の18 1号イ	特定農作業従事者	厚生労働大臣が定める規模の事業場における土地の耕作若しくは開墾、植物の栽培若しくは採取又は家畜（家きん及びみつばちを含む）若しくは蚕の飼育の作業であって、次のいずれかに該当するもの (1) 動力により駆動される機械を使用する作業 (2) 高さが2メートル以上の箇所における作業 (3) 労働安全衛生法施行令（昭和47年政令第318号）別表第6第7号に掲げる酸素欠乏危険場所における作業 (4) 農薬の散布の作業 (5) 牛、馬又は豚に接触し、又は接触するおそれのある作業		$\frac{9}{1000}$		×

	1号ロ	指定農業機械作業従事者	農業における土地の耕作若しくは開墾又は植物の栽培若しくは採取の作業であって、厚生労働大臣が定める種類の機械を使用するもの	第2種	$\frac{3}{1000}$		×
	2号イ	職場適応訓練従事者	国又は地方公共団体が実施する求職者を作業環境に適応させるための訓練として行われる作業		$\frac{3}{1000}$		○
	2号ロ	事業主団体等委託訓練従事者	国又は地方公共団体が実施する求職者の再就職を容易にするために必要な技能を習得させるための職業訓練であって事業主の団体に委託されるもの（厚生労働大臣が定めるものに限る）として行われる作業		$\frac{3}{1000}$		○
	3号イ及びロ	危険有害作業の家内労働者	プレス機械、型付け機、型打ち機、シャー、旋盤、ボール盤又はフライス盤を使用して行う金属、合成樹脂、皮、ゴム、布又は紙の加工作業又は、研削盤若しくはバフ盤を使用して行う研削若しくは研ま又は溶融した鉛を用いて行う金属の焼入れ若しくは焼きもどしの作業であって、金属製洋食器、刃物、バルブ又はコックの製造又は加工に係るもの		$\frac{14}{1000}$		×
	3号ハ		労働安全衛生法施行令別表第６の２に掲げる有機溶剤若しくは有機溶剤中毒予防規則（昭和47年労働省令第36号）第１条第１項第２号の有機溶剤含有物又は特定化学物質障害予防規則（昭和47年労働省令第39号）第２条第１項第３号の３の特別有機溶剤等を用いて行う作業であって、化学物質製、皮製若しくは布製の履物、鞄、袋物又は服装用ベルト、グラブ若しくはミット又は木製若しくは合成樹脂製の漆器の製造又は加工に係るもの		$\frac{5}{1000}$		
	3号ニ		じん肺法（昭和35年法律第30号）第２条第１項第３号の粉じん作業又は労働安全衛生法施行令別表第４第６号の鉛化合物（以下「鉛化合物」という）を含有する釉薬を用いて行う施釉若しくは鉛化合物を含有する絵具を用いて行う絵付けの作業若しくは当該施釉若しくは絵付けを行った物の焼成の作業であって陶磁器の製造に係るもの		$\frac{17}{1000}$		
	3号ホ		動力により駆動される合糸機、撚糸機又は織機を使用して行う作業		$\frac{3}{1000}$		
	3号ヘ		木工機械を使用して行う作業であって、仏壇又は木製若しくは竹製の食器の製造又は加工に係るもの		$\frac{18}{1000}$		

	4号	労働組合等の一人専従役員	労働組合法（昭和24年法律第174号）第2条及び第5条第2項の規定に適合する労働組合その他これに準ずるものであって厚生労働大臣が定めるもの（常時労働者を使用するものを除く）の常勤の役員が行う集会の運営、団体交渉その他の当該労働組合等の活動に係る作業であって、当該労働組合等の事務所、事業場、集会場又は道路、公園その他の公共の用に供する施設におけるもの（当該作業に必要な移動を含む）		$\frac{3}{1000}$		○
	5号	介護作業従事者及び家事支援従事者	介護労働者の雇用管理の改善等に関する法律（平成4年法律第63号）第2条第1項に規定する介護関係業務に係る作業であって、入浴、排せつ、食事等の介護その他の日常生活上の世話、機能訓練又は看護に係るもの、若しくは炊事、洗濯、掃除、買物、児童の日常生活上の世話及び必要な保護その他家庭において日常生活を営むのに必要な行為		$\frac{5}{1000}$		○
	6号	芸能関係作業従事者	放送番組(広告放送を含む)、映画、寄席、劇場等における音楽、演芸その他の芸能の提供の作業又はその演出若しくは企画の作業であって、厚生労働省労働基準局長が定めるもの		$\frac{3}{1000}$		○
	7号	アニメーション制作従事者	アニメーションの制作の作業であって、厚生労働省労働基準局長が定めるもの		$\frac{3}{1000}$		○
	8号	情報処理システムの設計等の情報処理に係る作業従事者	情報処理システムの設計、開発、管理、監査、セキュリティ管理若しくは情報処理システムに係る業務の一体的な企画又はソフトウェア若しくはウェブページの設計、開発、管理、監査、セキュリティ管理、デザイン若しくはソフトウェア若しくはウェブページに係る業務の一体的な企画その他の情報処理に係る作業		$\frac{3}{1000}$		○
6号 7号		海外派遣者	国際協力機構からの事業の実施のため開発途上地域において行われる事業に従事させるために派遣される者 国内の事業から海外支店、工場、現場、現地法人、海外の提携先企業等国外で行われる事業に従事させるため派遣される者	第3種	$\frac{3}{1000}$		○

滞納処分

Q　労働保険料の納付を怠った場合、租税と同じように差押等の滞納処分を受けることになるのですか。

徴収法第 27 条第３項において「第１項の規定による督促を受けた者が、その指定の期限までに、労働保険料その他この法律の規定による徴収金を納付しないときは、政府は、国税滞納処分の例によって、これを処分する」と規定されており、納付を怠っている場合には、差押等の処分を受けることになります。

時効

Q　労働保険には時効制度があるのですか。ある場合、何年ですか。

徴収法第 41 条に規定されています。

（時効）

第 41 条　労働保険料その他この法律の規定による徴収金を徴収し、又はその還付を受ける権利は、これらを行使することができる時から２年を経過したときは、時効によって消滅する。

２　政府が行う労働保険料その他この法律の規定による徴収金の徴収の告知又は督促は、時効の更新の効力を生ずる。

延滞金

Q　保険料の納期限後に保険料を納付した場合には、延滞金を支払わねばならないのですか。

徴収法第 28 条第 1 項に「政府は、前条第 1 項の規定により労働保険料の納付を督促したときは、労働保険料の額に、納期限の翌日からその完納又は財産差押えの日の前日までの期間の日数に応じ、年 14.6 パーセント（当該納期限の翌日から 2 月を経過する日までの期間については、年 7.3 パーセント）の割合を乗じて計算した延滞金を徴収する。（後略）」と規定されています。

ただし、督促状の指定する期限までに完納した場合には、延滞金は徴収されないことになっており（徴収法第 28 条第 5 項第 1 号）、納付日により延滞金を支払わねばならないかどうか決まることになります。

（※）労働保険料等に係る延滞金の割合に関しては、各年の「租税特別措置法第 94 条第 1 項に規定する延滞税特例基準割合」が年 7.3％に満たない場合は、その年中は、「年 14.6％」を「延滞税特例基準割合に年 7.3％の割合を加算した割合」とし、「年 7.3％」を「延滞税特例基準割合に年 1 ％の割合を加算した割合（加算した割合が年 7.3％の割合を超える場合には、年 7.3％の割合）」とする特例が設けられています（徴収法附則第 12 条）。

遡及適用及び費用徴収

Q　労働保険の手続をしていないことが分った場合、法律上の罰則がありますか。

労働保険は政府が管理、運営している強制的な保険ですので、原則として労働者を一人でも雇っていれば適用事業となり、事業主は労働保険の成立手続をとり、労働保険料を納めなければなりません。

なお、この手続を怠っていますと、労働保険料を 2 年度分遡及し徴収されるのみならず労働保険料額の 10％を追徴金として徴収されることになります（法第 21 条第 1 項）。

また、事業主が、故意又は重大な過失により労災保険に係る保険関係成立届を提出していない期間中に事故が発生し、労災保険給付を行った場合は、事業主から遡及して労災保険料を徴収するほかに労災保険給付に要した費用の全部又は一部を徴収することになっています（労災保険法第 31 条第 1 項）。

（※）平成 17 年 11 月 1 日から、労災保険未加入事業主に対する費用徴収制度が強化され、事業主が成立手続を行わない間に事故が発生した場合、労災保険給付額の 100％又は 40％が事業主から徴収されることになりました。

第2章

手続と記載例

Ⅰ　年度更新の手続

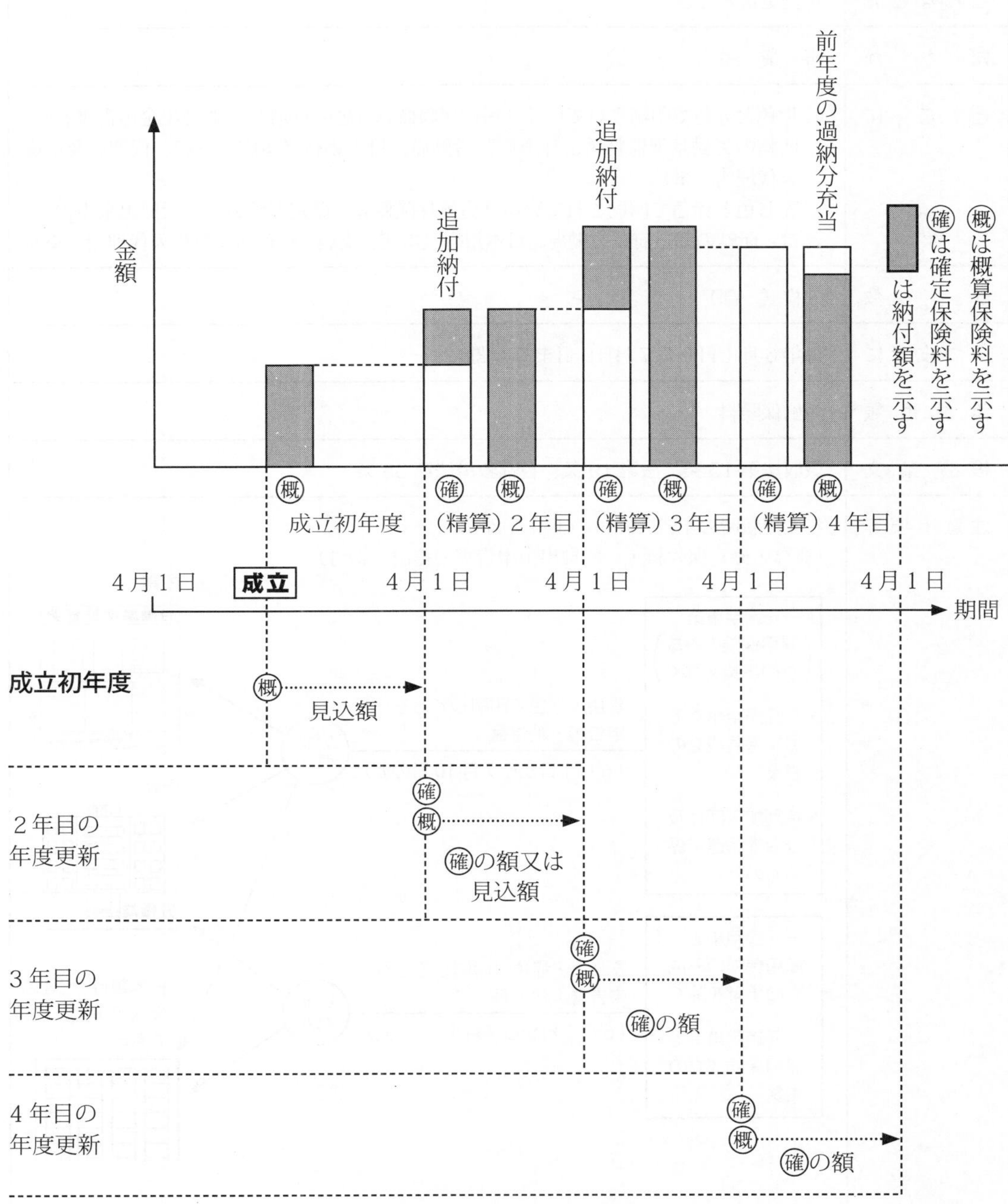

㊑は確定保険料、㊔は概算保険料を示す。矢印は算定期間を示す。

様式第６号（第24条、第25条、第33条関係）（甲） 労働保険　概算・確定保険料・一般拠出金申告書	
どんなとき	年度更新のとき
だれが	事業主
どこに	○黒色と赤色で印刷されている「労働保険概算・確定保険料・一般拠出金申告書」は、所轄の労働基準監督署、都道府県労働局、日本銀行（本店、支店、代理店及び歳入代理店（※）） ○ふじ色と赤色で印刷されている「労働保険概算・確定保険料・一般拠出金申告書」は、所轄の都道府県労働局、日本銀行（本店、支店、代理店及び歳入代理店（※））
部数	３枚（一部）
いつまでに	毎年６月１日から７月10日までの間
添付書類	労働保険料
根拠条文	徴収法第15条、法第19条、石綿救済法第35条
注意事項等	年度更新時の申告・納付の手続（図解） （概算・確定保険料・一般拠出金申告書の提出と納付） ・一元適用事業（雇用保険のみ成立の事業を除く） ・二元適用事業で労災保険成立の事業 ・特別加入団体及び海外派遣に係るもの → 黒色・赤色で印刷してある申告書・納付書（６月１日から７月10日の間）→ いずれか → 所轄 労働基準監督署／所轄 労働局／日本銀行（代理店、歳入代理店（※）でも可） ・一元適用事業　雇用保険のみ成立の事業を除く ・二元適用事業で雇用保険成立の事業 → ふじ色・赤色で印刷してある申告書・納付書（６月１日から７月10日の間）→ いずれか → 所轄 労働局／日本銀行（代理店、歳入代理店（※）でも可） ※（全国の銀行・信用金庫の本店又は支店、郵便局） ■保険料申告書は、あらかじめ労働保険番号、事業主の住所、氏名等を印書したものが各事業主あてに郵送されますので、事業主は、後述の記載要領にしたがって、所要の事項を記載し、事業主控用の保険料申告書だけを切り離して、１枚目の提出用の保険料申告書と納付書（３枚とも）に労働保険料を添え７月10日までに申告納付を行うことになります（法第15条第１項及び第19条第１項）。

■保険料申告書は３枚１組のノーカーボン複写式となっていますので、記入に当たっては、まず一番下の注意事項の部分を図１のようにきりとり線から切り離すことになります。提出の際には、２枚目の事業主控用保険料申告書を図２のように切り離し下部の納付書は３枚とも切り離さないでください。

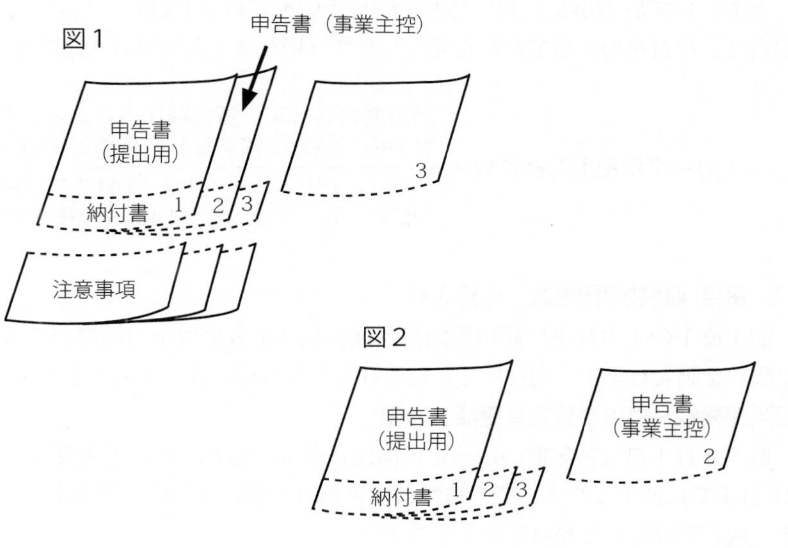

記載要領

「④ 常時使用労働者数」の記入枠

前年４月１日から当年３月31日までの１カ月平均使用労働者数を記入します。

ただし、船きょ、船舶、岸壁、波止場、停車場又は倉庫における貨物取扱いの事業及び一括有期事業については、前年度中の１日平均使用労働者数を記入します。

なお、いずれの事業においても常時使用労働者数を計算した結果、小数点以下の端数が生じた場合は、それを切り捨てた数を記入します（切り捨てた結果０人となる場合は、１人とします）。

$$１カ月平均使用労働者数=\frac{\text{前年度の各月末（賃金締切日がある場合には月末直前の当該賃金締切日）の使用労働者数の合計}}{\text{12（ただし、年度中途に保険関係が成立した事業にあっては、保険関係成立後の月数）}}$$

「⑤ 雇用保険被保険者数」の記入枠

前年度中の１カ月平均雇用保険被保険者数（小数点以下の端数があるときは、これを切り捨てた数）を記入します（切り捨てた結果０人となる場合は、１人とします）。

「⑧ 保険料・拠出金算定基礎額」の欄

前年４月１日（各年度の中途に保険関係が成立したものは保険関係の成立の日）から当年３月31日までに使用したすべての労働者に支払った賃金（支払いが確定した賃金を含みます）の総額を、次の区分にしたがって記入します。

なお、賃金総額に1,000円未満の端数があるときは、その端数を切り捨てて記入します（法第15条第１項各号）。

（１）**労災保険と雇用保険の双方の保険関係が成立している事業**で、使用したすべての労働者が雇用保険の被保険者である場合には、**労災保険の賃金総額（（ロ）の額）と雇用保険の賃金総額（（ホ）の額）が同額**となりますので、この場合は**（イ）及び（ヘ）のみに記入**します。

（２）**両保険の成立事業**で（１）の場合とは異なり、学生アルバイトなど雇用保険の適用を受けない者を使用した場合には、**両保険の賃金総額が異なります**ので、この場合は、**労災保険分（すべての労働者に支払った賃金総額）を（ロ）に記入し、雇用保険分は（ホ）**に記入します。

（３）**労災保険の保険関係のみ成立**している事業については**（ロ）及び（ヘ）のみに記入**します。

（４）**雇用保険の保険関係のみ成立**している事業については**（ホ）に記入**します。

（５）（ヘ）には原則として（ロ）と同額を記入します（雇用保険の保険関係のみ成立している事業は記載不要）。

「⑨ 保険料・一般拠出金率」欄

あらかじめ電子計算機で印書（一括有期事業、一人親方等の特別加入団体、労働保険事務組合は除きます）されています。

「⑩ 確定保険料・一般拠出金額⑧×⑨」欄

「⑧保険料・拠出金算定基礎額」に「⑨保険料率・一般拠出金率」を乗じて得た額を記入します。

なお、**（ロ）及び（ホ）を記入した場合は、その合計額を（イ）に記入**します。

「⑫ 保険料算定基礎額の見込額」欄

当年度に使用する労働者に支払う賃金総額の見込額を記入します。ただし、次の場合には、前年度の確定賃金総額がそのまま当年度賃金総額の見込額となりますので、⑧欄の（イ）から（ホ）

までの額を⑫欄のそれぞれ対応する欄に記入します。

（1）労災保険及び雇用保険に係る保険関係が成立している事業については、当年度の賃金総額の見込額が前年度の確定賃金総額（⑧欄の（イ）または（ロ）と（ホ）の合計額）の100分の50以上100分の200以下であるとき。

（2）労災保険又は雇用保険のいずれか一方の保険関係のみ成立している事業については、当年度の賃金総額の見込額が前年度の確定賃金総額（⑧欄の（ロ）又は（ホ）の額）の100分の50以上100分の200以下であるとき。

「⑬ 保険料率」欄

「あらかじめ電子計算機で印書（一括有期事業、一人親方等の特別加入団体、労働保険事務組合及び労災保険のメリット制適用事業は除きます）されています。

「⑭ 概算保険料額⑫×⑬」欄

「⑫保険料算定基礎額の見込題」に「⑬保険料率」を乗じて得た金額を記入します。

なお、（ロ）及び（ホ）に記入した場合は、その合計額を（イ）に記入します。

「⑰ 延納の申請」欄

延納（分割納付）を申請する場合は納付回数を「３」、延納を申請しない場合は納付回数を「１」と必ず記入します。

なお、概算保険料の延納は「⑭概算保険料額」欄の（イ）の額が40万円（労災保険又は雇用保険のいずれか一方の保険関係のみが成立している事業は20万円）以上の場合に、保険年度を３期（４月１日より７月31日まで、８月１日より11月30日まで、及び12月１日より翌年３月31日まで）に分けて納付することができます。

「⑱ 申告済概算保険料額」欄

既に印書されているので、この金額を訂正しないで「⑩確定保険料額」との過不足額を計算します。

なお、印書されている金額に疑問がある場合には、所轄の都道府県労働局に照会してください。

「⑳ 差引額」欄

「（イ）充当額」、「（ロ）還付額」及び「（ハ）不足額」の３欄がありますので、⑱欄の申告済概算保険料額が、⑩欄の確定保険料額より上回った場合で、その差額を当年度の概算保険料に充当するときは（イ）欄に、返還を希望するときはその差額を（ロ）欄に記入します。

また、「⑱」欄の申告済概算保険料額が「⑩」欄の確定保険料額より下回った場合には（ハ）欄にその不足額を記入します。

「㉒ 期別納付額」欄

「延納の申請をしない場合（「⑰延納の申請」欄に「１」を記入した場合）は、「⑭概算保険料額」欄の（イ）に記入した額を（イ）に、延納の申請をした場合（「⑰延納の申請」欄に「3」を記入した場合）は、「⑭概算保険料」欄の（イ）に記入した額を３等分（１円又は２円の端数があるときはその額を第１期分に加算した額を（イ）、（チ）及び（ル）にそれぞれ記入します。「⑳差引額」欄の（イ）充当額、又は（ハ）不足額、の額がある場合は、それぞれ㉒欄の（ロ）又は（ハ）に転記し、（ニ）の額（今期労働保険料）、（ヌ）の額（第２期納付額）及び（ワ）の額（第３期納付額）を計算します。また（ヘ）には、「一般拠出金」欄で算出した一般拠出金の金額を転記します。（分割納付はできません）⑳（イ）欄の充当額から一般拠出金充当額がある場合はその額を㉒（ホ）欄に記入し、⑩（ヘ）欄の額から㉒（ホ）欄の額を差し引いた額を㉒（ヘ）欄に記入します）」

「㉔ 事業廃止等理由」欄

事業の廃止、労働保険事務組合への事務処理委託等の事実があったとき、該当事項を○で囲み「③事業廃止等年月日」欄にその年月日を記載します。

「㉕ 事業又は作業の種類」欄

「労災保険率表」（P233 ～ 241 参照）の事業の種類又は「第２種特別加入保険料率表」（242 ページ参照）の事業若しくは作業の種類を記入することになっていますが、できる限り事業の内容（製品名、製造工程等）を具体的に記入してください。

「㉖ 加入している労働保険」欄

４月１日現在に保険関係が成立している労働保険の種類を、次により○で囲みます。労災保険と雇用保険の両保険が成立している場合は「(イ)」と「(ロ)」を、労災保険のみが成立している場合は「(イ)」を、雇用保険のみが成立している場合は「(ロ)」をそれぞれ○で囲みます。

「㉗ 特掲事業」欄

特掲事業（P212 参照）に該当する場合は「(イ)」を、該当しない場合「(ロ)」を○で囲みます。

「㉘ 事業」欄

保険関係の成立している事業の所在地及び名称を記入します。

「㉙ 事業主の住所、名称、氏名」欄

事業主の住所（法人のときは主たる事務所の所在地）、名称、氏名（法人のときは代表者の氏名）、郵便番号、電話番号を記入してください。

「㉛ 法人番号」欄

法人番号を記入します。

「納付額」の記入枠

納付書の納付額は、㉒欄の（ニ）、（ヘ）、（ト）の額を記入し、金額の前に必ず「¥」記号を付してください。

なお、納付額を訂正しますと日本銀行（本店、支店、代理店及び歳入代理店（全国の銀行、信用金庫の本店又は支店、郵便局））では受けつけませんので、所轄の都道府県労働局又は労働基準監督署で納付書の再交付を受け、書き直してから納付してください。

記入例１

①一元適用事業で労災保険と雇用保険の両保険が成立している、②両保険の保険料算定基礎となる賃金総額が同一の場合

※当該様式は法令改正に伴い変更される場合がございます。手続き時は最新情報をご確認ください。

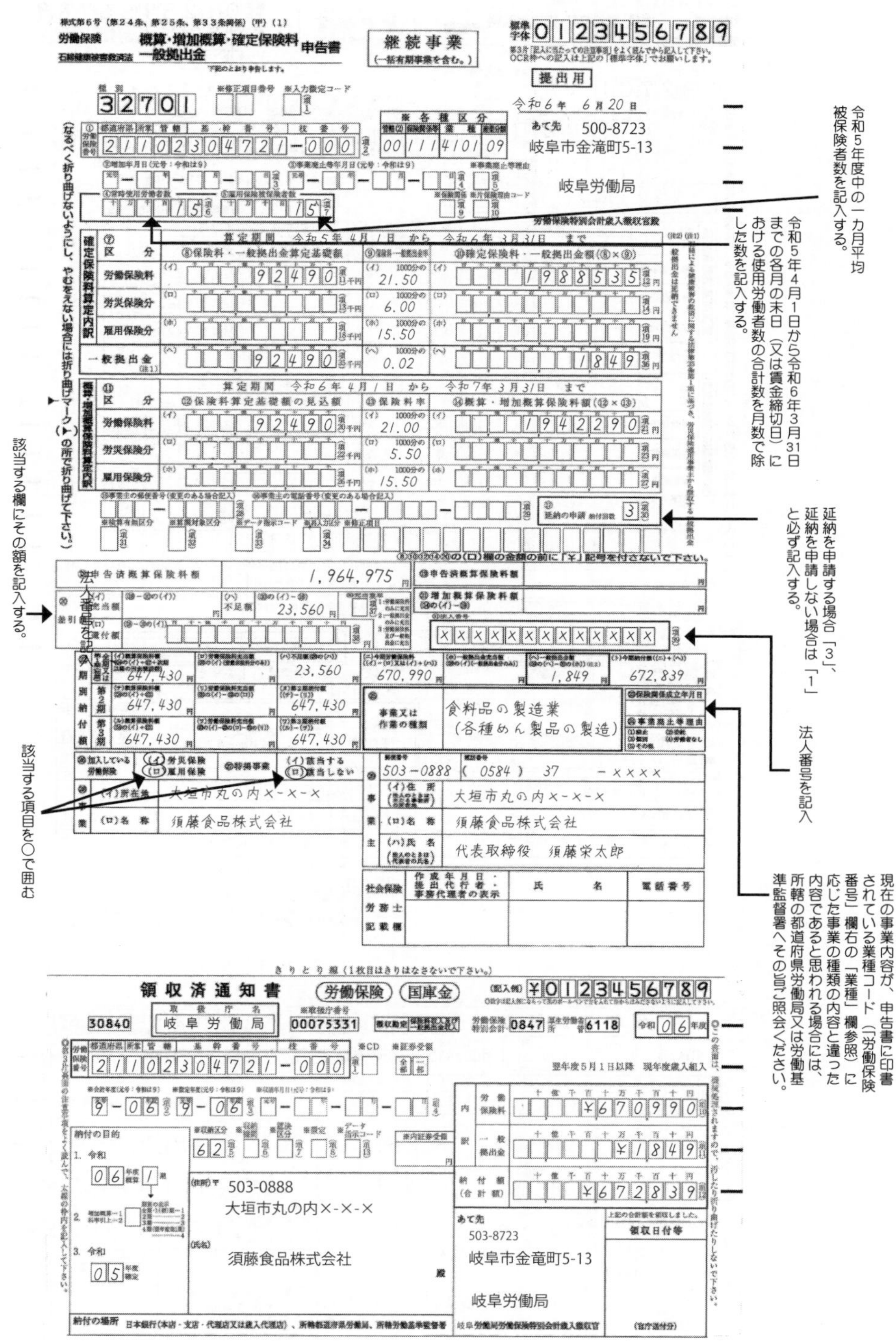

様式第６号（第24条、第25条、第33条関係）（甲）（１）

労働保険　概算・増加概算・確定保険料　申告書
石綿健康被害救済法　一般拠出金

継続事業（一括有期事業を含む。）

標準字体 0123456789

提出用

種別 32701

令和６年　６月20日

あて先 500-8723
岐阜市金滝町5-13
岐阜労働局

労働保険番号 21102304721-000

各種区分 00111 4101 09

常時使用労働者数 15　雇用保険被保険者数 15

確定保険料算定内訳　算定期間　令和５年４月１日から令和６年３月31日まで

区分	保険料・一般拠出金算定基礎額	保険料・一般拠出金率	確定保険料・一般拠出金額
労働保険料	92490千円	1000分の 21.50	1988535
労災保険分		1000分の 6.00	
雇用保険分		1000分の 15.50	
一般拠出金	92490千円	1000分の 0.02	1849

概算・増加概算保険料算定内訳　算定期間　令和６年４月１日から令和７年３月31日まで

区分	保険料算定基礎額の見込額	保険料率	概算・増加概算保険料額
労働保険料	92490千円	1000分の 21.00	1942290
労災保険分		1000分の 5.50	
雇用保険分		1000分の 15.50	

延納の申請　納付回数 3

申告済概算保険料額 1,964,975円

差引額　(イ)充当額　(ハ)不足額 23,560円

法人番号 XXXXXXXXXXXXX

期別納付額						
第１期	(イ)概算保険料額 647,430	(ロ)充当額	(ハ)不足額 23,560	(ニ)今期労働保険料 670,990	(ヘ)一般拠出金額 1,849	(ト)今期納付額 672,839
第２期	647,430		647,430			
第３期	647,430		647,430			

事業又は作業の種類　食料品の製造業（各種めん製品の製造）

加入している労働保険　(イ)労災保険　(ロ)雇用保険
特掲事業　(イ)該当する　(ロ)該当しない

事業　(イ)所在地　大垣市丸の内×-×-×　(ロ)名称　須藤食品株式会社

事業主　503-0888　（0584）37　-××××
(イ)住所　大垣市丸の内×-×-×
(ロ)名称　須藤食品株式会社
(ハ)氏名　代表取締役　須藤栄太郎

社会保険労務士記載欄　作成年月日・提出代行者・事務代理者の表示　氏名　電話番号

きりとり線（１枚目はきりはなさないで下さい。）

領収済通知書　労働保険　国庫金

30840　取扱庁名　岐阜労働局　00075331　0847　6118　令和06年度

労働保険番号 21102304721-000

9-06-9-06

内訳　労働保険料 ¥670990　一般拠出金 ¥1849　納付額（合計額）¥672839

納付の目的　1. 令和06年度概算 1　3. 令和05年度確定

62

（住所）〒503-0888　大垣市丸の内×-×-×
（氏名）須藤食品株式会社　殿

あて先　503-8723　岐阜市金竜町5-13　岐阜労働局

納付の場所　日本銀行（本店・支店・代理店又は歳入代理店）、所轄都道府県労働局、所轄労働基準監督署

岐阜労働局労働保険特別会計歳入徴収官

令和５年度中の一カ月平均被保険者数を記入する。
令和５年４月１日から令和６年３月31日までの各月の末日（又は賃金締切日）における使用労働者数の合計数を月数で除した数を記入する。
延納を申請する場合「3」、延納を申請しない場合は「1」と必ず記入する。
該当する欄にその額を記入する。
法人番号を記入
該当する項目を○で囲む
現在の事業内容が、申告書に印書されている業種コード（労働保険番号」欄右の「業種」欄参照）に応じた事業の種類の内容と違った内容であると思われる場合には、所轄の都道府県労働局又は労働基準監督署へその旨ご照会ください。

記入例２

①一元適用事業で労災保険と雇用保険の両保険が成立している、②常用労働者のほかにアルバイト学生（雇用保険の被保険者とならない者）を使用している場合

※当該様式は法令改正に伴い変更される場合がございます。手続き時は最新情報をご確認ください。

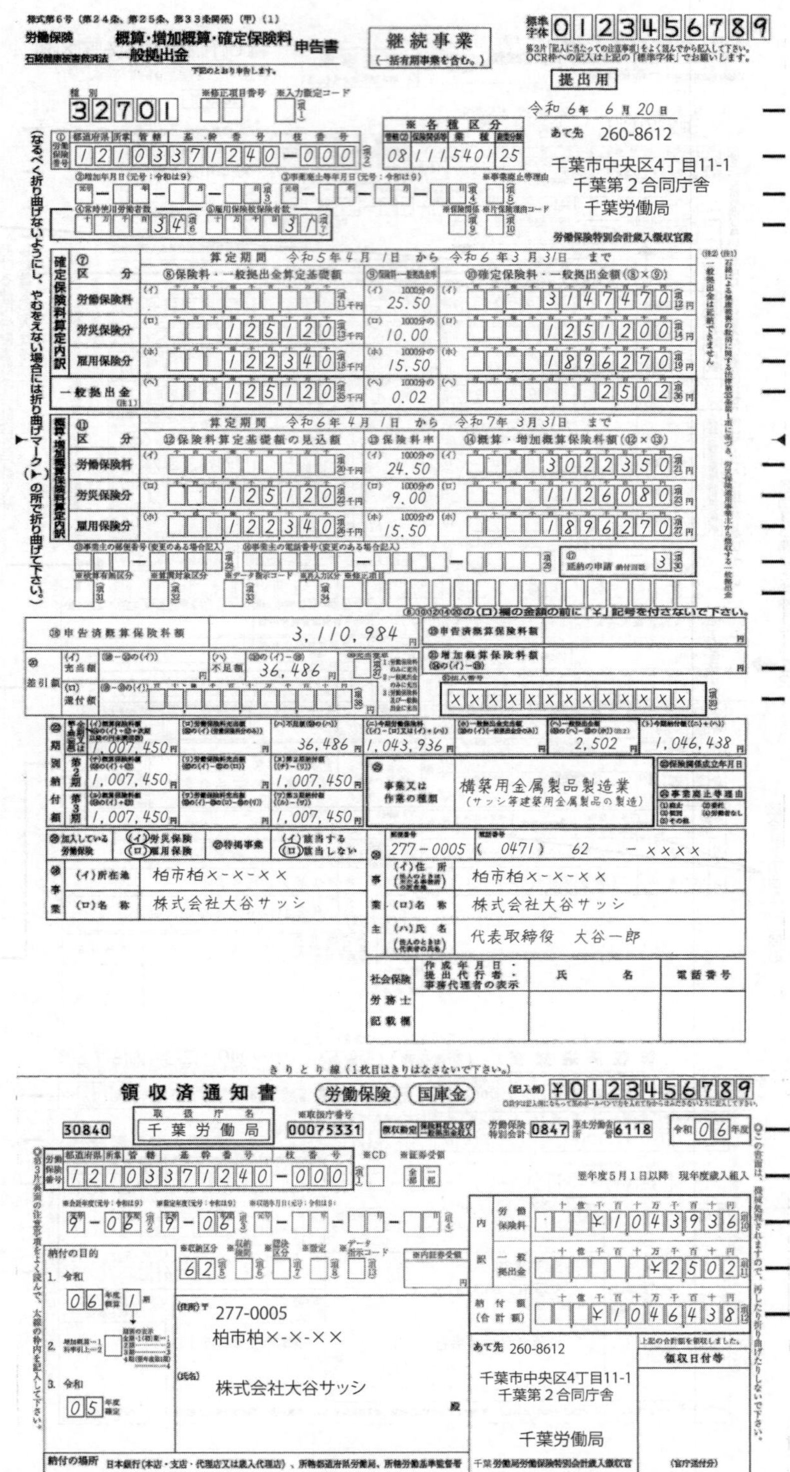

様式第6号（第24条、第25条、第33条関係）（甲）（1）

労働保険 概算・増加概算・確定保険料 申告書
石綿健康被害救済法 一般拠出金

継続事業（一括有期事業を含む。）

標準字体 0123456789

提出用

種別 32701

令和6年 6月20日

あて先 260-8612
千葉市中央区4丁目11-1
千葉第２合同庁舎
千葉労働局
労働保険特別会計歳入徴収官殿

①労働保険番号 1210337 1240-000

各種区分：08 1 1 1 5401 25

④常時使用労働者数 34　⑤雇用保険被保険者数 31

確定保険料算定内訳　算定期間 令和5年4月1日 から 令和6年3月31日 まで

⑦区分	⑧保険料・一般拠出金算定基礎額	⑨保険料・一般拠出金率	⑩確定保険料・一般拠出金額（⑧×⑨）
労働保険料（イ）		1000分の 25.50	3147470
労災保険分（ロ）	125120 千円	1000分の 10.00	1251200
雇用保険分（ホ）	122340 千円	1000分の 15.50	1896270
一般拠出金（ヘ）	125120 千円	1000分の 0.02	2502

概算・増加概算保険料算定内訳　算定期間 令和6年4月1日 から 令和7年3月31日 まで

⑪区分	⑫保険料算定基礎額の見込額	⑬保険料率	⑭概算・増加概算保険料額（⑫×⑬）
労働保険料（イ）		1000分の 24.50	3022350
労災保険分（ロ）	125120 千円	1000分の 9.00	1126080
雇用保険分（ホ）	122340 千円	1000分の 15.50	1896270

⑰延納の申請 納付回数 3

⑧⑩⑫⑭⑳の（ロ）欄の金額の前に「¥」記号を付さないで下さい。

⑱申告済概算保険料額 3,110,984 円

⑳差引額（ハ）不足額 36,486 円

㉑出入番号 ××××××××××××××

㉒期別納付額						
第1期（初期）	（イ）概算保険料額 1,007,450 円	（ロ）労働保険料充当額	（ハ）不足額 36,486 円	（ニ）今期労働保険料 1,043,936 円	（ヘ）一般拠出金額 2,502 円	（ト）今期納付額 1,046,438 円
第2期	（チ）概算保険料額 1,007,450 円		（ヌ）第2期納付額 1,007,450 円			
第3期	（ル）概算保険料額 1,007,450 円		（ワ）第3期納付額 1,007,450 円			

㉓事業又は作業の種類：構築用金属製品製造業（サッシ等建築用金属製品の製造）

㉔加入している労働保険：（イ）労災保険 （ロ）雇用保険
㉕特掲事業：（イ）該当する （ロ）該当しない

㉖事業：（イ）所在地 柏市柏×-×-××　（ロ）名称 株式会社大谷サッシ

㉗事業主：郵便番号 277-0005　電話番号（0471）62-××××
（イ）住所 柏市柏×-×-××
（ロ）名称 株式会社大谷サッシ
（ハ）氏名 代表取締役　大谷一郎

社会保険労務士記載欄：作成年月日・提出代行者・事務代理者の表示／氏名／電話番号

きりとり線（1枚目はきりはなさないで下さい。）

領収済通知書（労働保険）（国庫金）

（記入例）¥0123456789

30840　取扱庁名 千葉労働局　00075331　労働保険特別会計 0847　厚生労働省所管 6118　令和06年度

労働保険番号 1210337 1240-000

翌年度5月1日以降 現年度歳入組入

9-06 9-06

内訳	
労働保険料	¥1043936
一般拠出金	¥2502
納付額（合計額）	¥1046438

収納区分 62

納付の目的：1. 令和 06 年度概算 1 期　3. 令和 05 年度確定

（住所）〒277-0005 柏市柏×-×-××
（氏名）株式会社大谷サッシ 殿

あて先 260-8612
千葉市中央区4丁目11-1
千葉第２合同庁舎
千葉労働局

納付の場所 日本銀行（本店・支店・代理店又は歳入代理店）、所轄都道府県労働局、所轄労働基準監督署

千葉労働局労働保険特別会計歳入徴収官

記入例３

①一元適用事業で労災保険と雇用保険の両保険が成立している、②使用労働者のすべてが雇用保険の被保険者である、③令和６年度の賃金総額の見込額が令和５年度の賃金総額の100分の200を超える場合

※当該様式は法令改正に伴い変更される場合がございます。手続き時は最新情報をご確認ください。

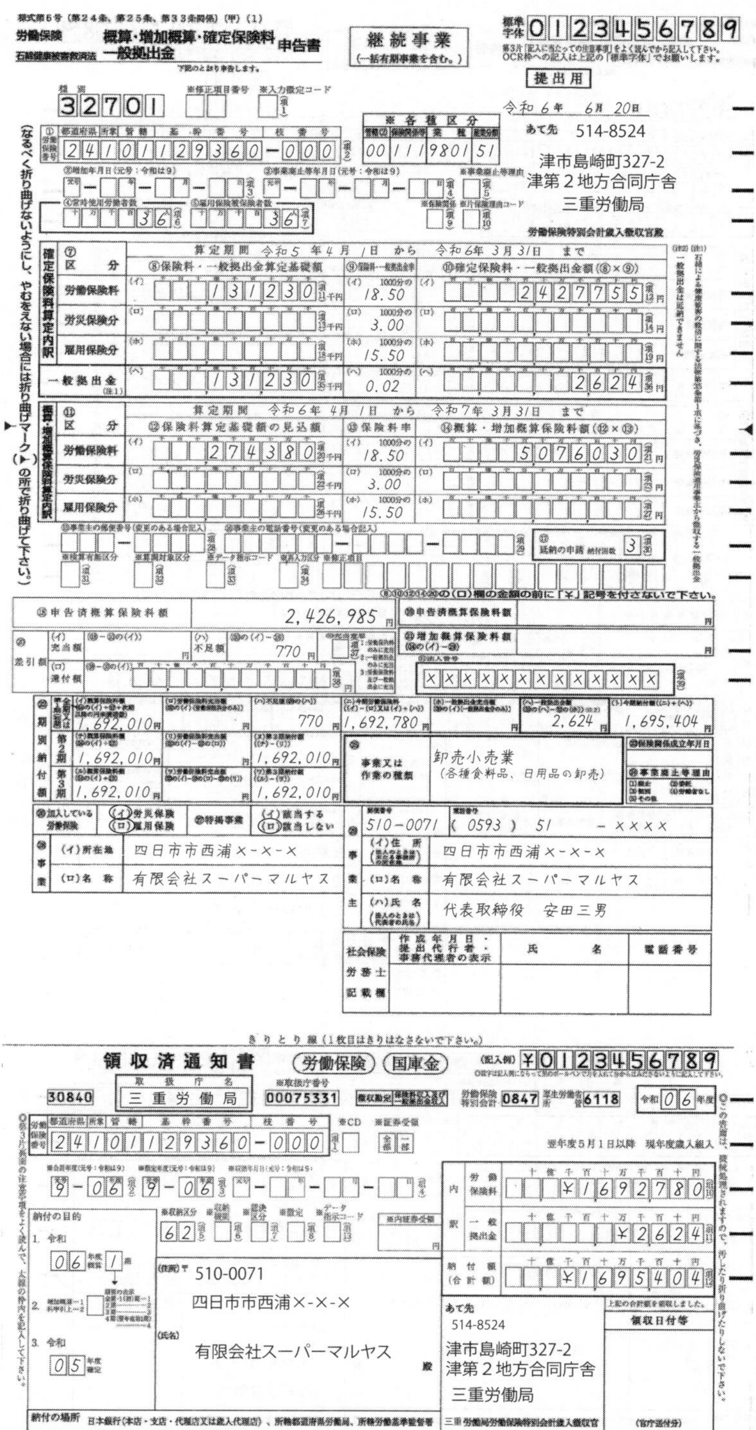

様式第６号（第２４条、第２５条、第３３条関係）（甲）（１）

労働保険　概算・増加概算・確定保険料　申告書
石綿健康被害救済法　一般拠出金

継続事業（一括有期事業を含む。）

標準字体 0123456789

提出用

種別 32701

令和６年６月20日

あて先 514-8524
津市島崎町327-2
津第２地方合同庁舎
三重労働局
労働保険特別会計歳入徴収官殿

①労働保険番号 24101129360-000

※各種区分 00 11 9801 51

④常時使用労働者数 36　⑤雇用保険被保険者数 36

⑦区分	⑧保険料・一般拠出金算定基礎額	⑨保険料・一般拠出金率	⑩確定保険料・一般拠出金額（⑧×⑨）
算定期間	令和５年４月１日から令和６年３月３１日まで		
労働保険料	(イ) 131230 千円	(イ) 1000分の 18.50	(イ) 2427755 円
労災保険分	(ロ)	(ロ) 1000分の 3.00	(ロ)
雇用保険分	(ホ)	(ホ) 1000分の 15.50	(ホ)
一般拠出金	(ヘ) 131230 千円	(ヘ) 1000分の 0.02	(ヘ) 2624 円

⑪区分	⑫保険料算定基礎額の見込額	⑬保険料率	⑭概算・増加概算保険料額（⑫×⑬）
算定期間	令和６年４月１日から令和７年３月３１日まで		
労働保険料	(イ) 274380 千円	(イ) 1000分の 18.50	(イ) 5076030 円
労災保険分	(ロ)	(ロ) 1000分の 3.00	(ロ)
雇用保険分	(ホ)	(ホ) 1000分の 15.50	(ホ)

⑰延納の申請 納付回数 3

⑱申告済概算保険料額 2,426,985 円

⑳差引額 (ハ)不足額 770 円

⑳加入番号 XXXXXXXXXXXXXX

期別納付額							
全期又は第１期	(イ)概算保険料額 1,692,010 円	(ロ)	(ハ)不足額 770	(ニ)今期労働保険料 1,692,780 円	(ホ)	(ヘ)一般拠出金額 2,624	(ト)今期納付額 1,695,404
第２期	(チ)概算保険料額 1,692,010 円	(リ)	(ヌ)第２期納付額 1,692,010				
第３期	(ル)概算保険料額 1,692,010 円	(ヲ)	(ワ)第３期納付額 1,692,010				

㉖事業又は作業の種類　卸売小売業（各種食料品、日用品の卸売）

㉗加入している労働保険　(イ)労災保険　(ロ)雇用保険
㉘特掲事業　(ロ)該当しない

㉙事業　(イ)所在地 四日市市西浦×-×-×　(ロ)名称 有限会社スーパーマルヤス

㉚事業主　510-0071（0593）51 －××××
(イ)住所 四日市市西浦×-×-×
(ロ)名称 有限会社スーパーマルヤス
(ハ)氏名 代表取締役　安田三男

社会保険労務士記載欄　作成年月日・提出代行者・事務代理者の表示　氏名　電話番号

きりとり線（１枚目はきりはなさないで下さい。）

領収済通知書（労働保険）（国庫金）

30840　取扱庁名 三重労働局　00075331　0847　6118　令和06年度

労働保険番号 24101129360-000

9-0629-06

内訳	
労働保険料	¥1692780
一般拠出金	¥2624
納付額（合計額）	¥1695404

納付の目的
1. 令和 06 年度概算 1 期
3. 令和 05 年度確定

（住所）〒510-0071
四日市市西浦×-×-×
（氏名）有限会社スーパーマルヤス 殿

あて先
514-8524
津市島崎町327-2
津第２地方合同庁舎
三重労働局

納付の場所　日本銀行（本店・支店・代理店又は歳入代理店）、所轄都道府県労働局、所轄労働基準監督署

記入例４

①一元適用事業で労災保険と雇用保険の両保険が成立している、②使用労働者のすべてが雇用保険の被保険者である、③令和６年度の賃金総額の見込額が令和５年度の確定賃金総額の100分の50未満となる場合

※当該様式は法令改正に伴い変更される場合がございます。手続き時は最新情報をご確認ください。

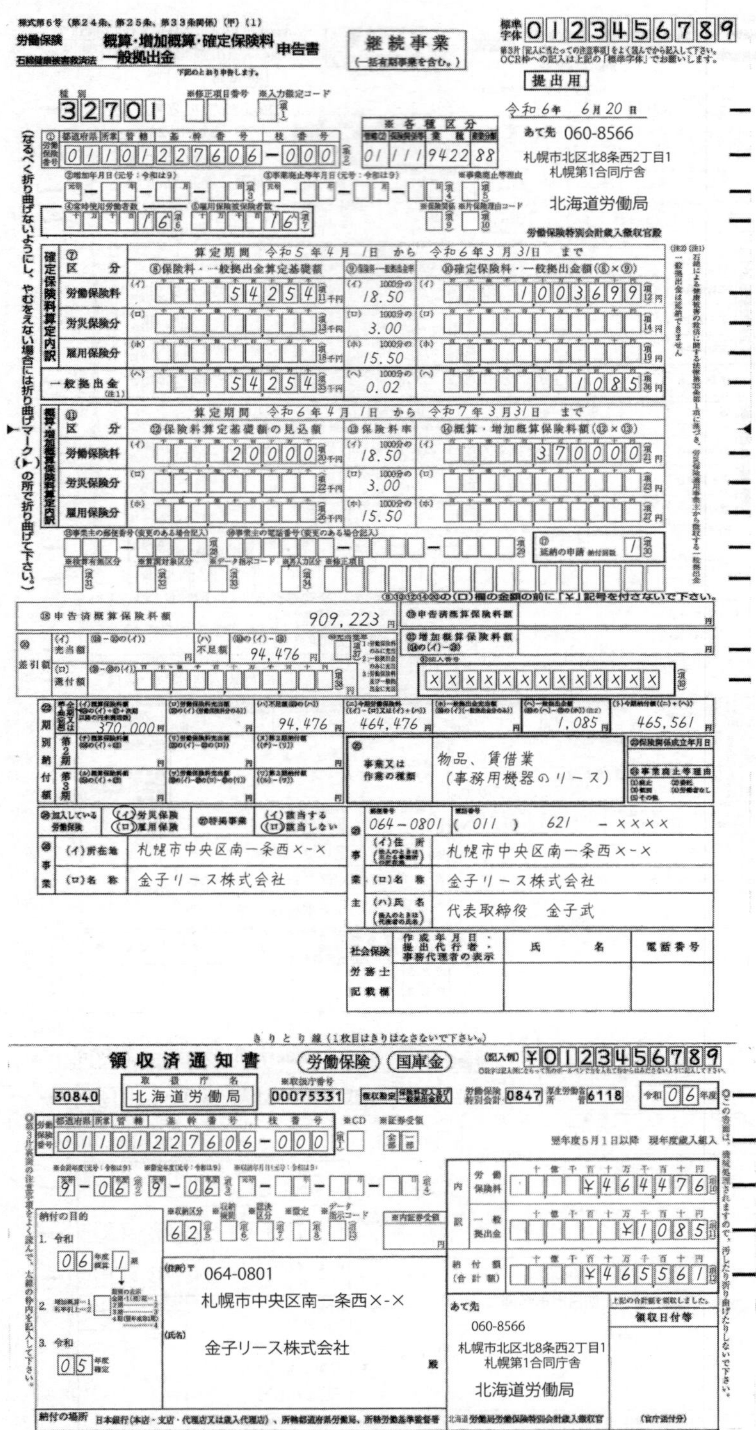

様式第６号（第24条、第25条、第33条関係）（甲）（1）

労働保険 概算・増加概算・確定保険料 申告書
石綿健康被害救済法 一般拠出金

継続事業（一括有期事業を含む。）

標準字体 0123456789

提出用

種別 32701

令和６年 ６月20日

あて先 060-8566 札幌市北区北8条西2丁目1 札幌第1合同庁舎 北海道労働局

労働保険番号 01 1 01 227606 - 000

各種区分 01 1 1 1 9422 88

④常時使用労働者数 16　⑤雇用保険被保険者数 16

確定保険料算定内訳　算定期間 令和５年４月１日 から 令和６年３月31日 まで

区分	⑧保険料・一般拠出金算定基礎額	⑨保険料・一般拠出金率	⑩確定保険料・一般拠出金額（⑧×⑨）
労働保険料	54254 千円	1000分の 18.50	1003699 円
労災保険分		1000分の 3.00	
雇用保険分		1000分の 15.50	
一般拠出金	54254 千円	1000分の 0.02	1085 円

概算・増加概算保険料算定内訳　算定期間 令和６年４月１日 から 令和７年３月31日 まで

区分	⑫保険料算定基礎額の見込額	⑬保険料率	⑭概算・増加概算保険料額（⑫×⑬）
労働保険料	20000 千円	1000分の 18.50	370000 円
労災保険分		1000分の 3.00	
雇用保険分		1000分の 15.50	

⑰延納の申請 納付回数 1

⑱申告済概算保険料額 909,223 円

⑳差引額 （ハ）不足額 94,476 円

㉑期別納付額 第１期：（イ）概算保険料額 370,000 円　（ハ）不足額 94,476 円　（ニ）労働保険料充当額 464,476 円　（ヘ）一般拠出金額 1,085 円　（ト）今期納付額 465,561 円

㉖事業又は作業の種類 物品、賃借業（事務用機器のリース）

㉗加入している労働保険 （イ）労災保険 （ロ）雇用保険

㉘特掲事業 （ロ）該当しない

㉙事業　（イ）所在地 札幌市中央区南一条西×-×　（ロ）名称 金子リース株式会社

㉚事業主　064-0801　（011）621-××××　（イ）住所 札幌市中央区南一条西×-×　（ロ）名称 金子リース株式会社　（ハ）氏名 代表取締役　金子武

社会保険労務士記載欄　作成年月日・提出代行者・事務代理者の表示　氏名　電話番号

きりとり線（1枚目はきりはなさないで下さい。）

領収済通知書　労働保険　国庫金

（記入例）¥0123456789

30840　取扱庁名 北海道労働局　00075331　労働保険特別会計 0847　6118　令和 06 年度

労働保険番号 01 1 01 227606 - 000

9-06-09-06

収納区分 62

納付の目的 1. 令和 06 年度 概算 1 期

3. 令和 05 年度 確定

内訳	
労働保険料	¥464476
一般拠出金	¥1085
納付額（合計額）	¥465561

（住所）〒064-0801 札幌市中央区南一条西×-×

（氏名）金子リース株式会社 殿

あて先 060-8566 札幌市北区北8条西2丁目1 札幌第1合同庁舎 北海道労働局

上記の合計額を領収しました。 領収日付等

納付の場所 日本銀行（本店・支店・代理店又は歳入代理店）、所轄都道府県労働局、所轄労働基準監督署

北海道 労働局労働保険特別会計歳入徴収官

記入例５

①二元適用事業で労災保険が成立している場合

※当該様式は法令改正に伴い変更される場合がございます。手続き時は最新情報をご確認ください。

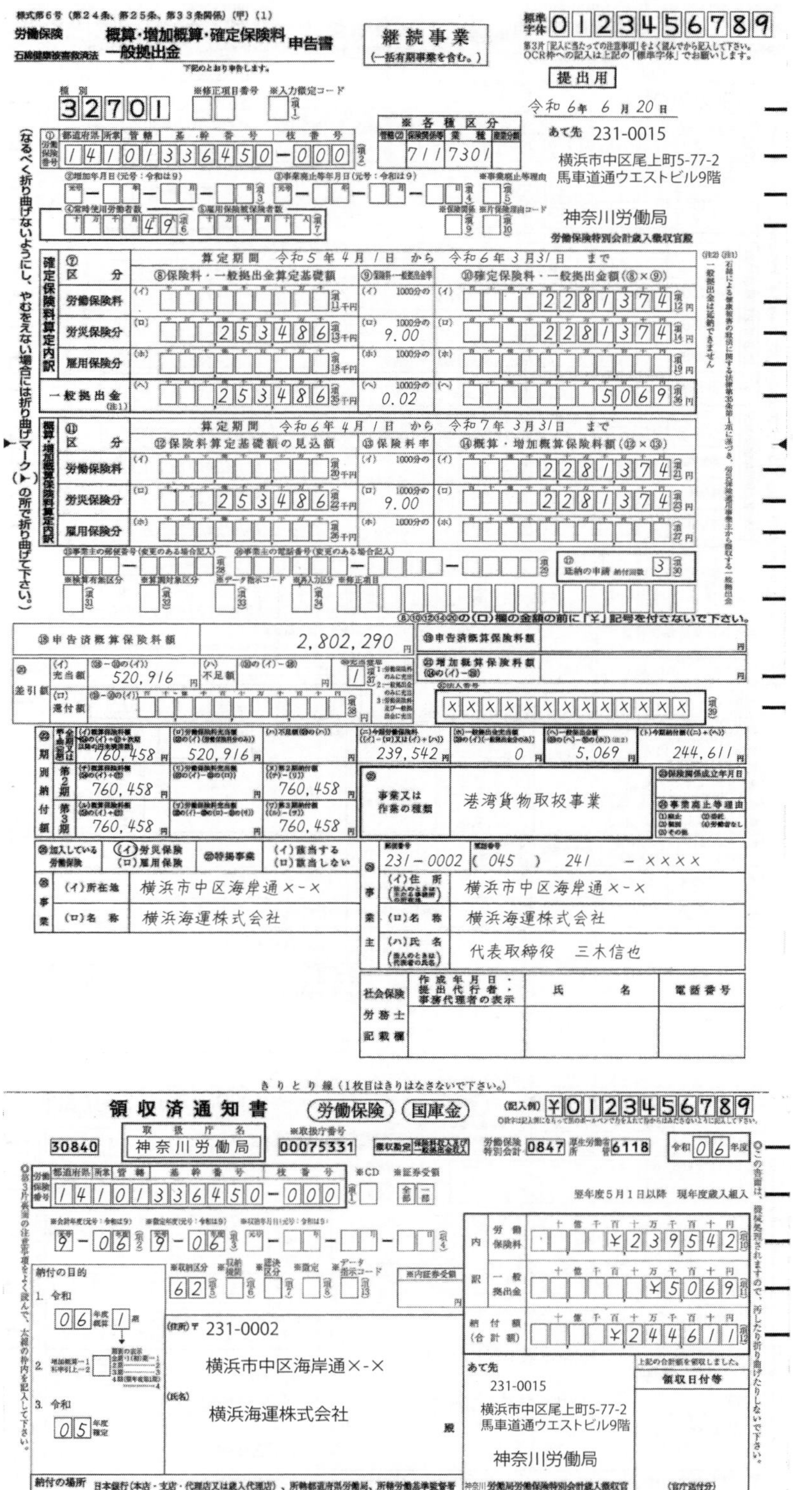
様式第6号（第24条、第25条、第33条関係）（甲）（1）

労働保険 石綿健康被害救済法　概算・増加概算・確定保険料 一般拠出金 申告書　継続事業（一括有期事業を含む。）

標準字体 0123456789

下記のとおり申告します。

提出用

種別 32701

令和6年6月20日

あて先 231-0015 横浜市中区尾上町5-77-2 馬車道通ウエストビル9階 神奈川労働局 労働保険特別会計歳入徴収官

①労働保険番号 14101336450-000

各種区分 71 1 7301

④常時使用労働者数 49

確定保険料算定内訳　算定期間 令和5年4月1日 から 令和6年3月31日 まで

⑦区分	⑧保険料・一般拠出金算定基礎額	⑨保険料・一般拠出金率	⑩確定保険料・一般拠出金額（⑧×⑨）
労働保険料			2281374
労災保険分	253486 千円	1000分の 9.00	2281374
雇用保険分			
一般拠出金	253486 千円	1000分の 0.02	5069

概算・増加概算保険料算定内訳　算定期間 令和6年4月1日 から 令和7年3月31日 まで

⑪区分	⑫保険料算定基礎額の見込額	⑬保険料率	⑭概算・増加概算保険料額（⑫×⑬）
労働保険料			2281374
労災保険分	253486 千円	1000分の 9.00	2281374
雇用保険分			

⑰延納の申請 納付回数 3

⑱申告済概算保険料額 2,802,290 円

⑳差引額 （イ）充当額 520,916 円　充当意思 1

法人番号 XXXXXXXXXXXXX

㉑期別納付額						
第1期（初期）	（イ）概算保険料額 760,458 円	（ロ）労働保険料充当額 520,916 円	（ハ）不足額	（ニ）今期労働保険料 239,542 円	（ホ）一般拠出金充当額 0 円	（ヘ）一般拠出金額 5,069 円　（ト）今期納付額 244,611 円
第2期	（チ）概算保険料額 760,458 円		（ヌ）第2期納付額 760,458 円			
第3期	（ル）概算保険料額 760,458 円		（ワ）第3期納付額 760,458 円			

㉓事業又は作業の種類　港湾貨物取扱事業

㉖加入している労働保険 （イ）労災保険

㉘事業	
（イ）所在地	横浜市中区海岸通×-×
（ロ）名称	横浜海運株式会社

㉙事業主	231-0002　（045）241-××××
（イ）住所	横浜市中区海岸通×-×
（ロ）名称	横浜海運株式会社
（ハ）氏名	代表取締役　三木信也

社会保険労務士記載欄　作成年月日・提出代行者・事務代理者の表示　氏名　電話番号

きりとり線（1枚目はきりはなさないで下さい。）

領収済通知書（労働保険）（国庫金）　（記入例）¥0123456789

30840　取扱庁名 神奈川労働局　00075331　労働保険特別会計 0847　6118　令和06年度

労働保険番号 14101336450-000

9-06　9-06

内訳　労働保険料 ¥239542　一般拠出金 ¥5069　納付額（合計額） ¥244611

納付の目的 1. 令和06年度概算1期　3. 令和05年度確定

徴収区分 62

（住所）〒231-0002 横浜市中区海岸通×-×

（氏名）横浜海運株式会社 殿

あて先 231-0015 横浜市中区尾上町5-77-2 馬車道通ウエストビル9階 神奈川労働局

納付の場所 日本銀行（本店・支店・代理店又は歳入代理店）、所轄都道府県労働局、所轄労働基準監督署

記入例６

①二元適用事業で雇用保険が成立している（特掲事業の建設の事業）の場合

※当該様式は法令改正に伴い変更される場合がございます。手続き時は最新情報をご確認ください。

様式第6号（第24条、第25条、第33条関係）（甲）（1）

労働保険 概算・増加概算・確定保険料 申告書
石綿健康被害救済法 一般拠出金

継続事業（一括有期事業を含む。）

標準字体 0123456789

提出用

種別 32701

令和6年6月20日

あて先 102-8307
千代田区九段南1-2-1
九段第３合同庁舎
東京労働局

労働保険特別会計歳入徴収官

①労働保険番号 13303057292-000

各種区分 業種 711 06

⑤雇用保険被保険者数 17

確定保険料算定内訳　算定期間 令和5年4月1日 から 令和6年3月31日 まで

区分	⑧保険料・一般拠出金算定基礎額	⑨保険料率	⑩確定保険料・一般拠出金額（⑧×⑨）
労働保険料			1298774
労災保険分			
雇用保険分	70204（千円）	18.50	1298774
一般拠出金			

概算・増加概算保険料算定内訳　算定期間 令和6年4月1日 から 令和7年3月31日 まで

区分	⑫保険料算定基礎額の見込額	⑬保険料率	⑭概算・増加概算保険料額（⑫×⑬）
労働保険料			1298774
労災保険分			
雇用保険分	70204（千円）	18.50	1298774

⑰延納の申請 納付回数 3

⑧⑩⑫⑭⑳の（ロ）欄の金額の前に「￥」記号を付さないで下さい。

⑱申告済概算保険料額 1,382,042円

㉑差引額 （イ）充当額 83,268円

充当意思 1

㉒期別納付額

第1期	（イ）概算保険料額 432,926円	（ロ）労働保険料充当額 83,268円	（ト）今期納付額 349,658円
第2期	（チ）概算保険料額 432,924円		（ヌ）第2期納付額 432,924円
第3期	（ル）概算保険料額 432,924円		（ワ）第3期納付額 432,924円

㉙事業又は作業の種類 建築事業

㉖加入している労働保険 （ロ）雇用保険

㉗特掲事業 （イ）該当する

㉘事業主 110-0005 （03）3847-××××

㉘事業 （イ）所在地 台東区東上野×-×-×
（ロ）名称 株式会社石田工務店

㉙事業主 （イ）住所 台東区東上野×-×-×
（ロ）名称 株式会社石田工務店
（ハ）氏名 代表取締役　石田剛

社会保険労務士記載欄 作成年月日・提出代行者・事務代理者の表示 氏名 電話番号

きりとり線（1枚目はきりはなさないで下さい。）

領収済通知書（労働保険）（国庫金）（記入例）￥0123456789

30840 取扱庁名 東京労働局 00075331 令和06年度

所掌 13303057292-000

9-06-9-06

納付の目的 1. 令和06年度 概算 1期 3. 令和05年度 確定

62

内訳 労働保険料 ￥349658
一般拠出金
納付額（合計額） ￥349658

（住所）〒110-0005
台東区東上野×-×-×
（氏名）株式会社石田工務店 殿

あて先 102-8307
千代田区九段南1-2-1
九段第３合同庁舎
東京労働局

納付の場所 日本銀行（本店・支店・代理店又は歳入代理店）、所轄都道府県労働局、所轄労働基準監督署

記入例７

⑳（イ）欄の充当額が、延納する場合の労働保険料の第１期分の額より多く、一般拠出金も充当する場合。

※当該様式は法令改正に伴い変更される場合がございます。手続き時は最新情報をご確認ください。

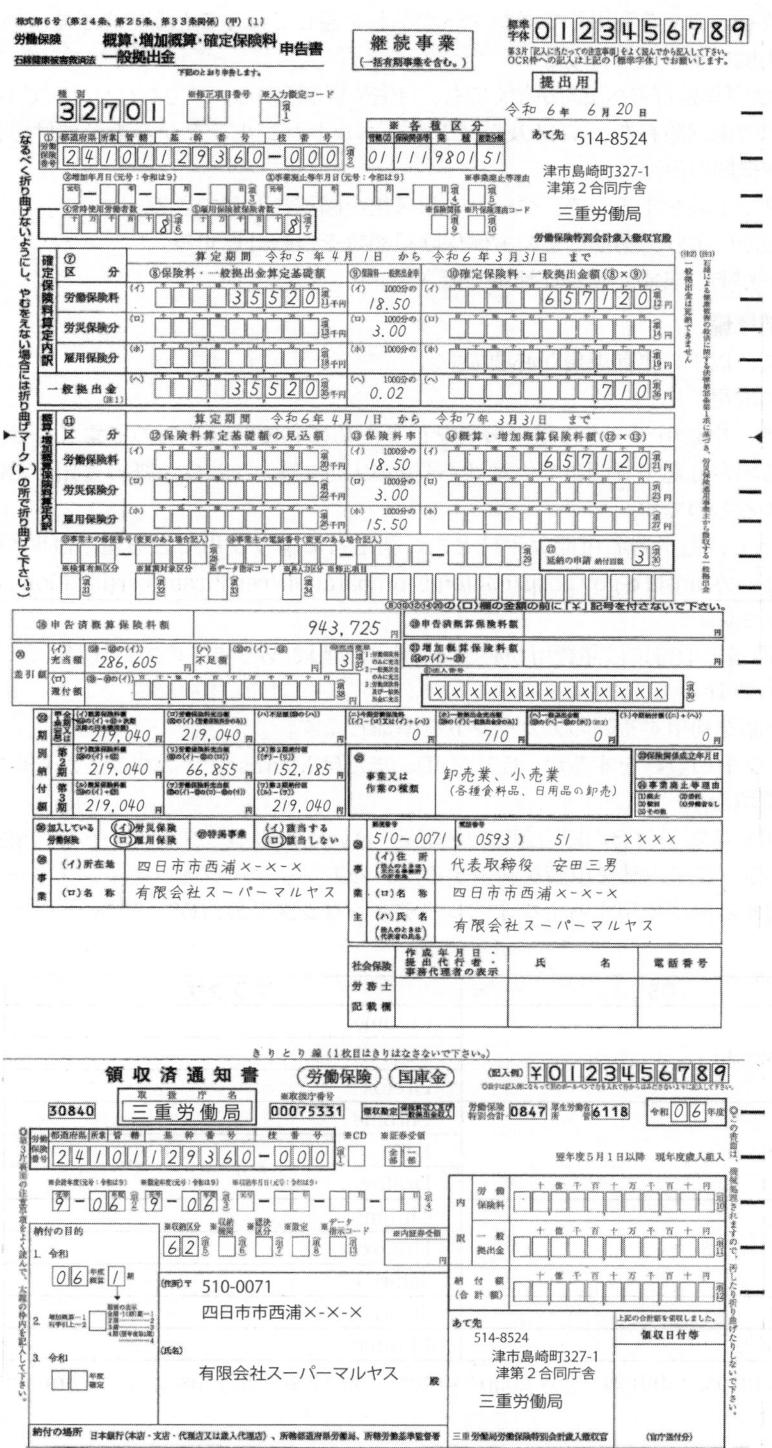

様式第６号（第２４条、第２５条、第３３条関係）（甲）（１）

労働保険 石綿健康被害救済法　概算・増加概算・確定保険料 一般拠出金 申告書

継続事業（一括有期事業を含む。）

標準字体 0123456789

提出用

種別 32701

令和 6年 6月 20日

あて先 514-8524
津市島崎町327-1
津第２合同庁舎
三重労働局
労働保険特別会計歳入徴収官殿

①労働保険番号 24 1 01 129360-000

※各種区分 01 111 9801 51

④常時使用労働者数 8　⑤雇用保険被保険者数 8

確定保険料算定内訳　算定期間 令和5年4月1日 から 令和6年3月31日 まで

⑦区分	⑧保険料・一般拠出金算定基礎額	⑨保険料・一般拠出金率	⑩確定保険料・一般拠出金額（⑧×⑨）
労働保険料	（イ）35520 千円	（イ）1000分の 18.50	（イ）657120 円
労災保険分	（ロ） 千円	（ロ）1000分の 3.00	（ロ） 円
雇用保険分	（ホ） 千円	（ホ）1000分の	（ホ） 円
一般拠出金	（ヘ）35520 千円	（ヘ）1000分の 0.02	（ヘ）710 円

概算・増加概算保険料算定内訳　算定期間 令和6年4月1日 から 令和7年3月31日 まで

⑪区分	⑫保険料算定基礎額の見込額	⑬保険料率	⑭概算・増加概算保険料額（⑫×⑬）
労働保険料	（イ） 千円	（イ）1000分の 18.50	（イ）657120 円
労災保険分	（ロ） 千円	（ロ）1000分の 3.00	（ロ） 円
雇用保険分	（ホ） 千円	（ホ）1000分の 15.50	（ホ） 円

⑰延納の申請 納付回数 3

⑧⑩⑫⑭⑳の（ロ）欄の金額の前に「￥」記号を付さないで下さい。

⑱申告済概算保険料額 943,725円

⑳差引額 （イ）充当額 286,605円　㉑充当意思 3

㉘出入番号 XXXXXXXXXXXXX

㉒期別納付額							
全期又は第1期（初期）	（イ）概算保険料額 219,040円	（ロ）労働保険料充当額 219,040円	（ハ）不足額 円	（ニ）今期労働保険料 0円	（ホ）一般拠出金充当額 710円	（ヘ）一般拠出金額 0円	（ト）今期納付額 0円
第2期	（チ）概算保険料額 219,040円	（リ）労働保険料充当額 66,855円	（ヌ）第2期納付額 152,185円				
第3期	（ル）概算保険料額 219,040円	（ヲ）労働保険料充当額 円	（ワ）第3期納付額 219,040円				

㉖事業又は作業の種類　卸売業、小売業（各種食料品、日用品の卸売）

㉓加入している労働保険　（イ）労災保険　（ロ）雇用保険　㉔特掲事業　（イ）該当する　（ロ）該当しない

㉕事業　（イ）所在地 四日市市西浦×-×-×　（ロ）名称 有限会社スーパーマルヤス

㉙事業主　510-0071　（0593）51-××××
（イ）住所 代表取締役　安田三男
（ロ）名称 四日市市西浦×-×-×
（ハ）氏名 有限会社スーパーマルヤス

社会保険労務士記載欄　作成年月日・提出代行者・事務代理者の表示　氏名　電話番号

きりとり線（１枚目はきりはなさないで下さい。）

領収済通知書　（労働保険）（国庫金）

（記入例）￥0123456789

30840　取扱庁名 三重労働局　00075331　労働保険特別会計 0847　厚生労働省所管 6118　令和 06 年度

労働保険番号 24 1 01 129360-000

翌年度5月1日以降 現年度歳入組入

9-06 9-06

納付の目的 1. 令和 06 年度 概算 1 期

（住所）〒510-0071 四日市市西浦×-×-×

（氏名）有限会社スーパーマルヤス 殿

あて先 514-8524 津市島崎町327-1 津第２合同庁舎 三重労働局

納付の場所　日本銀行（本店・支店・代理店又は歳入代理店）、所轄都道府県労働局、所轄労働基準監督署

三重労働局労働保険特別会計歳入徴収官

●電子申請を利用した年度更新手続について

労働保険の適用・徴収関係の手続については、電子申請及び電子納付の受付が平成 15 年度から開始されておりますが、平成 22 年から、電子政府の総合窓口（e-Gov）に統合し、より便利になりました。

年度更新の手続も e-Gov を利用してインターネットを通じて行うことができます。

電子申請で年度更新手続を行うと

- 労働局、労働基準監督署へ出向かなくても、自宅や事務所からいつでもパソコンで手続ができる。
- 年度更新の労働保険料を、ATM 及びインターネットバンキングから電子納付できる（対応している金融機関のみ）。
- 電子データで手続をするので、ペーパーレス化を図ることができる。
- 自動計算機能により、納期ごとの労働保険料額等を自動計算する。

等のメリットがあります。ぜひご活用ください。

電子申請の事前準備

申請を行う前に、以下の事前準備が必要です。

■電子証明書の取得

電子証明書は、申請用データに電子署名を行うために必要となるものです（ＧビズＩＤアカウントを使用する場合は電子証明書の用意は不要となります）。これは、紙の書類における印鑑と印鑑証明に相当するものです。

認証局によって、電子署名可能な手続と、ご利用者により使用できる電子証明が異なります。詳しくは https://shinsei.e-gov.go.jp/contents/preparation/certificate/certification-authority.html を参照してください。

また、電子証明書の取得には諸費用が必要で、有効期限もありますのでご注意ください。

■アカウントの準備

e-Gov 電子申請を利用する際のアカウントを準備します。

e-Gov アカウントの登録をするか、G ビズ ID、または Microsoft アカウントが利用できます。

■パソコンの環境設定

総務省が運用する電子政府の総合窓口（e-Gov）という情報ポータルサイトを利用するための環境を確認し、e-Gov 電子申請を申請を利用するためのアプリケーションをインストールします。

e-Gov を利用する際に使用する主なオペレーティングシステム（OS）や Web ブラウザは以下のとおりです。

OS	ブラウザ
Windows 11	Chrome
	Edge
	Firefox
Windows 10	Chrome
	Edge
	Firefox
macOS 10.15	Chrome
	Firefox
	Safari 13
iOS 13	Safari
Android 9	Chrome

詳しくは https://shinsei.e-gov.go.jp/contents/service-policy/usage-environment.html を参照してください。

電子申請による年度更新手続の手順

事前準備が終了したら、以下の手順により電子申請を行います。

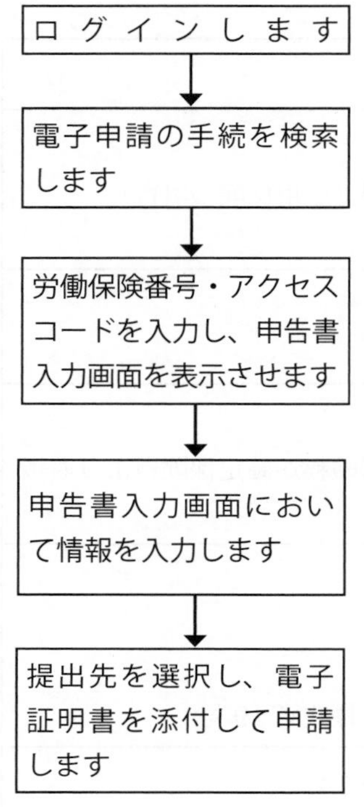

事前に取得したログインアカウントでマイページにログインします。

「手続検索」から検索キーワードに「年度更新申告」と入力し、検索してください。検索結果の中から、該当する年度更新申告の手続をクリックしてください。

「申請書入力へ」ボタンをクリックし、「労働保険番号（14 桁）」と「アクセスコード（８桁）」を入力した後、「OK」ボタンをクリックしてください。

「入力支援」ボタンをクリックすると、前年度の情報が自動で入力されます。その他申告書の項目に必要な情報を入力します。入力が終了したら、「必須項目入力後、チェックしてください」にチェックを入れ、メッセージが表示されたら「OK」をクリックしてください。

「提出先を選択」ボタンをクリックし、提出先として管轄の労働局を指定してください。「内容を確認」ボタンをクリックした後、「設定」ボタンをクリックして電子証明書を添付してください。最後に「提出」ボタンをクリックして申請完了です。

■ e-Gov 電子申請　https://shinsei.e-gov.go.jp/

■ e-Gov 利用者サポートデスク

e-Gov が提供する各サービスの利用方法などを問い合わせることができます。

メール：お問い合わせフォーム（https://www.e-gov.go.jp/contact 内）より、
毎日（土日祝祭日含む）24 時間受付

電話：050-3786-2225

［受付時間］

４月・６月・７月：平日 午前９時から午後７時まで
土日祝日 午前９時から午後５時まで

５月・８月から３月 平日 午前９時から午後５時まで

※土日祝祭日および、年末年始（12 月 30 日～１月３日）は受付休止

■ 年度更新申告書等の書き方、年度更新手続制度全般に関する質問は以下へ

申請先の各都道府県労働局及び労働基準監督署

連絡先　http://www.mhlw.go.jp/general/sosiki/chihou/index.html

Ⅱ　労働保険の諸手続

●継続事業に係る労働保険の諸手続

だ　　れ　　が	事　業　主
新　規　成　立	保険関係成立届………様式第１号 任意加入申請書………様式第１号および同意書（雇用保険の場合） 概算保険料申告書……様式第６号（甲）
賃金総額の見込額が増加	増加概算保険料申告書……様式第６号（甲）
事業を廃止したら	確定保険料申告書…………様式第６号（甲） 労働保険料還付請求書……様式第８号（概算保険料が確定保険料よりも多い場合）
各種変更のとき	事業場の名称等の変更 労働保険　名称、所在地等変更届……様式第２号 代理人の選任または解任 労働保険・一般拠出金代理人選任・解任届……様式第 19 号
保険関係を本社等で一括して処理したい	労働保険　継続事業一括認可申請書……様式第５号

新規成立の手続

様式第１号（第４条、第 64 条、附則第２条関係）
労働保険　保険関係成立届

どんなとき	保険関係が成立したとき（当然適用事業となったとき）
だれが	事業主
どこに	一元適用事業の個別加入事業（雇用保険のみ成立している個別加入事業を除く）及び労災保険に係る二元適用事業は所轄の労働基準監督署長 雇用保険に係る二元適用事業及び一元適用事業で雇用保険のみ成立している個別加入事業は所轄の公共職業安定所長
いつまで	保険関係が成立した日から 10 日以内
部数	３枚（１部）
根拠条文	徴収法第４条の２
注意事項等	新規成立の手続（図解） （保険関係成立届又は任意加入申請書及び概算保険料申告書の提出） ・一元適用事業（雇用保険のみ成立の事業を除く） ・労災保険に係る二元適用事業 ① 保険関係成立届（成立した日から 10 日以内）→ 所轄 労働基準監督署 ①´任意加入申請書（労災保険に加入したいとき）→ 所轄 労働基準監督署 ② 黒色・赤色で印刷してある申告書・納付書（保険関係成立の日から 50 日以内）→ いずれか → 所轄 労働基準監督署／所轄 労働局／日本銀行（代理店、歳入代理店（※）でも可） ・一元適用事業で雇用保険のみ成立の事業 ・雇用保険に係る二元適用事業 ② ふじ色・赤色で印刷してある申告書・納付書（保険関係成立の日から 50 日以内）→ いずれか → 所轄 労働局／日本銀行（代理店、歳入代理店（※）でも可） ① 保険関係成立届（成立した日から 10 日以内）→ 所轄 公共職業安定所 ①´任意加入申請書（雇用保険に加入したいとき）→ 所轄 公共職業安定所 ※（全国の銀行、信用金庫の本店又は支店、郵便局） 注１．①又は①´の手続を行った後、②の手続を行います。 ２．雇用保険の適用事業となった場合は、この他に「雇用保険適用事業所設置届」及び「雇用保険被保険者資格取得届」を所轄の公共職業安定所長に提出しなければなりません。 ３．海外派遣者の特別加入をする場合は、「特別加入申請書（海外派遣者）」を所轄の労働基準監督署長へ提出し、都道府県労働局長の承認を得た上で、保険料申告書を提出することになります。 ４．行政手続きのワンストップ化推進により、一部、年金事務所の利用も可能となっていますが、本書では省略します。次ページ以降の手続きについても同様です。

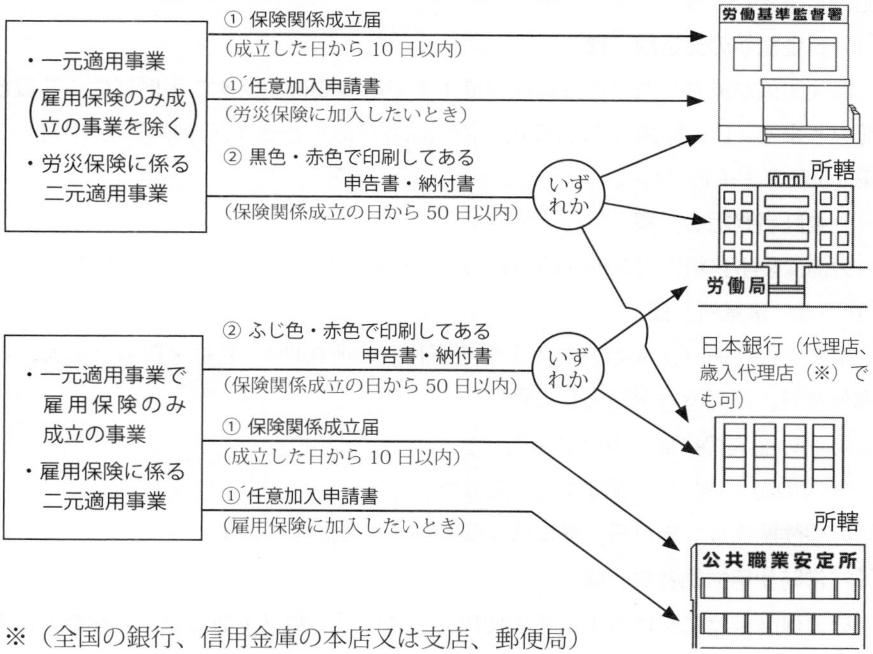

記載要領

「② 事業」欄

保険関係が成立した事業の所在地及び名称を記入します。

「③ 事業の概要」欄

その事業が適用事業に該当するか否か、さらには適用される保険料率に関係しますので、事業の内容（作業内容、製品、完成物、提供されるサービスの内容等）を具体的に記入します。

「④ 事業の種類」欄

事業に適用される「労災保険率適用事業細目表」に掲げられた該当する事業の種類を記入します。

「⑤ 加入済みの労働保険」欄

既に労災保険又は雇用保険に加入済みの場合、加入しているものに○印を付します。

「⑥ 保険関係成立年月日」欄

労災保険又は雇用保険の適用事業となった年月日を記入します。

「⑦ 雇用保険被保険者数」欄

「一般・短期」には、その年度における１カ月平均雇用保険被保険者数（一般被保険者、高年齢被保険者及び短期雇用特例被保険者数の合計数）を、また「日雇」には日雇労働被保険者数を記入します。

「⑧ 賃金総額の見込額」欄

保険関係が成立した日から保険年度末までの期間に使用する労働者に係る賃金総額の見込額を記入します。賃金総額に 1,000 円未満の端数があるときは、その端数を切り捨てて記入します（法第 15 条第１項各号）。

「⑨ 委託事務組合」欄

労働保険事務組合に労働保険事務の処理を委託している場合に記入します。

「⑰～⑳ 事業所」欄

事業主の住所（法人のときは主たる事務所の所在地）、名称・氏名（法人のときは名称のみ）、郵便番号、電話番号を記入します。

⑰⑲の記入枠には、カナで記入します。

⑱⑳の記入枠には、漢字で記入します。

「㉑ 保険関係成立年月日」欄には⑥欄の年月日を記入します。

「㉓ 常時使用労働者数」欄

その保険年度における１日平均使用労働者の見込数（少数点以下の端数があるときは、これを切り捨てた数）を記入します。

「㉔ 雇用保険被保険者数」欄には⑦欄の一般・短期と日雇との合計人数を記入します。

「㉖ 加入済労働保険番号」欄には、個別加入から委託へ移行、委託替え、委託から個別加入へ移行の場合に、もとの労働保険番号を記入します。

「㉗ 適用済労働保険番号１」欄には、一元適用事業では、既に労働保険番号を付与されている事業のうち、同じ所掌の事業について、その労働保険番号を記入します（当該事業が２事業以上ある場合、そのうちの主たる事業について、「適用済労働保険番号2」欄も用いてそれらの労働保険番号を記入します)。

二元適用事業では、他の所掌の事業について、その労働保険番号を記入します（当該事業が2事業以上ある場合は、そのうち主たる2事業について、㉘欄も用いてそれら労働保険番号を記入します)。

「㉙ 法人番号」欄

法人番号を記入します。

記入例

様式第１号（第４条、第64条、附則第２条関係）(1)（表面）

（別紙）

提出用

⑯種別 31600

労働保険
0：保険関係成立届（継続）（事務処理委託届）
1：保険関係成立届（有期）
2：任意加入申請書（事務処理委託届）

令和6年5月9日

柏 労働局長 / 労働基準監督署長 / 公共職業安定所長 殿

下記のとおり (イ)届けます。（31600又は31601のとき） (ロ)労災保険 (ハ)雇用保険 の加入を申請します。（31602のとき）

※修正項目番号　※漢字修正項目番号　※労働保険番号（都道府県・所掌・管轄(1)・基幹番号・枝番号）（項1）

① 事業主	住所又は所在地	柏市柏×××-××
	氏名又は名称	有限会社徳山家電
② 事業	所在地	郵便番号 277-×××× 柏市柏×××-×× 電話番号 04-7163-××××番
	名称	有限会社徳山家電
③ 事業の概要		各種家電製品の販売
④ 事業の種類		卸売・小売業
⑤ 加入済の労働保険		(イ) 労災保険 (ロ) 雇用保険
⑥ 保険関係成立年月日		(労災) 6年5月1日 (雇用) 6年5月1日
⑦ 雇用保険被保険者数	一般・短期	9人
	日雇	人
⑧ 賃金総額の見込額		36,127千円
⑨ 委託事務組合	所在地	郵便番号 電話番号 ― ― 番
	名称	
	代表者氏名	
⑩ 委託事務内容		
⑪ 事業開始年月日		年 月 日
⑫ 事業廃止等年月日		年 月 日
⑬ 建設の事業の請負金額		円
⑭ 立木の伐採の事業の素材見込生産量		立方メートル
⑮ 発注者	住所又は所在地	郵便番号
	氏名又は名称	電話番号 ― ― 番

事業所

⑰ 住所〈カナ〉
- 郵便番号：277-××××（項2）　住所 市・区・郡名：カシワシ（項3）
- 住所（つづき） 町村名：カシワ（項4）
- 住所（つづき） 丁目・番地：×××-××（項5）
- 住所（つづき） ビル・マンション名等：（項6）

⑱ 住所〈漢字〉
- 住所 市・区・郡名：柏市（項7）
- 住所（つづき） 町村名：柏（項8）
- 住所（つづき） 丁目・番地：×××-××（項9）
- 住所（つづき） ビル・マンション名等：（項10）

⑲ 名称・氏名〈カナ〉
- 名称・氏名：ユウゲンガイシャ（項11）
- 名称・氏名（つづき）：トクヤマカデン（項12）
- 名称・氏名（つづき）：（項13）
- 電話番号（市外局番）04 －（市内局番）7163 －（番号）××××（項14）

⑳ 名称・氏名〈漢字〉
- 名称・氏名：有限会社（項15）
- 名称・氏名（つづき）：徳山家電（項16）
- 名称・氏名（つづき）：（項17）

㉑ 保険関係成立年月日（31600又は31601のとき）
※ 任意加入認可年月日（31602のとき）（元号：令和は9）
9－06年－05月－01日（項18）

㉒ 事務処理委託年月日（31600又は31602のとき）
事業終了予定年月日（31601のとき）（元号：令和は9）
元号 － 年 － 月 － 日（項19）

㉓ 常時使用労働者数 9人（項20）

※保険関係等区分（31600又は31602のとき）（項21）

㉔ 雇用保険被保険者数（31600又は31602のとき） 9人（項22）

※片保険理由コード（31600のとき）（項24）

㉖ 加入済労働保険番号（31600又は31602のとき）（都道府県・所掌・管轄(1)・基幹番号・枝番号）（項25）

㉗ 適用済労働保険番号1（都道府県・所掌・管轄(1)・基幹番号・枝番号）（項26）

㉘ 適用済労働保険番号2（都道府県・所掌・管轄(1)・基幹番号・枝番号）（項27）

※雇用保険の事業所番号（31600又は31602のとき）（項28）
※府県区分（31600又は31602のとき）（項29）
※特掲コード（31600又は31602のとき）（項30）
※管轄(2)（31600のとき）（項31）
※業種（項32）
※産業分類（31600又は31602のとき）（項33）
※データ指示コード（項34）
※再入力区分（項35）

※修正項目（英数・カナ）

※修正項目（漢字）

事業主氏名（法人のときはその名称及び代表者の氏名）
有限会社徳山家電
代表取締役　徳山昌平

※受付年月日（元号：令和は9） 元号 － 年 － 月 － 日（項36）

㉙ 法人番号 ○×○××××××××××（項37）

様式第１号（第４条、第64条、附則第２条） 任意加入申請書	
どんなとき	労災保険については労働者の過半数、雇用保険については労働者の２分の１以上が加入を希望している場合 ・任意適用の事業主が、労災保険に加入しようとするとき、又は雇用保険への加入について労働者の２分の１以上同意があったとき ・任意適用の事業主の意思にかかわらず、労災保険への加入について労働者の過半数、また、雇用保険への加入について労働者の２分の１以上が希望したとき
だれが	事　業　主
どこに	労災保険の場合、所轄の労働基準監督署長を経由して都道府県労働局長 雇用保険の場合、所轄の公共職業安定所長を経由して都道府県労働局長
いつまで	
部数	３枚（１部）
添付書類	雇用保険の場合には、労働者の２分の１以上の同意を得たことを証明する書類
根拠条文	徴収法附則第２条、則附則第２条、整備法第５条、整備省令第１条
注意事項等	この任意加入申請書を提出できる事業は、第１章「労働保険の基礎知識」のⅡ「労働保険一問一答」の「適用事業」を参照すること。

記入例

様式第１号（第４条、第64条、附則第２条関係）(1)（表面）　　(別紙)

提出用

労働保険
0：保険関係成立届(継続)(事務処理委託届)
1：保険関係成立届(有期)
2：任意加入申請書(事務処理委託届)

⑯種別 31602

令和６年　６月　２日

甲府　労働局長／労働基準監督署長／公共職業安定所長　殿

下記のとおり（(イ)届けます。(31600又は31601のとき)／(ロ)労災保険／(ハ)雇用保険 の加入を申請します。(31602のとき)）

①事業主　住所又は所在地	山梨県笛吹市御坂町下黒駒×××-×
氏名又は名称	梨山農園
②事業　所在地	郵便番号 406-0812　山梨県笛吹市御坂町下黒駒×××-×　電話番号 0552－64－××××番
名称	梨山農園　梨山太郎
③事業の概要	果実の栽培
④事業の種類	農業又は海面漁業以外の漁業
⑤加入済の労働保険	(イ)労災保険　(ロ)雇用保険
⑥保険関係成立年月日	(労災)年月日　(雇用)年月日
⑦雇用保険被保険者数	一般・短期　人　日雇　人
⑧賃金総額の見込額	10,000千円
⑨委託事務組合　所在地	郵便番号　電話番号　－　－　番
名称	
代表者氏名	
⑩委託事務内容	
⑪事業開始年月日	6年6月1日
⑫事業廃止等年月日	年　月　日
⑬建設の事業の請負金額	円
⑭立木の伐採の事業の素材見込生産量	立方メートル
⑮発注者　住所又は所在地	郵便番号
氏名又は名称	電話番号　－　－　番

※修正項目番号　※漢字修正項目番号

※労働保険番号（都道府県｜所掌｜管轄(1)｜基幹番号｜枝番号）　項1

事業所

⑰住所〈カナ〉
- 郵便番号 406－0812 (項2)　住所 市・区・郡名 フエフキシ (項3)
- 住所（つづき）町村名 ミサカチョウ (項4)
- 住所（つづき）丁目・番地 シモクロコマ (項5)
- 住所（つづき）ビル・マンション名等 ×××-× (項6)

⑱住所〈漢字〉
- 住所 市・区・郡名 笛吹市 (項7)
- 住所（つづき）町村名 御坂町 (項8)
- 住所（つづき）丁目・番地 下黒駒 (項9)
- 住所（つづき）ビル・マンション名等 ×××-× (項10)

⑲名称・氏名〈カナ〉
- 名称・氏名 ナシヤマ ノウエン (項11)
- 名称・氏名（つづき） ナシヤマ タロウ (項12)
- 名称・氏名（つづき） (項13)
- 電話番号（市外局番）0552－（市内局番）64－（番号）×××× (項14)

⑳名称・氏名〈漢字〉
- 名称・氏名 梨山農園 (項15)
- 名称・氏名（つづき） 梨山太郎 (項16)
- 名称・氏名（つづき） (項17)

㉑保険関係成立年月日（31600又は31601のとき）
※任意加入認可年月日（31602のとき）（元号：令和は9）　元号－年－月－日　項18

㉒事務処理委託年月日（31600又は31602のとき）
事務終了予定年月日（31601のとき）（元号：令和は9）　元号－年－月－日　項19

㉓常時使用労働者数　十万千百十人　4人　項20

※保険関係等区分（31600又は31602のとき）　項21

㉔雇用保険被保険者数（31600又は31602のとき）　十万千百十人　項22

※片保険理由コード（31600のとき）　項24

㉖加入済労働保険番号（31600又は31602のとき）（都道府県｜所掌｜管轄(1)｜基幹番号｜枝番号）　項25

㉗適用済労働保険番号1（都道府県｜所掌｜管轄(1)｜基幹番号｜枝番号）　項26

㉘適用済労働保険番号2（都道府県｜所掌｜管轄(1)｜基幹番号｜枝番号）　項27

※雇用保険の事業所番号（31600又は31602のとき）　項28

※府県区分（31600又は31602のとき）　項29
※特掲コード（31600又は31602のとき）　項30
※管轄(2)（31600のとき）　項31
※業種　項32
※産業分類（31600又は31602のとき）　項33
※データ指示コード　項34
※再入力区分　項35

※修正項目（英数・カナ）

※修正項目（漢字）

事業主氏名（法人のときはその名称及び代表者の氏名）
梨山太郎

※受付年月日（元号：令和は9）　元号－年－月－日　項36

㉙法人番号 ××××××××××××× 項37

様式第６号（第 24 条、第 25 条、第 33 条関係）（甲） 労働保険　概算・増加概算・確定保険料・一般拠出金申告書	
どんなとき	保険関係が成立したとき（事業を開始した時）
だ　れ　が	事業主
ど　こ　に	一元適用事業の個別事業（雇用保険のみ成立している個別加入事業を除く）及び労災保険に係る二元適用事業は所轄の労働基準監督署、都道府県労働局又は日本銀行（本店、支店、代理店及び歳入代理店（全国の銀行・信用金庫の本店又は支店、郵便局）） 雇用保険に係る二元適用事業及び一元適用事業で雇用保険のみ成立している個別加入事業は所轄の都道府県労働局、日本銀行（本店、支店、代理店及び歳入代理店（全国の銀行・信用金庫の本店又は支店、郵便局））
い つ ま で	保険関係が成立した日（適用事業となった日（任意適用は保険加入認可の日））から 50 日以内
部　　数	３枚（１部）
添 付 書 類	概算保険料
根 拠 条 文	徴収法第 15 条
注意事項等	９月 30 日までに保険関係が成立した事業場で保険料が 40 万円（労災保険又は雇用保険の保険関係のみ成立の事業は 20 万円）以上の場合は、延納（分割納付）することができる。 申告様式を間違えないようにしてください。

記載要領

概算保険料の申告書は、増加概算及び確定保険料申告書と共通に使用できる用紙になっていますから、必要な項目を○で囲み使用します。また、保険料を納付する際に必要な納付書も付いています。

まず、保険料申告書の名称のところの「概算」の文字を○で囲み、提出する年月日を記入します。

「① 労働保険番号」の記入枠

保険関係成立届又は任意加入認可通知書で示された労働保険番号を記入します。この労働保険番号は手続の基本となるものですので、誤りのないよう正確に記入してください。

「⑪ 算定期間年月日」欄

保険関係成立の年月日を左側に記入し、右側には保険年度末の日付（3月31日）を記入します。

「⑫ 保険料算定基礎額の見込額」欄

保険関係成立の日から保険年度末までの期間内に支払う賃金総額の見込額を、1,000円未満の端数を切り捨てて記入します。賃金総額の見込額の計算は、

1月当たり賃金総額×月数＋賞与等臨時給与の額

の方法で行い、臨時、日雇労働者に支払う見込み賃金も加えます。

なお、一元適用事業で労災保険及び雇用保険に係る保険関係が成立している場合で、労働者の中に雇用保険法の適用を受けない者（学生アルバイト等）を使用するため、同一の賃金総額により一般保険料を計算しがたい場合及び、労災保険又は雇用保険に係る保険関係のみが成立している場合には、（イ）欄には記入しないで労災保険の保険関係に係る賃金総額を（ロ）欄に、雇用保険の保険関係に係る賃金総額を（ホ）欄にそれぞれ記入します。

上記以外の事業の場合（（ロ）の額と（ホ）の額が同じ場合）には賃金総額の見込額は（ロ）欄及び「（ホ）」欄には記入しないで、（イ）欄に記入します。

「⑬ 保険料率」欄

保険料率を記入します。両保険の成立手続を行っていて「⑫の（イ）」欄に賃金総額を記入した場合には、その事業に適用される労災保険率に雇用保険率を加えた率を（イ）欄に記入します。

労災保険又は雇用保険に係る保険関係のみ成立している事業などについて賃金総額の見込額を労災保険分と雇用保険分に分け「⑫の（ロ）又は（ホ）」欄に記入した場合には、（ロ）に労災保険率を、（ホ）に雇用保険率を記入します。

「⑭ 概算・増加概算保険料額⑫×⑬」欄

「⑫保険料算定基礎額の見込額」に「⑬保険料率」を乗じて得た金額を記入します。

なお、（ロ）及び（ホ）に記入した場合は、その合計額を（イ）に記入します。

「⑰ 延納の申請」欄

延納（分割納付）を希望する場合、保険料の納付回数を記入します。

なお、納付すべき概算保険料が40万円（労災保険又は雇用保険に係る保険関係のみ成立している事業にあっては20万円）以上の場合に延納することができます。

延納の方法は、保険関係成立の日が4月1日から5月31日までのときは3回、6月1日から9月30日までのときは2回となり、10月1日以降のときは延納は認められません。なお、延納する場合、2期、3期の額に1円又は2円の端数があるときはその額を最初の期に合算します。

「㉒ 期別納付額」欄

各期の納付額を記入します。なお各期納付額は次のようにして算出します。

概算保険料額（「⑭欄の（イ）の額」）を⑰の納付回数で除し、その額に１円又は２円の端数があるときは、その端数を１期に加算して「㉒欄の（イ）」の概算保険料額の第１期分欄に記入し、端数のなくなった額（第２期分、第３期分（納付回数が２回の場合は２期のみ））を「㉒ 欄の（チ）、（ル）」のそれぞれの該当欄に記入します。

「㉒ 欄の（ニ）今期労働保険料」欄及び「㉒ 欄の（ト）今期納付額」欄

概算保険料申告の際に納付すべき保険料で「㉒ 欄の（イ）」の額を転記します。

「㉓ 保険関係成立年月日」欄

適用事業にあっては、事業開始又は適用事業に該当した年月日を、任意加入の認可を受けた場合には、認可通知書で示された認可年月日を記入します。

「㉕ 事業又は作業の種類」欄

「労災保険率表の事業の種類」又は「第２種特別加入保険料率表」の事業若しくは作業の種類を記入することになっていますが、できる限り事業の内容（製品名、製造工程等）を具体的に記入して下さい。

この事業又は作業の種類は保険料率を決定するための重要なものなので、誤りのないよう記入してください。

「㉖ 加入している労働保険」欄

労災保険と雇用保険の両保険に加入しているときは（イ）と（ロ）を、労災保険のみに加入しているときは（イ）を、雇用保険のみに加入しているときは（ロ）を○で囲みます。

「㉗ 特掲事業」欄

特掲事業（212 ページ）に該当する場合は（イ）を、該当しない場合（ロ）を○で囲みます。

「㉘ 事業」欄

保険関係が成立した事業の所在地及び名称を記入します。

「㉙ 事業主」欄

事業主の住所（法人のときは主たる事業所の所在地）、名称、氏名（法人のときは代表者の氏名）、郵便番号、電話番号を記入します。なお、行政手続きの簡素化により、押印または署名は不要となっています（以下の手続きについても、原則、同様です）。

「㉛ 法人番号」欄

法人番号を記入します。

「納付書」について

納付書の「労働保険番号」及び「納付額」の記入枠、「(住所)、(氏名)」欄の記入は明りょうに記入してください。

「納付額」欄

「㉒欄の（ト）」の額を転記し、金額の前に必ず「¥」記号を付してください。

なお、納付額を訂正すると日本銀行（本店、支店、代理店及び歳入代理店（全国の銀行、信用金庫の本店又は支店、郵便局））では受けつけませんので、特に注意が必要です。

「②増加年月日」、「③事業廃止等年月日」、「⑧保険料・一般拠出金算定基礎額」、「⑨保険料率・一般拠出金率」、「⑩確定保険料額・一般拠出金額（⑧×⑨）」、「⑱申告済概算保険料額」、「⑲申告済概算保険料額」、「⑳差引額」、「㉑増加概算保険料額」、「㉔事業廃止等理由」の欄は、概算保険料申告の場合は記入する必要はありませんので空欄とし、斜線を引かないようにしてください。

以上で概算保険料申告書及び納付書ができましたので、納付書の「納付額」に記入した金額を添えて日本銀行（本店、支店、代理店及び歳入代理店（全国の銀行・信用金庫の本店又は支店、郵便局）、所轄の都道府県労働局又は労働基準監督署に申告・納付を行います。

記入例

※当該様式は法令改正に伴い変更される場合がございます。手続き時は最新情報をご確認ください。

様式第6号（第24条、第25条、第33条関係）（甲）（1）

労働保険　概算・増加概算・確定保険料　申告書
石綿健康被害救済法　一般拠出金

継続事業（一括有期事業を含む。）

標準字体 0123456789

下記のとおり申告します。

提出用

種別 32700　※修正項目番号　※入力徴定コード

令和 6年 5月 30日

あて先 260-8612
千葉市中央区中央4丁目11-1
千葉第２地方合同庁舎
千葉労働局
労働保険特別会計歳入徴収官殿

①労働保険番号 都道府県 所掌 管轄 基幹番号 枝番号：1 2 1 0 3 3 7 2 3 4 3 − 0 0 0

②増加年月日（元号：令和は9）　③事業廃止等年月日（元号：令和は9）

④常時使用労働者数 9　⑤雇用保険被保険者数 9

確定保険料算定内訳

⑦区分	⑧保険料・一般拠出金算定基礎額	⑨保険料・一般拠出金率	⑩確定保険料・一般拠出金額（⑧×⑨）
労働保険料	(イ)	(イ) 1000分の	(イ)
労災保険分	(ロ)	(ロ) 1000分の	(ロ)
雇用保険分	(ホ)	(ホ) 1000分の	(ホ)
一般拠出金（注1）	(ヘ)	(ヘ) 1000分の	(ヘ)

概算・増加概算保険料算定内訳

算定期間　令和6年5月1日から令和7年3月31日まで

⑪区分	⑫保険料算定基礎額の見込額	⑬保険料率	⑭概算・増加概算保険料額（⑫×⑬）
労働保険料	(イ) 42148 千円	(イ) 1000分の 18.50	(イ) 779738 円
労災保険分	(ロ)	(ロ) 1000分の 3.00	(ロ)
雇用保険分	(ホ)	(ホ) 1000分の 15.50	(ホ)

⑰延納の申請　納付回数 3

⑧⑩⑫⑭⑳の（ロ）欄の金額の前に「¥」記号を付さないで下さい。

⑱申告済概算保険料額　⑲申告済概算保険料額　⑳増加概算保険料額

法人番号 0×0××××××××××

㉒期別納付額		
第1期（初期）	概算保険料額 259,914 円	今期納付額 259,914 円
第2期	概算保険料額 259,912 円	第2期納付額 259,912 円
第3期	概算保険料額 259,912 円	第3期納付額 259,912 円

㉓事業又は作業の種類：卸売業・小売業

㉔保険関係成立年月日：令和6年5月1日

㉕事業廃止等理由

㉖加入している労働保険：(イ)労災保険 (ロ)雇用保険

㉗特掲事業：(イ)該当する (ロ)該当しない

郵便番号 277−××××　電話番号（04）7163 − ××××

㉘事業　(イ)所在地 柏市柏×××−××　(ロ)名称 有限会社徳山家電

㉙事業主　(イ)住所 柏市柏×××−××　(ロ)名称 有限会社徳山家電　(ハ)氏名 代表取締役　徳山昌平

社会保険労務士記載欄　作成年月日・提出代行者・事務代理者の表示　氏名　電話番号

きりとり線（1枚目はきりはなさないで下さい。）

領収済通知書　（労働保険）（国庫金）

（記入例）¥0123456789

30840　取扱庁名 千葉労働局　※取扱庁番号 00075331　労働保険特別会計 0847　令和 06 年度

労働保険番号：1 2 1 0 3 3 7 2 3 4 3 − 0 0 0

翌年度5月1日以降　現年度歳入組入

内訳　労働保険料 ¥259914　一般拠出金　納付額（合計額）¥259914

納付の目的　1. 令和 06 年度概算 1 期

（住所）〒 277-××××
柏市柏×××−××

（氏名）有限会社徳山家電　殿

あて先
260-8612
千葉市中央区中央4丁目11-1
千葉第２地方合同庁舎
千葉労働局
千葉労働局労働保険特別会計歳入徴収官

上記の合計額を領収しました。　領収日付等

納付の場所　日本銀行（本店・支店・代理店又は歳入代理店）、所轄都道府県労働局、所轄労働基準監督署

賃金総額の見込額が増加した場合の手続

様式第６号（第 24 条，第 25 条，第 33 条関係）（甲） 労働保険　概算・増加概算・確定保険料・一般拠出金申告書	
どんなとき	既に報告した賃金総額の見込額が２倍を超えて増加し、かつ、その賃金増額によった場合の概算保険料の額と申告済の概算保険料との差額が 13 万円以上となったとき。
だれが	事業主
どこに	既に概算保険料申告書を提出した所轄の労働基準監督署、都道府県労働局、日本銀行（本店、支店、代理店及び歳入代理店（全国の銀行・信用金庫の本店又は支店、郵便局））
いつまで	要件に該当した日から 30 日以内
部数	３枚（１部）
添付書類	増加概算保険料
根拠条文	徴収法第 16 条
注意事項等解説	算出した労働保険料を添えて申告すること。 すでに申告した概算保険料について延納が認められている場合は、増加概算保険料の分割納付ができる。

記入例

※当該様式は法令改正に伴い変更される場合がございます。手続き時は最新情報をご確認ください。

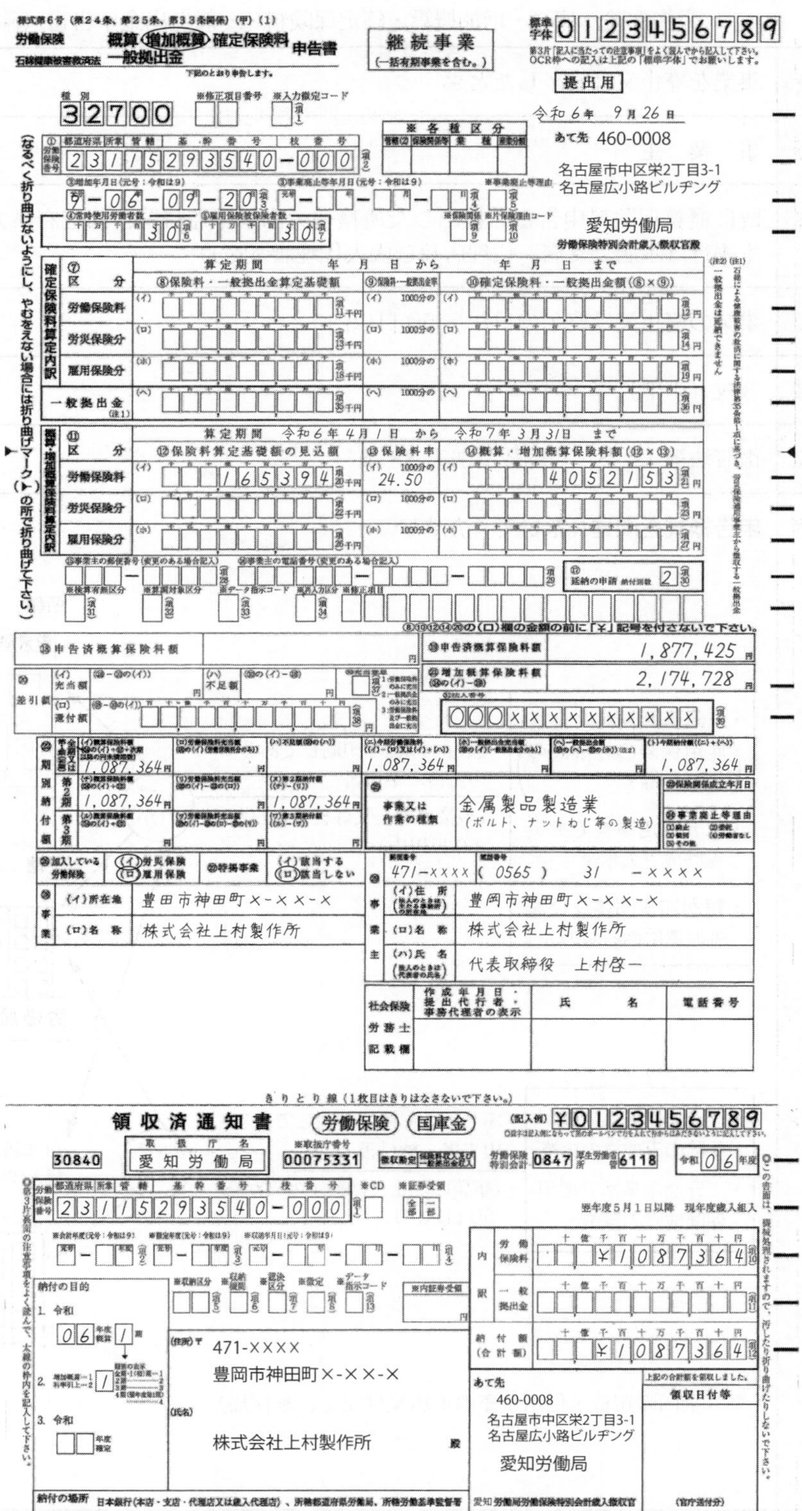

様式第6号（第24条、第25条、第33条関係）（甲）（1）

労働保険　概算・増加概算・確定保険料　申告書
石綿健康被害救済法　一般拠出金

継続事業（一括有期事業を含む。）

標準字体 0123456789

提出用

種別 32700

令和6年 9月26日

あて先 460-0008
名古屋市中区栄2丁目3-1
名古屋広小路ビルヂング
愛知労働局
労働保険特別会計歳入徴収官殿

①労働保険番号 23115293540-000

③増加年月日（元号：令和は9） 9-06-09-20

④常時使用労働者数 30　⑤雇用保険被保険者数 30

確定保険料算定内訳：算定期間　年　月　日から　年　月　日まで

⑦区分	⑧保険料・一般拠出金算定基礎額	⑨保険料・一般拠出金率	⑩確定保険料・一般拠出金額（⑧×⑨）
労働保険料	(イ)	(イ) 1000分の	(イ)
労災保険分	(ロ)	(ロ) 1000分の	(ロ)
雇用保険分	(ホ)	(ホ) 1000分の	(ホ)
一般拠出金	(ヘ)	(ヘ) 1000分の	(ヘ)

概算・増加概算保険料算定内訳：算定期間　令和6年4月1日から　令和7年3月31日まで

⑪区分	⑫保険料算定基礎額の見込額	⑬保険料率	⑭概算・増加概算保険料額（⑫×⑬）
労働保険料	(イ) 165394 千円	(イ) 1000分の 24.50	(イ) 4052153 円
労災保険分	(ロ)	(ロ) 1000分の	(ロ)
雇用保険分	(ホ)	(ホ) 1000分の	(ホ)

⑰延納の申請　納付回数 2

⑱申告済概算保険料額 1,877,425円

⑲増加概算保険料額（⑭の(イ)−⑱） 2,174,728円

⑳加入者番号 OOO××××××××××

㉒期別納付額

全期又は第1期	(イ)概算保険料額 1,087,364円	(ニ)今期労働保険料 1,087,364円	(ト)今期納付額 1,087,364円
第2期	(チ)概算保険料額 1,087,364円	(ヌ)第2期納付額 1,087,364円	
第3期			

㉖事業又は作業の種類：金属製品製造業（ボルト、ナットねじ等の製造）

㉓加入している労働保険：(イ)労災保険　(ロ)雇用保険
㉔特掲事業：(ロ)該当しない

㉗事業　(イ)所在地：豊田市神田町×-××-×　(ロ)名称：株式会社上村製作所

㉘事業主　郵便番号 471-××××　電話番号（0565）31-××××
(イ)住所：豊岡市神田町×-××-×
(ロ)名称：株式会社上村製作所
(ハ)氏名：代表取締役　上村啓一

社会保険労務士記載欄：作成年月日・提出代行者・事務代理者の表示／氏名／電話番号

きりとり線（1枚目はきりはなさないで下さい。）

領収済通知書（労働保険）（国庫金）

（記入例）¥0123456789

30840　取扱庁名 愛知労働局　00075331　0847　6118　令和06年度

労働保険番号 23115293540-000

内訳	
労働保険料	¥1087364
一般拠出金	
納付額（合計額）	¥1087364

納付の目的：1. 令和06年度 概算 1期　2. 増加概算 1

（住所）〒471-××××
豊岡市神田町×-××-×
（氏名）株式会社上村製作所　殿

あて先 460-0008
名古屋市中区栄2丁目3-1
名古屋広小路ビルヂング
愛知労働局

納付の場所：日本銀行（本店・支店・代理店又は歳入代理店）、所轄都道府県労働局、所轄労働基準監督署

愛知労働局労働保険特別会計歳入徴収官

事業を廃止した場合等の手続

様式第６号（第 24 条，第 25 条，第 33 条関係）（甲） 労働保険　概算・増加概算・確定保険料・一般拠出金申告書（確定保険料）	
どんなとき	事業を廃止又は終了したとき
だ　れ　が	事　業　主
ど　こ　に	既に概算保険料申告書を提出した所轄の労働基準監督署、都道府県労働局、日本銀行（本店、支店、代理店及び歳入代理店（※））
い つ ま で	事業の廃止又は終了の日から 50 日以内
部　　　数	３枚（１部）
根 拠 条 文	徴収法第 19 条、石綿救済法第 38 条
注 意 事 項 等	申告様式を間違えないでください。 ・一元適用事業（雇用保険のみ成立の事業を除く） ・二元適用事業で労災保険成立の事業 ・特別加入団体及び海外派遣に係るもの → 黒色・赤色で印刷してある申告書・納付書（事業の廃止又は終了の日から 50 日以内）→ いずれか：所轄 労働基準監督署／所轄 労働局／日本銀行（代理店、歳入代理店（※）でも可） ・一元適用事業で雇用保険のみ成立の事業 ・二元適用事業で雇用保険成立の事業 → ふじ色・赤色で印刷してある申告書・納付書（事業の廃止又は終了の日から 50 日以内）→ いずれか：所轄 労働局／日本銀行（代理店、歳入代理店（※）でも可） ※（全国の銀行・信用金庫の本店又は支店、郵便局）

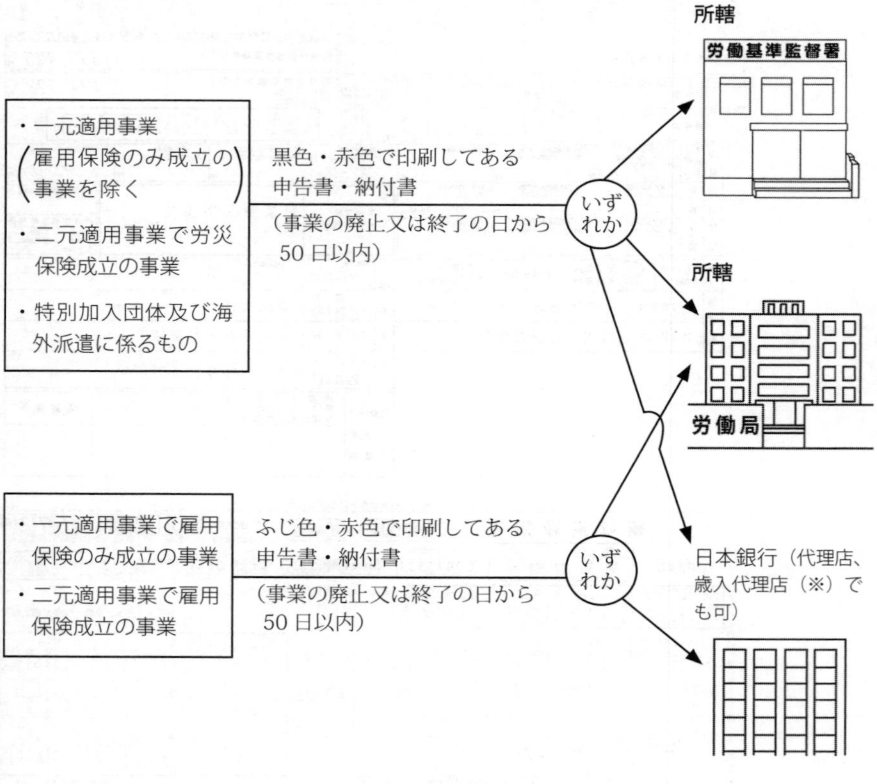

記入例

※当該様式は法令改正に伴い変更される場合がございます。手続き時は最新情報をご確認ください。

様式第6号（第24条、第25条、第33条関係）（甲）（1）

労働保険 概算・増加概算・確定保険料 申告書
石綿健康被害救済法 一般拠出金

下記のとおり申告します。

継続事業（一括有期事業を含む。）

標準字体 0123456789

提出用

種別 32700　※修正項目番号　※入力徴定コード

令和6年 8月 15日

あて先 540-0028
大阪市中央区常盤町1-3-8
中央大通FNビル
大阪労働局
労働保険特別会計歳入徴収官殿

①労働保険番号　都道府県 27　所掌 1　管轄 10　基幹番号 124520　枝番号 000

③事業廃止等年月日（元号：令和は9）9－06－07－31

④常時使用労働者数 16　⑤雇用保険被保険者数 16

（なるべく折り曲げないようにし、やむをえない場合には折り曲げマーク（▶）の所で折り曲げて下さい。）

確定保険料算定内訳

⑦算定期間　令和6年4月1日　から　令和6年7月31日　まで

⑦区分	⑧保険料・一般拠出金算定基礎額	⑨保険料・一般拠出金率	⑩確定保険料・一般拠出金額（⑧×⑨）
労働保険料	（イ） 千円	（イ）1000分の	（イ）574294 円
労災保険分	（ロ）30226 千円	（ロ）1000分の 3.50	（ロ）105791 円
雇用保険分	（ホ）30226 千円	（ホ）1000分の 15.50	（ホ）468503 円
一般拠出金（注1）	（ヘ）30226 千円	（ヘ）1000分の 0.02	（ヘ）604 円

概算・増加概算保険料算定内訳

⑪算定期間　年　月　日　から　年　月　日　まで

⑪区分	⑫保険料算定基礎額の見込額	⑬保険料率	⑭概算・増加概算保険料額（⑫×⑬）
労働保険料	（イ） 千円	（イ）1000分の	（イ） 円
労災保険分	（ロ） 千円	（ロ）1000分の	（ロ） 円
雇用保険分	（ホ） 千円	（ホ）1000分の	（ホ） 円

⑮事業主の郵便番号（変更のある場合記入）　⑯事業主の電話番号（変更のある場合記入）　⑰延納の申請 納付回数

※検算有無区分　※割賦該当区分　※データ指示コード　※再入力区分　※修正項目

⑧⑩⑫⑭⑳の（ロ）欄の金額の前に「¥」記号を付さないで下さい。

⑱申告済概算保険料額　1,929,947 円

⑲申告済概算保険料額　円

⑳差引額　（イ）充当額 604 円　（ハ）不足額 円　充当意思 2

（ロ）還付額 1355049 円

㉑増加概算保険料額 円

㉒出入番号 O×O×O×××××××××

（注2）（注1）一般拠出金は延納できません。石綿による健康被害の救済に関する法律第35条第1項に基づき、労災保険適用事業主から徴収する一般拠出金

㉓期別納付額

	（イ）概算保険料額	（ロ）充当額	（ハ）不足額	（ニ）今期納付保険料	（ホ）一般拠出金充当額	（ヘ）一般拠出金額	（ト）今期納付額
全期又は第1期（初期）	円	円	円	円	604 円	0 円	0 円
第2期	（チ）概算保険料額 円	（リ）労働保険料充当額 円	（ヌ）第2期納付額 円				
第3期	（ル）概算保険料額 円	（ヲ）労働保険料充当額 円	（ワ）第3期納付額 円				

㉕事業又は作業の種類　印刷又は製本業

㉖保険関係成立年月日

㉗事業廃止等理由　(1)廃止 (2)委託 (3)個別 (4)労働者なし (5)その他

㉘加入している労働保険　(イ)労災保険　(ロ)雇用保険

㉙特掲事業　(イ)該当する　(ロ)該当しない

㉚事業　（イ）所在地　堺市堺区大浜北町×－×－××
（ロ）名称　株式会社宮川印刷

㉛事業主　郵便番号 ×××－××××　電話番号（0772）38－××××
（イ）住所（法人のときは主たる事務所の所在地）堺市堺区大浜北町×－×－××
（ロ）名称　株式会社宮川印刷
（ハ）氏名（法人のときは代表者の氏名）代表取締役　宮川真一

社会保険労務士記載欄	作成年月日・提出代行者・事務代理者の表示	氏名	電話番号

きりとり線（1枚目はきりはなさないで下さい。）

領収済通知書　労働保険　国庫金　（記入例）¥0123456789

30840　取扱庁名 大阪労働局　※取扱庁番号 00075331　労働保険特別会計 0847　厚生労働省所管 6118　令和　年度

労働保険番号　都道府県　所掌　管轄　基幹番号　枝番号　※CD　※証券受領

翌年度5月1日以降　現年度歳入組入

	十億 千 百 十 万 千 百 十 円
内訳 労働保険料	
一般拠出金	
納付額（合計額）	

納付の目的
1. 令和 年度 概算 期
3. 令和 年度 確定

（住所）〒
（氏名）　殿

あて先
460-0008
大阪市中央区常盤町1-3-8
中央大通FNビル
大阪労働局

上記の合計額を領収しました。　領収日付等

納付の場所　日本銀行（本店・支店・代理店又は歳入代理店）、所轄都道府県労働局、所轄労働基準監督署

大阪労働局労働保険特別会計歳入徴収官　（官庁送付分）

○この書面は、機械処理されますので、汚したり折り曲げたりしないで下さい。

様式第８号（第36条関係）

労　働　保　険
労働保険料・一般拠出金還付請求書

どんなとき	確定精算の結果、概算保険料の額が確定保険料の額より多い場合。
だれが	事　業　主
どこに	都道府県労働局労働保険特別会計資金前渡官吏（所轄の労働基準監督署長を経由して提出しなければならない場合がある）
いつまで	確定保険料申告書の提出と同時又は確定保険料の認定決定の通知を受けた日の翌日から起算して10日以内
部数	１部（２枚綴）
添付書類	
根拠条文	徴収法第19条第６項
注意事項等	継続事業の場合は原則として次の保険年度の概算保険料、又は未納の保険料のほか延滞金（法第28条）、追徴金（法第21条）に充当されますが、特に還付を希望する場合は事業主の請求により還付されます。

記入例

様式第８号（第36条関係）

労働保険労働保険料
石綿健康被害救済法一般拠出金 **還付請求書**

還付金の種別：（労働保険料）・一般拠出金

種別 31751

労働保険番号（都道府県・所掌・管轄(1)・基幹番号・枝番号）：27110124520－000（項1）

※修正項目番号　※漢字修正項目番号

① 還付金の払渡しを受けることを希望する金融機関（金融機関のない場合は郵便局）

金融機関

金融機関名称〈漢字〉 略称を使用せず正式な金融機関名を記入して下さい：近畿銀行

種別（1. 普通　2. 当座　3. 通知　4. 別段）：1（項2）

口座番号 ※右詰で空白は0を記入して下さい：2484752（項3）

支店名称〈漢字〉 略称を使用せず正式な支店名を記入して下さい：堺支店

ゆうちょ銀行記号番号　記号　－　番号 ※右詰で空白は0を記入して下さい（項4）

※金融機関コード（項5）　※支店コード（項6）

フリガナ：カブシキガイシャミヤガワインサツ　ミヤガワシンイチ

口座名義人：株式会社宮川印刷　宮川真一

郵便局

郵便局名称〈漢字〉 略称を使用せず正式名称で○○郵便局まで記入して下さい（項7）

区・市・郡〈漢字〉（項8）

② 還付請求額（注意）各欄の金額の前に「￥」記号を付さないで下さい

労働保険料		金額	一般拠出金	金額
（ア）納付した概算保険料の額又は納付した確定保険料の額	項9	1929947円	（ク）納付した一般拠出金 項15	0円
（イ）確定保険料の額又は改定確定保険料の額	項10	574294円	（ケ）改定した一般拠出金 項16	0円
（ウ）差額	項11	1355653円	（コ）差額 項17	0円
（エ）労働保険料等・一般拠出金への充当額（詳細は以下③）			（サ）一般拠出金・労働保険料等への充当額（詳細は以下③）	
内訳（オ）労働保険料等に充当	項12	0円	内訳（シ）一般拠出金に充当 項18	0円
内訳（カ）一般拠出金に充当	項13	604円	内訳（ス）労働保険料等に充当 項19	0円
（キ）労働保険料還付請求額　（ウ）－（オ）－（カ）	項14	1355049円	（セ）一般拠出金還付請求額　（コ）－（シ）－（ス） 項20	0円

③ 労働保険料等への充当額内訳

充当先事業の労働保険番号	労働保険料等の種別	充当額
27110124520－000	年度、概算、確定、追徴金、延滞金、（一般拠出金）	604円
－	年度、概算、確定、追徴金、延滞金、一般拠出金	
－	年度、概算、確定、追徴金、延滞金、一般拠出金	
－	年度、概算、確定、追徴金、延滞金、一般拠出金	
－	年度、概算、確定、追徴金、延滞金、一般拠出金	

上記のとおり還付を請求します。

6年8月15日

（郵便番号 590－××××）電話（0722－38－××××番）

事業主　住所　堺市堺区大浜北町×－×－××

名称　株式会社宮川印刷

氏名　代表取締役　宮川真一

（法人のときは、その名称及び代表者の氏名）

官署支出官厚生労働省労働基準局長　殿
労働局労働保険特別会計資金前渡官吏　殿

※修正項目（英数・カナ）

還付理由（1. 年度更新　2. 事業終了　3. その他（算調等））：2（項21）

還付金発生年度（元号：令和は9）：9－06年（項22）　※徴定区分（項23）

※修正項目（漢字）

（この欄には記入しないで下さい）

歳入徴収官	部長	課室長	補佐	係長	係

社会保険労務士記載欄	作成年月日・提出代行者・事務代理者の表示	氏名	電話番号

［注意］
1. ①欄について、ゆうちょ銀行を指定した場合、「ゆうちょ銀行記号番号」を記入すること。
また、ゆうちょ銀行以外を指定した場合、「種別」、「口座番号」を記入すること。
2. 還付金の種別欄及び③欄については、事項を選択する場合には該当事項を○で囲むこと。
3. 社会保険労務士記載欄は、この届書を社会保険労務士が作成した場合のみ記載すること。

事業の名称等を変更した場合の手続

<table>
<tr><td colspan="2">様式第２号（第５条関係）
労　働　保　険
名称、所在地等変更届</td></tr>
<tr><td>どんなとき</td><td>既に申告した事業主の氏名、名称、住所、事業の名称、事業の所在地、事業の種類などに変更を生じたとき。</td></tr>
<tr><td>だ れ が</td><td>事　業　主</td></tr>
<tr><td>ど こ に</td><td>所轄労働基準監督署長又は所轄公共職業安定所長</td></tr>
<tr><td>いつまで</td><td>変更があった日の翌日から 10 日以内</td></tr>
<tr><td>部　　数</td><td>３枚（１部）</td></tr>
<tr><td>添付書類</td><td></td></tr>
<tr><td>根拠条文</td><td>徴収法第４条の２第２項</td></tr>
<tr><td>注意事項等</td><td>各種変更した場合の手続（図解）
（名称、所在地等変更届、代理人選任・解任届）

・一元適用事業（雇用保険のみ成立の事業を除く）
・二元適用事業で労災保険成立の事業
・特別加入団体及び海外派遣に係るもの
→ 名称、所在地等変更届（変更を生じた日の翌日から 10 日以内）→ 所轄労働基準監督署長
→ 代理人選任・解任届（代理人を選任又は解任したとき）→ 所轄労働基準監督署長

・一元適用事業で雇用保険のみ成立の事業
・二元適用事業で雇用保険成立の事業
→ 名称、所在地等変更届（変更を生じた日の翌日から 10 日以内）→ 所轄公共職業安定所長
→ 代理人選任・解任届（代理人を選任又は解任したとき）→ 所轄公共職業安定所長

※雇用保険の適用事業となっている場合は、「雇用保険事業主事業所各種変更届」を所轄の公共職業安定所に提出しなければなりません。</td></tr>
</table>

	・事業の名称等を変更した場合の手続 　労働保険の事務を行ううえで重要な事項とされている次の事項について変更があった場合には、速やかに変更事項、変更事由、変更年月日などを記載した「名称、所在地等変更届」を所轄の労働基準監督署長又は所轄の公共職業安定所長に提出しなければなりません。 　①　事業主の住所（法人の場合は主たる事務所の所在地）又は名称・氏名（法人の場合は名称のみ） 　②　事業の名称又は所在地 　③　事業の種類（労災保険率適用事業細目表による） 　この変更の届出を怠ると、労働基準監督署、公共職業安定所、又は都道府県労働局からの労働保険に関する通知、書類などが届かなかったり、また、事業の種類に変更があると、保険料率が変わりますので、事業主の負担する保険料に影響を及ぼしますから、忘れずに届け出る必要があります。

記載要領

　変更した事項のみ記入します。

「⑧　変更理由」欄

　変更事由を具体的に記入します。

「⑮　変更年月日」欄

　変更の生じた日を正確に記入してください。正確に記入しないと「③事業の種類」欄に変更があった場合には、保険料額が正確に算定できないこととなります。

記入例

様式第2号（第5条関係）（1）（表面）

提出用

労働保険　名称、所在地等変更届

下記のとおり届事項に変更があったので届けます。

令和6年　8月　6日

種別 31604

上野　労働基準監督署長／公共職業安定所長　殿

①労働保険番号（府県・所掌・管轄(1)・基幹番号・枝番号）: 131032968 72-000（項1）

※修正項目番号　※漢字修正項目番号

変更後の事業主又は事業

⑩住所（カナ）
- 郵便番号 110-xxxx（項2）　住所 市・区・郡名 タイトウク（項3）
- 住所（つづき）町村名 イケノハタ（項4）
- 住所（つづき）丁目・番地 2-x-x（項5）
- 住所（つづき）ビル・マンション名等（項6）

⑪住所（漢字）
- 住所 市・区・郡名 台東区（項7）
- 住所（つづき）町村名 池之端（項8）
- 住所（つづき）丁目・番地 2-x-x（項9）
- 住所（つづき）ビル・マンション名等（項10）

⑫名称・氏名（カナ）
- 名称・氏名（項11）
- 名称・氏名（つづき）（項12）
- 名称・氏名（つづき）（項13）
- 電話番号（項14）

⑬名称・氏名（漢字）
- 名称・氏名（項15）
- 名称・氏名（つづき）（項16）
- 名称・氏名（つづき）（項17）

変更前	①事業主 住所又は所在地	〒110-xxxx 台東区上野3-x-x
	①事業主 氏名又は名称	
	②事業 所在地	郵便番号 110-xxxx 台東区上野3-x-x 電話番号 03-3828-xxxx番
	②事業 名称	
	③事業の種類	金属製品製造業
	④事業予定期間	年　月　日から　年　月　日まで
変更後	⑤事業主 住所又は所在地	〒110-xxxx 台東区池之端2-x-x
	⑤事業主 氏名又は名称	
	⑥事業 所在地	郵便番号 110-xxxx 台東区池之端2-x-x 電話番号 03-5248-xxxx番
	⑥事業 名称	
	⑦事業の種類	一般金物製造業
⑧変更理由		事業場の移転及び主製品の変更

⑭事業終了予定年月日（元号：令和は9）元号　年　月　日（項18）

⑮変更年月日（元号：令和は9）9-06-08-01（項19）

⑯変更後の労働保険番号（府県・所掌・管轄(1)・基幹番号・枝番号）（項20）

⑱変更後の元請労働保険番号（府県・所掌・管轄(1)・基幹番号・枝番号）（項21）

⑰変更後の事業所番号（項22）

※保険関係等区分（項23）　※府県区分（項24）　※管轄(2)（項25）

※業種（項26）　※産業分類（項27）　※特掲コード（項28）　※片保険理由コード（項29）

※データ指示コード（項30）　※再入力区分（項31）

※修正項目（英数・カナ）

※修正項目（漢字）

事業主

住所　台東区池之端2-x-x

氏名　株式会社石田製作所　代表取締役　石田浩

（法人のときはその名称及び代表者の氏名）

様式第 19 号（第 73 条関係）

労 働 保 険
一般拠出金代理人選任・解任届

どんなとき	代理人を選任又は解任した場合
だれが	事 業 主
どこに	所轄労働基準監督署長又は所轄公共職業安定所長
いつまで	選任又は解任の都度
部数	５枚（１部）
添付書類	
根拠条文	徴収法第 45 条の２、徴収法則第 73 条、石綿救済法第 38 条
注意事項等	

記入例

様式第19号（第73条関係）

労働保険 一般拠出金 代理人選任・解任届

① 労働保険番号	府県	所掌	管轄	基幹番号	枝番号	② 雇用保険事業所番号
	27	1	10	358975	000	2710-103040-1

事項＼区分	選任代理人	解任代理人
③ 職名	総務部長	広報部長（前総務部長）
④ 氏名	高野孝文	長谷川光男
⑤ 生年月日	昭和41年7月23日	昭和39年10月15日
⑥ 代理事項	労災保険事務に関する一切	労災保険事務に関する一切
⑦ 選任又は解任の年月日	令和6年7月1日	令和6年7月1日

⑨ 選任又は解任に係る事業場	
所在地	堺市堺区宿院町東2-×-×-1
名称	堺商事株式会社

上記のとおり代理人を選任・解任したので届けます。

令和6年7月4日

堺 労働基準監督署長 殿
　 公共職業安定所長 殿

住所 堺市堺区宿院町東2-×-×-1

事業主

氏名 堺商事株式会社
代表取締役　岸田照美
（法人のときはその名称及び代表者の氏名）

社会保険労務士記載欄	作成年月日・提出代行者・事務代理者の表示	氏名	電話番号

〔注意〕

1　記載すべき事項のない欄には斜線を引き、事項を選択する場合には該当事項を○で囲むこと。

2　⑥欄には、事業主の行うべき労働保険に関する事務の全部について処理される場合には、その旨を、事業主の行うべき事務の一部について処理される場合には、その範囲を具体的に記載すること。

3　選任代理人の職名、氏名又は代理事項に変更があったときは、その旨を届け出ること。

4　社会保険労務士記載欄は、この届書を社会保険労務士が作成した場合のみ記載すること。

（用紙の大きさは、Ａ４とすること。）

継続事業一括の申請等の場合の手続

<table>
<tr><td colspan="2">様式第５号（第 10 条関係）（表面）
労　働　保　険
継続事業一括認可・追加・取消申請書</td></tr>
<tr><td>どんなとき</td><td>それぞれの保険関係を一括して処理することを希望するとき</td></tr>
<tr><td>だれが</td><td>事　業　主</td></tr>
<tr><td>どこに</td><td>政府の指定を受けることを希望する事業の所轄の労働基準監督署長又は所轄の公共職業安定所長を経由して都道府県労働局長</td></tr>
<tr><td>いつまで</td><td></td></tr>
<tr><td>部数</td><td>３枚（１部）</td></tr>
<tr><td>添付書類</td><td></td></tr>
<tr><td>根拠条文</td><td>徴収法第９条</td></tr>
<tr><td>注意事項等</td><td>・承認の基準に適合するものであること。
・労災保険の給付や雇用保険の被保険者資格得喪の事務は被一括事業を管轄するそれぞれの所轄の労働基準監督署長又は所轄の公共職業安定所長が行う。
・一括の承認後、取消し、変更があったときは「継続事業一括認可・追加・取消申請書」又は「継続事業一括変更申請書／継続被一括事業名称・所在地変更届」を提出する。</td></tr>
</table>

記入例
新規申請の場合

様式第5号（第10条関係）(1)（表面）

提出用

労働保険
継続事業一括認可・追加・取消申請書

種別 31640　※修正項目番号

①下記のとおり継続事業の一括に係る｛（新規）・認可の追加・認可の取消｝の申請をします。

指定を受けることを希望する事業又は既に指定を受けている事業

③労働保険番号（府県・所掌・管轄(1)・基幹番号・枝番号）	27102116021-000（項1）
②申請年月日（元号：令和は9）	9-06-04-04（項2）
④所在地	大阪市阿倍野区文の里×-××-××
郵便番号	545-××××
⑥保険関係成立区分	（イ）労災・雇用　(ロ)労災　(ハ)雇用
⑦事業の種類（労災保険率表による）	その他の各種事業
⑤名称	四星商事株式会社
電話番号	06-6628-××××

申請書の指定事業に一括され又は一括を取消される事業

	労働保険番号（府県・所掌・管轄(1)・基幹番号・枝番号）	※認可コード	※管轄(2)	整理番号	所在地	郵便番号	保険関係成立区分	事業の種類（労災保険率表による）	名称	電話番号
1	⑧ 26103362120-000（項3）	（項4）	（項5）	⑨（項6）	⑩ 京都市伏見区風呂屋町×××	612-××××	⑪（イ）労災・雇用　(ロ)労災　(ハ)雇用	⑫ その他の各種事業	四星商事株式会社　京都支店	075-601-××××
2	⑬ 23114119021-000（項7）	（項8）	（項9）	⑭（項10）	⑮ 名古屋市中村区那古野×-××-×	450-××××	⑯（イ）労災・雇用　(ロ)労災　(ハ)雇用	⑰ その他の各種事業	四星商事株式会社　名古屋支店	052-582-××××
3	⑱ 13109192296-000（項11）	（項12）	（項13）	⑲（項14）	⑳ 練馬区上石神井×-××-×	177-××××	㉑（イ）労災・雇用　(ロ)労災　(ハ)雇用	㉒ その他の各種事業	四星商事株式会社　東京支店	03-3920-××××
4	㉓ -（項15）	（項16）	（項17）	㉔（項18）	㉕		㉖(イ)労災・雇用　(ロ)労災　(ハ)雇用	㉗		

※認可・取消年月日（元号：令和は9）　元号 - 年 - 月 - 日（項23）

※データ指示コード（項24）
（1.）新規申請
3．追加の申請
4．認可の取消し

※修正項目

大阪 労働局長　殿

事業主　住所　大阪市阿倍野区文の里×-××-××
氏名　四星商事株式会社　代表取締役　大田四郎
（法人のときはその名称及び代表者の氏名）

記入例
　被一括事業の名称及び所在地の変更の場合

様式第５号の２（第10条関係）(1)（表面）

労働保険
継続事業一括変更申請書／継続被一括事業名称・所在地変更届

提出用

種別 31642　※修正項目番号　※漢字修正項目番号

① 下記のとおり継続事業の一括に係る ・指定事業の変更／・被一括事業の名称等の変更（○） の申請・届をします。

②申請年月日（元号：令和は9） 9-06-06-06

※認可年月日（元号：令和は9） 元号 - 年 - 月 - 日

指定を受けている事業

③労働保険番号	府県 所掌 管轄(1) 基幹番号 枝番号	27102116021-000
④所在地	大阪市阿倍野区文の里×-××-××	郵便番号 545-××××
⑤名称	四星商事株式会社	電話番号 06-6628-××××

⑥保険関係成立区分 （イ）労災・雇用（○）（ロ）労災（ハ）雇用
⑦事業の種類（労災保険率表による） その他の各種事業

指定事業に一括されている事業

⑧整理番号 0003　⑨労働者数 55　※管轄(2)　※府県 所掌 管轄(1)

⑩所在地（カナ）
郵便番号 160-××××
所在地 市・区・郡名 シンジュク
所在地（つづき）町村名 ニシシンジュク
所在地（つづき）丁目・番地 1-×
所在地（つづき）ビル・マンション名等

⑪所在地（漢字）
所在地 市・区・郡名 新宿区
所在地（つづき）町村名 西新宿
所在地（つづき）丁目・番地 1-×
所在地（つづき）ビル・マンション名等

⑫名称・氏名（カナ）
名称・氏名 ヨツボシショウジカブシキガイシャ
名称・氏名（つづき） シンジュクシテン
名称・氏名（つづき）
電話番号（市外局番）-（市内局番）-（番号）

⑬保険関係成立区分 （イ）労災・雇用（○）（ロ）労災（ハ）雇用
⑭事業の種類（労災保険率表による）

⑮名称・氏名（漢字）
名称・氏名 四星商事株式会社
名称・氏名（つづき） 新宿支店
名称・氏名（つづき）

⑯事業		
所在地	練馬区上石神井×-××-×	郵便番号 177-××××
名称	四星商事株式会社　東京支店	電話番号 03-3920-××××

※データ指示コード　2.被一括事業の名称等の変更（○）　3.地方からの一括登記　5.項目の訂正　6.指定事業を同一局の被一括事業に変更　7.指定事業を同一局の別事業に変更　9.指定事業の移転

⑰変更後の労働保険番号　府県 所掌 管轄(1) 基幹番号 枝番号

※新たに指定事業となる事業の整理番号　※他所掌コード　※指定事業被立コード

※新規申請年月日（訂正後）（元号：令和は9）　※新規認可年月日（訂正後）（元号：令和は9）
※追加申請年月日（訂正後）（元号：令和は9）　※追加認可年月日（訂正後）（元号：令和は9）
※変更申請年月日（訂正後）（元号：令和は9）　※変更認可年月日（訂正後）（元号：令和は9）
※取消申請年月日（訂正後）（元号：令和は9）　※取消認可年月日（訂正後）（元号：令和は9）

※修正項目（カナ・英数）
※修正項目（漢字）

事業主
住所 大阪市阿倍野区文の里×-××-××
氏名 四星商事株式会社　代表取締役　大田四郎
（法人のときはその名称及び代表者の氏名）

大阪 労働局長　殿

●有期事業（建設事業及び林業の場合）に係る労働保険の諸手続

だ　れ　が	事　業　主
新　規　成　立	保険関係成立届………様式第１号 概算保険料申告書……様式第６号（乙）
賃金総額の見込額が増加	増加概算保険料申告書……様式第６号（乙）
事業の工期等を変更した	名称・所在地等変更届……様式第２号
工事（事業）が終了	確定保険料・一般拠出金申告書……様式第６号（乙）

新規成立の手続

様式第１号（第４条関係） 労働保険　保険関係成立届	
どんなとき	保険関係が成立したとき（工事を開始したとき）
だれが	事業主
どこに	所轄労働基準監督署長
いつまで	保険関係が成立した日から 10 日以内
部数	３枚（１部）
添付書類	
根拠条文	徴収法第４条の２

記載要領

「② 事業」欄

新たに保険関係が成立した事業の所在地及び名称を記入します。

「③ 事業の概要」欄

工事、作業内容など事業内容を具体的に記入します。

「④ 事業の種類」欄

事業に適用される「労災保険率適用事業細目表」に掲げられた該当する事業の種類を記入します。

「⑥ 保険関係成立年月日」欄

新たに労災保険の適用事業となった年月日を記入します。

「⑧ 賃金総額の見込額」欄

保険関係が成立した日から事業終了予定日までの期間に使用する労働者に係る賃金総額の見込額を記入します。

「⑬ 建設の事業の請負金額」欄

建設の事業の場合に請負金額を記入します。

この場合、事業主が注文者などからその事業に使用する工事用資材などを支給されたり、又は機械器具等を貸与された場合は、支給された物の価額相当額又は機械器具などの損料相当額が請負代金に加算されます。ただし、厚生労働大臣が、その事業の種類ごとに定めた「工事用物」（巻末付録参照）の価額は請負代金の額に加算されません。また、請負代金の額に「工事用物」の価額が含まれている場合には、請負代金の額からそれらの「工事用物」の価額を差し引いた額が請負金額となります。

「⑮ 発注者」欄

工事発注者の住所又は所在地及び氏名又は名称を記入します。

「⑰～⑳ 事業所」欄

事業主の住所（法人のときは主たる事務所の所在地）、名称・氏名（法人のときは名称のみ）、郵便番号、電話番号を記入します。

「㉑ 保険関係成立年月日」欄

⑥欄の年月日を記入します。

「㉒ 事業終了予定年月日」欄

事業の終了予定年月日を記入します。

「㉓ 常時使用労働者数」欄

事業の期間中における１日の平均使用労働者（延使用労働者（臨時及び日雇を含みます）を所定労働日数で除したものをいいます）の見込数（小数点以下の端数があるときは、これを切り捨てた数）を記入します。

「㉙ 法人番号」欄

法人番号を記入します。

記入例

様式第１号（第４条、第64条、附則第２条関係）(1)（表面）　（別紙）

提出用

⑯種別 31601

労働保険
0：保険関係成立届（継続）（事務処理委託届）
1：保険関係成立届（有期）
2：任意加入申請書（事務処理委託届）

令和６年５月８日

品川 労働局長 / 労働基準監督署長 / 公共職業安定所長 殿

下記のとおり（イ）届けます。（31600又は31601のとき）
（ロ）労災保険 （ハ）雇用保険 の加入を申請します。（31602のとき）

※修正項目番号　※漢字修正項目番号　※労働保険番号（都道府県・所掌・管轄(1)・基幹番号・枝番号）

事業所	
⑰ 住所〈カナ〉 郵便番号	108-0073
住所 市・区・郡名	ミナトク
住所（つづき）町村名	ミタ
住所（つづき）丁目・番地	×−×−×
住所（つづき）ビル・マンション名等	
⑱ 住所〈漢字〉 住所 市・区・郡名	港区
住所（つづき）町村名	三田
住所（つづき）丁目・番地	×−×−×
住所（つづき）ビル・マンション名等	
⑲ 名称・氏名〈カナ〉 名称・氏名	トウワケンセツ
名称・氏名（つづき）	カブシキガイシャ
名称・氏名（つづき）	
電話番号（市外局番）（市内局番）（番号）	03−3452−××××
⑳ 名称・氏名〈漢字〉 名称・氏名	東和建設
名称・氏名（つづき）	株式会社
名称・氏名（つづき）	

①事業主 住所又は所在地	港区三田×−×−×
氏名又は名称	東和建設株式会社
②事業 所在地	郵便番号 141-×××× 品川区東五反田×−×−× 電話番号 03−3443−××××番
名称	東和建設株式会社 コーポ北川建設工事
③事業の概要	鉄筋コンクリート造 6階建マンション新築工事
④事業の種類	建築事業
⑤加入済の労働保険	（イ）労災保険 （ロ）雇用保険
⑥保険関係成立年月日	（労災）令和6年5月1日 （雇用）　年　月　日
⑦雇用保険被保険者数	一般・短期　人 日雇　人
⑧賃金総額の見込額	69,467千円
⑨委託事務組合 所在地	郵便番号 電話番号　−　−　番
名称	
代表者氏名	
⑩委託事務内容	
⑪事業開始年月日	6年5月1日
⑫事業廃止等年月日	6年12月29日
⑬建設の事業の請負金額	355,000,000円
⑭立木の伐採の事業の素材見込生産量	××××立方メートル
⑮発注者 住所又は所在地	郵便番号 141-×××× 品川区大崎×−××−××
氏名又は名称	株式会社北川不動産 電話番号 03−3415−××××番

㉑ 保険関係成立年月日（31600又は31601のとき）
※ 任意加入認可年月日（31602のとき）（元号：令和は9）　9−06−05−01

㉒ 事務処理委託年月日（31600又は31602のとき）
事業終了予定年月日（31601のとき）（元号：令和は9）　9−06−12−29

㉓ 常時使用労働者数　20

※保険関係等区分（31600又は31602のとき）

㉔ 雇用保険被保険者数（31600又は31602のとき）

※片保険理由コード（31600のとき）

㉕ 加入済労働保険番号（31600又は31602のとき）（都道府県・所掌・管轄(1)・基幹番号・枝番号）

㉖ 適用済労働保険番号１（都道府県・所掌・管轄(1)・基幹番号・枝番号）

㉗ 適用済労働保険番号２（都道府県・所掌・管轄(1)・基幹番号・枝番号）

※雇用保険の事業所番号（31600又は31602のとき）　※府県区分（31600又は31602のとき）　※特掲コード（31600又は31602のとき）　※管轄(2)（31600のとき）　※業種　※産業分類（31600又は31602のとき）　※データ指示コード　※再入力区分

※修正項目（英数・カナ）

※修正項目（漢字）

事業主氏名（法人のときはその名称及び代表者の氏名）
東和建設株式会社
代表取締役　小野寺昌弘

※受付年月日（元号：令和は9）

㉙ 法人番号　9876543210000

様式第６号（第24条、第25条、第33条関係）（乙） 労働保険　概算・増加概算・確定保険料・一般拠出金申告書（概算保険料）	
どんなとき	保険関係が成立したとき
だれが	事業主
どこに	所轄の労働基準監督署、都道府県労働局、日本銀行（本店、支店、代理店及び歳入代理店（全国の銀行、信用金庫の本店又は支店、郵便局））
いつまで	保険関係の成立の日から20日以内
部数	３枚（１部）
添付書類	概算保険料
根拠条文	徴収法第15条第２項
注意事項等	・保険料は、賃金総額に労災保険率を乗じて算出される。 ただし、賃金総額を正確に把握することが困難な場合は、請負金額から賃金総額を計算する特例が認められている。 ・事業の期間が６カ月を超える事業で概算保険料が75万円以上の場合は、延納（分割納付）することができる。 記載例：労務費率による算定の場合

記載要領

「① 労働保険番号」欄

保険関係成立届に記入された労働保険番号を記入します。

「② 保険関係成立年月日」欄

工事開始の年月日を記入します。

「③ 常時使用労働者数」欄

「②」欄から「⑥」欄までの期間における延労働者数（臨時、日雇などのすべての労働者を含みます）の見込労働者数をその期間の所定労働日数で除した１日平均使用労働者数を記入します。この時、小数点以下の端数が生じた場合は、これを切り捨てた数を記入します。

「④ 事業又は作業の種類」欄

「労災保険率表」の事業の種類を記入してください。

「⑥ 事業終了（予定）年月日」欄

工事の終了年月日を記入します。

「⑦ 賃金総額の算出方法」欄

保険料の算出方法に応じていずれかを○で囲みます。

「⑧ 請負金額の内訳」欄から「⑩ 労務費率又は労務費の額」欄

賃金総額の算出方法が労務費率の場合について記入します。

「⑰ 算定期間」欄

「②」欄及び「⑥」欄の期間を記入します。

「⑲ 保険料算定基礎額の見込」欄

先に述べたように支払賃金総額による場合と、請負金額による場合との方法があります。

支払賃金総額による場合には「⑰」欄の期間に使用するすべての労働者に支払われる賃金総額の見込額、また、請負金額による場合は、請負金額のそれぞれの事業に該当する「労務費率」を乗じて得た額を賃金総額の見込額として記入します。この場合、事業主が注文者などからその事業に使用する工事用資材などを支給されたり、又は機械器具等を貸与された場合は、支給された物の価額相当額又は機械器具などの損料相当額が請負代金に加算されます。ただし、厚生労働大臣が、その事業の種類ごとに定めた「工事用物」の価額は請負代金の額に加算されません。また、請負代金の額に「工事用物」の価額が含まれている場合には、請負代金の額からそれらの「工事用物」の価額を差し引いた額が請負金額となります。

「⑳ 概算保険料（⑲×⑱）」欄

⑲欄の賃金総額の見込額に⑱欄の労災保険率を乗じて得た額となります。

また、納付額は、概算保険料の額を期の数で除した額が、各期の納付額となりますが、端数があるときは、その端数を第１期分に加えます。

「㉕ 今期納付額」の（イ）欄

今回納付する金額（「㉔の欄の第１期の額」）を記入し、納付書の納付額にもこの額を記入します。

「㉝ 法人番号欄」欄

法人番号を記入します。

「納付書」について

納付書の「労働保険番号」及び納付額の記入枠、「(住所)（氏名)」欄の記入は明りょうに記入してください。

「(住所)」欄については、東京都の場合、23区のみ、区から書き始めてください。

「納付額」の記入枠

「㉕欄の（イ)」の額を転記し、金額の前に必ず「¥」記号を付してください。

記入例
請負金額から算出の場合

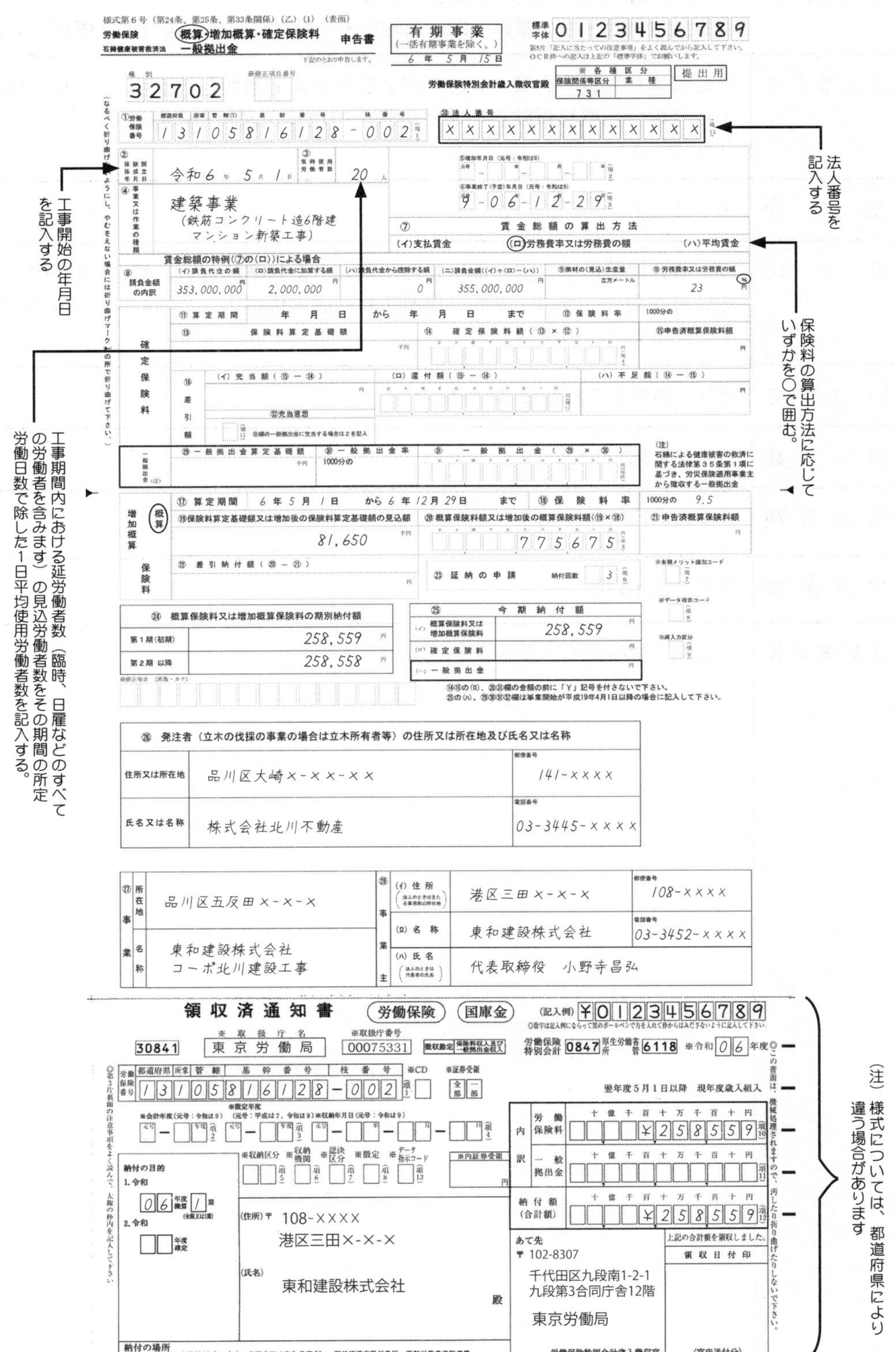

賃金総額の見込額が増加した場合の手続

様式第６号（第 24 条，第 25 条，第 33 条関係）（乙） 労働保険　概算・増加概算・確定保険料・一般拠出金申告書（増加概算保険料）	
どんなとき	既に報告した賃金総額の見込額が２倍を超えて増加し、かつ、その賃金総額によった場合の概算保険料の額と申告済の概算保険料との差額が 13 万円以上となったとき
だれが	事　業　主
どこに	既に概算保険料申告書を提出した所轄の労働基準監督署、都道府県労働局若しくは日本銀行（本店、支店、代理店及び歳入代理店（全国の銀行・信用金庫の本店又は支店、郵便局））
いつまで	要件に該当した日から 30 日以内
部数	３枚（１部）
添付書類	増加概算保険料
根拠条文	徴収法第 16 条
注意事項等	記載例：労務費率による算定の場合

記入例

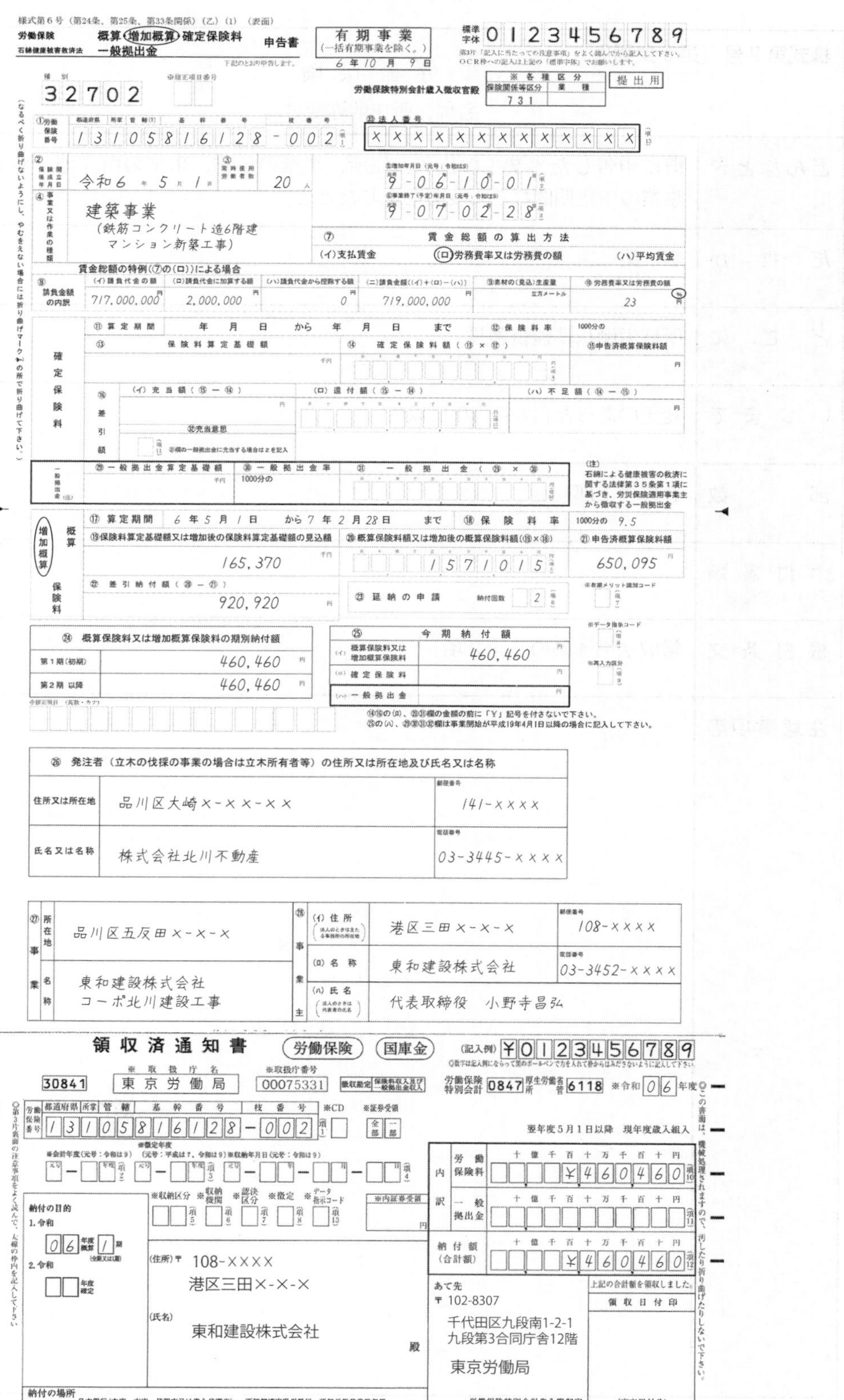

様式第６号（第24条、第25条、第33条関係）（乙）（1）（表面）

労働保険　概算・増加概算・確定保険料　申告書
石綿健康被害救済法　一般拠出金

有期事業（一括有期事業を除く。）

標準字体 0123456789

下記のとおり申告します。　6年10月9日

種別 32702

労働保険特別会計歳入徴収官殿

提出用

保険関係等区分 731

①労働保険番号 13105816128-002

③法人番号 XXXXXXXXXXXXX

②保険関係成立年月日　令和6年5月1日

③常時使用労働者数　20人

増加年月日（元号：令和は9）9-06-10-01

事業終了（予定）年月日（元号：令和は9）9-07-02-28

④事業又は作業の種類　建築事業（鉄筋コンクリート造6階建マンション新築工事）

⑦賃金総額の算出方法　（イ）支払賃金　（ロ）労務費率又は労務費の額　（ハ）平均賃金

賃金総額の特例（⑦の（ロ））による場合

⑧請負金額の内訳	（イ）請負代金の額	（ロ）請負代金に加算する額	（ハ）請負代金から控除する額	（ニ）請負金額（（イ）＋（ロ）－（ハ））	⑨素材の（見込）生産量	⑩労務費率又は労務費の額
	717,000,000円	2,000,000円	0円	719,000,000円	立方メートル	23％

確定保険料：⑪算定期間　年　月　日から　年　月　日まで　⑫保険料率　1000分の
⑬保険料算定基礎額　⑭確定保険料額（⑬×⑫）　⑮申告済概算保険料額
⑯差引額　（イ）充当額（⑮－⑭）　（ロ）還付額（⑮－⑭）　（ハ）不足額（⑭－⑮）　㉜充当意思

一般拠出金：⑲一般拠出金算定基礎額　⑳一般拠出金率 1000分の　㉑一般拠出金（⑲×⑳）

（注）石綿による健康被害の救済に関する法律第35条第1項に基づき、労災保険適用事業主から徴収する一般拠出金

増加概算保険料

⑰算定期間	6年5月1日から7年2月28日まで	⑱保険料率	1000分の 9.5
⑲保険料算定基礎額又は増加後の保険料算定基礎額の見込額	165,370千円	⑳概算保険料額又は増加後の概算保険料額（⑲×⑱）	1571015
㉑申告済概算保険料額	650,095円	㉒差引納付額（⑳－㉑）	920,920円
㉓延納の申請	納付回数 2		

㉔概算保険料又は増加概算保険料の期別納付額	
第1期（初期）	460,460円
第2期以降	460,460円

㉕今期納付額	
（イ）概算保険料又は増加概算保険料	460,460円
（ロ）確定保険料	円
（ハ）一般拠出金	円

⑭⑯の（ロ）、⑳㉑㉒欄の金額の前に「￥」記号を付さないで下さい。
㉕の（ハ）、⑲⑳㉑欄は事業開始が平成19年4月1日以降の場合に記入して下さい。

㉖発注者（立木の伐採の事業の場合は立木所有者等）の住所又は所在地及び氏名又は名称		
住所又は所在地	品川区大崎×-××-××	郵便番号 141-××××
氏名又は名称	株式会社北川不動産	電話番号 03-3445-××××

㉗事業	
所在地	品川区五反田×-×-×
名称	東和建設株式会社 コーポ北川建設工事

㉘事業主		
（イ）住所	港区三田×-×-×	郵便番号 108-××××
（ロ）名称	東和建設株式会社	電話番号 03-3452-××××
（ハ）氏名	代表取締役　小野寺昌弘	

（なるべく折り曲げないようにし、やむをえない場合には折り曲げマーク►の所で折り曲げて下さい。）

領収済通知書　労働保険　国庫金　（記入例）￥0123456789

30841　※取扱庁名 東京労働局　※取扱庁番号 00075331　徴収勘定 保険料収入及び一般拠出金収入

労働保険特別会計 0847　厚生労働省所管 6118　※令和 06 年度

労働保険番号 13105816128-002

翌年度5月1日以降　現年度歳入組入

内訳	労働保険料	￥460460
	一般拠出金	
納付額（合計額）		￥460460

納付の目的　1．令和 06 年度概算 1 期　2．令和　年度確定

（住所）〒108-××××　港区三田×-×-×
（氏名）東和建設株式会社　殿

あて先　〒102-8307　千代田区九段南1-2-1　九段第3合同庁舎12階　東京労働局

上記の合計額を領収しました。　領収日付印

納付の場所　日本銀行（本店・支店・代理店又は歳入代理店）、所轄都道府県労働局、所轄労働基準監督署

労働保険特別会計歳入徴収官　（官庁送付分）

事業の工期等を変更した場合の手続

様式第２号（第５条関係） 労働保険 名称、所在地等変更届	
どんなとき	既に申告した事業主の氏名、住所、事業の名称、事業の所在地、事業の種類、事業の予定期間などに変更を生じたとき
だれが	事業主
どこに	所轄労働基準監督署長
いつまで	変更のあった日から10日以内
部数	３枚（１部）
添付書類	
根拠条文	徴収法第４条の２第２項
注意事項等	

記入例

様式第２号（第５条関係）(1)（表面）

提出用

労働保険　名称、所在地等変更届

下記のとおり届事項に変更があったので届けます。

令和6年10月9日

種別 31604

上野　労働基準監督署長／公共職業安定所長　殿

⑨労働保険番号　府県 13　所掌 1　管轄(1) 05　基幹番号 816128　枝番号 002（項1）

変更後の事業主又は事業
⑩住所（カナ）　郵便番号（項2）　住所 市・区・郡名（項3）　住所（つづき）町村名（項4）　住所（つづき）丁目・番地（項5）　住所（つづき）ビル・マンション名等（項6）
⑪住所（漢字）　住所 市・区・郡名（項7）　住所（つづき）町村名（項8）　住所（つづき）丁目・番地（項9）　住所（つづき）ビル・マンション名等（項10）
⑫名称・氏名（カナ）　名称・氏名（項11）　名称・氏名（つづき）（項12）　名称・氏名（つづき）（項13）　電話番号（項14）
⑬名称・氏名（漢字）　名称・氏名（項15）　名称・氏名（つづき）（項16）　名称・氏名（つづき）（項17）

変更前		
①事業主	住所又は所在地	
	氏名又は名称	
②事業	所在地	郵便番号　電話番号　－　－　番
	名称	
③事業の種類		
④事業予定期間		6年5月1日から　6年12月29日まで

変更後		
⑤事業主	住所又は所在地	
	氏名又は名称	
⑥事業	所在地	郵便番号　電話番号　－　－　番
	名称	
⑦事業の種類		
⑧変更理由		設計変更による工期の延長

⑭事業終了予定年月日（元号：令和は9）　9－07－02－28（項18）

⑮変更年月日（元号：令和は9）　9－06－10－01（項19）

※変更後の労働保険番号　府県　所掌　管轄(1)　基幹番号　枝番号（項20）

⑯変更後の元請労働保険番号　府県　所掌　管轄(1)　基幹番号　枝番号（項21）

⑰変更後の事業所番号（項22）

※保険関係等区分（項23）　※府県区分（項24）　※管轄(2)（項25）

※業種（項26）　※産業分類（項27）　※特掲コード（項28）　※片保険理由コード（項29）　※データ指示コード（項30）　※再入力区分（項31）

※修正項目（英数・カナ）

※修正項目（漢字）

事業主
住所　東京都港区三田×－×－×
氏名　東和建設株式会社　代表取締役　小野寺昌弘
（法人のときはその名称及び代表者の氏名）

事業が終了した場合の手続

様式第６号（第 24 条、第 25 条、第 33 条関係）（乙） 労働保険　概算・増加概算・確定保険料・一般拠出金申告書（確定保険料）	
どんなとき	工事（事業）が終了したとき
だれが	事業主
どこに	既に概算保険料申告書を提出した所轄の労働基準監督署、都道府県労働局若しくは日本銀行（本店、支店、代理店及び歳入代理店（全国の銀行・信用金庫の本店又は支店、郵便局））
いつまで	事業廃止又は工事終了の日から 50 日以内
部数	３枚（１部）
添付書類	確定保険料及び一般拠出金又は還付請求書
根拠条文	徴収法第 19 条、石綿救済法第 38 条
注意事項等	記載例：労務費率による算定の場合

記入例

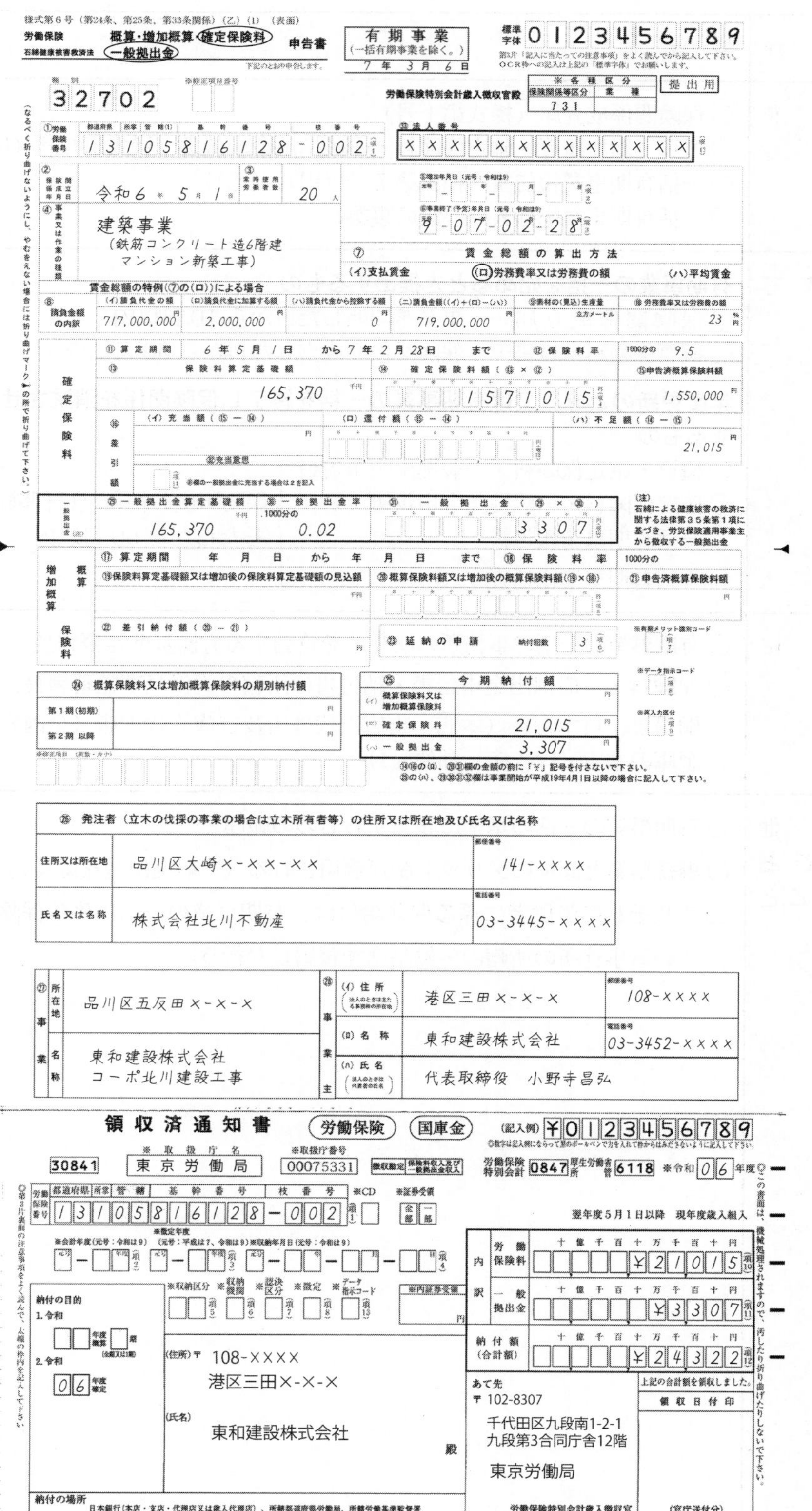

様式第６号（第24条、第25条、第33条関係）（乙）（1）（表面）

労働保険　概算・増加概算・確定保険料　申告書
石綿健康被害救済法　一般拠出金

有期事業（一括有期事業を除く。）

下記のとおり申告します。　７年３月６日

標準字体 0123456789

種別 32702

労働保険特別会計歳入徴収官殿

※各種区分　保険関係等区分 731　業種

提出用

①労働保険番号　13105816128-002

⑬法人番号　XXXXXXXXXXXXX

②保険関係成立年月日　令和６年５月１日

③常時使用労働者数　20人

⑥事業終了（予定）年月日　9-07-02-28

④事業又は作業の種類　建築事業（鉄筋コンクリート造6階建マンション新築工事）

⑦賃金総額の算出方法　（イ）支払賃金　（ロ）労務費率又は労務費の額　（ハ）平均賃金

賃金総額の特例（⑦の（ロ））による場合

⑧請負金額の内訳	（イ）請負代金の額	（ロ）請負代金に加算する額	（ハ）請負代金から控除する額	（ニ）請負金額（（イ）＋（ロ）－（ハ））	⑨素材の（見込）生産量	⑩労務費率又は労務費の額
	717,000,000円	2,000,000円	0円	719,000,000円	立方メートル	23％

確定保険料

⑪算定期間　６年５月１日から７年２月28日まで

⑫保険料率　1000分の9.5

⑬保険料算定基礎額　165,370千円

⑭確定保険料額（⑬×⑫）　157,015円

⑮申告済概算保険料額　1,550,000円

⑯差引額　（イ）充当額（⑮－⑭）　（ロ）還付額（⑮－⑭）　（ハ）不足額（⑭－⑮）21,015円

一般拠出金

⑳一般拠出金算定基礎額　165,370千円

㉑一般拠出金率　1000分の0.02

㉒一般拠出金（⑳×㉑）　3,307円

（注）石綿による健康被害の救済に関する法律第35条第１項に基づき、労災保険適用事業主から徴収する一般拠出金

増加概算保険料　⑰算定期間　年月日から年月日まで　⑱保険料率　1000分の

⑲保険料算定基礎額又は増加後の保険料算定基礎額の見込額　千円

⑳概算保険料額又は増加後の概算保険料額（⑲×⑱）　円

㉑申告済概算保険料額　円

㉒差引納付額（⑳－㉑）　円

㉓延納の申請　納付回数 3

㉔概算保険料又は増加概算保険料の期別納付額

第１期（初期）	円
第２期以降	円

㉕今期納付額

（イ）概算保険料又は増加概算保険料	円
（ロ）確定保険料	21,015円
（ハ）一般拠出金	3,307円

⑭⑯の（ロ）、⑳㉑欄の金額の前に「￥」記号を付さないで下さい。
⑮の（ハ）、⑳㉑㉒欄は事業開始が平成19年4月1日以降の場合に記入して下さい。

㉖発注者（立木の伐採の事業の場合は立木所有者等）の住所又は所在地及び氏名又は名称

住所又は所在地	品川区大崎×-××-××	郵便番号 141-××××
氏名又は名称	株式会社北川不動産	電話番号 03-3445-××××

㉗事業		㉘事業主		
所在地	品川区五反田×-×-×	（イ）住所	港区三田×-×-×	郵便番号 108-××××
名称	東和建設株式会社　コーポ北川建設工事	（ロ）名称	東和建設株式会社	電話番号 03-3452-××××
		（ハ）氏名	代表取締役　小野寺昌弘	

領収済通知書　労働保険　国庫金　（記入例）￥0123456789

30841　東京労働局　00075331　労働保険特別会計 0847　厚生労働省所管 6118　※令和06年度

労働保険番号　13105816128-002

翌年度5月1日以降　現年度歳入組入

内訳	金額
労働保険料	￥21015
一般拠出金	￥3307
納付額（合計額）	￥24322

納付の目的　2．令和06年度確定

（住所）〒108-××××　港区三田×-×-×

（氏名）東和建設株式会社　殿

あて先　〒102-8307　千代田区九段南1-2-1　九段第3合同庁舎12階　東京労働局

上記の合計額を領収しました。　領収日付印

納付の場所　日本銀行（本店・支店・代理店又は歳入代理店）、所轄都道府県労働局、所轄労働基準監督署

労働保険特別会計歳入徴収官　（官庁送付分）

●有期事業の一括に係る労働保険の諸手続

だれが	事業主
なにを	○保険関係成立届（様式第１号） ○概算・増加概算・確定保険料・一般拠出金申告書（様式第６号（甲）） ○一括有期事業報告書（様式第７号（甲）、（乙）） ○一括有期事業総括表（建設の事業）
いつまで	**有期事業の一括を始めるとき提出するもの** ○保険関係成立届……事業を開始した日から10日以内 ○概算保険料申告書……保険関係の成立した日から50日以内 **年度更新のとき、又は有期事業の一括を終了し保険関係を消滅させるとき提出するもの** ○概算・確定保険料・一般拠出金申告書 ○確定保険料・一般拠出金申告書 ○一括有期事業報告書 ○一括有期事業総括表 ｝保険年度の初日又は保険関係が消滅した日から50日以内
どこに	○有期事業の一括の事務所の所在地を管轄する労働基準監督署長 ○保険料・一般拠出金申告書・納付書は所轄の労働基準監督署長、都道府県労働局長、日本銀行（本店、支店、代理店及び歳入代理店（全国の銀行・信用金庫の本店又は支店、郵便局））
その他知っておくべきこと	○有期事業の一括の基準に該当するものの範囲 ○継続事業と同様にメリット制が適用される（一般拠出金を除く）。 ○それぞれの労働者に係る保険給付は、有期事業の一括に係る保険料を納付している事務所の所轄の労働基準監督署長が行う。

有期事業の一括の手続

様式第１号（第４条、第 64 条、附則第２条関係） 労働保険　保険関係成立届	
どんなとき	一括される有期事業を始めたとき
だ　れ　が	事　業　主
ど　こ　に	有期事業の一括の事務所の所在地を管轄する労働基準監督署長
い つ ま で	保険関係が成立した日（最初に着手した日）から 10 日以内
部　　数	３枚（１部）
添 付 書 類	
根 拠 条 文	徴収法第４条の２
注 意 事 項 等	一般の継続事業と同じ手続となるが以下のとおりの提出すべきものがある。 **年度更新のとき、又は有期事業の一括を終了し保険関係を消滅させるとき提出するもの** ○概算・確定保険料申告書 ○確定保険料申告書 ○一括有期事業報告書 ○一括有期事業総括表 （以上）保険年度の初日又は保険関係が消滅した日から 50 日以内

記入例

様式第１号（第４条、第64条、附則第２条関係）（1）（表面）　　　　　　　　　　　　　　　　　　（別紙）

提出用

令和６年　６月　６日

⑯種別　31600

労働保険
0：保険関係成立届（継続）（事務処理委託届）
1：保険関係成立届（有期）
2：任意加入申請書（事務処理委託届）

加古川　労働局長／労働基準監督署長／公共職業安定所長　殿

下記のとおり（イ）届けます。（31600又は31601のとき）／（ロ）労災保険（ハ）雇用保険 の加入を申請します。（31602のとき）

※修正項目番号　※漢字修正項目番号　※労働保険番号（都道府県・所掌・管轄(1)・基幹番号・枝番号）

事業所	項目	記入内容
⑰住所（カナ）	郵便番号	673－XXXX
	住所 市・区・郡名	アカシシ
	住所（つづき）町村名	オオアカシチョウ
	住所（つづき）丁目・番地	X－X X－X
	住所（つづき）ビル・マンション名等	
⑱住所（漢字）	住所 市・区・郡名	明石市
	住所（つづき）町村名	大明石町
	住所（つづき）丁目・番地	X－X X－X
	住所（つづき）ビル・マンション名等	
⑲名称・氏名（カナ）	名称・氏名	カブシキガイシャ
	名称・氏名（つづき）	キクチコウムテン
	名称・氏名（つづき）	
	電話番号（市外局番）（市内局番）（番号）	078－913－XXXX
⑳名称・氏名（漢字）	名称・氏名	株式会社
	名称・氏名（つづき）	菊池工務店
	名称・氏名（つづき）	

①事業主 住所又は所在地	
①事業主 氏名又は名称	
②事業 所在地	郵便番号 673-XXXX　明石市大明石町X-XX-X　電話番号 078－913－XXXX番
②事業 名称	株式会社菊池工務店
③事業の概要	鉄筋コンクリート造・木造等の家屋の新築工事
④事業の種類	建築事業
⑤加入済の労働保険	（イ）労災保険　（ロ）雇用保険
⑥保険関係成立年月日	（労災）6年6月1日　（雇用）年月日
⑦雇用保険被保険者数	一般・短期　人／日雇　人
⑧賃金総額の見込額	46,000千円
⑨委託事務組合 所在地	郵便番号　電話番号　－　－　番
⑨委託事務組合 名称	
⑨委託事務組合 代表者氏名	
⑩委託事務内容	
⑪事業開始年月日	年　月　日
⑫事業廃止等年月日	年　月　日
⑬建設の事業の請負金額	円
⑭立木の伐採の事業の素材見込生産量	立方メートル
⑮発注者 住所又は所在地	郵便番号
⑮発注者 氏名又は名称	電話番号　－　－　番

㉑保険関係成立年月日（31600又は31601のとき）
※任意加入認可年月日（31602のとき）（元号：令和は9）
9－06－06－01

㉒事務処理委託年月日（31600又は31602のとき）
事業終了予定年月日（31601のとき）（元号：令和は9）
元号　－　年　－　月　－　日

㉓常時使用労働者数　10

※保険関係等区分（31600又は31602のとき）

㉔雇用保険被保険者数（31600又は31602のとき）

※片保険理由コード（31600のとき）

㉖加入済労働保険番号（31600又は31602のとき）（都道府県・所掌・管轄(1)・基幹番号・枝番号）

㉗適用済労働保険番号１（都道府県・所掌・管轄(1)・基幹番号・枝番号）

㉘適用済労働保険番号２（都道府県・所掌・管轄(1)・基幹番号・枝番号）

※雇用保険の事業所番号（31600又は31602のとき）

※府県区分（31600又は31602のとき）　※特掲コード（31600又は31602のとき）　※管轄(2)（31600のとき）　※業種　※産業分類（31600又は31602のとき）　※データ指示コード　※再入力区分

※修正項目（英数・カナ）

※修正項目（漢字）

事業主氏名（法人のときはその名称及び代表者の氏名）
株式会社菊池工務店
代表取締役　菊池英雄

※受付年月日（元号：令和は9）
元号　－　年　－　月　－　日

㉙法人番号　XXXXXXXXXXXXX

様式第６号（第 24 条、第 25 条、第 33 条関係） 労働保険　概算・増加概算・確定保険料・一般拠出金申告書	
どんなとき	保険関係が成立したとき
だ　れ　が	事　　業　　主
ど　こ　に	所轄の労働基準監督署、都道府県労働局、日本銀行（本店、支店、代理店及び歳入代理店（全国の銀行・信用金庫の本店又は支店、郵便局））
い つ ま で	保険関係成立の日から 50 日以内
部　　　数	３枚（１部）
添 付 書 類	概算保険料
根 拠 条 文	徴収法第 15 条
注意事項等	・有期事業の一括の基準に該当するものの範囲 請負金額が１億 8,000 万円未満で、かつ、概算保険料が 160 万円未満の事業

記入例

※当該様式は法令改正に伴い変更される場合がございます。手続き時は最新情報をご確認ください。

様式第6号（第24条、第25条、第33条関係）（甲）（1）

労働保険 概算・増加概算・確定保険料 申告書
石綿健康被害救済法 一般拠出金

下記のとおり申告します。

継続事業（一括有期事業を含む。）

標準字体 0123456789

提出用

種別 32701

令和 6年 6月 13日

あて先 650-0044
神戸市中央区東川崎1丁目1-3
神戸クリスタルタワー15階
兵庫労働局
労働保険特別会計歳入徴収官

①労働保険番号 28107607251-000

確定保険料算定内訳

⑦区分	⑧保険料・一般拠出金算定基礎額	⑨保険料・一般拠出金率	⑩確定保険料・一般拠出金額（⑧×⑨）
労働保険料	(イ) 千円	(イ) 1000分の	(イ) 円
労災保険分	(ロ) 千円	(ロ) 1000分の	(ロ) 円
雇用保険分	(ホ) 千円	(ホ) 1000分の	(ホ) 円
一般拠出金	(ヘ) 千円	(ヘ) 1000分の	(ヘ) 円

概算・増加概算保険料算定内訳 算定期間 令和6年 6月1日 から 令和7年 3月31日 まで

⑪区分	⑫保険料算定基礎額の見込額	⑬保険料率	⑭概算・増加概算保険料額（⑫×⑬）
労働保険料	(イ) 千円	(イ) 1000分の	(イ) 437000 円
労災保険分	(ロ) 46000 千円	(ロ) 1000分の 9.5	(ロ) 437000 円
雇用保険分	(ホ) 千円	(ホ) 1000分の	(ホ) 円

⑰延納の申請 納付回数 2

⑱申告済概算保険料額 円

⑳差引額 (イ)充当額 円 (ハ)不足額 円 (ロ)還付額

⑲申告済概算保険料額 円

㉑増加概算保険料額 円

法人番号 ×××××××××××××

㉒期別納付額

第1期（初期）	(イ)概算保険料額 218,500 円		(ニ)今期労働保険料 218,500 円	(ト)今期納付額 218,500 円
第2期	(チ)概算保険料額 218,500 円		(ヌ)第2期納付額 218,500 円	
第3期				

㉓事業又は作業の種類 建築工事

㉔加入している労働保険 (イ)労災保険 (ロ)雇用保険

㉕特掲事業 (イ)該当する (ロ)該当しない

㉖事業 (イ)所在地 明石市大明石町×-××-× (ロ)名称 株式会社菊池工務店

㉗事業主 郵便番号 673-×××× 電話番号（078）413-×××× (イ)住所 明石市大明石町×-××-× (ロ)名称 株式会社菊池工務店 (ハ)氏名 代表取締役 菊池英雄

社会保険労務士記載欄	作成年月日・提出代行者・事務代理者の表示	氏名	電話番号

きりとり線（1枚目はきりはなさないで下さい。）

領収済通知書 （労働保険）（国庫金）

（記入例）¥0123456789

30840 取扱庁名 兵庫労働局 ※取扱庁番号 00075331 労働保険特別会計 0847 令和 06 年度

労働保険番号 28107607251-000

内訳	金額
労働保険料	¥218500
一般拠出金	
納付額（合計額）	¥218500

納付の目的 1. 令和 06 年度 概算 1 期

(住所)〒 673-XXXX
明石市大明石町×-××-×

(氏名) 株式会社菊池工務店 殿

あて先
650-0044
神戸市中央区東川崎1丁目1-3
神戸クリスタルタワー15階
兵庫労働局

納付の場所 日本銀行（本店・支店・代理店又は歳入代理店）、所轄都道府県労働局、所轄労働基準監督署

年度更新のとき、又は有期事業の一括を終了し、保険関係を消滅させるとき

様式第６号（甲） 概算・確定保険料・一般拠出金申告書	
どんなとき	年度更新のとき、又は有期事業の一括を終了し、保険関係を消滅させるとき
だれが	事　業　主
どこに	所轄の労働基準監督署、都道府県労働局、日本銀行（本店、支店、代理店及び歳入代理店（全国の銀行・信用金庫の本店又は支店、郵便局））
いつまで	６月１日から７月 10 日まで、あるいは事業の廃止又は終了の日から 50 日以内
部　　数	３枚（１部）
添付書類	一括有期事業報告書、一括有期事業総括表
根拠条文	徴収法第 19 条、石綿救済法第 38 条
注意事項等	

記載要領

「保険料・一般拠出金申告書」の記載方法はこれまで説明してきた一般の「継続事業」の場合とほとんど同じですが、若干異なっている点がありますので、その点について説明します。

「⑧ 保険料・一般拠出金算定基礎額」欄

前年4月1日から当年3月31日までの間に終了した有期事業の一括をしたもののすべてを対象とし、その賃金総額、すなわち、一括有期事業報告書（建設事業については一括有期事業総括表を含みます）により計算した賃金総額を⑧欄の（ロ）及び、（ヘ）に記入します（1,000円未満の端数は切り捨ててください）。

なお、支払賃金総額が正確に把握できる場合は、実際に支払った賃金総額（下請を使用した場合は下請の分を含みます）を記入します。

「⑫ 保険料算定基礎額の見込額」欄

当年4月1日から翌年3月31日までの間に有期事業の一括となる事業をどのくらい行うかの見込みに基づいて算定した額を記入しますが、この見込額には、前年度又はそれ以前に開始した事業で、前年度に終了しなかった事業の全期間分の賃金総額についても含めることになりますので注意を要します。

なお、当年度の賃金総額の見込額が、前年度の確定賃金総額に比較して、100分の50以上100分の200以下であれば、前年度の確定保険料の算定基礎となった賃金総額をそのまま当年度の賃金総額の見込額として使用することになります。

「⑰ 延納の申請」欄

一般の「継続事業」の場合と同様に記入します。つまり、概算保険料が20万円以上であって延納の申請をする場合には、3回に分割して納付することができるわけです（一般拠出金については、分割納付はできません）。

記入例

※当該様式は法令改正に伴い変更される場合がございます。手続き時は最新情報をご確認ください。

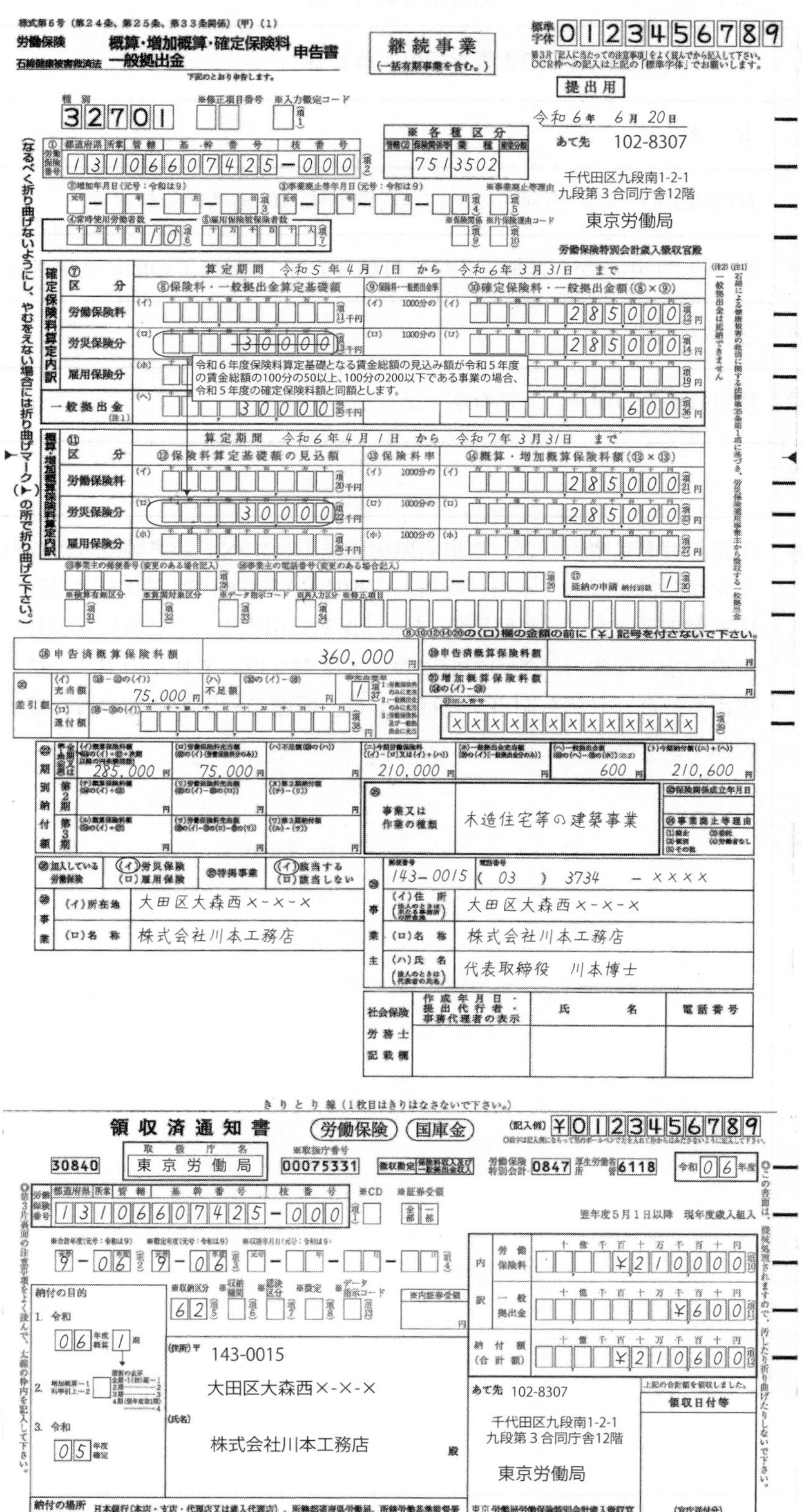

様式第６号（第２４条、第２５条、第３３条関係）（甲）（１）

労働保険　概算・増加概算・確定保険料
石綿健康被害救済法　一般拠出金　申告書

継続事業（一括有期事業を含む。）

標準字体 0123456789

提出用

下記のとおり申告します。

令和６年６月20日

あて先 102-8307
千代田区九段南1-2-1
九段第３合同庁舎12階
東京労働局
労働保険特別会計歳入徴収官殿

種別 32701

①労働保険番号 13106607425-000

各種区分：管轄(2) 保険関係等 業種 産業分類 — 7 5 1 3502

④常時使用労働者数 10

（なるべく折り曲げないようにし、やむをえない場合には折り曲げマーク（▶）の所で折り曲げて下さい。）

⑦区分	⑧保険料・一般拠出金算定基礎額	⑨保険料・一般拠出金率	⑩確定保険料・一般拠出金額（⑧×⑨）
算定期間	令和５年４月１日から令和６年３月３１日まで		
労働保険料	（イ）千円	（イ）1000分の	（イ）285000 円
労災保険分	（ロ）30000 千円	（ロ）1000分の	（ロ）285000 円
雇用保険分	（ホ）千円	（ホ）1000分の	（ホ）円
一般拠出金（注1）	（ヘ）30000 千円	（ヘ）1000分の	（ヘ）600 円

令和６年度保険料算定基礎となる賃金総額の見込み額が令和５年度の賃金総額の100分の50以上、100分の200以下である事業の場合、令和５年度の確定保険料額と同額とします。

⑪区分	⑫保険料算定基礎額の見込額	⑬保険料率	⑭概算・増加概算保険料額（⑫×⑬）
算定期間	令和６年４月１日から令和７年３月３１日まで		
労働保険料	（イ）千円	（イ）1000分の	（イ）285000 円
労災保険分	（ロ）30000 千円	（ロ）1000分の	（ロ）285000 円
雇用保険分	（ホ）千円	（ホ）1000分の	（ホ）円

⑮事業主の郵便番号（変更のある場合記入）　⑯事業主の電話番号（変更のある場合記入）

⑰延納の申請　納付回数 1

（注1）一般拠出金は延納できません
（注2）石綿による健康被害の救済に関する法律第35条第1項に基づき、労災保険適用事業主から徴収する一般拠出金

⑧⑩⑫⑭⑳の（ロ）欄の金額の前に「￥」記号を付さないで下さい。

⑱申告済概算保険料額 360,000 円

⑲申告済概算保険料額　円

⑳増加概算保険料額（⑭の（イ）−⑱）　円

㉑差引額（イ）充当額（⑱−⑩の（イ））75,000 円　（ハ）不足額　円　充当意思 1

（ロ）還付額　円

㉒労働保険番号 XXXXXXXXXXXXXX

㉒期別納付額	（イ）概算保険料額	（ロ）労働保険料充当額	（ハ）不足額	（ニ）今期労働保険料	（ホ）一般拠出金充当額	（ヘ）一般拠出金額	（ト）今期納付額（（ニ）＋（ヘ））
全期又は第1期	285,000 円	75,000 円	円	210,000 円	円	600 円	210,600 円
第2期	円	円	円				
第3期	円	円	円				

㉔事業又は作業の種類：木造住宅等の建築事業

㉕保険関係成立年月日
㉖事業廃止等理由（1）廃止（2）委託（3）個別（4）労働者なし（5）その他

㉗加入している労働保険：（イ）労災保険　（ロ）雇用保険
㉘特掲事業：（イ）該当する　（ロ）該当しない

㉙事業（イ）所在地：大田区大森西×-×-×
（ロ）名称：株式会社川本工務店

㉚事業主：郵便番号 143-0015　電話番号（03）3734－××××
（イ）住所：大田区大森西×-×-×
（ロ）名称：株式会社川本工務店
（ハ）氏名：代表取締役　川本博士

社会保険労務士記載欄	作成年月日・提出代行者・事務代理者の表示	氏名	電話番号

きりとり線（１枚目はきりはなさないで下さい。）

領収済通知書　（労働保険）（国庫金）

（記入例）￥0123456789

30840　取扱庁名：東京労働局　00075331　労働保険特別会計 0847　厚生労働省所管 6118　令和06年度

労働保険番号 13106607425-000

9-06　9-06

内訳	
労働保険料	￥210000
一般拠出金	￥600
納付額（合計額）	￥210600

納付の目的
1. 令和 06 年度概算 1 期
2. 増加概算・確定保険料
3. 令和 05 年度確定

（住所）〒143-0015
大田区大森西×-×-×
（氏名）株式会社川本工務店　殿

あて先 102-8307
千代田区九段南1-2-1
九段第３合同庁舎12階
東京労働局

上記の合計額を領収しました。　領収日付等

納付の場所　日本銀行（本店・支店・代理店又は歳入代理店）、所轄都道府県労働局、所轄労働基準監督署

東京労働局労働保険特別会計歳入徴収官　（官庁送付分）

様式第７号（甲）（乙） 一括有期事業報告書	
どんなとき	労働保険確定保険料申告書を提出するとき
だれが	事業主
どこに	有期事業の一括の事務所の所在地を管轄する労働基準監督署長
いつまで	※平成21年度から、毎年6月1日から7月10日までの間に変更されました。
部数	2枚（1部）
添付書類	建設の事業の場合、一括有期事業総括表を添えて
根拠条文	
注意事項等	所轄の労働基準監督署、都道府県労働局ではすべての書類及び保険料を受理しますが、日本銀行（本店、支店、代理店及び歳入代理店（全国の銀行・信用金庫の本店又は支店、郵便局））では「保険料申告書」とこれに接続している「納付書」及び保険料以外のものについては取り扱いませんので「一括有期事業報告書」及び「一括有期事業総括表」は、所轄の労働基準監督署へ提出することになります。

この報告書には、前年４月１から当年３月31日までに終了したすべての事業(工事等)について、建設の事業（元請工事のみ）又は立木の伐採の事業の名称、所在地、期間、請負金額、素材の材積、賃金総額等を記入します。

建設事業の請負金額（「①請負金額の内訳」欄の「㊂請負金額」欄の額）については、事業主が、注文者などからその事業に使用する工事用の資材などを支給されたり又は機械器具等を貸与された場合は、支給された物の価格相当額又は機械器具等の損料相当額を請負代金の額に加算したものとなります。ただし、厚生労働大臣がその事業の種類ごとに定めた「工事用物」（巻末付録参照）の価格は請負代金の額に加算しません。また、請負代金の額に「工事用物」の価格が含まれている場合には請負代金の額からそれらの「工事用物」の価格を差し引いて算出します。

建設の事業で請負金額により確定保険料額の算定する場合は、この報告書に基づき事業の種類及び事業の開始時期により区分し、請負金額及び賃金総額を把握し「一括有期事業総括表」に転記のうえ計算することになります。

（イ）一括有期事業報告書の記入方法

「一括有期事業報告書」には、前年度中に終了した一括有期対象工事（元請分）についてもれなく記入してください。その際、同一の「事業の種類」ごとに記入する用紙を分け、一括有期事業総括表に記載されている「事業開始時期」に分けて記入してください。

また、「①請負金額の内訳」欄の「㊂請負金額」の欄については消費税額を含めた請負金額を記入してください。次に、「③賃金総額」の計の欄を２段に分割し、上段については個々の工事ごとの賃金総額の合計額を、下段については「㊂請負金額」の計の欄の額に当該労務費率を乗じて得た額（1,000円未満の端数は切り捨ててください）を記入してください。

■工事ごとの支払賃金が正確に把握できる場合

工事ごとの支払い賃金が正確に把握できる場合は、実際に支払った賃金総額（下請の分を含みます）をカッコ書きにし、「②労務費率」欄に「賃金」と記入します。工事開始時期による小計欄には、更に一行下の欄に、労務費率を乗じて得た賃金額の合計と賃金総額による額の合計金額を記入します。（記入例１－１　160ページA参照）

（ロ）一括有期事業総括表への転記方法

「一括有期事業総括表」への転記については、各労務費率ごとに作成した「一括有期事業報告書」の「①請負金額の内訳」欄の「㊂請負金額」の計の欄及び「③賃金総額」の計の欄に記入されている額を総括表の「請負金額」欄及び「賃金総額」欄に転記します（記入例１・２・３の①～⑨参照）

記入例１－１

様式第７号（第34条関係）（甲）

労働保険
一括有期事業報告書（建設の事業）

枠組み部分が一括有期事業総括表へ転記する金額となります。
（一括有期事業総括表の事業開始時期に対応している。）

2 枚のうち 1 枚目

労働保険番号	府県	所掌	管轄	基幹番号	枝番号
	13	1	06	607425	000

事業の名称	事業場の所在地	事業の期間	① 請負金額の内訳 ㋑ 請負代金の額	㋺ 請負代金に加算する額	㋩ 請負代金から控除する額	㋥ 請負金額（㋑＋㋺－㋩）	② 労務費率	③ 賃金総額
			円	円	円	円		円
工藤邸改築工事	目黒区自由ヶ丘 2－×－××	5年 5月 10日から 6年 2月 15日まで	9,320,000			9,320,000	23％	2,143,600
黒田邸改築工事	世田谷区等々力 1－×－×	5年 6月 15日から 5年 9月 30日まで	3,020,000			3,020,000	23％	694,600
毛利邸改築工事	小金井市緑町 3－×－××	5年 7月 1日から 5年 12月 20日まで	(1,320,000)			(1,320,000)	賃金	(264,000)
平成30年4月1日以降 工事開始分		年 月 日から 年 月 日まで			①	(1,320,000) 12,340,000	A	(264,000) 2,838,200
		年 月 日から 年 月 日まで					②	計3,102,200
事業の種類	38既設建築物設備工事等	計	(1,320,000) 12,340,000			(1,320,000) 12,340,000		3,102,200

前年度中（保険関係が消滅した日まで）に廃止又は終了があったそれぞれの事業の明細を上記のとおり報告します。

6 年 6 月 20 日

郵便番号（ 143 － ×××× ）
電話番号（ 03 － 3734 － ×××× ）

事業主
住所 大田区大森西×－×－×
氏名 株式会社山崎工務店 代表取締役 山崎博士
（法人のときはその名称及び代表者の氏名）

東京 労働局労働保険特別会計歳入徴収官 殿

社会保険労務士記載欄	作成年月日・提出代行者・事務代理者の表示	氏名	電話番号

〔注意〕
社会保険労務士記載欄は、この報告書を社会保険労務士が作成した場合のみ記載すること。
（用紙の大きさは、Ａ４とすること。）

記入例1－2

様式第7号(第34条関係)（甲）〔別紙〕

事業主控

2 枚のうち　2 枚目

労働保険番号	府県	所掌	管轄	基幹番号	枝番号
	13	1	06	607425	000

事業の名称	事業場の所在地	事業の期間	① 請負金額の内訳：請負代金の額	請負代金に加算する額	請負代金から控除する額	請負金額	② 労務費率	③ 賃金総額
			円	円	円	円		円
北野ハイツ新築工事	大田区中央 2-×-××	30年 2月 1日から 5年 4月 30日まで	48,500,000			48,500,000	23%	11,155,000
(平成27年4月1日～平成30年3月31日工事開始分)	(小計)	年 月 日から 年 月 日まで			③	48,500,000		④ 11,155,000
吉沢邸新築工事	大田区南千束 5-××-1	3年 1月 10日から 5年 5月 31日まで	42,680,000			42,680,000	23%	9,816,400
三船邸新築工事	大田区南雪谷 4-×-××	5年 9月 1日から 6年 3月 20日まで	11,130,000			11,130,000	23%	2,559,900
(平成30年4月1日以降工事開始分)	(小計)	年 月 日から 年 月 日まで			⑤	53,810,000		⑥ 12,376,300
		年 月 日から 年 月 日まで						
		年 月 日から 年 月 日まで						
		年 月 日から 年 月 日まで						
		年 月 日から 年 月 日まで						
事業の種類：35建築事業		計	102,310,000			102,310,000		23,531,300

一括有期事業総括表(転記先)の事業開始時期に対応しています。

太枠内は一括有期総括表へ転記する金額となります。

記入例２

別添様式

令和５ 年度一括有期事業総括表（建設の事業）
（労働保険等）

事業主控

労働保険番号	府県	所掌	管轄	基幹番号	枝番号
	13	1	06	607425	000

一括有期事業報告書 ２ 枚添付

業種番号	事業の種類	事業開始時期	請負金額（円）	労務費率	賃金総額（千円）	保険料率 基準料率（1000分の）	保険料率 メリット料率（1000分の）	保険料額（円）
31	水力発電施設、ずい道等新設事業	平成27年3月31日以前のもの		18		89		
		平成30年3月31日以前のもの		19		79		
		平成30年4月1日以降のもの				62		
32	道路新設事業	平成27年3月31日以前のもの		20		16		
		平成30年3月31日以前のもの				11		
		平成30年4月1日以降のもの		19				
33	舗装工事業	平成27年3月31日以前のもの		18		10		
		平成30年3月31日以前のもの				9		
		平成30年4月1日以降のもの		17				
34	鉄道又は軌道新設事業	平成27年3月31日以前のもの				17		
		平成30年3月31日以前のもの		25		9.5		
		平成30年4月1日以降のもの		24		9		
35	建築事業	平成27年3月31日以前のもの		21		13		
		平成30年3月31日以前のもの	③ 48,500,000	23	④ 11,155	11		122,705
		平成30年4月1日以降のもの	⑤ 53,810,000		⑥ 12,376	9.5		117,572
38	既設建築物設備工事業	平成27年3月31日以前のもの		22		15		
		平成30年3月31日以前のもの						
		平成30年4月1日以降のもの	① (1,320,000) 12,340,000	23	② 3,102	12		37,224
36	機械装置の組立て又は据付けの事業 組立て又は取付けに関するもの	平成27年3月31日以前のもの		38		7.5		
		平成30年3月31日以前のもの		40		6.5		
		平成30年4月1日以降のもの		38				
	機械装置の組立て又は据付けの事業 その他のもの	平成27年3月31日以前のもの		21		7.5		
		平成30年3月31日以前のもの		22		6.5		
		平成30年4月1日以降のもの		21				
37	その他の建設事業	平成27年3月31日以前のもの		23				
		平成30年3月31日以前のもの		24		17		
		平成30年4月1日以降のもの				15		
		平成19年3月31日以前のもの			①			
	合計				26,633			277,501

②（①を除いた合計）	③ 一般拠出金率	一般拠出金額（②×③）
26,633 千円	1000分の 0.02	532 円

一括有期事業報告書より転記された金額

申告書に転記する金額

注
1 一括有期事業報告書（様式第7号（甲））に記入した事業（工事）を、事業の種類ごとに合算し、本表により確定保険料を計算すること。
2 前年度にメリット制が適用された事業については、メリット料率を記入のうえ確定保険料を計算すること。
3 一般拠出金とは、石綿による健康被害の救済に関する法律第35条第1項に基づき労災保険適用事業主から徴収する拠出金を指す。
4 一般拠出金は事業（工事）開始時期が平成19年4月1日以降のすべての事業（工事）を徴収対象とする。

別添一括有期事業報告書の明細を上記のとおり総括して報告します。

郵便番号（ 143 － ××××　）
電話番号（ 03 － 3734 － ×××× ）

令和６ 年　６ 月　20 日

住所 大田区大森西×－×－×

東京 労働局労働保険特別会計歳入徴収官　殿

事業主 氏名 株式会社山崎工務店 代表取締役 山崎博士

（法人のときはその名称及び代表者の氏名）

社会保険労務士記載欄	作成年月日・提出代行者・事務代理者の表示	氏名	電話番号

記入例３

※当該様式は法令改正に伴い変更される場合がございます。手続き時は最新情報をご確認ください。

様式第６号（第２４条、第２５条、第３３条関係）（甲）（１）

労働保険　概算・増加概算・確定保険料　申告書
石綿健康被害救済法　一般拠出金

下記のとおり申告します。

継続事業（一括有期事業を含む。）

標準字体 0123456789

提出用

種別 32701

令和６年６月20日

あて先 102-8307
千代田区九段南1-2-1
九段第３合同庁舎12階
東京労働局
労働保険特別会計歳入徴収官殿

①労働保険番号 13106607425-000

※各種区分　業種 751 3502

④常時使用労働者数 10

（なるべく折り曲げないようにし、やむをえない場合には折り曲げマーク（▶）の所で折り曲げて下さい。）

確定保険料算定内訳　算定期間 令和５年４月１日から令和６年３月31日まで

⑦区分	⑧保険料・一般拠出金算定基礎額	⑨保険料・一般拠出金率	⑩確定保険料・一般拠出金額（⑧×⑨）
労働保険料	（イ）	（イ）1000分の	（イ）285000 円
労災保険分	（ロ）26633 千円	（ロ）1000分の	（ロ）285000 円
雇用保険分	（ホ）		
一般拠出金	（ヘ）30000 千円		（ヘ）600 円

令和６年度保険料算定基礎となる賃金総額の見込み額が令和５年度の賃金総額の100分の50以上、100分の200以下である事業の場合、令和５年度の確定保険料額と同額とします。

概算・増加概算保険料算定内訳　算定期間 令和６年４月１日から令和７年３月31日まで

⑪区分	⑫保険料算定基礎額の見込額	⑬保険料率	⑭概算・増加概算保険料額（⑫×⑬）
労働保険料	（イ）	（イ）1000分の	（イ）285000 円
労災保険分	（ロ）30000 千円	（ロ）1000分の	（ロ）285000 円
雇用保険分	（ホ）	（ホ）1000分の	（ホ）

⑰延納の申請　納付回数 1

⑧⑩⑫⑬⑭の（ロ）欄の金額の前に「￥」記号を付さないで下さい。

⑱申告済概算保険料額 360,000 円

⑳差引額　（イ）充当額 75,000 円　（ハ）不足額　充当意思 1

㉑出入番号 XXXXXXXXXXXXXX

㉒期別納付額	（イ）概算保険料額	（ロ）労働保険料充当額	（ハ）不足額	（ニ）今期労働保険料	（ホ）一般拠出金充当額	（ヘ）一般拠出金額	（ト）今期納付額
第１期（初期）	285,000	75,000		210,000		600	210,600
第２期							
第３期							

㉖事業又は作業の種類　木造住宅等の建築事業

㉓加入している労働保険　（イ）労災保険　㉔特掲事業　（イ）該当する

㉘事業　（イ）所在地 大田区大森西×－×－×　（ロ）名称 株式会社山崎工務店

㉙事業主　郵便番号 143－0015　電話番号（03）3734－××××
（イ）住所 大田区大森西×－×－×
（ロ）名称 株式会社山崎工務店
（ハ）氏名 代表取締役　山崎博士

社会保険労務士記載欄　作成年月日・提出代行者・事務代理者の表示　氏名　電話番号

きりとり線（１枚目はきりはなさないで下さい。）

領収済通知書（労働保険）（国庫金）

（記入例）￥0123456789

30840　取扱庁名 東京労働局　00075331　労働保険特別会計 0847　6118　令和 06 年度

労働保険番号 13106607425-000

会計年度 9-06　9-06

納付の目的
1. 令和 06 年度 概算 1 期
3. 令和 05 年度 確定

収納区分 62

内訳　労働保険料 ￥210000
一般拠出金 ￥600
納付額（合計額）￥210600

（住所）〒 143-0015
大田区大森西×-×-×
（氏名）株式会社山崎工務店 殿

あて先 102-8307
千代田区九段南1-2-1
九段第３合同庁舎12階
東京労働局

領収日付等

納付の場所　日本銀行（本店・支店・代理店又は歳入代理店）、所轄都道府県労働局、所轄労働基準監督署

東京労働局労働保険特別会計歳入徴収官

●その他

特別加入の諸手続	特別加入申請書…様式第34号の7、様式第34号の10、様式第34号の11 特別加入時健康診断申出書…特診様式第７号 特別加入に関する変更届／特別加入脱退申請書…様式第34号の８、様式第34号の12
印紙保険料の印紙を購入するとき	雇用保険印紙購入通帳 交付 更新 申告書………様式第９号 印紙保険料 納付 納付計器使用 状況報告書……様式第13号
会社を設立したとき（雇用保険）	保険関係成立届……様式第１号
新たに事業所を設置したとき（雇用保険）	雇用保険適用事業所設置届
事業所を廃止したとき（雇用保険）	雇用保険適用事業所廃止届
社名等を変更したとき（雇用保険）	雇用保険事業主事業所各種変更届

特別加入をするとき

（1）中小事業主等の場合

様式第 34 号の７	労働者災害補償保険 特 別 加 入 申 請 書 （中小事業主等）
どんなとき	労働保険事務組合に労働保険の事務処理を委託している中小企業の事業主等が、特別加入の承認申請をするとき
だ れ が	中小事業主等（常時 300 人（小売業、金融業、不動産業又は保険業については 50 人、卸売業又はサービス業については 100 人）以下の労働者を使用する者）
だ れ に	所轄労働基準監督署長経由都道府県労働局長
いつまで	特別加入しようとするとき
部　　数	１部
根拠条文	労災法第 33 条第１号、第２号、第 34 条、則第 46 条の１９
	手続の経路 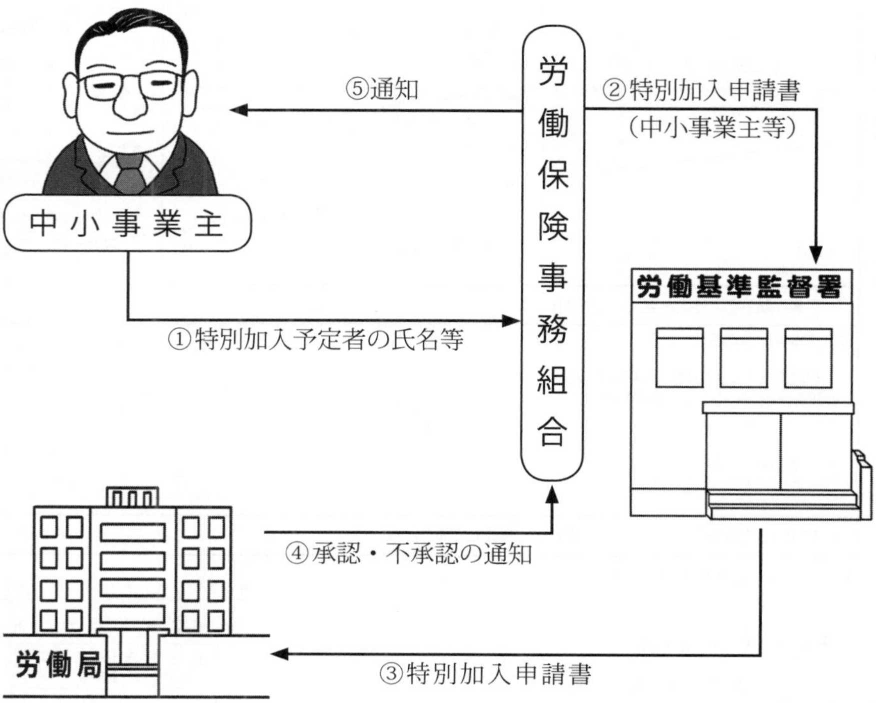 中小事業主 ①特別加入予定者の氏名等 労働保険事務組合 ②特別加入申請書（中小事業主等） 労働基準監督署 ③特別加入申請書 労働局 ④承認・不承認の通知 ⑤通知

様式第34号の7（表面）

労働者災害補償保険　特別加入申請書（中小事業主等）

帳票種別 36211

◎裏面の注意事項を読んでから記載してください。
※印の欄は記載しないでください。（職員が記載します。）

① 申請に係る事業の労働保険番号

府県	所掌	管轄	基幹番号	枝番号
13	3	07	900259	001

※受付年月日　9 令和　元号　年　月　日

② 事業主の氏名（法人その他の団体であるときはその名称）
株式会社渡辺塗装工業 代表取締役 渡辺 照夫

③ 申請に係る事業
名称（フリガナ）　カブシキガイシャワタナベトソウコウギョウ
名称（漢字）　株式会社渡辺塗装工業
事業場の所在地　東京都世田谷区等々力1-×-×

④ 特別加入予定者　加入予定者数　計 3 名
*この用紙に記載しきれない場合には、別紙に記載すること。

特別加入予定者 フリガナ・氏名	生年月日	事業主との関係（地位又は続柄）	業務の具体的内容	労働者の始業及び終業の時刻	除染作業	従事する特定業務	最初に従事した年月	従事した期間の合計	希望する給付基礎日額
ワタナベ テルオ 渡辺 照夫	年 月 日	①本人	有機溶剤（トルエン）を使用して行う木工品の塗装	8 時 30 分～ 17 時 00 分	③無	⑦有機溶剤	平成元年 4 月	35 年間 0 ヶ月	14,000 円
ワタナベ ケンタ 渡辺 健太	年 月 日	③役員	〃	8 時 30 分～ 17 時 00 分	③無	⑦有機溶剤	平成14 年 4 月	22 年間 0 ヶ月	12,000 円
ワタナベ エミコ 渡辺 恵美子	年 月 日	③役員	伝票整理等の一般経理事務及び集金	8 時 30 分～ 17 時 00 分	③無	⑨該当なし	（斜線）	（斜線）	7,000 円
（斜線）	年 月 日	1 本人 3 役員 5 家族従事者		時 分～ 時 分	1 有 3 無	1 粉じん 3 振動工具 5 鉛 7 有機溶剤 9 該当なし	年 月	年間 ヶ月	円

（事業主との関係の選択肢：1 本人　3 役員（　）　5 家族従事者（　）／除染作業：1 有　3 無／従事する特定業務：1 粉じん　3 振動工具　5 鉛　7 有機溶剤　9 該当なし）

⑤ 労働保険事務の処理を委託した年月日　6 年 4 月 1 日

⑥ 労働保険事務組合の証明
上記⑤の日より労働保険事務の処理の委託を受けていることを証明します。
6 年 4 月 3 日

労働保険事務組合の
名称　労働保険事務組合世田谷中央会
〒154－××××　電話（03）3412－××××
主たる事務所の所在地　世田谷区世田谷×－×
代表者の氏名　会長　中村 修

⑦ 特別加入を希望する日（申請日の翌日から起算して30日以内）　6 年 4 月 25 日

上記のとおり特別加入の申請をします。

令和6 年 4 月 24 日

東京 労働局長 殿

事業主の
〒158－××××　電話（03）3703－××××
住所　世田谷区等々力1-×-×
氏名　株式会社渡辺塗装工業　代表取締役　渡辺 照夫
（法人その他の団体であるときはその名称及び代表者の氏名）

折り曲げる場合には（▶）の所で折り曲げてください。

特別加入をするとき

（2）一人親方等の場合

様式第 34 号の 10	労働者災害補償保険 特別加入申請書 （一人親方等）
どんなとき	一人親方等が特別加入承認申請するとき
だれが	一人親方が所属する団体
だれに	団体の主たる事務所の所在地を管轄する労働基準監督署長経由都道府県労働局長
いつまで	特別加入しようとするとき
部数	1部
根拠条文	労災法第 33 条第３号第４号、第 35 条、則第 46 条の 23
添付書類	○定款、規約等団体の目的、組織、運営等を明らかにする書類 ○業務災害の防止に関する措置及びその事項を記載した書類
一人親方等とは	①自動車を使用して行う旅客若しくは貨物の運送の事業又は原動機付自転車若しくは自転車を使用して行う貨物の運送の事業②建設の事業③漁船による水産動植物採捕の事業④林業の事業⑤医薬品の配置販売の事業⑥再生利用の目的となる廃棄物等の収集、解体等の事業に従事する者⑦船員法に規定する船員が実施する事業⑧柔道整復師が行う事業⑨創業支援等措置に基づき高年齢者が行う事業⑩あん摩マッサージ指圧師、はり師またはきゅう師が行う事業⑪歯科技工士が行う事業に従事する一人親方等が特別に加入するとき。なお、一人親方等の特別加入はその一人親方が所属する団体が加入単位となります。
	手続の経路 ①特別加入予定者の氏名等（一人親方等→団体） ②特別加入申請書（一人親方等）（団体→労働基準監督署） 添付：◎団体の定款 ◎業務災害防止に関する規定 ③特別加入申請書（労働基準監督署→労働局） ④承認・不承認の通知（労働局→団体） ⑤特別加入（団体→一人親方等）

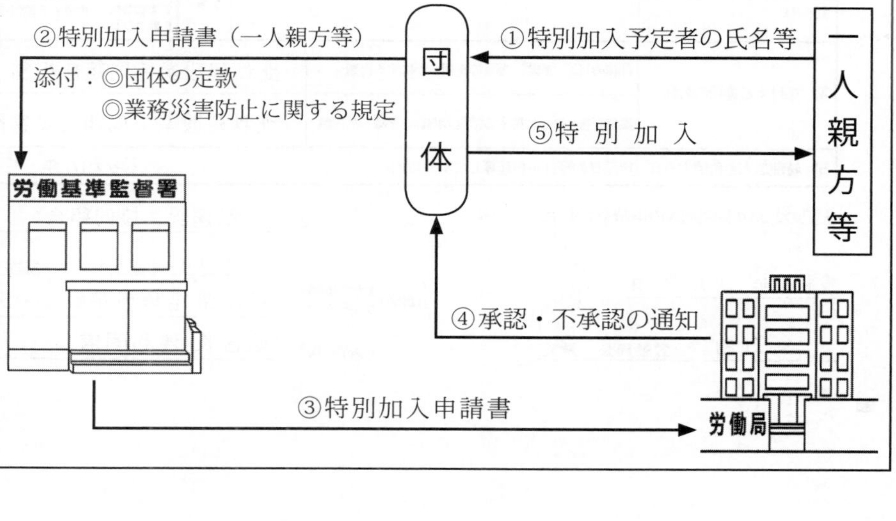

■ 様式第34号の10（表面） ■

労働者災害補償保険　特別加入申請書（一人親方等）

帳票種別 36221

◎裏面の注意事項を読んでから記載してください。
※印の欄は記載しないでください。（職員が記載します。）

① 申請に係る事業の労働保険番号

府県	所掌	管轄	基幹番号	枝番号

※受付年月日　9 令和　元号　年　月　日（1〜9年は右へ　1〜9月は右へ　1〜9日は右へ）

② 特別加入団体	
名称（フリガナ）	ホクシュウケンセツギョウキョウドウクミアイ
名称（漢字）	北秋建設業協同組合
代表者の氏名	組合長 浅利明道
事業又は作業の種類	建設の事業
※特定業種区分	

③ 特別加入予定者　加入予定者数　計 15 名

*この用紙に記載しきれない場合には、別紙に記載すること。

特別加入予定者（フリガナ／氏名／生年月日）	法第33条第3号に掲げる者との関係	業務又は作業の具体的内容	除染作業	従事する特定業務	業務歴 最初に従事した年月	業務歴 従事した期間の合計	希望する給付基礎日額
アサリ　アキミチ 浅利明道 昭和46年 4月 29日	①本人 5 家族従事者 （　）	大工工事業	1 有 ③無	1 粉じん 3 振動工具 5 鉛 7 有機溶剤 ⑨該当なし	年　月	年間　ヶ月	16,000 円
セキグチ フミオ 関口文夫 昭和60年 1月 5日	①本人 5 家族従事者 （　）	土木建築工事 （コンクリートブレーカー）	1 有 ③無	1 粉じん ③振動工具 5 鉛 7 有機溶剤 9 該当なし	平成00年 7月	23年間 9ヶ月	10,000 円
年　月　日	1 本人 5 家族従事者 （　）	（以下記載事項省略）	1 有 3 無	1 粉じん 3 振動工具 5 鉛 7 有機溶剤 9 該当なし	年　月	年間　ヶ月	円
年　月　日	1 本人 5 家族従事者 （　）		1 有 3 無	1 粉じん 3 振動工具 5 鉛 7 有機溶剤 9 該当なし	年　月	年間　ヶ月	円
年　月　日	1 本人 5 家族従事者 （　）		1 有 3 無	1 粉じん 3 振動工具 5 鉛 7 有機溶剤 9 該当なし	年　月	年間　ヶ月	円

④ 添付する書類の名称	
団体の目的、組織、運営等を明らかにする書類	北秋建設業協同組合規約
業務災害の防止に関する措置の内容を記載した書類	北秋建設業協同組合災害防止規定

⑤ 特別加入を希望する日（申請日の翌日から起算して30日以内）　令和6年 5月 1日

上記のとおり特別加入の申請をします。

令和6年 4月 24日

秋田　労働局長　殿

団体の 名称　北秋建設業協同組合

〒×××−××××　電話（×××）×××−××××

主たる事務所の所在地　秋田県鹿角市花輪○-○

代表者の氏名　組合長 浅利明道

折り曲げる場合には（▶）の所で折り曲げてください。

特別加入をするとき

（3）特定作業従事者の場合

様式第 34 号の 10	労働者災害補償保険 特 別 加 入 申 請 書 （一人親方等）
どんなとき	特定作業従事者が特別加入承認申請するとき
だ れ が	特定作業従事者が所属する団体
だ れ に	団体の所在地を管轄する労働基準監督署長経由都道府県労働局長
いつまで	特別加入しようとするとき
部 数	１部
根拠条文	労災法第 33 条第５号、第 35 条、則第 46 条の 23
特定作業従事者とは	①　一定規模の農業における特定の危険有害業務の作業 ②　農業における作業であって、厚生労働大臣が定める種類の機械を使用するもの ③　国又は地方公共団体が実施する求職者を作業環境に適応させるための訓練として行われる作業 ④　国又は地方公共団体が実施する求職者の就職を容易にするために必要な技能を習得させるための職業訓練であって事業主又は事業主の団体に委託されるものとして行われる作業 ⑤　家内労働法第２条第２項の家内労働者又はその補助者が行う作業のうち特定の作業 ⑥　常勤の役員が行う労働組合等の活動に係る作業 ⑦　介護関係業務であって、入浴、排せつ、食事等の介護その他の日常生活上の世話、機能訓練又は看護に係る作業、若しくは炊事、洗濯、掃除、買物、児童の日常生活上の世話及び必要の保護その他家庭において日常生活を営むのに必要な行為 ⑧　芸能関係の作業 ⑨　アニメーション制作の作業 ⑩　情報処理システムの設計等の情報処理に係る作業 に従事する者 （①を特定農作業従事者、②を「指定農業機械作業従事者」、③を「職場適応訓練従事者」、④を「事業主団体等委託訓練従事者」、⑤を「家内労働者等」、⑥を「労働組合等常勤役員」、⑦を「介護作業従事者および家事支援従事者」、⑧を「芸能関係作業従事者」、⑨を「アニメーション制作作業従事者」、⑩を「ＩＴフリーランス」という）。

手続の経路

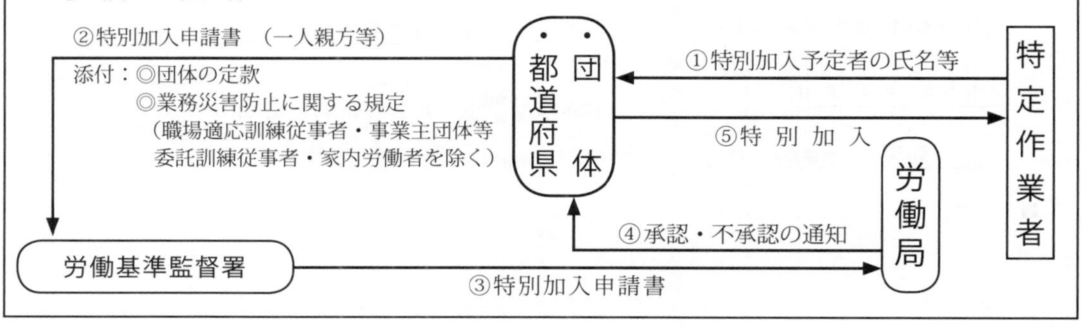

■ 様式第34号の10（表面）

労働者災害補償保険　特別加入申請書（一人親方等）

帳票種別　36221

◎裏面の注意事項を読んでから記載してください。
※印の欄は記載しないでください。（職員が記載します。）

①申請に係る事業の労働保険番号				※受付年月日	
府県	所掌	管轄	基幹番号	枝番号	9 令和　元号　年　月　日（1～9月は右へ）（1～9日は右へ）

② 特別加入団体		
名称（フリガナ）	イシヤマノウギョウクミアイ	
名称（漢字）	石山農業組合	
代表者の氏名	組合長 新藤信一	
事業又は作業の種類	特定農作業（動力機械を使用する農作業）	※特定業種区分

③ 特別加入予定者　加入予定者数　計 25 名

＊この用紙に記載しきれない場合には、別紙に記載すること。

特別加入予定者	法第33条第3号に掲げる者との関係	業務又は作業の具体的内容	除染作業	従事する特定業務	業務歴	希望する給付基礎日額
フリガナ アラキ タカシ 氏名 荒木孝 生年月日 平成6年 4月 10日	1 本人 5 家族従事者 （　　）	野菜の栽培 （トラクター）	1 有 ③無	1 粉じん 3 振動工具 5 鉛 7 有機溶剤 ⑨該当なし	最初に従事した年月　年　月 従事した期間の合計　年間　ヶ月	12,000 円
フリガナ ハラグチ ケン 氏名 原口健 生年月日 平成11年 1月 20日	1 本人 5 家族従事者 （　　）	同　上	1 有 ③無	1 粉じん 3 振動工具 5 鉛 7 有機溶剤 ⑨該当なし	最初に従事した年月　年　月 従事した期間の合計　年間　ヶ月	12,000 円
フリガナ 氏名 生年月日　年　月　日	1 本人 5 家族従事者 （　　）	（以下記載事項省略）	1 有 3 無	1 粉じん 3 振動工具 5 鉛 7 有機溶剤 9 該当なし	最初に従事した年月　年　月 従事した期間の合計　年間　ヶ月	円
フリガナ 氏名 生年月日　年　月　日	1 本人 5 家族従事者 （　　）		1 有 3 無	1 粉じん 3 振動工具 5 鉛 7 有機溶剤 9 該当なし	最初に従事した年月　年　月 従事した期間の合計　年間　ヶ月	円
フリガナ 氏名 生年月日　年　月　日	1 本人 5 家族従事者 （　　）		1 有 3 無	1 粉じん 3 振動工具 5 鉛 7 有機溶剤 9 該当なし	最初に従事した年月　年　月 従事した期間の合計　年間　ヶ月	円

④ 添付する書類の名称		
	団体の目的、組織、運営等を明らかにする書類	石山農業組合規約
	業務災害の防止に関する措置の内容を記載した書類	石山農業組合災害防止規定

⑤ 特別加入を希望する日（申請日の翌日から起算して30日以内）　令和6年 5月 1日

折り曲げる場合には（▶）の所で折り曲げてください。

上記のとおり特別加入の申請をします。

令和6年 4月 24日

新潟　労働局長　殿

名称　石山農業組合

団体の主たる事務所の所在地　〒×××－××××　電話（×××）×××－××××
新潟県新潟市石山 0-0-0

代表者の氏名　組合長 新藤信一

特別加入に当たって健康診断が必要なとき

<table>
<tr><td colspan="2">特診様式第７号　　　　　労働者災害補償保険
特別加入時健康診断申出書</td></tr>
<tr><td>どんなとき</td><td>特別加入の承認申請に当たり、健康診断が必要なとき</td></tr>
<tr><td>だれが</td><td>中小事業主、一人親方等の団体、特定作業従事者の団体</td></tr>
<tr><td>だれに</td><td>所轄労働基準監督署長</td></tr>
<tr><td>いつまで</td><td>健康診断を受けようとするとき</td></tr>
<tr><td>部数</td><td>１部</td></tr>
<tr><td>根拠条文</td><td>労災法施行規則第 46 条の 19</td></tr>
<tr><td>要旨</td><td>１　健康診断の対象者
<table><tr><th>特別加入予定の業務の種類</th><th>特別加入前に左記の業務に従事した期間</th></tr><tr><td>粉じん作業を行う業務</td><td>３　年</td></tr><tr><td>身体に振動を与える業務</td><td>１　年</td></tr><tr><td>鉛業務</td><td>６カ月</td></tr><tr><td>有機溶剤業務（および特別有機溶剤業務）</td><td>６カ月</td></tr></table>
２　主な健診対象者
イ　粉じん業務：（じん肺法第２条第１項第３号関係）中小事業主等、建設業、家内労働者
ロ　振動業務：（労基則別表第1の２第３号３）中小事業主等、林業、建設業、指定農業機械作業従事者
ハ　鉛業務：（安衛法施行令別表第４）中小事業主等、家内労働者
ニ　有機溶剤業務：（有機溶剤中毒予防規則第１条第１項第６号又は特定化学物質障害予防規則第２条の２第１号）中小事業主等、建設業、家内労働者
※　この特別加入時健康診断申出書に併せて、特別加入申請書又は変更届を所轄労働基準監督署長に提出することができる。</td></tr>
</table>

特診様式第７号

労働者災害補償保険
特別加入時健康診断申出書

名古屋東　労働基準監督署長殿

下記の者について健康診断証明書の提出が必要ですので、「特別加入健康診断指示書」の交付をお願いします。

令和６年　８月　４日

労働保険番号	府県	所掌	管轄	基幹番号	枝番号
	23	3	03	903710	002

事業主又は特別加入団体の　住　所　名古屋市千種区川崎町２－××

（名称）　相沢塗装株式会社

氏　名　代表取締役 相沢 清

（特別加入団体の場合には、その主たる事務所の所在地、名称、代表者の氏名）

特別加入予定者のうち健康診断が必要な者	特別加入予定年月日	特別加入予定者の作業の内容及び作業に用いる工具（又は材料、薬品等）の名称	左記の業務に特別加入前に従事した期間	実施すべき健康診断の種類（該当する項を選択すること）
相沢 清	６年９月１日	建築物の室内塗装（トルエン・キシレン）	平成16年　4月から 令和６年　8月まで 20年　5月間	イ　じん肺健康診断 ロ　振動障害健康診断 ハ　鉛中毒健康診断 ㊁　有機溶剤中毒健康診断
相沢宏一	６年９月１日	同　上	平成17年　4月から 令和６年　8月まで 19年　5月間	イ　じん肺健康診断 ロ　振動障害健康診断 ハ　鉛中毒健康診断 ㊁　有機溶剤中毒健康診断
	年　月　日		年　月から 年　月まで 年　月間	イ　じん肺健康診断 ロ　振動障害健康診断 ハ　鉛中毒健康診断 ニ　有機溶剤中毒健康診断
	年　月　日		年　月から 年　月まで 年　月間	イ　じん肺健康診断 ロ　振動障害健康診断 ハ　鉛中毒健康診断 ニ　有機溶剤中毒健康診断

労働保険事務組合の証明

労働保険事務の処理の委託を［（受けている）／受ける予定である］ことを証明します。

令和６年　８月　１日　　認可記号番号　第　23－119　号

労働保険事務組合の
- 名　称　川崎商工会労働保険事務組合
- 主たる事務所の所在地　名古屋市千種区川崎町１－×
- 電　話　－ 356 －××××
- 代表者氏名　組合長 寺沢信男

特診様式第４号

労働者災害補償保険

有機溶剤中毒健康診断証明書

（　特別加入用　　　　　　）

１．受診者氏名等

ふりがな		生年月日	年齢	性別
氏名		平成　　年月	才	男女
住所	TEL.　　　－－			

２．有機溶剤使用業務歴

事業場名	作業の内容	従事期間	従事年数	取扱った有機溶剤の名称	１日当りの作業条件
（現 在）		令和　年　月から 現在まで	年　月		ppm 時間
		令和　年　月から 令和　年　月まで	年　月		ppm 時間
		令和　年　月から 令和　年　月まで	年　月		ppm 時間
		令和　年　月から 令和　年　月まで	年　月		ppm 時間
		令和　年　月から 令和　年　月まで	年　月		ppm 時間
		令和　年　月から 令和　年　月まで	年　月		ppm 時間

（注）　一人親方又は家内労働者として有機溶剤使用の業務に従事した期間については「事業場名」欄に「一人親方」又は「家内労働者」と入力すること。

3．自覚症状

頭重・頭痛	
めまい	
焦燥感	
不眠	
もの忘れ	
不安感	
しびれ感	
倦怠感	
心悸こう進	
食欲不振	
悪心	
嘔吐	
胃痛	
腹痛	
その他 ()	

4．皮膚又は粘膜の症状

急性又は慢性皮膚炎	
爪炎、爪囲炎	
結膜炎、角膜炎	
鼻炎等上気道の炎症	
その他 (	

5．精神障害

健忘	
幻覚	
意欲減退	
痴呆	
その他 (	

6．神経・筋・感覚器症状

四肢の知覚障害、運動障害又は筋萎縮	
視力減退、視野・色視野の狭窄	
中枢神経障害	
その他 (	

7．血液・尿検査

血	貧血	血色素量（g/dl）	
		赤血球数（万/mm³）	
	肝機能	GOT（IU/l）	
		GPT（IU/l）	
		Γ-GTP（IU/l）	
		肝機能障害の有無	有無
尿	腎機能	蛋白	
		腎機能障害の有無	有無

	有機溶剤の名称	検査内容	
尿中代謝物	キシレン	1．尿中のメチル馬尿酸	g/l
	N・N－ジメチルホルムアミド	1．尿中のN－メチルホルムアミド	mg/l
	スチレン	1．尿中のマンデル酸	g/l
	テトラクロルエチレン	1．尿中のトリクロル酢酸	mg/l
		1．尿中の総三塩化物	mg/l
	1・1・1－トリクロルエタン	1．尿中のトリクロル酢酸	mg/l
		2．尿中の総三塩化物	mg/l
	トリクロルエチレン	1．尿中のトリクロル酢酸	mg/l
		2．尿中の総三塩化物	mg/l
	トルエン	1．尿中の馬尿酸	g/l
	ノルマルヘキサン	1．尿中の2・5－ヘキサンジオン	mg/l

8．医師所見

	療養の必要
	有無

（注）　医師が特に必要と認めたため実施した検査については、医師所見欄に当該検査項目及び数値を入力すること。

当受診者については、この証明書に記載したとおりであることを証明します。

TEL　　　　—

医療機関の　所在地

診断年月日

名称

令和　　年月

診断担当者氏名

特別加入をするとき

（4）海外派遣者の場合

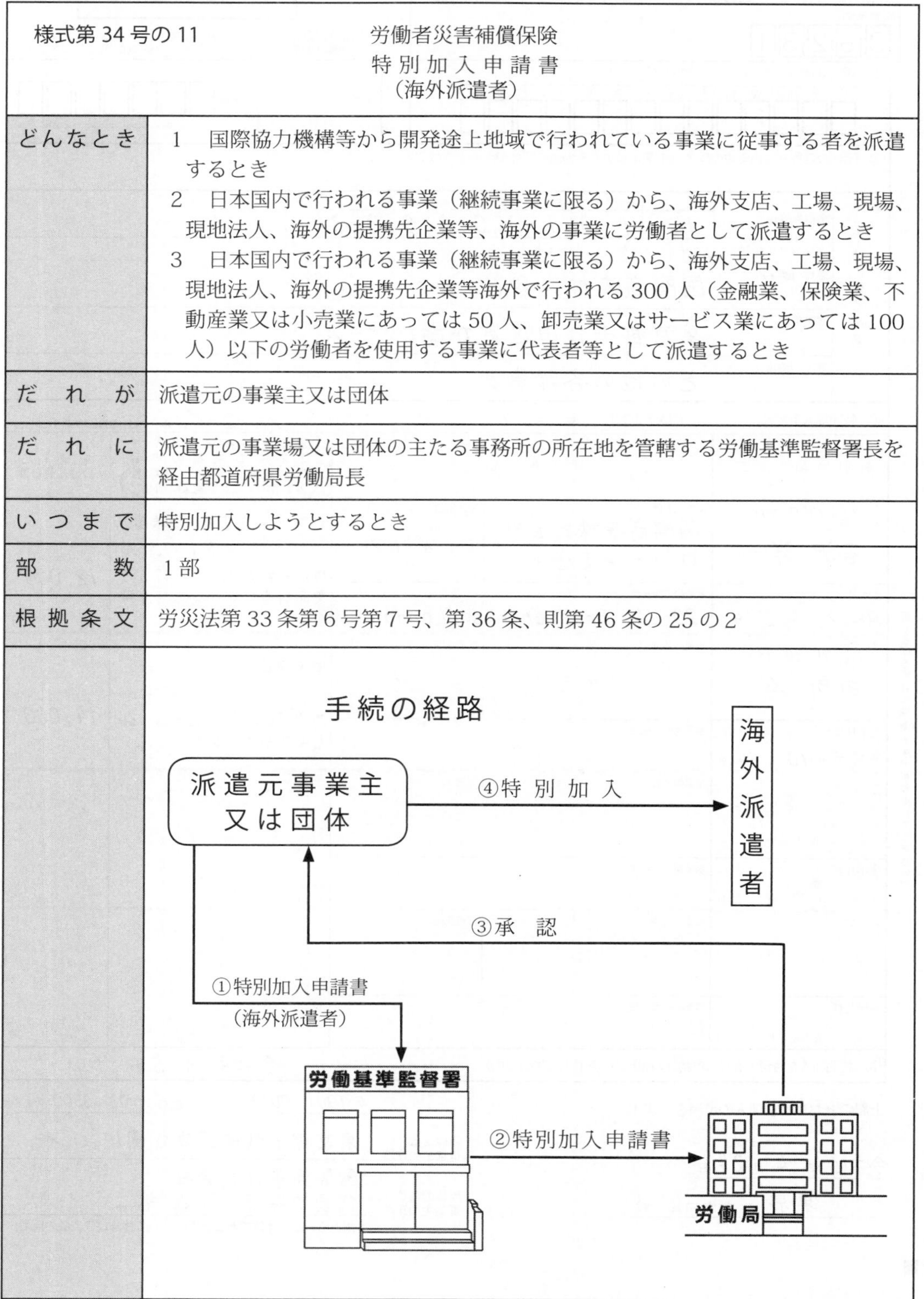

様式第34号の11	労働者災害補償保険 特別加入申請書 （海外派遣者）
どんなとき	1　国際協力機構等から開発途上地域で行われている事業に従事する者を派遣するとき 2　日本国内で行われる事業（継続事業に限る）から、海外支店、工場、現場、現地法人、海外の提携先企業等、海外の事業に労働者として派遣するとき 3　日本国内で行われる事業（継続事業に限る）から、海外支店、工場、現場、現地法人、海外の提携先企業等海外で行われる300人（金融業、保険業、不動産業又は小売業にあっては50人、卸売業又はサービス業にあっては100人）以下の労働者を使用する事業に代表者等として派遣するとき
だれが	派遣元の事業主又は団体
だれに	派遣元の事業場又は団体の主たる事務所の所在地を管轄する労働基準監督署長を経由都道府県労働局長
いつまで	特別加入しようとするとき
部数	1部
根拠条文	労災法第33条第6号第7号、第36条、則第46条の25の2

様式第34号の11（表面）

労働者災害補償保険　特別加入申請書（海外派遣者）

帳票種別 36231

◎裏面の注意事項を読んでから記載してください。
※印の欄は記載しないでください。（職員が記載します。）

① ※第３種特別加入に係る労働保険番号（府県・所掌・管轄・基幹番号・枝番号）

※受付年月日　9 令和　元号　年　月　日

② 団体の名称又は事業主の氏名（事業主が法人その他の団体であるときはその名称）

③ 申請に係る事業

労働保険番号（府県・所掌・管轄・基幹番号・枝番号）	1 3 1 0 1 0 0 3 5 0 3
名称（フリガナ）	コクサイショウジカブシキガイシャ
名称（漢字）	国際商事株式会社
事業場の所在地	東京都千代田区霞が関1-×-×
事業の種類	その他の各種事業

④ 特別加入予定者　加入予定者数　計 2 名

＊この用紙に記載しきれない場合には、別紙に記載すること。

特別加入予定者	派遣先 事業の名称	派遣先国	派遣先の事業において従事する業務の内容（業務内容、地位・役職名、労働者の人数及び就業時間など）	希望する給付基礎日額
フリガナ ヌマザワ ヨウイチ 氏名 沼沢 洋一	国際商事株式会社 ロンドン支店	イギリス	ロンドン支店長（代表者） 6.5.1～7.4.30 所定労働時間8：00～17：00 製品販売にかかる総括業務	18,000 円
生年月日 昭和52年 4月 16日	事業場の所在地 20-26 Grosvenor st.London			
フリガナ タドコロ オサム 氏名 田所 治	〃	〃	営業課員 6.5.1～7.4.30 所定労働時間8：00～17：00 製品販売及び事務	14,000 円
生年月日 平成元年 10月 14日	事業場の所在地 〃			
フリガナ 氏名	事業の名称	派遣先国		円
生年月日 年 月 日	事業場の所在地			
フリガナ 氏名	事業の名称	派遣先国		円
生年月日 年 月 日	事業場の所在地			

⑤ 特別加入を希望する日（申請日の翌日から起算して30日以内）　令和6 年 5 月 1 日

上記のとおり特別加入の申請をします。

令和6 年 4 月 24 日

東京　労働局長　殿

〒 100 － 0013　電話（ 03 ）3500－××××

団体又は事業主の住所　東京都千代田区霞が関1-×-×

団体の名称又は事業主の氏名　国際商事株式会社　代表取締役　江森 裕二

（法人その他の団体であるときはその名称及び代表者の氏名）

折り曲げる場合には（▶）の所で折り曲げてください。

特別加入に変更事項があるとき

<table>
<tr><td colspan="2">様式第 34 号の８　　労働者災害補償保険
特別加入に関する変更届・特別加入脱退申請書
（中小事業主等及び一人親方等）</td></tr>
<tr><td>どんなとき</td><td>１　事業主の氏名、事業主の行う事業に従事する者の氏名に変更があったとき
２　従事する業務又は作業の内容に変更があったとき
３　事業主と事業主の行う事業に従事する者との関係に変更があったとき
４　新たに事業主又は事業主の行う事業に従事する者となった者があるとき
５　事業主又は事業主の行う事業に従事する者でなくなったとき
等既に承認されている事項について変更が生じたとき</td></tr>
<tr><td>だれが</td><td>中小事業主及び一人親方等の団体（申請事務処理は中小事業主等については事務組合が、一人親方等及び特定作業従事者については団体が行う）</td></tr>
<tr><td>だれに</td><td>所轄労働基準監督署長経由都道府県労働局長</td></tr>
<tr><td>いつまで</td><td>変更事由が生じたとき、遅滞なく</td></tr>
<tr><td>部数</td><td>１部</td></tr>
<tr><td>根拠条文</td><td>労災法施行規則第 46 条の 19、第 46 条の 23</td></tr>
<tr><td></td><td>※「特別加入に関する変更届」及び「変更を生じたので届けます」を○で囲んで下さい。

手続の経路 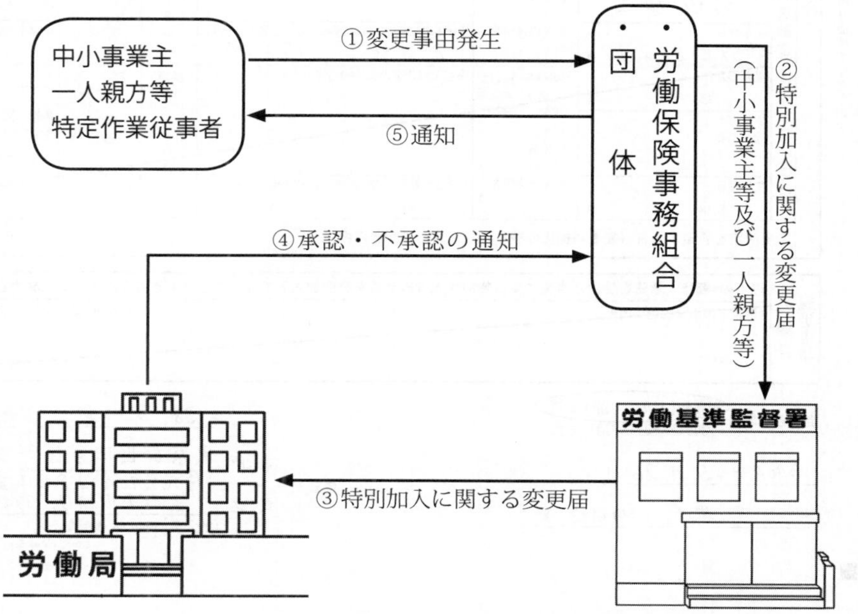

中小事業主
一人親方等
特定作業従事者
①変更事由発生
⑤通知
労働保険事務組合・団体
②特別加入に関する変更届（中小事業主等及び一人親方等）
④承認・不承認の通知
労働基準監督署
③特別加入に関する変更届
労働局</td></tr>
</table>

■ 様式第34号の8（表面）

労働者災害補償保険 特別加入に関する変更届 / 特別加入脱退申請書（中小事業主等及び一人親方等）

帳票種別 36241

◎裏面の注意事項を読んでから記載してください。
※印の欄は記載しないでください。（職員が記載します。）

特別加入の承認に係る事業

労働保険番号	府県	所掌	管轄	基幹番号	枝番号
	13	3	07	900259	001

※受付年月日　9 令和　元号　年　月　日（1～9年は右へ　1～9月は右へ　1～9日は右へ）

事業の名称：株式会社渡辺塗装工業

事業場の所在地：東京都世田谷区等々力1-×-×

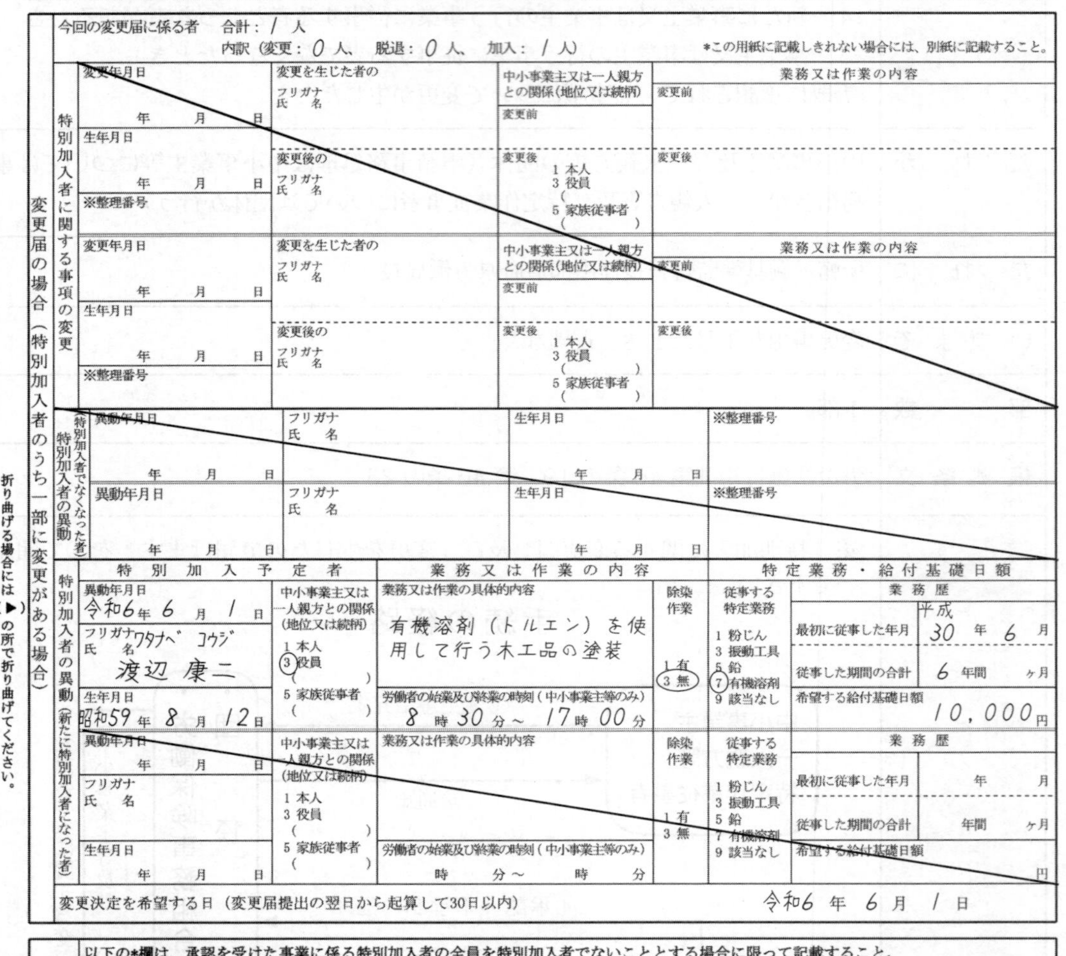

変更届の場合（特別加入者のうち一部に変更がある場合）

今回の変更届に係る者　合計：1人
内訳（変更：0人、脱退：0人、加入：1人）
*この用紙に記載しきれない場合には、別紙に記載すること。

特別加入者に関する事項の変更

変更年月日	変更を生じた者の	中小事業主又は一人親方との関係（地位又は続柄）	業務又は作業の内容
年　月　日	フリガナ / 氏名	変更前	変更前
生年月日　年　月　日	変更後の フリガナ / 氏名	変更後　1 本人　3 役員（　）　5 家族従事者（　）	変更後
※整理番号			
変更年月日　年　月　日	変更を生じた者の フリガナ / 氏名	変更前	変更前
生年月日　年　月　日	変更後の フリガナ / 氏名	変更後　1 本人　3 役員（　）　5 家族従事者（　）	変更後
※整理番号			

特別加入者でなくなった者 / 特別加入者の異動

異動年月日	フリガナ / 氏名	生年月日	※整理番号
年　月　日		年　月　日	
年　月　日		年　月　日	

特別加入者の異動（新たに特別加入者になった者）

特別加入予定者	中小事業主又は一人親方との関係（地位又は続柄）	業務又は作業の具体的内容	除染作業	従事する特定業務	業務歴
異動年月日 令和6年6月1日 フリガナ ワタナベ コウジ 氏名 渡辺 康二 生年月日 昭和59年8月12日	1 本人 ③役員（　） 5 家族従事者（　）	有機溶剤（トルエン）を使用して行う木工品の塗装 労働者の始業及び終業の時刻（中小事業主等のみ）8時30分～17時00分	1 有 ③無	1 粉じん 3 振動工具 5 鉛 ⑦有機溶剤 9 該当なし	最初に従事した年月 平成30年6月 従事した期間の合計 6年間　ヶ月 希望する給付基礎日額 10,000円
異動年月日　年　月　日 フリガナ 氏名 生年月日　年　月　日	1 本人 3 役員（　） 5 家族従事者（　）	労働者の始業及び終業の時刻（中小事業主等のみ）時　分～　時　分	1 有 3 無	1 粉じん 3 振動工具 5 鉛 7 有機溶剤 9 該当なし	最初に従事した年月　年　月 従事した期間の合計　年間　ヶ月 希望する給付基礎日額　円

変更決定を希望する日（変更届提出の翌日から起算して30日以内）　令和6年6月1日

脱退申請の場合

以下の*欄は、承認を受けた事業に係る特別加入者の全員を特別加入者でないこととする場合に限って記載すること。

*申請の理由（脱退の理由）
*脱退を希望する日（申請日から起算して30日以内）　年　月　日

上記のとおり ~~変更を生じたので届けます。~~ 特別加入脱退を申請します。
（「変更を生じたので届けます。」に丸印）

令和6年5月26日

東京 労働局長 殿

事業主の
住所 〒158-××××　電話（03）3703-××××
東京都世田谷区等々力1-×-×
氏名 株式会社渡辺塗装工業 代表取締役 渡辺 照夫
（法人その他の団体であるときはその名称及び代表者の氏名）

折り曲げる場合には（▶）の所で折り曲げてください。

特別加入に変更事項があるとき

様式第 34 号の 12　　労働者災害補償保険
特別加入に関する変更届・特別加入脱退申請書
（海外派遣者）

どんなとき	既に承認されている事項について変更が生じたとき。（※）
だれが	派遣元の団体又は事業主
だれに	所轄労働基準監督署長経由都道府県労働局長
いつまで	変更事項が生じてから遅滞なく
部数	３部（事務組合加入事業所の場合は４部）
根拠条文	則第 46 条の 25 の２

「特別加入に関する変更届」及び「変更を生じたので届けます」を○で囲んで下さい。

（※）特別加入の承認は、当初提出された申請書及び申請書別紙の名簿に記載されている事項についてのみ有効ですので、特別加入者に関して、次に掲げるような内容変更があった場合には、遅滞なく「特別加入に関する変更届・特別加入脱退申請書」（海外派遣者用）（様式第 34 号の 12）（以下「変更届」といいます）を所轄の労働基準監督署長を経由して都道府県労働局長に提出しなければなりません。

①　特別加入を承認されている人の氏名、業務内容などに変更があった場合
②　派遣先の事業の名称や所在地が変わった場合
③　派遣する国が変わった場合
④　労働者として派遣されていた人が中小事業の代表者などに就任した場合
⑤　中小事業の代表者などとして派遣されていた人が労働者となった場合
⑥　新たに海外派遣者となった人を追加して特別加入をさせる場合
⑦　帰国等により派遣先の事業に従事しなくなり、特別加入者の資格を失った人がいる場合

この変更届が提出されないと海外で被災した場合に保険給付が受けられないような場合も生じますので十分な注意をしてください。

手続の経路

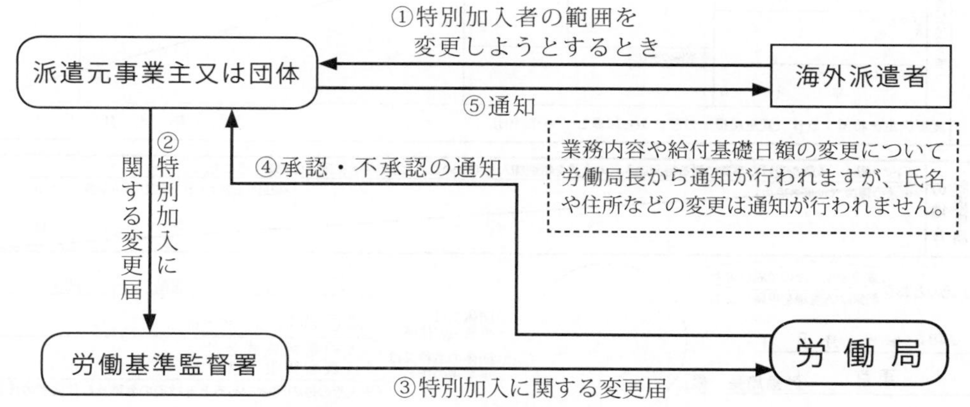

※　変更届の承認内容変更決定は、労働基準監督署に変更届を提出した日の翌日から 30 日の範囲内で変更届出をした方が希望した日となります。

様式第34号の12（表面）

労働者災害補償保険 特別加入に関する変更届 / 特別加入脱退申請書（海外派遣者）

◎裏面の注意事項を読んでから記載してください。
※印の欄は記載しないでください。（職員が記載します。）

帳票種別 36243

特別加入の承認に係る事業

労働保険番号	府県	所掌	管轄	基幹番号	枝番号
	13	1	04	006128	301

※受付年月日　9 令和　元号 年 月 日

事業の名称	事業場の所在地
大同電機 株式会社	港区赤坂8－×－×

変更届の場合（特別加入者のうち一部に変更がある場合）

今回の変更届に係る者 合計： 人
内訳（変更： 人、脱退： 人、加入：1人）
＊この用紙に記載しきれない場合には、別紙に記載すること。

特別加入者に関する事項の変更

変更年月日	変更を生じた者の	派遣先の事業の名称及び事業場の所在地	派遣先の事業において従事する業務の内容
年 月 日	フリガナ 氏名	変更前	変更前
生年月日 年 月 日	変更後の フリガナ 氏名	変更後	変更後
※整理番号			
年 月 日	フリガナ 氏名	変更前	変更前
生年月日 年 月 日	変更後の フリガナ 氏名	変更後	変更後
※整理番号			

特別加入者の異動（特別加入者でなくなった者）

異動年月日	フリガナ 氏名	生年月日	※整理番号
年 月 日		年 月 日	
年 月 日		年 月 日	

特別加入者の異動（新たに特別加入者になった者）

特別加入予定者	派遣先 事業の名称	派遣先国	事業場の所在地	派遣先の事業において従事する業務の内容（業務内容、地位・役職名、労働者の人数及び就業時間など）	希望する給付基礎日額
異動年月日 令和6年5月15日 / フリガナ ハセガワ タロウ 氏名 長谷川太郎 / 生年月日 昭和54年3月3日	大同電機（株） ニューヨーク工場	アメリカ	391SUNSTREET NEW YORK U.S.A	電子部品の研究開発研究員（9：00～17：00）	12,000円
異動年月日 年 月 日 / フリガナ 氏名 / 生年月日 年 月 日					円
異動年月日 年 月 日 / フリガナ 氏名 / 生年月日 年 月 日					円

変更決定を希望する日（変更届提出の翌日から起算して30日以内）　令和6年 5月 15日

脱退申請の場合

以下の＊欄は、承認を受けた事業に係る特別加入者の全員を特別加入者でないこととする場合に限って記載すること。

＊申請の理由（脱退の理由）	＊脱退を希望する日（申請日から起算して30日以内）
	年 月 日

上記のとおり 変更を生じたので届けます。/ 特別加入脱退を申請します。

令和6年5月8日

東京 労働局長 殿

〒107－0052　電話（03）5961－××××

団体又は事業主の住所　港区赤坂8－×－6

団体の名称又は事業主の氏名　大同電機株式会社 代表取締役 岩戸明

（法人その他の団体であるときはその名称及び代表者の氏名）

折り曲げる場合には（▶）の所で折り曲げてください。

特別加入をやめるとき

<table>
<tr><td colspan="2">様式第 34 号の８　（中小事業主等及び一人親方等）
様式第 34 号の 12（海外派遣者）　労働者災害補償保険
特別加入に関する変更届・特別加入脱退申請書</td></tr>
<tr><td>どんなとき</td><td>特別加入を脱退したいとき</td></tr>
<tr><td>だれが</td><td>脱退しようとする中小事業主、一人親方等の団体、特定作業従事者の団体及び海外派遣者の派遣元の事業主（以下中小事業主等という）（申請事務処理は中小事業主等については事務組合が行う）</td></tr>
<tr><td>だれに</td><td>所轄労働基準監督署長経由都道府県労働局長</td></tr>
<tr><td>いつまで</td><td>特別加入者が脱退を希望するとき速やかに</td></tr>
<tr><td>部数</td><td>１部</td></tr>
<tr><td>根拠条文</td><td>法第 34 条、35 条、36 条</td></tr>
<tr><td>注意事項ほか</td><td>脱退の条件
１　特別加入した中小事業主等は、政府の承認を受ければ脱退することができる。
２　中小事業主等の脱退は特別加入の際と同様に包括して、特別加入している者全部について行わなければならない。
３　脱退の承認があったときは、特別加入者の地位は、承認のあった日の翌日に消滅する。

特別加入承認の取消
１　取消…中小事業主等が、徴収法、同施行規則、労災法及び同施行規則に違反したときは、その承認の取消、保険関係の消滅を受けることがあり、その場合は、特別加入者としての地位も当然に消滅する。
２　自動消滅…中小事業主の場合は、特別加入者としての条件に該当しなくなったとき（労災法第 33 条の１号又は２号に該当しなくなったとき）。一人親方等及び特定作業従事者の場合は、①特別加入者としての要件を満たさなくなったとき②その団体の構成員でなくなったとき③事業を廃止又は終了したとき（団体の解散は、事業の廃止とみなされる。労災法第 35 条第１項第４号）。
　海外派遣者の場合は、①事業を廃止又は終了したとき②海外派遣者が、海外派遣期間の終了により国内に帰国した場合。
（※）労災法第 33 条の１号及び２号の条文は次のものです。
第 33 条　１　厚生労働省令で定める数以下の労働者を使用する事業（厚生労働省令で定める事業を除く。第７号において「特定事業」という）の事業主で徴収法第 33 条第３項の労働保険事務組合（以下「労働保険事務組合」という）に同条第１項の労働保険事務の処理を委託するものである者（事業主が法人その他の団体であるときは、代表者）
２　前号の事業主が行う事業に従事するもの</td></tr>
</table>

■ 様式第34号の8（表面） ■

労働者災害補償保険 特別加入に関する変更届 / 特別加入脱退申請書（中小事業主等及び一人親方等）

帳票種別 36241

◎裏面の注意事項を読んでから記載してください。
※印の欄は記載しないでください。（職員が記載します。）

特別加入の承認に係る事業	
労働保険番号（府県・所掌・管轄・基幹番号・枝番号）	13307900209001
※受付年月日	9 令和　元号　年　月　日
事業の名称	株式会社　渡辺塗装工業
事業場の所在地	東京都世田谷区等々力1-×-×

今回の変更届に係る者　合計：　人
内訳（変更：　人、脱退：　人、加入：　人）
＊この用紙に記載しきれない場合には、別紙に記載すること。

変更届の場合（特別加入者のうち一部に変更がある場合）

特別加入者に関する事項の変更

変更年月日	変更を生じた者の	中小事業主又は一人親方との関係（地位又は続柄）	業務又は作業の内容
年　月　日	フリガナ 氏　名	変更前	変更前
生年月日　年　月　日	変更後の フリガナ 氏　名	変更後 1 本人 3 役員 (　) 5 家族従事者 (　)	変更後
※整理番号			
変更年月日　年　月　日	変更を生じた者の フリガナ 氏　名	変更前	変更前
生年月日　年　月　日	変更後の フリガナ 氏　名	変更後 1 本人 3 役員 (　) 5 家族従事者 (　)	変更後
※整理番号			

特別加入者の異動（特別加入者でなくなった者）

異動年月日	フリガナ 氏名	生年月日	※整理番号
年　月　日		年　月　日	
年　月　日		年　月　日	

特別加入者の異動（新たに特別加入者になった者）

特別加入予定者	中小事業主又は一人親方との関係（地位又は続柄）	業務又は作業の内容	除染作業	従事する特定業務	業務歴 / 希望する給付基礎日額
異動年月日　年　月　日 / フリガナ 氏名 / 生年月日　年　月　日	1 本人 3 役員 (　) 5 家族従事者 (　)	業務又は作業の具体的内容 / 労働者の始業及び終業の時刻（中小事業主等のみ）　時　分～　時　分	1 有 3 無	1 粉じん 3 振動工具 5 鉛 7 有機溶剤 9 該当なし	最初に従事した年月　年　月 / 従事した期間の合計　年間　ヶ月 / 希望する給付基礎日額　円
異動年月日　年　月　日 / フリガナ 氏名 / 生年月日　年　月　日	1 本人 3 役員 (　) 5 家族従事者 (　)	業務又は作業の具体的内容 / 労働者の始業及び終業の時刻（中小事業主等のみ）　時　分～　時　分	1 有 3 無	1 粉じん 3 振動工具 5 鉛 7 有機溶剤 9 該当なし	最初に従事した年月　年　月 / 従事した期間の合計　年間　ヶ月 / 希望する給付基礎日額　円

変更決定を希望する日（変更届提出の翌日から起算して30日以内）　年　月　日

脱退申請の場合

以下の＊欄は、承認を受けた事業に係る特別加入者の全員を特別加入者でないこととする場合に限って記載すること。

＊申請の理由（脱退の理由）	＊脱退を希望する日（申請日から起算して30日以内）
事業廃止のため	令和6年　5月　1日

上記のとおり 変更を生じたので届けます。/ 特別加入脱退を申請します。

令和6年　4月　24日

東京　労働局長　殿

〒 158-××××　電話（03）3703-××××

事業主の 住所　世田谷区等々力1-×-×

氏名　株式会社 渡辺塗装工業　代表取締役　渡辺照夫

（法人その他の団体であるときはその名称及び代表者の氏名）

折り曲げる場合には（▶）の所で折り曲げてください。

■

様式第34号の12（表面）

労働者災害補償保険 特別加入に関する変更届 / 特別加入脱退申請書（海外派遣者）

帳票種別 36243

◎裏面の注意事項を読んでから記載してください。
※印の欄は記載しないでください。（職員が記載します。）

特別加入の承認に係る事業

労働保険番号：府県 12 所掌 1 管轄 01 基幹番号 002134 枝番号 301

※受付年月日　9 令和　元号　年　月　日

事業の名称	事業場の所在地
株式会社 京葉インターナショナル	千葉県千葉市中央区大森町 ×－×

変更届の場合（特別加入者のうち一部に変更がある場合）

今回の変更届に係る者 合計：　人
内訳（変更：　人、脱退：　人、加入：　人）　*この用紙に記載しきれない場合には、別紙に記載すること。

特別加入者に関する事項の変更

変更年月日 / 生年月日 / ※整理番号	変更を生じた者の	派遣先の事業の名称及び事業場の所在地	派遣先の事業において従事する業務の内容
変更年月日　年　月　日	変更前の フリガナ 氏名	変更前	変更前
生年月日　年　月　日	変更後の フリガナ 氏名	変更後	変更後
※整理番号			
変更年月日　年　月　日	変更前の フリガナ 氏名	変更前	変更前
生年月日　年　月　日	変更後の フリガナ 氏名	変更後	変更後
※整理番号			

特別加入者の異動（特別加入者でなくなった者）

異動年月日	フリガナ 氏名	生年月日	※整理番号
年　月　日		年　月　日	
年　月　日		年　月　日	

特別加入者の異動（新たに特別加入者になった者）

特別加入予定者	派遣先 事業の名称	派遣先国	事業場の所在地	派遣先の事業において従事する業務の内容（業務内容、地位・役職名、労働者の人数及び就業時間など）	希望する給付基礎日額
異動年月日　年　月　日 / フリガナ 氏名 / 生年月日　年　月　日					円
異動年月日　年　月　日 / フリガナ 氏名 / 生年月日　年　月　日					円
異動年月日　年　月　日 / フリガナ 氏名 / 生年月日　年　月　日					円

変更決定を希望する日（変更届提出の翌日から起算して30日以内）　年　月　日

脱退申請の場合

以下の*欄は、承認を受けた事業に係る特別加入者の全員を特別加入者でないこととする場合に限って記載すること。

*申請の理由（脱退の理由）	*脱退を希望する日（申請日から起算して30日以内）
海外事業場の廃止のため	令和6年　11月　30日

上記のとおり 変更を生じたので届けます。 / 特別加入脱退を申請します。

令和６年　11月　20日

千葉　労働局長　殿

〒XXX－XXXX　電話（XXX）XXX－XXXX

団体又は事業主の住所　千葉県千葉市中央区大森町 ×－×

団体の名称又は事業主の氏名　株式会社京葉インターナショナル
代表取締役　松山一

（法人その他の団体であるときはその名称及び代表者の氏名）

折り曲げる場合には（▶）の所で折り曲げてください。

印紙保険料の印紙を購入するとき

様式第９号（第 42 条関係） 雇用保険印紙購入通帳 交付/更新 申請書	
どんなとき	日雇労働者を雇用するとき
だれが	事業主
どこに	事業の所在地を管轄する公共職業安定所
いつまで	
部数	２枚（１部）
添付書類	
根拠条文	徴収法第 23 条第５項
注意事項等	

様式第９号（第42条関係）

労働保険
雇用保険印紙購入通帳 交付・~~更新~~ 申請書

※交付番号		①労働保険番号	府県	所掌	管轄	基幹番号	枝番号
※交付年月日	年　月　日		13	3	01	001234	000

②事業の名称	千代田建設 株式会社	③事業の種類	建設事業
④事業の所在地	千代田区内神田 ×－×－×	電話（03）－（3703）××××番 郵便番号 101 － 0047	
※所在地確認		※所印の押印者印		※備考	

上記により雇用保険印紙購入通帳の 交付・~~更新~~ を申請します。

令和６年８月７日

住所　千代田区内神田 ×－×－×

公共職業安定所長　殿

事業主　千代田建設 株式会社
氏名　代表取締役 御園光雄
（法人のときはその名称及び代表者の氏名）

注意　※印欄には、記載しないこと。

（用紙の大きさは、Ａ４とすること。）

社会保険労務士記載欄	作成年月日・提出代行者・事務代理者の表示	氏名	電話番号

様式第13号（第54条、第55条関係（1）（表面）労働保険）

印紙保険料 納付/納付計器使用 状況報告書

どんなとき	「雇用保険印紙購入通帳」の交付を受けている場合
だれが	事業主
どこに	都道府県労働局歳入徴収官
いつまで	翌月の末日
部数	2枚（1部）
添付書類	
根拠条文	徴収法第24条
注意事項等	

■ 印紙保険料納付状況報告書の提出

印紙保険料納付状況報告書の記入要領は次のとおりですが、記入の際には雇用保険印紙受払簿等（以下「受払簿等」といいます）に基づき正しく記入して下さい。

（イ）「労働保険番号」欄には、雇用保険印紙購入通帳の表紙に記入されている労働保険番号を記入します。

（ロ）「報告年月分」欄にはこの報告書により受払簿等の納付状況を報告しようとする当該月分の年（和暦）及び月を記入します。

③「本月中に雇用した被保険者延人数」欄から⑧「本月末の雇用保険印紙の保有枚数」欄までは、報告しようとする当該月分の受払簿等の数値を転記します。

（ハ）「本月末被保険者総数」欄には、報告月中に雇用した日雇労働被保険者の実数を記入します。

（ニ）「本月中に雇用した被保険者延人数」欄には、当該月の間に雇用した日雇労働被保険者を合計した人数を入します。

（ホ）「本月中に被保険者に支払った賃金総額」欄には当該月の間に被保険者に支払った賃金の合計額を記入します。

（ヘ）「前月末の雇用保険印紙の保有枚数」欄には受払簿等の「前月からの繰越」欄における「残」欄の枚数を記入します。

（ト）「本月中に購入した雇用保険印紙の枚数」欄には、当該月中に購入した「受」欄の枚数の合計を記入します。

（チ）「本月中に貼った雇用保険印紙の枚数」欄には、受払簿等の「印紙貼付数」欄の枚数の合計を記入します。

（リ）「本月末の雇用保険印紙の保有枚数」欄には、受払簿等の当該月末日の「残」欄の枚数を記入します。

（ヌ）「事業主」欄は事業主の住所及び氏名、法人の場合は所在地及び名称、代表者の氏名を記入します。

様式第13号（第54条、第55条関係）(1)（表面）

提出用

労働保険 印紙保険料 納付／納付計器使用 状況報告書

種別 30912　※修正項目番号

①労働保険番号	府県 所掌 管轄(1) 基幹番号	枝番号	報告年月分
	13308035729	000（項1）	06年－08月 分の報告（項2）

日雇労働被保険者 区分／賃金区分	②本月末被保険者総数	③本月中に雇用した被保険者延人数	④本月中に被保険者に支払った賃金総額
賃金日額11,300円以上の者（第1級）	23人（項3）	149人（項4）	1783700円（項5）
賃金日額8,200円以上11,300円未満の者（第2級）	5人（項6）	83人（項7）	821700円（項8）
賃金日額8,200円未満の者（第3級）	（項9）	（項10）	（項11）

雇用保険印紙による納付状況 区分／級別	⑤前月末の雇用保険印紙の保有枚数	⑥本月中に購入した雇用保険印紙の枚数	⑦本月中にはった雇用保険印紙の枚数	⑧本月末の雇用保険印紙の保有枚数
第1級雇用保険印紙（176円）	43枚（項12）	185枚（項13）	149枚（項14）	79枚（項15）
第2級雇用保険印紙（146円）	18枚（項16）	100枚（項17）	83枚（項18）	35枚（項19）
第3級雇用保険印紙（96円）	（項20）	（項21）	（項22）	（項23）

印紙保険料計器使用納付状況			
⑨前月末の保有残額		⑩本月中に交付を受けた始動票札の表示額の総額	
⑪前月末の印紙保険料納付計器表示累計額		⑫本月末の印紙保険料納付計器表示累計額	

報告年月日 06年－09月－12日（項24）

※

訂正後労働保険番号	府県 所掌 管轄(1) 基幹番号	枝番号	報告年月分
		－　（項25）	年－　月 分の報告（項26）

※データ指示コード（項27）
- 空欄　通常入力
- 1　労働保険番号 報告年月分の訂正
- 2　追加
- 3　訂正・取消
- 4　加算

※修正項目

上記のとおり報告します。

郵便番号（164 － 0012）
電話番号（03 －5399－ｘｘｘｘ）

東京労働局 労働保険特別会計歳入徴収官　殿　　事業主　住所 中野区本町8-ｘｘ-ｘ

株式会社工藤工務店

氏名 代表取締役　工藤次雄

（法人のときはその名称及び代表者の氏名）

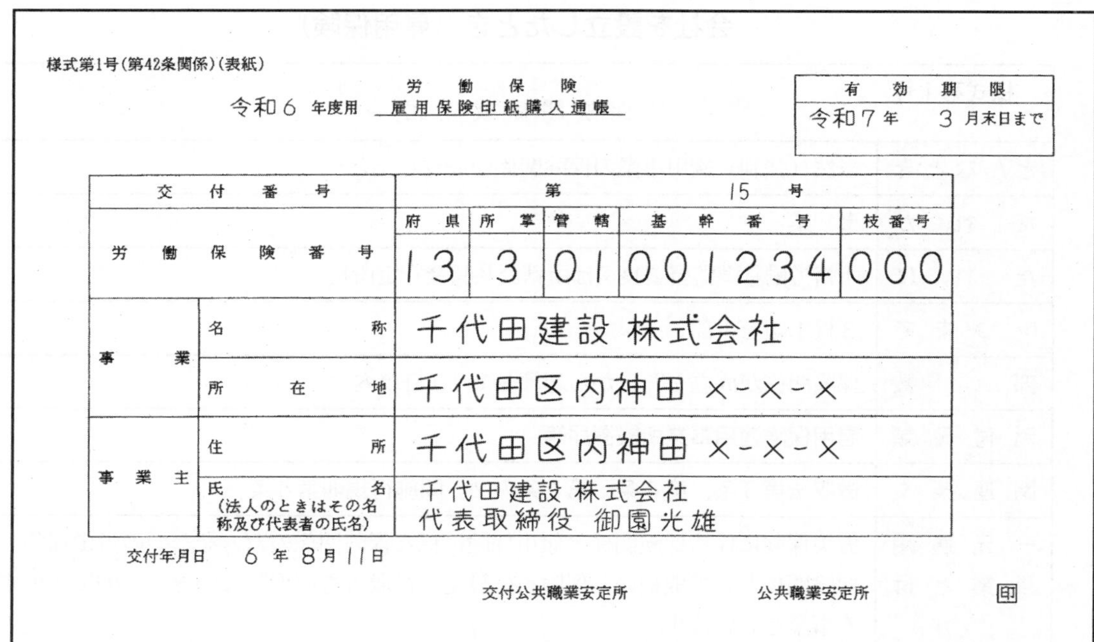
様式第1号(第42条関係)(表紙)

令和６ 年度用　労働保険 雇用保険印紙購入通帳

有効期限
令和７年　３月末日まで

交付番号		第 15 号				
労働保険番号		府県	所掌	管轄	基幹番号	枝番号
		13	3	01	001234	000
事業	名称	千代田建設 株式会社				
	所在地	千代田区内神田 ×－×－×				
事業主	住所	千代田区内神田 ×－×－×				
	氏名（法人のときはその名称及び代表者の氏名）	千代田建設 株式会社 代表取締役 御園光雄				

交付年月日　６ 年 ８月 11日

交付公共職業安定所　公共職業安定所　印

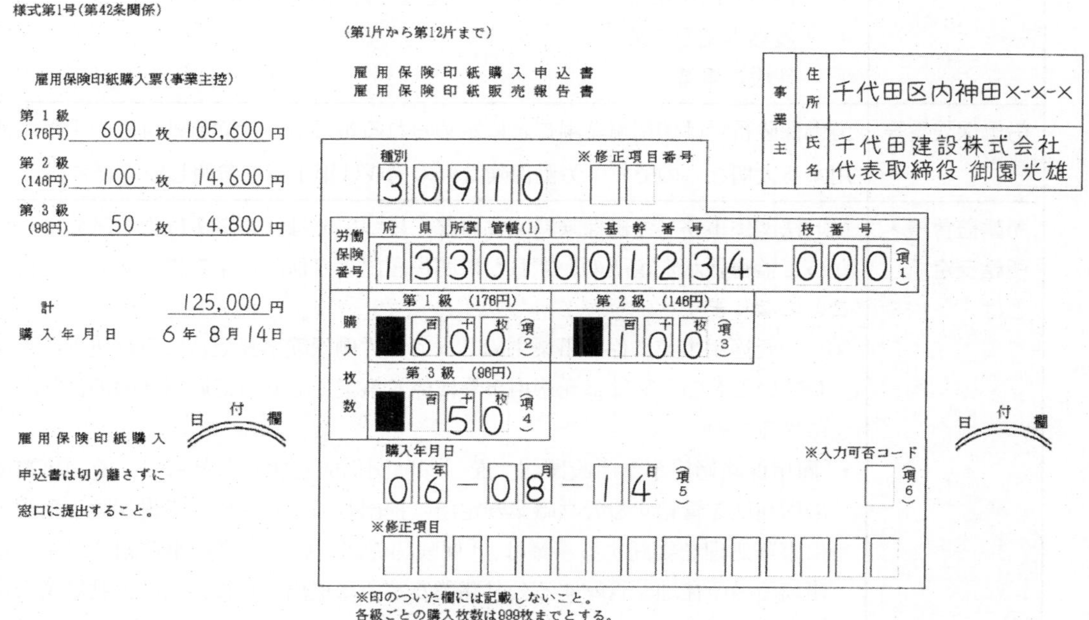
様式第1号(第42条関係)

雇用保険印紙購入票(事業主控)

第１級 (176円) 600 枚 105,600 円

第２級 (146円) 100 枚 14,600 円

第３級 (96円) 50 枚 4,800 円

計 125,000 円

購入年月日　６年 ８月 14日

日付欄

雇用保険印紙購入申込書は切り離さずに窓口に提出すること。

(第1片から第12片まで)

雇用保険印紙購入申込書
雇用保険印紙販売報告書

事業主	
住所	千代田区内神田×－×－×
氏名	千代田建設株式会社 代表取締役 御園光雄

種別 30910　※修正項目番号

労働保険番号	府県	所掌	管轄(1)	基幹番号	枝番号
	13	3	01	001234	000 (項1)

購入枚数

第１級 (176円)	第２級 (146円)	第３級 (96円)
600 (項2)	100 (項3)	50 (項4)

購入年月日 06年－08月－14日 (項5)

※入力可否コード (項6)

※修正項目

日付欄

※印のついた欄には記載しないこと。
各級ごとの購入枚数は999枚までとする。

会社を設立したとき（雇用保険）

様式第１号	保険関係成立届
どんなとき	当然（強制）適用事業の保険関係が成立したとき
だ れ が	事 業 主
だ れ に	所轄労働基準監督署長又は所轄公共職業安定所長
いつまで	３枚１組を１部
部 数	保険関係が成立した日から起算して 10 日以内
添付書類	雇用保険適用事業所設置届等
関連条文	徴収法第３条、第４条、第４条の２、同施行規則第４条
一元適用事業とは	労災保険に係る保険関係と雇用保険に係る保険関係の双方を一つの労働保険の保険関係として取扱い、保険料の算定、徴収等を両保険につき一元的に処理する事業をいいます。
二元適用事業とは	両保険の適用のしくみの著しい相違から、労災保険と雇用保険の保険関係を別個に二つの事業として取扱い、保険料の算定、徴収等をそれぞれこの二つの事業ごとに二元的に処理する、次の事業をいいます。 ○ 都道府県及び市町村の行う事業 ○ 都道府県に準ずるもの及び市町村に準ずるものの行う事業 ○ 港湾労働法第２条第２号の港湾運送の行為を行う事業 ○ 農林水産の事業 ○ 建設の事業
労働保険番号	労働保険番号は適用事業場ごとに定められる番号で、保険料納付等の手続に使用する大切なものです。労働保険番号の構成は第１章を参照してください。
所轄監督署・所轄安定所とは	徴収法関係事務（労働保険料関係事務）については、事業主は次の区分にしたがって監督署か安定所のいずれかに関係届出等（保険料申告書を除く）を行うことになります。 ① 一元適用事業に係る事業主であって、労働保険事務組合に事務処理を委託しているもの、又は二元適用事業に係る事業主であって雇用保険の保険関係に係るもの ・「雇用保険適用事業所設置届」を「保険関係成立届」とともに、その事業所の所在地を管轄する公共職業安定所に提出してください。労働保険事務組合に事務処理を委託する事業は、「保険関係成立届」を当該事務組合の主たる事務所の所在地を管轄する公共職業安定所に提出した後、当該公共職業安定所の長の受理印の押された「保険関係成立届」の事業主控を添付し、「雇用保険適用事業所設置届」をその事業所の所在地を管轄する公共職業安定所に提出してください。

	なお、「雇用保険適用事業所設置届」は、その事業所の適用事業に雇用される者に係る「雇用保険被保険者資格取得届」又は「雇用保険被保険者転勤届」と同時に提出しなければなりません。 ②　①以外の適用事業の事業主 ・「保険関係成立届」を労働基準監督署に提出した後、労働基準監督署長の受理印の押された「保険関係成立届」の事業主控を添付し、「雇用保険適用事業所設置届」をその事業所の所在地を管轄する公共職業安定所に提出してください。 なお、「雇用保険適用事業所設置届」は、その事業所の適用事業に雇用される者に係る「雇用保険被保険者資格取得届」又は「雇用保険被保険者転勤届」と同時に提出しなければなりません。

新たに事業所を設置したとき（雇用保険）

雇用保険適用事業所設置届	
どんなとき	○　新たに事業所を設置したとき ○　適用事業を行う事業所を増設したとき ○　事業所の組織変更によって従来、独立の事業所として取り扱われていなかったものが1つの事業所として取り扱われるに至ったとき
だれが	事業主
どこに	○　事業所の所在地を管轄する公共職業安定所長 ○　労働保険料の徴収事務が労働基準局の所掌となる場合には、「保険関係成立届」を労働基準監督署に提出したのち、労働基準監督署長印の押された事業主控を添えて、所轄公共職業安定所に提出します。
いつまで	新たに事業所を設置した日の翌日から起算して10日以内
部数	1部
添付書類	○「保険関係成立届」（又はその事業主控） ○「雇用保険被保険者資格取得届」 ○「雇用保険被保険者転勤届」 ○　事業の実在、労働の実態等が確認できる以下の書類から必要なもの（登記簿謄本、営業許可証、工事契約書、賃金台帳、労働者名簿、出勤簿等） ※　事業所の状態によって添付書類の内容について異なる場合がありますから、先ず所轄公共職業安定所に確かめてから提出してください。
関連条文	雇用保険法施行規則第141条
注意事項	○　様式⑤欄には、特別区名、市名、郡名のみを記載し、「ク」「シ」又は「グン」の文字は記載しないで、枠外の該当文字を○で囲んでください。 ○　設置届を受理し、確認等が終了しましたら、事業主控が交付されます。同控の備考欄に事業主（代表者）、役職、氏名を記載のうえ、汚破損又は紛失等のないよう大事に保管してください。適用事業について手続が終了すると公共職業安定所から、事業所番号が付与されます。この番号は、以後被保険者に関する届出等の都度必ず使用する重要なものです。詳細は第1章を参照してください。

手続の経路

（労働保険保険関係成立届）雇用保険適用事業所設置届

①　二元適用事業に係る事業主であって雇用保険の保険関係に係るもの又は一元適用事業に係る事業主であって労働保険事務組合に委託するもの

労働保険料のうち一般保険料の納付を都道府県労働局歳入徴収官に対して行う事業

①雇用保険適用事業所設置届（※１）
労働保険保険関係成立届（※２）
（雇用保険被保険者資格取得届又は雇用保険被保険者転勤届を添付する）

②受理確認
（労働保険番号の付与
雇用保険適用事業所番号の付与）

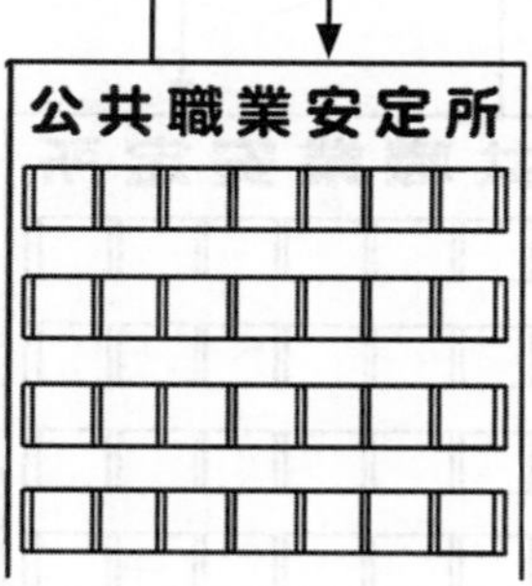

（※１）適用事業所設置届の提出時には、法人登記事項証明書等安定所の要求する書類を携行すること。

（※２）保険関係が成立した日から50日以内に概算保険料申告書を所定の機関に提出し、概算保険料の申告・納付を行う必要があります。

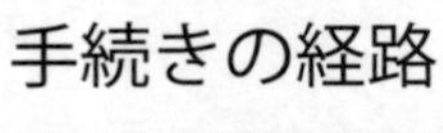

手続きの経路

（労働保険保険関係成立届・雇用保険適用事業所設置届）

②前表①以外の適用事業の事業主

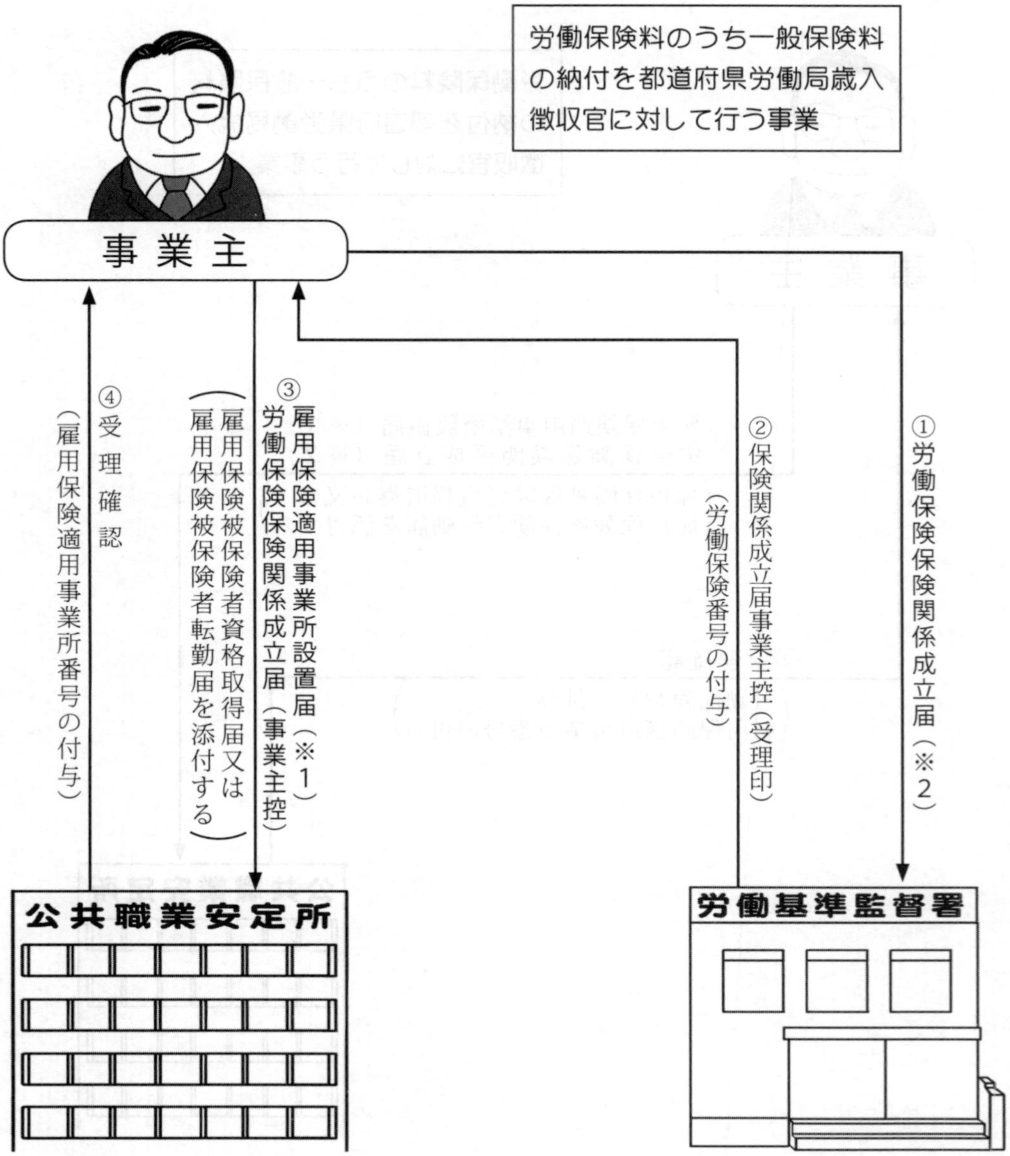

労働保険料のうち一般保険料の納付を都道府県労働局歳入徴収官に対して行う事業

事業主

①労働保険保険関係成立届（※2）

②保険関係成立届事業主控（受理印）（労働保険番号の付与）

③雇用保険適用事業所設置届（※1）労働保険保険関係成立届（事業主控）（雇用保険被保険者資格取得届又は雇用保険被保険者転勤届を添付する）

④受理確認（雇用保険適用事業所番号の付与）

労働基準監督署

公共職業安定所

（※1）適用事業所設置届の提出時には、法人登記事項証明書等安定所の要求する書類を携行すること。

（※2）保険関係が成立した日から50日以内に概算保険料申告書を所定の機関に提出し、概算保険料の申告・納付を行う必要があります。

記入例

雇用保険適用事業所設置届

（必ず第２面の注意事項を読んでから記載してください。）

※ 事業所番号

帳票種別 12001

1. 法人番号（個人事業の場合は記入不要です。） XXXXXXXXXXXXX

下記のとおり届けます。

公共職業安定所長　殿

令和 6 年 4 月 7 日

2. 事業所の名称（カタカナ） マチダ゛トラヘ゛ル

事業所の名称〔続き（カタカナ）〕 カフ゛シキカ゛イシャ

3. 事業所の名称（漢字） 町田トラヘ゛ル

事業所の名称〔続き（漢字）〕 株式会社

4. 郵便番号 100-XXXX

5. 事業所の所在地（漢字）※市・区・郡及び町村名 千代田区霞が関

事業所の所在地（漢字）※丁目・番地 1-X-X

事業所の所在地（漢字）※ビル、マンション名等

6. 事業所の電話番号（項目ごとにそれぞれ左詰めで記入してください。） 03-3593-XXXX（市外局番・市内局番・番号）

7. 設置年月日 5-060401（元号・年・月・日）（3 昭和　4 平成　5 令和）

8. 労働保険番号 13101096958000（府県・所掌・管轄・基幹番号・枝番号）

（この用紙は、このまま機械で処理しますので、汚さないようにしてください。）

※公共職業安定所記載欄	9. 設置区分（1 当然　2 任意）	10. 事業所区分（1 個別　2 委託）	11. 産業分類	12. 台帳保存区分（1 日雇被保険者のみの事業所　2 船舶所有者）

13. 事業主				
（フリガナ）	チヨダクカスミガセキ	17. 常時使用労働者数		5 人
住所（法人のときは主たる事務所の所在地）	千代田区霞が関1-X-X	18. 雇用保険被保険者数	一般	5 人
（フリガナ）	マチダトラベルカブシキガイシャ		日雇	0 人
名称	町田トラベル株式会社	19. 賃金支払関係	賃金締切日	15 日
（フリガナ）	ダイヒョウトリシマリヤク　マチダナオト		賃金支払日	㊂・翌月 25 日
氏名（法人のときは代表者の氏名）	代表取締役　町田直人	20. 雇用保険担当課名		総務課　総務係
14. 事業の概要（漁業の場合は漁船の総トン数を記入すること）	旅行代理店業	21. 社会保険加入状況		健康保険・厚生年金保険・労災保険
15. 事業の開始年月日	令和 6 年 4 月 1 日	※事業の 16. 廃止年月日		令和　年　月　日

備考	※ 所長	次長	課長	係長	係	操作者

（この届出は、事業所を設置した日の翌日から起算して10日以内に提出してください。）

事業所設置届（裏面） 記入例

注 意

1 □□□□で表示された枠（以下「記入枠」という。）に記入する文字は、光学式文字読取装置（OCR）で直接読取を行いますので、この用紙を汚したり、必要以上に折り曲げたりしないでください。
2 記載すべき事項のない欄又は記入枠は空欄のままとし、※印のついた欄又は記入枠には記載しないでください。
3 記入枠の部分は、枠からはみ出さないように大きめの文字によって明瞭に記載してください。
4 1欄には、平成27年10月以降、国税庁長官から本社等へ通知された法人番号を記載してください。
5 2欄には、数字は使用せず、カタカナ及び「-」のみで記載してください。
カタカナの濁点及び半濁点は、1文字として取り扱い（例：ガ→カ゛、パ→ハ゜）、また、「ヰ」及び「ヱ」は使用せず、それぞれ「イ」及び「エ」を使用してください。
6 3欄及び5欄には、漢字、カタカナ、平仮名及び英数字（英字については大文字体とする。）により明瞭に記載してください。
7 5欄1行目には、都道府県名は記載せず、特別区名、市名又は郡名とそれに続く町村名を左詰めで記載してください。
5欄2行目には、丁目及び番地のみを左詰めで記載してください。
また、所在地にビル名又はマンション名等が入る場合は5欄3行目に左詰めで記載してください。
8 6欄には、事業所の電話番号を記載してください。この場合、項目ごとにそれぞれ左詰めで、市内局番及び番号は「-」に続く5つの枠内にそれぞれ左詰めで記載してください。（例：03-3456-XXXX→ 03□□□-3456□-XXXX□ ）
9 7欄には、雇用保険の適用事業所となるに至った年月日を記載してください。この場合、元号をコード番号で記載した上で、年、月又は日が1桁の場合は、それぞれ10の位の部分に「0」を付加して2桁で記載してください。
（例：平成14年4月1日→ 4-140401 ）
10 14欄には、製品名及び製造工程又は建設の事業及び林業等の事業内容を具体的に記載してください。
11 18欄の「一般」には、雇用保険被保険者のうち、一般被保険者数、高年齢被保険者数及び短期雇用特例被保険者数の合計数を記載し、「日雇」には、日雇労働被保険者数を記載してください。
12 21欄は、該当事項を○で囲んでください。
13 22欄は、最寄りの駅又はバス停から事業所への道順略図を記載してください。

お願い
1 事業所を設置した日の翌日から起算して10日以内に提出してください。
2 営業許可証、登記事項証明書その他記載内容を確認することができる書類を持参してください。

22. 最寄りの駅又はバス停から事業所への道順

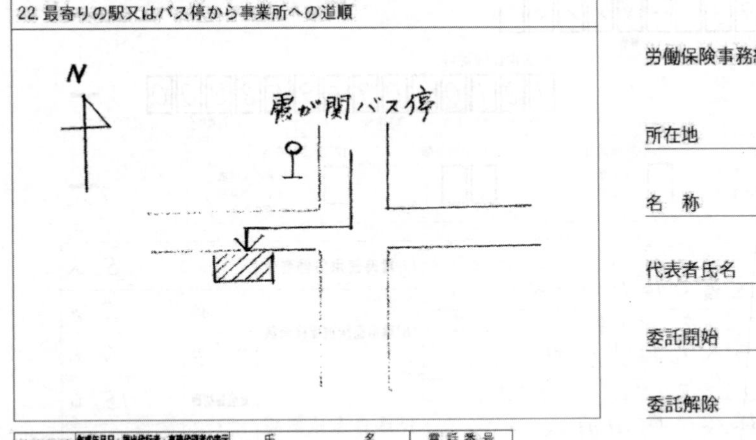

労働保険事務組合記載欄

所在地

名 称

代表者氏名

委託開始 令和 年 月 日

委託解除 令和 年 月 日

社会保険労務士記載欄	作成年月日・提出代行者・事務代理者の表示	氏名	電話番号

※ 本手続は電子申請による届出も可能です。詳しくは管轄の公共職業安定所までお問い合わせください。
なお、本手続について、社会保険労務士が電子申請により本届書の提出に関する手続を事業主に代わって行う場合には、当該社会保険労務士が当該事業主の提出代行者であることを証明することができるものを本届書の提出と併せて送信することをもって、当該事業主の電子署名に代えることができます。

事業所を廃止したとき（雇用保険）

雇用保険適用事業所廃止届	
どんなとき	事業所を廃止したとき
だれが	事　業　主
どこに	事業所の所在地を管轄する公共職業安定所長
いつまで	廃止の日の翌日から起算して 10 日以内
部数	1　部
添付書類	被保険者資格喪失届（通常は離職証明書添付）
関連条文	雇用保険法施行規則第 141 条、徴収法第５条、第 19 条
注意事項	○　二の事業所が一の事業所に統合され、廃止した事業所の全被保険者を事業所の廃止と同時に統合先事業所へ転勤させた場合は転勤届の提出は不要です。なお、公共職業安定所から交付された上記の被保険者についての資格喪失届などの用紙は、事業所番号及び事業所名称は廃止された事業所のものが印字されていますが、統合先事業所においてそのまま使用できますので、統合先事業所へ回送します。 ○　確定保険料申告書は消滅した日から 50 日以内に提出し、確定保険料を納付してください。

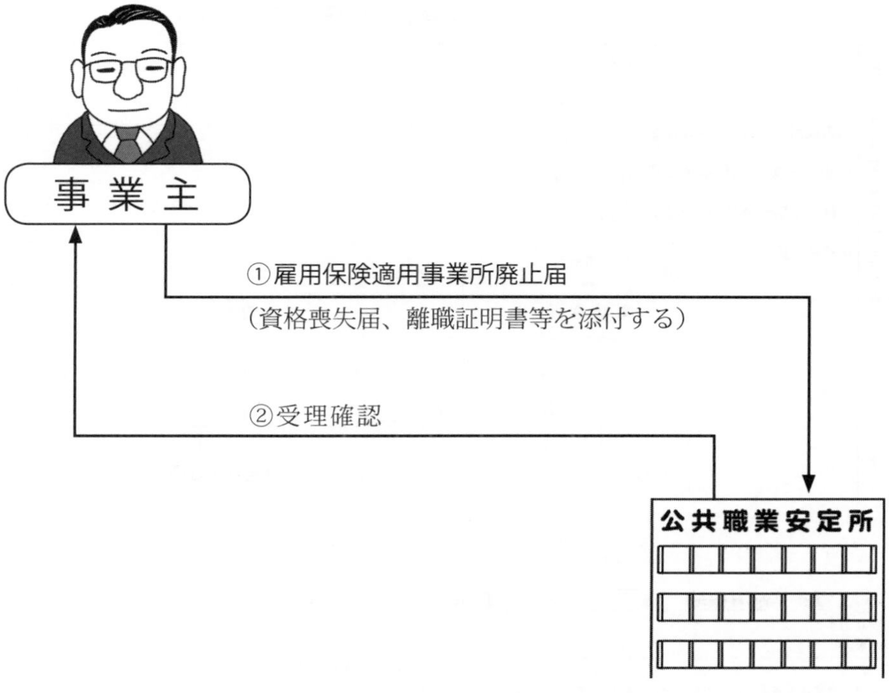

事業主

①雇用保険適用事業所廃止届
（資格喪失届、離職証明書等を添付する）

②受理確認

公共職業安定所

記入例

■ 雇用保険適用事業所廃止届 標準字体 0123456789 ■

（必ず第２面の注意事項を読んでから記載してください。）

帳票種別 14002

1.法人番号（個人事業の場合は記入不要です。） XXXXXXXXXXXXX

※2.本日の資格喪失・転出者数 　人

3.事業所番号 4201-151402-0

4.設置年月日 3-590901（3 昭和 4 平成 5 令和）元号 年 月 日

5.廃止年月日 5-070131（4 平成 5 令和）元号 年 月 日

6.廃止区分 1

7.統合先事業所の事業所番号 　-　-

8.統合先事業所の設置年月日 　-　（3 昭和 4 平成 5 令和）元号 年 月 日

9.事業所	（フリガナ）	ナガサキシニシヤママチ
	所在地	長崎市西山町×-×
	（フリガナ）	カブシキガイシャコハルウンソウテン
	名称	株式会社小春運送店

10.労働保険番号	府県	所掌	管轄	基幹番号	枝番号	11.廃止理由
	42	1	01	152013	000	経営困難により事業廃止

（この用紙は、このまま機械で処理しますので、汚さないようにしてください。）

上記のとおり届けます。

令和 7 年 2 月 10 日

公共職業安定所長　殿

事業主
住所 長崎市西山町×-×
名称 株式会社小春運送店
氏名 代表取締役　小春秀市
電話番号 0958-24-××××

※公共職業安定所記載欄	届書提出後、事業主が住所を変更する場合又は事業主に承継者等のある場合は、その者の住所・氏名	（フリガナ）	
		名称	
		（フリガナ）	
		住所	
		（フリガナ）	
		代表者氏名	
		電話番号	郵便番号 　-

備考

※ 所長	次長	課長	係長	係	操作者

労働保険事務組合記載欄

所在地

名称

代表者氏名

社会保険労務士記載欄	作成年月日・提出代行者・事務代理者の表示	氏名	電話番号

（この届出は、事業所を廃止した日の翌日から起算して10日以内に提出してください。）

事業所廃止届（裏面）記入例

注　意

1　□□□□で表示された枠（以下「記入枠」という。）に記入する文字は、光学式文字読取装置（ＯＣＲ）で直接読取を行うので、この用紙は汚したり、必要以上に折り曲げたりしないこと。
2　記載すべき事項のない欄又は記入枠は空欄のままとし、事項を選択する場合には該当番号を記入し、※印のついた欄又は記入枠には記載しないこと。
3　記入枠の部分は、枠からはみださないように大きめのアラビア数字の標準字体により明瞭に記載すること。
4　1欄には、平成27年10月以降、国税庁長官から本社等へ通知された法人番号を記載してください。
5　3欄の記載は、公共職業安定所から通知された事業所番号が連続した10桁の構成である場合は、最初の４桁を最初の４つの枠内に、残りの６桁を「□-」に続く６つの枠内にそれぞれ記載し、最後の枠は空枠とすること。（例：1301000001の場合→1301-000001-□　）
6　4欄には、雇用保険の適用事業となるに至った年月日を記載すること。
　この場合、年、月又は日が１桁のときはそれぞれ10の位の部分に「０」を付加して２桁で記載すること。（例：平成15年３月１日→ 4-150301 ）
7　5欄は、年、月又は日が１桁の場合は、4欄の場合と同様に記載すること。
8　6欄には、次の区分に従い該当するものの番号を記載すること。
（１）事業所の廃止（下記（２）に該当する場合を除く。）･････････1
（２）事業所の統合に伴う事業所の廃止･････････････････････････4
9　7欄は、6欄に「４」を記載した場合にのみ記載すること。この場合、公共職業安定所から通知された事業所番号が連続した10桁の構成であるときは、3欄の場合と同様に記載すること。
10　8欄には、6欄に「４」を記載した場合に、統合先事業所に係る雇用保険の適用事業となるに至った年月日を、4欄の場合と同様に記載すること。
11　事業主の「住所」欄及び「氏名」欄には、事業主が法人の場合は、その主たる事務所の所在地及び法人の名称を記載するとともに、代表者の氏名を付記すること。

お願い
１．事業所を廃止した日の翌日から起算して10日以内に提出してください。
２．記載内容を確認することができる書類を持参してください。

※　本手続は電子申請による届出も可能です。詳しくは管轄の公共職業安定所までお問い合わせください。
　なお、本手続について、社会保険労務士が電子申請により本届書の提出に関する手続を事業主に代わって行う場合には、当該社会保険労務士が当該事業主の提出代行者であることを証明することができるものを本届書の提出と併せて送信することをもって、当該事業主の電子署名に代えることができます。

社名等を変更するとき（雇用保険）

雇用保険事業主事業所各種変更届	
どんなとき	○　事業主の氏名又は住所に変更があったとき ○　事業所の名称又は所在地に変更があったとき ○　事業の種類及び概要に変更があったとき
だれが	事業主
どこに	○　事業所の所在地を管轄する公共職業安定所長 ○　労働保険料の徴収事務が労働局の所掌となる場合には「名称、所在地等変更届」を所轄労働基準監督署に提出したのち、労働基準監督署長印の押された事業主控を添えて、所轄公共職業安定所に提出してください。
いつまで	変更のあった日の翌日から起算して10日以内
部数	1部
関連条文	雇用保険法施行規則第142条
注意事項	○　事業主が法人の場合は、法人の代表者の異動についての変更届を提出する必要はありません。 ○　「事業主事業所各種変更届事業主控」が交付されますので、同控の備考欄に事業主（代表者）、役職、氏名を記載のうえ、汚破損又は紛失等のないよう大切に保管してください。
記載要領	○　②変更年月日は、必ず6桁で記載します。 ○　③事業所番号は「0」も省略しないで、11枠をすべて記載します。また、労働保険番号と間違えないよう充分注意してください。 ○　④設置年月日は「設置届事業主控」から転記してください。その際必ず6桁で記載します。 ○　⑤から⑪までは、変更のあったものについてのみ記載し、変更のない事項については空欄にします。

記入例

雇用保険事業主事業所各種変更届

（必ず第2面の注意事項を読んでから記載してください。）

※ 事業所番号

帳票種別　13003

※1.変更区分

2.変更年月日　5-060401（4 平成 5 令和）元号 年 月 日

3.事業所番号　1401-052916-0

4.設置年月日　5-020401（3 昭和 4 平成 5 令和）元号 年 月 日

●下記の5～11欄については、変更がある事項のみ記載してください。

5.法人番号（個人事業の場合は記入不要です。）　XXXXXXXXXXXXX

6.事業所の名称（カタカナ）

事業所の名称〔続き（カタカナ）〕

7.事業所の名称（漢字）

事業所の名称〔続き（漢字）〕

8.郵便番号　150-XXXX

10.事業所の電話番号（項目ごとにそれぞれ左詰めで記入してください。）　03-3463-XXXX（市外局番 市内局番 番号）

9.事業所の所在地（漢字）　市・区・郡及び町村名　渋谷区神南

事業所の所在地（漢字）　丁目・番地　2-3-X

事業所の所在地（漢字）　ビル、マンション名等

11.労働保険番号　13101052996000（府県 所掌 管轄 基幹番号 枝番号）

※公共職業安定所記載欄　12.設置区分（1 当然 2 任意）　13.事業所区分（1 個別 2 委託）　14.産業分類

（この用紙は、このまま機械で処理しますので、汚さないようにしてください。）

変更事項					
15.事業主	住所（フリガナ）（法人のとき主たる事務所の所在地）	トウキョウトシブヤクジンナン 東京都渋谷区神南2-3-X	18.変更前の事業所の名称（フリガナ）	カブシキガイシャアキモトショウカイ 株式会社秋本商会	
	名称（フリガナ）		19.変更前の事業所の所在地（フリガナ）	ヨコハマシナカクコトブキチョウ 横浜市中区寿町10-9-X	
	氏名（フリガナ）（法人のときは代表者の氏名）		20.事業の開始年月日	令和2年4月1日	24.社会保険加入状況　（健康保険）（厚生年金保険）（労災保険）
16.変更後の事業の概要		つくだ煮小売業	※事業の21.廃止年月日	令和　年　月　日	25.雇用保険被保険者数　一般 10人　日雇 0人
			22.常時使用労働者数	10人	
17.変更の理由		会社移転	23.雇用保険担当課名	総務課　人事係	26.賃金支払関係　賃金締切日 25日　賃金支払日 （当）・翌月 末日
備考			※所長　次長　課長　係長　係　操作者		

（この届出は、変更のあった日の翌日から起算して10日以内に提出してください。）

事業所各種変更届（裏面）　記入例

注　意

1　□□□□で表示された枠（以下「記入枠」という。）に記入する文字は、光学式文字読取装置（ＯＣＲ）で直接読取を行いますので、この用紙を汚したり、必要以上に折り曲げたりしないでください。
2　記載すべき事項のない欄又は記入枠は空欄のままとし、※印のついた欄又は記入枠には記載しないでください。
3　記入枠の部分は、枠からはみ出さないように大きめの文字によって明瞭に記載してください。
4　2欄の記載は、元号をコード番号で記載した上で、年、月又は日が１桁の場合は、それぞれ10の位の部分に「0」を付加して２桁で記載してください。（例：平成15年４月１日→ 4-150401 ）
5　3欄の記載は、公共職業安定所から通知された事業所番号が連続した10桁の構成である場合は、最初の４桁を最初の４つの枠内に、残りの６桁を「-」に続く６つの枠内にそれぞれ記載し、最後の枠は空枠としてください。
（例：1301000001の場合→ 1301-000001-□ ）
6　4欄には、雇用保険の適用事業となるに至った年月日を記載してください。記載方法は、2欄の場合と同様に行ってください。
7　5欄には、平成27年10月以降、国税庁長官から本社等へ通知された法人番号を記載してください。
8　6欄には、数字は使用せず、カタカナ及び「-」のみで記載してください。
カタカナの濁点及び半濁点は、１文字として取り扱い（例：ガ→カ゛、パ→ハ゜）、また、「ヰ」及び「ヱ」は使用せず、それぞれ「イ」及び「エ」を使用してください。
9　7欄及び9欄には、漢字、カタカナ、平仮名及び英数字（英字については大文字体とする。）により明瞭に記載してください。
小さい文字を記載する場合には、記入枠の下半分に記載してください。（例：ア→ァ）
また、濁点及び半濁点は、前の文字に含めて記載してください。（例：が→が、ぱ→ぱ）
10　9欄１行目には、都道府県名は記載せず、特別区名、市名又は郡名とそれに続く町村名を左詰めで記載してください。
9欄２行目には、丁目及び番地のみを左詰めで記載してください。
また、所在地にビル名又はマンション名等が入る場合は9欄３行目に左詰めで記載してください。
11　10欄には、事業所の電話番号を記載してください。この場合、項目ごとにそれぞれ左詰めで、市内局番及び番号は「-」に続く５つの枠内にそれぞれ左詰めで記載してください。（例：03-3456-XXXX→ 03□□□-3456□-XXXX□ ）
12　27欄は、最寄りの駅又はバス停から事業所への道順略図を記載してください。

お願い
1　変更のあった日の翌日から起算して10日以内に提出してください。
2　営業許可証、登記事項証明書その他の記載内容を確認することができる書類を持参してください。

27.最寄りの駅又はバス停から事業所への道順

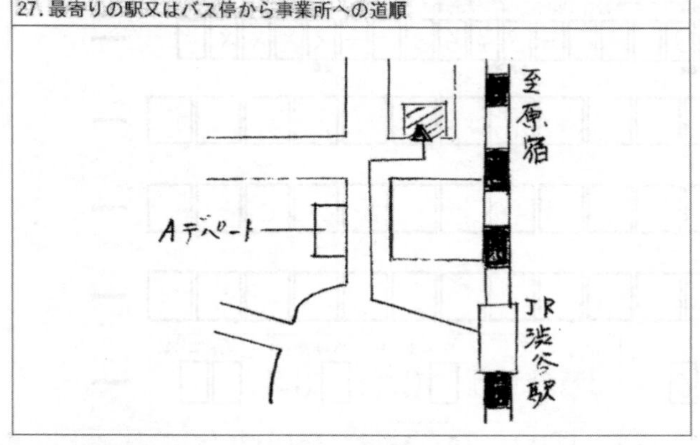

労働保険事務組合記載欄

所在地

名　称

代表者氏名

委託開始　　年　月　日

委託解除　令和　年　月　日

上記のとおり届出事項に変更があったので届けます。

令和　年　月　日

公共職業安定所長　殿

住　所
事業主　名　称
氏　名

社会保険労務士記載欄	作成年月日・提出代行者・事務代理者の表示	氏　名	電話番号

※　本手続は電子申請による届出も可能です。詳しくは管轄の公共職業安定所までお問い合わせください。
なお、本手続について、社会保険労務士が電子申請により本届書の提出に関する手続を事業主に代わって行う場合には、当該社会保険労務士が当該事業主の提出代行者であることを証明することができるものを本届書の提出と併せて送信することをもって、当該事業主の電子署名に代えることができます。

Ⅲ　労働保険適用徴収システム

労働保険適用徴収事務を迅速かつ効率的に行うため、昭和 56 年 10 月から OCR（光学文字読取装置）を導入した労働保険適用徴収システムを実施しています。

システム実施によって、事業主及び労働保険事務組合の方々から提出される主要な届出書は直接 OCR で読み取らせますので、届出書の取扱い及び記入等に当たっては次のことに注意してください。

1　取扱い上の注意

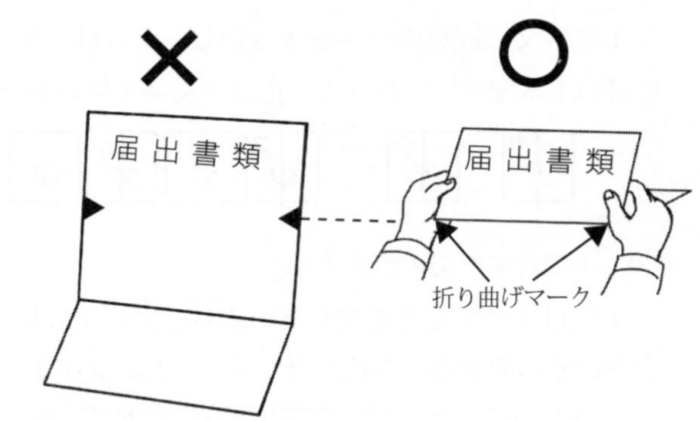

（1）なるべく折り曲げないようにし、やむ得ない場合には、折り曲げマーク（▶---◀）の所で折り曲げてください。

（2）汚さないようにしてください。

（3）パンチ、ホッチキス等で穴を開けないでください。

2　記入上の注意

（1）黒のボールペンを使用して記入してください。

（2）ボールペンのボタやカスレのないようにするため別の紙などできれいに調整してから、記入を始めてください。

（3）□□□□で示された記入枠に記入する文字は、「標準字体」にならって大きめの文字で記入してください。

（4）記入すべき事項のない記入枠は空欄のままとし、※印のついた記入枠には記入しないでください。

3　具体的な記入方法等

（1）労働保険番号の記入方法

労働保険番号を記入する場合は、枠すべてを使って例のように記入してください。

04−3−01−930010−01

13−1−01−000001−000

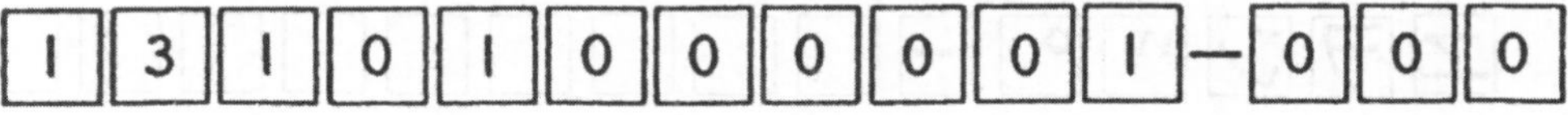

（2）年月日の記入方法

年月日を記入する場合は、枠すべてを使って例のように記入してください。

元号については、平成の場合は「7」、令和の場合は「9」を記入してください。

令和5年4月1日

9－05－04－01

（3）書き損じた場合の訂正方法

① 1文字又は複数の文字の訂正方法

1文字又は複数の文字を書き損じたときは、例のようにその枠の上下をややはみ出すように縦の1本線を引いたうえ、正しい文字を枠の中の右上隅に記入してください。

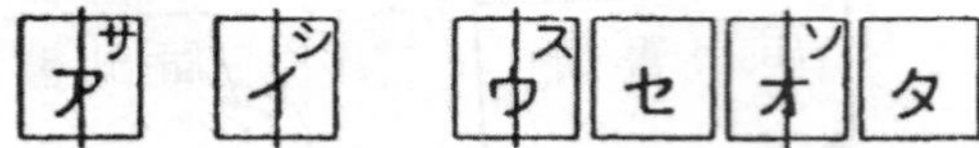

② 1項目すべての訂正方法

1項目すべてを書き損じたときは、例のように両端に1文字のときと同様に縦の1本線を引き、その間を横線で結んだうえ、正しい文字を枠の中の右上隅に記入してください。

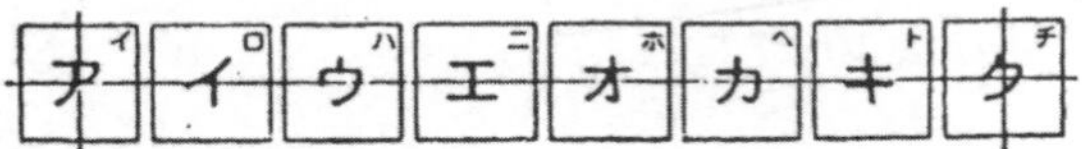

（4）誤読されやすい文字

字形の似たものはOCRが誤って読み取られないよう、その特徴に注意し、記入してください。

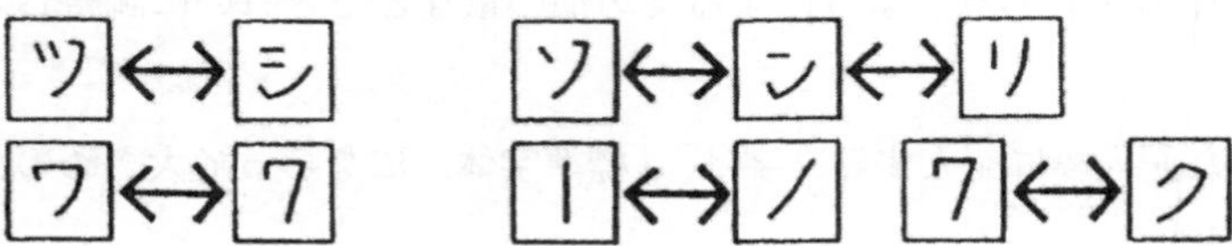

4 標準字体

日本工業規格（JIS）光学文字認識のための手書文字です。

（1）数字の標準字体（JIS X9006－1979）

0 1 2 3 4 5 6 7 8 9

（2）カナの標準字体（JIS X9005－1979）

（注）1 ヰ、ヱは、「カナ記入欄」では使用できません。

2 「カナ記入欄」については、促音、拗音について記入する場合も、例のとおり大きく書いてください。また濁点、半濁点は１文字と同様１つの枠を使って記入してください。

キュ→キ ユ　バ→ハ ゛　ザ→サ ゛　パ→ハ ゜

３ 「漢字記入欄」に記入するカナについては、促音、拗音を記入する場合は小さく書いてください。また、濁点、半濁点は以下のとおり記入してください。

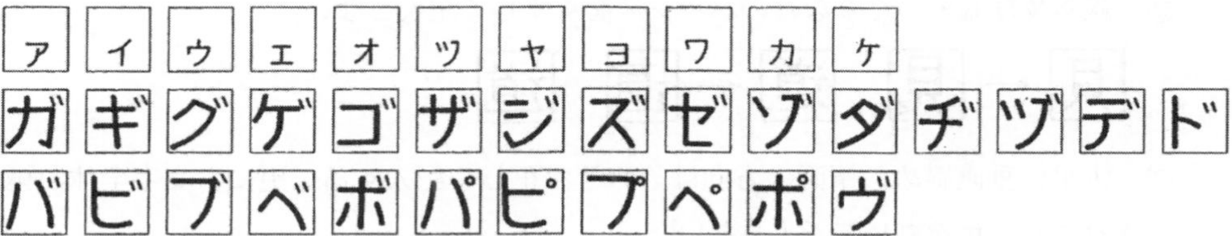

（３）記号の標準字体（JIS X9008－1981）

① 「カナ記入欄」の場合

＋ － . ＃ ＊ // ￥

（注）円記号の￥は納付書の納付額を記入するときのみ、使用します。

②「漢字記入欄」の場合

＋ － ￥ ＊ ＃ . ・ （ ） 々 〆 ゞ

（４）英字の標準字体（JIS X9007－1981）

A B C D E F G H I J K L M N O
P Q R S T U V W X Y Z

（５）平仮名の標準字体（JIS X9009－1991）

（注）濁音、半濁音は文字と同じ枠内に記入してください。

（6）漢字の記入要領

一つの漢字は一つの記入枠内にかい書体で、次の事項に注意して記入してください。

① 記入枠をはみだしたり、極端に小さい文字を記入しない。

木 ← 木 木 木

② 線素及び偏・つくりなどのバランスをくずして記入しない。

貝 ← 見 道 ← 道 道

③ 水平、垂直斜めの筆画の方向はそれぞれ正しく記入する。更に、文字全体を極端に傾斜させたり、角を丸めて記入しない。

三 ← 彡 小 ← 小 円 ← 円

④ 筆画は正しい相互関係に注意して記入する。

田 ← 田 玉 ← 玉 多 ← 多

⑤ 不必要な“はね”や“かざり”をつけない。

また“はね”や“はらい”が必要な場合でも、極端に大きく記入しない。

林 ← 株 林 力 ← 力

⑥ 点画は、小さすぎたり、大きすぎたりしない。更に、線はかすれたり、極端に太くしない。

太 ← 太 太 白 ← 白 書 ← 書

⑦ 略字では記入しない。

門 ← 门 第 ← 才

⑧ つづけ字では記入しない。

油 ← 油 無 ← 無

労働保険料等の口座振替納付について

労働保険料等の口座振替納付とは、事業主が労働保険料や石綿健康被害救済法に基づく一般拠出金の納付について、口座を開設している金融機関に口座振替納付の申込みをすることで、届出のあった口座から金融機関が労働保険料及び一般拠出金を引き落とし、国庫へ振り替えることにより納付するものです。

口座振替納付の対象となる労働保険料等

継続事業（一括有期事業を含む）	前年度の確定保険料の不足額＋当年度の概算保険料
単独有期事業	当年度の概算保険料
一般拠出金	当年度の一般拠出金

注）振替納付日、取扱金融機関等、詳細についてはお近くの都道府県労働局にお問い合わせください

口座振替の申込

申込用紙「労働保険　保険料等口座振替納付書送付（変更）依頼書兼口座振替依頼書」に記入例をご参照のうえご記入いただき、口座を開設している金融機関の窓口にご提出ください。

申し込み締切り日	第1期	第2期	第3期	第4期
	2月25日	8月14日	10月11日	1月7日

注）1　申込用紙内の数字は、半角で入力をお願いいたします。

注）2　入力する項目は、TABキーやクリックで選択し、入力してください。

注）3　手数料はかかりません。

注）4　口座振替の申込み手続きが完了した方は、金融機関の窓口で申告書の提出はできませんので、ご留意ください。

口座振替納付日（労働保険料の延納＝分割納付が認められた場合）

納期	第1期	第2期	第3期	第4期 ※
口座振替納付日	9月6日	11月14日	2月14日	3月31日
【参考】口座振替を利用しない場合の納期限	7月10日	10月31日	1月31日	3月31日

口座振替納付日が土・日・祝日の場合には、その後の最初の金融機関の営業日となります。

※単独有期事業のみの納期となります。

申込用紙

口座振替の申込みを希望される方は、申込用紙にご記入いただき、口座を開設している金融機関の窓口にご提出ください。

注）1　申込用紙内の数字は、半角で入力をお願いいたします。

注）2　入力する項目は、TABキーやクリックで選択し、入力してください。

注）3　金融機関に提出された際、届出印を確認する必要がございます。郵送ではお申込みいただけませんので、ご注意ください。

注）4　申込用紙は、都道府県労働局にも備えております。

注）5　端末から直接申込用紙にご入力いただく場合は、申込用紙の1枚目「都道府県労働局保存用」

にご入力いただければ、２枚目「金融機関提出用」及び「事業主控」に複写されます。３枚とも金融機関の窓口にご提出ください。

口座振替申込記入例

31645

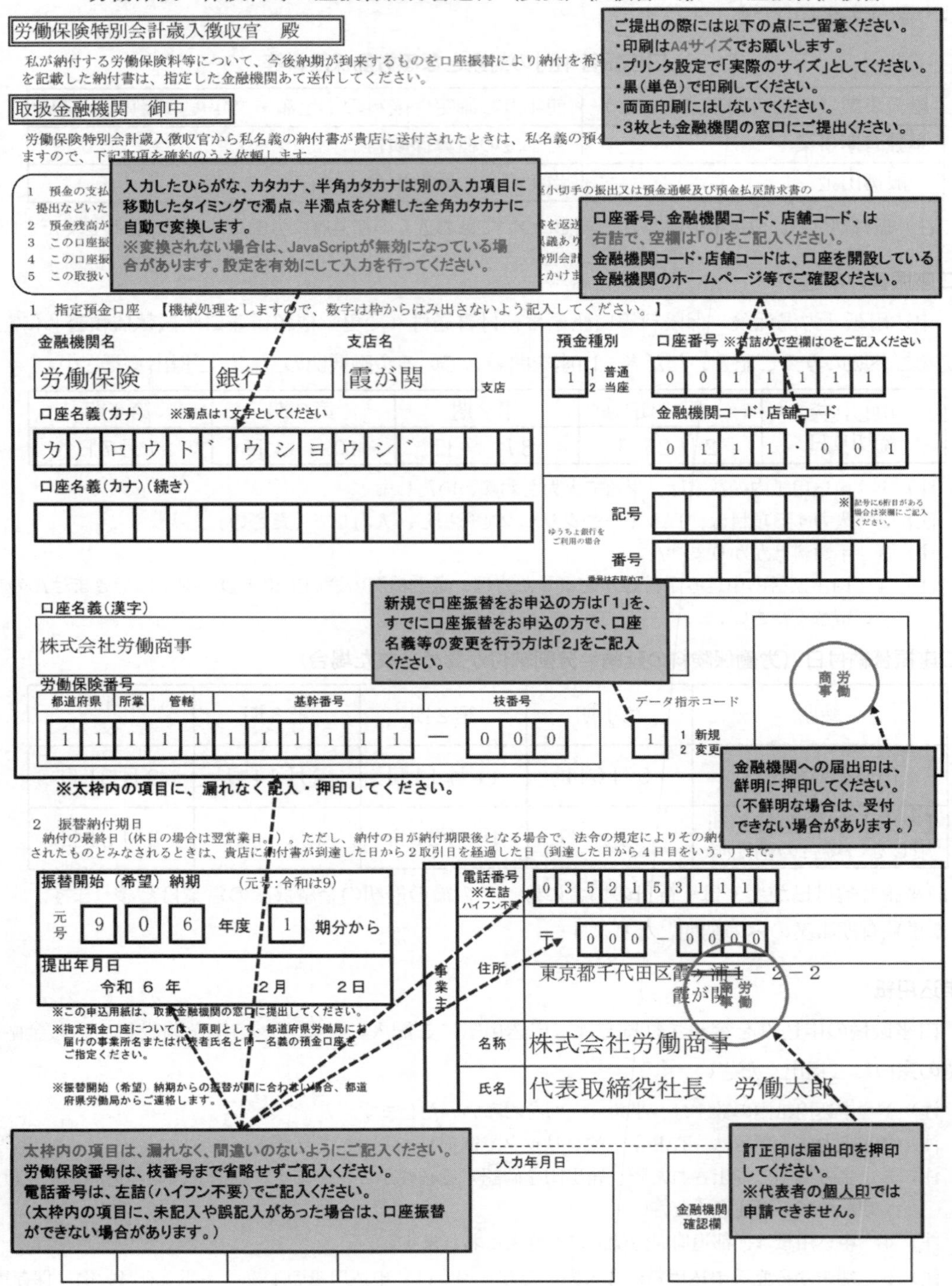

労働保険　保険料等口座振替納付書送付（変更）依頼書　兼　口座振替依頼書

労働保険特別会計歳入徴収官　殿

私が納付する労働保険料等について、今後納期が到来するものを口座振替により納付を希…
を記載した納付書は、指定した金融機関あて送付してください。

取扱金融機関　御中

労働保険特別会計歳入徴収官から私名義の納付書が貴店に送付されたときは、私名義の預…
ますので、下記事項を確約のうえ依頼します。

1　預金の支払…小切手の振出又は預金通帳及び預金払戻請求書の提出などいた…
2　預金残高が…を返送…
3　この口座振…議あり…
4　この口座振…特別会計…
5　この取扱い…とかけま…

1　指定預金口座　【機械処理をしますので、数字は枠からはみ出さないよう記入してください。】

金融機関名	支店名	預金種別	口座番号 ※右詰めで空欄は0をご記入ください
労働保険　銀行	霞が関　支店	1（1 普通　2 当座）	0 0 1 1 1 1 1

口座名義（カナ）　※濁点は1文字としてください

カ) ロ ウ ト ゛ ウ シ ヨ ウ シ ゛

金融機関コード・店舗コード　0 1 1 1 ・ 0 0 1

口座名義（カナ）（続き）

ゆうちょ銀行をご利用の場合　記号　※記号に6桁目がある場合は余白にご記入ください。　番号

口座名義（漢字）　株式会社労働商事

労働保険番号

都道府県	所掌	管轄	基幹番号	枝番号
1 1	1	1 1	1 1 1 1 1 1	0 0 0

データ指示コード　1（1 新規　2 変更）

※太枠内の項目に、漏れなく記入・押印してください。

2　振替納付期日
納付の最終日（休日の場合は翌営業日。）。ただし、納付の日が納付期限後となる場合で、法令の規定によりその納…されたものとみなされるときは、貴店に納付書が到達した日から２取引日を経過した日（到達した日から４日目をいう。）まで。

振替開始（希望）納期（元号：令和は9）
元号 9　0 6 年度　1 期分から

提出年月日　令和 6 年　2月　2日

※この申込用紙は、取扱金融機関の窓口に提出してください。
※指定預金口座については、原則として、都道府県労働局に届けの事業所名または代表者氏名と同一名義の預金口座をご指定ください。
※振替開始（希望）納期からの振替が間に合わない場合、都道府県労働局からご連絡します。

事業主
電話番号 ※左詰 ハイフン不要　0 3 5 2 1 5 3 1 1 1
住所　〒 0 0 0 － 0 0 0 0　東京都千代田区霞ヶ浦１－２－２　霞が関
名称　株式会社労働商事
氏名　代表取締役社長　労働太郎

入力年月日　　金融機関確認欄

ご提出の際には以下の点にご留意ください。
・印刷はA4サイズでお願いします。
・プリンタ設定で「実際のサイズ」としてください。
・黒（単色）で印刷してください。
・両面印刷にはしないでください。
・3枚とも金融機関の窓口にご提出ください。
入力したひらがな、カタカナ、半角カタカナは別の入力項目に移動したタイミングで濁点、半濁点を分離した全角カタカナに自動で変換します。
※変換されない場合は、JavaScriptが無効になっている場合があります。設定を有効にして入力を行ってください。
口座番号、金融機関コード、店舗コード、は右詰で、空欄は「0」をご記入ください。
金融機関コード・店舗コードは、口座を開設している金融機関のホームページ等でご確認ください。
新規で口座振替をお申込の方は「1」を、すでに口座振替をお申込の方で、口座名義等の変更を行う方は「2」をご記入ください。
金融機関への届出印は、鮮明に押印してください。（不鮮明な場合は、受付できない場合があります。）
太枠内の項目は、漏れなく、間違いのないようにご記入ください。
労働保険番号は、枝番号まで省略せずご記入ください。
電話番号は、左詰（ハイフン不要）でご記入ください。
（太枠内の項目に、未記入や誤記入があった場合は、口座振替ができない場合があります。）
訂正印は届出印を押印してください。
※代表者の個人印では申請できません。
労働商事

用語解説

継続事業

事業の期間が予定されない事業のことをいい、一般の工場、商店、事務所等が該当します。

有期事業

事業の期間が予定される事業のことをいい、建設の事業や立木の伐採の事業等が該当します。

（当然）適用事業

法律上当然に保険関係が成立する事業のことをいい、その事業が開始された日又は適用事業に該当するに至ったときに、事業主又は労働者の意思にかかわりなく保険関係が成立します。

暫定任意適用事業

労働保険に加入するのが、事業主及び労働者の任意になっている事業をいい、労働者数５人未満の個人経営の農林水産の事業（労災保険については、業務災害の発生のおそれが多いものとして厚生労働大臣が定めるものを除く）に限られています。

一元適用事業

労災保険に係る保険関係と雇用保険に係る保険関係との双方を一の事業についての保険関係として取り扱い、保険料の申告・納付等を両保険につき一元的に処理する事業をいい、一般の工場、商店、事務所等が該当します。

一般拠出金

「石綿による健康被害の救済に関する法律」により、石綿（アスベスト）健康被害者の救済費用に充てるため、平成19年度の労働保険の年度更新から開始されました。

石綿（アスベスト）は、全ての産業において、その基盤となる施設、設備、機材等に幅広く使用されていたため、健康被害者の救済に当たっては、アスベストの製造販売等を行ってきた事業の事業主のみならず、すべての労災保険適用事業主が一般拠出金を負担することとなっております（特別加入者や雇用保険のみ適用の事業主は、申告・納付の対象外です）。

料率は業種を問わず、一律1,000分の0.02です。なお、労災のメリット対象事業場であっても、一般拠出金にはメリット料率の適用（割増、割引）はありません。また、一般拠出金は全額事業主の負担となります。

二元適用事業

労災保険に係る保険関係と雇用保険に係る保険関係を別個に取り扱い、保険料の申告・納付等をそれぞれ別々に処理する事業をいい、建設業及び農林水産の事業等が該当します。

継続事業の一括

二以上の継続事業を一の保険関係として取り扱い、保険料の申告・納付をまとめて処理する制度をいい、これを行うためには、政府の認可が必要であり「事業主が同一人であること」など一定の要件が具備されている必要があります。

有期事業の一括

建設の事業や立木の伐採の事業において、一定の要件を具備する二以上の小規模の有期事業が法律上当然に一括されて全体が一の事業とみなされ、継続事業と同様の方法で適用される制度をいいます。

なお、この制度は労災保険に係る保険関係に限って適用されます。

請負事業の一括

建設の事業が数次の請負によって行われるとき、個々の下請負事業を独立した事業として保険関係を成立させることなく、法律上当然に数次の下請負事業を元請負事業に一括して元請負人のみを適用事業主として保険関係を成立させる制度をいいます。

なお、この制度は労災保険に係る保険関係に限って適用されます。

下請負事業の分離

建設の事業において、元請負人及び下請負人の申請により一定の事業の規模を有する下請負事業を元請負事業に一括することなく分離して保険関係を成立させる制度をいいます。

なお、これを行うためには政府の認可が必要です。

労働保険料

政府が、労働保険（労災保険、雇用保険）の事業の運営に要する費用に充てるため、主として事業主から徴収する保険料をいい、一般保険料、第１種特別加入保険料、第２種特別加入保険料、第３種特別加入保険料、印紙保険料及び特例納付保険料の６種類に区分されます。

労務費率

一般保険料は労働者に支払った賃金の総額に一般保険料率を乗じて算出しますが、建設の事業であって事業の特殊性から賃金総額を正確に算定するのが困難な事業（労災保険の保険関係に係るものに限る）については、請負金額に一定の率を乗じて賃金総額を算出することが認められており（「賃金総額」の特例といいます）、労務費率とは、その時に使用する率をいい、事業の種類ごとに定められています。

保険関係

保険事故（業務災害、通勤災害、失業）が生じた場合に労働者ないし被保険者（労働者）が保険者（政府）に保険給付を請求する権利をもち、これに対応して保険加入者（事業主）は、保険者に保険料を納付する義務を負うという権利義務関係の基礎となる継続的な法律関係のことをいいます。

一般保険料

事業主が労働者に支払う賃金を基礎として算定する保険料をいい、その額は賃金総額に労災保険率と雇用保険率とを合計した率（労災保険に係る保険関係のみが成立している事業にあっては労災保険率、雇用保険に係る保険関係のみが成立している事業にあっては雇用保険率）を乗じて計算します。

第１種特別加入保険料

労災保険に係る中小事業主等の特別加入者に係る保険料をいい、その額は保険料算定基礎額の総額に第１種特別加入保険料率（当該事業の労災保険率と同一の率）を乗じて計算します。

第２種特別加入保険料

労災保険に係る一人親方等の特別加入者に係る保険料をいい、その額は保険料算定基礎額の総額に第２種特別加入保険料率を乗じて計算します。

第３種特別加入保険料

労災保険に係る海外派遣者に係る保険料をいい、その額は保険料算定基礎額の総額に第３種特別加入保険料率（1000分の３）を乗じて計算します。

印紙保険料

雇用保険の日雇労働被保険者に係る保険料をいい、事業主は一般保険料のほか、一人一人を日々雇用するごとに印紙を貼付して一定の額の保険料を納付します。

概算保険料

年度当初又は事業が開始されたときにその保険年度（毎年４月１日から翌年３月31日まで）中に支払われる賃金総額の見込額に保険料率を乗じて算定する保険料をいいます。

確定保険料

毎保険年度の末日又は保険関係が消滅した日までに、使用した労働者に支払うことが確定した賃金総額に、保険料率を乗じて算定する保険料をいいます。

概算保険料の延納（分割納付）

概算保険料を分割して納付する制度のことをいい、継続事業にあっては、納付すべき概算保険料の額が40万円（労災保険又は雇用保険のいずれか一方の保険関係のみが成立している事業については20万円）以上のもの又は労働保険事務の処理を労働保険事務組合に委託しているものであって、事業主が申請した場合、原則として３回に分けて納付することができます。

なお、有期事業（事業の期間が６カ月以内のものを除く）については、概算保険料の額が75万円以上のもの又は労働保険事務の処理を労働保険事務組合に委託しているものについては事業主が申請した場合、その事業期間に応じて分割納付できます。

一般保険料率

一般保険料の額を算定する場合に用いる保険料率をいい、労災保険率と雇用保険率を加えた率をいいます。（労災保険の保険関係のみが成立している事業にあっては労災保険率が一般保険料率となり、雇用保険の保険関係のみが成立している事業にあっては雇用保険率が一般保険料率となります）。

労災保険率は業務災害及び通勤災害に係る給付並びに社会復帰促進等事業に要する費用を考慮し事業の種類ごとに定められています。

雇用保険率は、失業保険給付並びに労働者の雇用の安定や改善等に要する費用を考慮して定められています。

メリット制

同一業種の事業主間の負担の具体的公平を図るため、個々の事業ごとに、その事業に係る労働災害の多寡により一定範囲で労災保険率又は労災保険料を増減させる制度をいいます。継続事業については、労働者数が過去３年間100人以上の事業、又は過去３年間20人以上100人未満の労働者を使用する事業であって、保険率（非業務災害率を除く）と労働者数との積が0.4以上の事業について適用されます。

一括有期事業（建設の事業及び立木の伐採の事業）については、過去３年間のそれぞれの確定保険料が40万円以上の事業について適用されます。

有期事業については建設の事業又は立木の伐採の事業にあっては確定保険料の額が40万円以上である事業、又は建設の事業にあっては消費税額を除いた請負金額が1億1,000万円以上（平成27年3月31日以前に開始された事業については消費税額を含む請負金額が1億2,000万円以上）、立木の伐採の事業にあっては素材の生産量が1,000立方メートル以上である事業について適用されます。

特掲事業

失業等給付の負担の均衡化を図るために、短期雇用特例被保険者が多く雇用される事業については、雇用保険率を一般の事業と比して高くしています。これらの事業を特掲事業といい、

① 土地の耕作若しくは開墾又は植物の栽植、栽培、採取若しくは伐採の事業その他農林の事業（園芸サービスの事業は除く）。

② 動物の飼育又は水産動植物の採捕若しくは養殖の事業その他畜産、養蚕又は水産の事業（牛馬の育成、養鶏、酪農又は養豚の事業及び内水面養殖の事業は除く）。

③ 土木、建築その他工作物の建設、改造、保存、修理、変更、破壊若しくは解体又はその準備の事業（通常「建設の事業」といっている）

④ 清酒の製造の事業

の事業が該当します。

延滞金

労働保険料を滞納している事業主に対して課せられる徴収金（公法上の遅延利息）のことをいいます。延滞金は、政府より労働保険料の納付の督促をうけ、督促状に指定された期限までにこれを納付しないときに法定納期限の翌日からその完納又は財産差押えの日の前日までの日数により計算（年14.6%の率）し徴収されます。

追徴金

事業主が保険料を申告しないとき、又は過少に申告したときに課せられる懲罰的金銭のことをいいます。追徴金は政府が確定保険料の額を決定したときにその確定保険料の額又はその不足額に対して10%の割合で徴収されます。

労働保険事務組合

事業主の団体等が、団体等の構成員たる事業主の委託を受けて、労働保険事務を処理することについて厚生労働大臣の認可を受けた場合における当該団体等のことをいいます。

保険料算定基礎額

特別加入者が労働災害を被ったとき補償される給付金の額を計算する基礎額（給付基礎日額）を365倍した額をいいます。

なお、この額は、厚生労働省令に定められているうちから特別加入者の希望を徴して都道府県労働局長が決定することになっています。

保険料率

保険料を算出する場合に用いる率のことをいい、一般保険料率、第1種特別加入保険料率、第2種特別加入保険料率、第3種特別加入保険料率の4種に分けられます。

付　　録

■労働保険の保険料の徴収等に関する法律

■労災保険率適用事業細目・労務費率及び労災保険率表

■第２種特別加入保険料率表

■特別加入保険料算定基礎額表

■工事用物に関する告示

■工事用物

■建設事業における労災保険率及び労務費率表

■雇用保険率等（雇用保険に係る一般保険料の負担割合表を含む）

■有期事業の一括ができる隣接する都道府県労働局の管轄区域一覧表

■厚生労働省関係機関等所在地

都道府県労働局　所在地一覧

労働基準監督署　所在地・管轄区域一覧

公共職業安定所　所在地・管轄区域一覧

労働保険の保険料の徴収等に関する法律

昭和44年12月9日法律第84号
最終改正：令和4年6月17日法律第68号

第一章　総　則

（趣旨）

第一条　この法律は、労働保険の事業の効率的な運営を図るため、労働保険の保険関係の成立及び消滅、労働保険料の納付の手続、労働保険事務組合等に関し必要な事項を定めるものとする。

（定義）

第二条　この法律において「労働保険」とは、労働者災害補償保険法（昭和二十二年法律第五十号。以下「労災保険法」という。）による労働者災害補償保険（以下「労災保険」という。）及び雇用保険法（昭和四十九年法律第百十六号）による雇用保険（以下「雇用保険」という。）を総称する。

2　この法律において「賃金」とは、賃金、給料、手当、賞与その他名称のいかんを問わず、労働の対償として事業主が労働者に支払うもの（通貨以外のもので支払われるものであつて、厚生労働省令で定める範囲外のものを除く。）をいう。

3　賃金のうち通貨以外のもので支払われるものの評価に関し必要な事項は、厚生労働大臣が定める。

4　この法律において「保険年度」とは、四月一日から翌年三月三十一日までをいう。

第二章　保険関係の成立及び消滅

（保険関係の成立）

第三条　労災保険法第三条第一項の適用事業の事業主については、その事業が開始された日に、その事業につき労災保険に係る労働保険の保険関係（以下「保険関係」という。）が成立する。

第四条　雇用保険法第五条第一項の適用事業の事業主については、その事業が開始された日に、その事業につき雇用保険に係る保険関係が成立する。

（保険関係の成立の届出等）

第四条の二　前二条の規定により保険関係が成立した事業の事業主は、その成立した日から十日以内に、その成立した日、事業主の氏名又は名称及び住所、事業の種類、事業の行われる場所その他厚生労働省令で定める事項を政府に届け出なければならない。

2　保険関係が成立している事業の事業主は、前項に規定する事項のうち厚生労働省令で定める事項に変更があつたときは、厚生労働省令で定める期間内にその旨を政府に届け出なければならない。

（保険関係の消滅）

第五条　保険関係が成立している事業が廃止され、又は終了したときは、その事業についての保険関係は、その翌日に消滅する。

第六条　削除

（有期事業の一括）

第七条　二以上の事業が次の要件に該当する場合には、この法律の規定の適用については、その全部を一の事業とみなす。

一　事業主が同一人であること。

二　それぞれの事業が、事業の期間が予定される事業（以下「有期事業」という。）であること。

三　それぞれの事業の規模が、厚生労働省令で定める規模以下であること。

四　それぞれの事業が、他のいずれかの事業の全部又は一部と同時に行なわれること。

五　前各号に掲げるもののほか、厚生労働省令で定める要件に該当すること。

（請負事業の一括）

第八条　厚生労働省令で定める事業が数次の

請負によつて行なわれる場合には、この法律の規定の適用については、その事業を一の事業とみなし、元請負人のみを当該事業の事業主とする。

2　前項に規定する場合において、元請負人及び下請負人が、当該下請負人の請負に係る事業に関して同項の規定の適用を受けることにつき申請をし、厚生労働大臣の認可があつたときは、当該請負に係る事業については、当該下請負人を元請負人とみなして同項の規定を適用する。

（継続事業の一括）

第九条　事業主が同一人である二以上の事業（有期事業以外の事業に限る。）であつて、厚生労働省令で定める要件に該当するものに関し、当該事業主が当該二以上の事業について成立している保険関係の全部又は一部を一の保険関係とすることにつき申請をし、厚生労働大臣の認可があつたときは、この法律の規定の適用については、当該認可に係る二以上の事業に使用されるすべての労働者は、これらの事業のうち厚生労働大臣が指定するいずれか一の事業に使用される労働者とみなす。この場合においては、厚生労働大臣が指定する一の事業以外の事業に係る保険関係は、消滅する。

第三章　労働保険料の納付の手続等

（労働保険料）

第十条　政府は、労働保険の事業に要する費用にあてるため保険料を徴収する。

2　前項の規定により徴収する保険料（以下「労働保険料」という。）は、次のとおりとする。

一　一般保険料

二　第一種特別加入保険料

三　第二種特別加入保険料

三の二　第三種特別加入保険料

四　印紙保険料

五　特例納付保険料

（一般保険料の額）

第十一条　一般保険料の額は、賃金総額に次条の規定による一般保険料に係る保険料率を乗じて得た額とする。

2　前項の「賃金総額」とは、事業主がその事業に使用するすべての労働者に支払う賃金の総額をいう。

3　前項の規定にかかわらず、厚生労働省令で定める事業については、厚生労働省令で定めるところにより算定した額を当該事業に係る賃金総額とする。

（一般保険料に係る保険料率）

第十二条　一般保険料に係る保険料率は、次のとおりとする。

一　労災保険及び雇用保険に係る保険関係が成立している事業にあつては、労災保険率と雇用保険率（第五項（第十項又は第十一項の規定により読み替えて適用する場合を含む。）、第八項又は第九項の規定により変更されたときは、その変更された率。第四項を除き、以下同じ。）とを加えた率

二　労災保険に係る保険関係のみが成立している事業にあつては、労災保険率

三　雇用保険に係る保険関係のみが成立している事業にあつては、雇用保険率

2　労災保険率は、労災保険法の規定による保険給付及び社会復帰促進等事業に要する費用の予想額に照らし、将来にわたつて、労災保険の事業に係る財政の均衡を保つことができるものでなければならないものとし、政令で定めるところにより、労災保険法の適用を受ける全ての事業の過去三年間の業務災害（労災保険法第七条第一項第一号の業務災害をいう。以下同じ。）、複数業務要因災害（同項第二号の複数業務要因災害をいう。以下同じ。）及び通勤災害（同項第三号の通勤災害をいう。以下同じ。）に係る災害率並びに二次健康診断等給付（同項第四号の二次健康診断等給付をいう。次項及び

第十三条において同じ。）に要した費用の額、社会復帰促進等事業として行う事業の種類及び内容その他の事情を考慮して厚生労働大臣が定める。

3　厚生労働大臣は、連続する三保険年度中の各保険年度において次の各号のいずれかに該当する事業であつて当該連続する三保険年度中の最後の保険年度に属する三月三十一日（以下この項において「基準日」という。）において労災保険に係る保険関係が成立した後三年以上経過したものについての当該連続する三保険年度の間における労災保険法の規定による業務災害に関する保険給付（労災保険法第十六条の六第一項第二号の場合に支給される遺族補償一時金、特定の業務に長期間従事することにより発生する疾病であつて厚生労働省令で定めるものにかかつた者（厚生労働省令で定める事業の種類ごとに、当該事業における就労期間等を考慮して厚生労働省令で定める者に限る。）に係る保険給付（以下この項及び第二十条第一項において「特定疾病にかかつた者に係る保険給付」という。）及び労災保険法第三十六条第一項の規定により保険給付を受けることができることとされた者（以下「第三種特別加入者」という。）のうち、労災保険法第三十三条第六号又は第七号に掲げる事業により当該業務災害が生じた場合に係る保険給付を除く。）の額（労災保険法第八条第三項に規定する給付基礎日額を用いて算定した保険給付、年金たる保険給付その他厚生労働省令で定める保険給付については、その額は、厚生労働省令で定めるところにより算定するものとする。第二十条第一項において同じ。）に労災保険法第二十九条第一項第二号に掲げる事業として支給が行われた給付金のうち業務災害に係るもので厚生労働省令で定めるものの額（一時金として支給された給付金以外のものについては、その額は、厚生労働省令で定めるところにより算定するものとする。）を加えた額と一般保険料の額（第一項第一号の事業については、前項の規定による労災保険率（その率がこの項の規定により引き上げ又は引き下げられたときは、その引き上げ又は引き下げられた率）に応ずる部分の額）から非業務災害率（労災保険法の適用を受ける全ての事業の過去三年間の複数業務要因災害に係る災害率、通勤災害に係る災害率、二次健康診断等給付に要した費用の額及び厚生労働省令で定めるところにより算定された労災保険法第八条第三項に規定する給付基礎日額を用いて算定した保険給付の額その他の事情を考慮して厚生労働大臣の定める率をいう。以下この項及び第二十条第一項において同じ。）に応ずる部分の額を減じた額に第一種特別加入保険料の額から特別加入非業務災害率（非業務災害率から第十三条の厚生労働大臣の定める率を減じた率をいう。第二十条第一項各号及び第二項において同じ。）に応ずる部分の額を減じた額を加えた額に業務災害に関する年金たる保険給付に要する費用、特定疾病にかかつた者に係る保険給付に要する費用その他の事情を考慮して厚生労働省令で定める率（第二十条第一項第一号において「第一種調整率」という。）を乗じて得た額との割合が百分の八十五を超え、又は百分の七十五以下である場合には、当該事業についての前項の規定による労災保険率から非業務災害率を減じた率を百分の四十の範囲内において厚生労働省令で定める率だけ引き上げ又は引き下げた率に非業務災害率を加えた率を、当該事業についての基準日の属する保険年度の次の次の保険年度の労災保険率とすることができる。

一　百人以上の労働者を使用する事業

二　二十人以上百人未満の労働者を使用する事業であつて、当該労働者の数に当該事業と同種の事業に係る前項の規定による労災保険率から非業務災害率を減じた率を乗じて得た数が厚生労働省令で定め

る数以上であるもの

三　前二号に掲げる事業のほか、厚生労働省令で定める規模の事業

4　雇用保険率は、千分の十五・五とする。ただし、次の各号（第三号を除く。）に掲げる事業（第一号及び第二号に掲げる事業のうち、季節的に休業し、又は事業の規模が縮小することのない事業として厚生労働大臣が指定する事業を除く。）については千分の十七・五とし、第三号に掲げる事業については千分の十八・五とする。

一　土地の耕作若しくは開墾又は植物の栽植、栽培、採取若しくは伐採の事業その他農林の事業

二　動物の飼育又は水産動植物の採捕若しくは養殖の事業その他畜産、養蚕又は水産の事業

三　土木、建築その他工作物の建設、改造、保存、修理、変更、破壊若しくは解体又はその準備の事業

四　清酒の製造の事業

五　前各号に掲げるもののほか、雇用保険法第三十八条第一項に規定する短期雇用特例被保険者の雇用の状況等を考慮して政令で定める事業

5　厚生労働大臣は、毎会計年度において、徴収保険料額並びに雇用保険法第六十六条第一項、第二項及び第五項の規定による国庫の負担額（同条第一項第四号の規定による国庫の負担額を除く。）、同条第六項の規定による国庫の負担額（同法による雇用保険事業の事務の執行に要する経費に係る分を除く。）並びに同法第六十七条の規定による国庫の負担額の合計額と同法の規定による失業等給付の額並びに同法第六十四条の規定による助成及び職業訓練受講給付金の支給の額との合計額（以下この項において「失業等給付額等」という。）との差額を当該会計年度末における労働保険特別会計の雇用勘定の積立金（第七項において「積立金」という。）に加減した額から同法第十条第五項に規定する教育訓練給付の額（以下この項において「教育訓練給付額」という。）及び同条第六項に規定する雇用継続給付の額（以下この項において「雇用継続給付額」という。）を減じた額が、当該会計年度における失業等給付額等から教育訓練給付額及び雇用継続給付額を減じた額の二倍に相当する額を超え、又は当該失業等給付額等から教育訓練給付額及び雇用継続給付額を減じた額に相当する額を下るに至つた場合において、必要があると認めるときは、労働政策審議会の意見を聴いて、一年以内の期間を定め、雇用保険率を千分の十一・五から千分の十九・五まで（前項ただし書に規定する事業（同項第三号に掲げる事業を除く。）については千分の十三・五から千分の二十一・五まで、同号に掲げる事業については千分の十四・五から千分の二十二・五まで）の範囲内において変更することができる。

6　前項の「徴収保険料額」とは、第一項第一号の事業に係る一般保険料の額のうち雇用保険率に応ずる部分の額の総額と同項第三号の事業に係る一般保険料の額の総額とを合計した額（以下この項及び第八項において「一般保険料徴収額」という。）から当該一般保険料徴収額に育児休業給付率（千分の四の率を雇用保険率で除して得た率をいう。）を乗じて得た額及び当該一般保険料徴収額に二事業率（千分の三・五の率（第四項第三号に掲げる事業については、千分の四・五の率）を雇用保険率で除して得た率をいう。第三十一条第一項において同じ。）を乗じて得た額（第八項において「二事業費充当徴収保険料額」という。）の合計額を減じた額並びに印紙保険料の額の総額の合計額をいう。

7　厚生労働大臣は、第五項の規定により雇用保険率を変更するに当たつては、雇用保険法第四条第一項に規定する被保険者（第三十一条及び第三十二条において「被保険

者」という。）の雇用及び失業の状況その他の事情を考慮し、雇用保険の事業に係る失業等給付の支給に支障が生じないようにするために必要な額の積立金を保有しつつ、雇用保険の事業に係る財政の均衡を保つことができるよう、配慮するものとする。

8　厚生労働大臣は、毎会計年度において、二事業費充当徴収保険料額と雇用保険法の規定による雇用安定事業及び能力開発事業（同法第六十三条に規定するものに限る。）に要する費用に充てられた額（予算の定めるところにより、労働保険特別会計の雇用勘定に置かれる雇用安定資金に繰り入れられた額を含む。）との差額を当該会計年度末における当該雇用安定資金に加減した額が、当該会計年度における一般保険料徴収額に千分の三・五の率（第四項第三号に掲げる事業については、千分の四・五の率）を雇用保険率で除して得た率を乗じて得た額の一・五倍に相当する額を超えるに至つた場合には、雇用保険率を一年間その率から千分の〇・五の率を控除した率に変更するものとする。

9　前項の場合において、厚生労働大臣は、雇用安定資金の状況に鑑み、必要があると認めるときは、労働政策審議会の意見を聴いて、一年以内の期間を定め、雇用保険率を同項の規定により変更された率から千分の〇・五の率を控除した率に変更することができる。

10　第八項の規定により雇用保険率が変更されている場合においては、第五項中「千分の十一・五から千分の十九・五まで」とあるのは「千分の十一から千分の十九まで」と、「千分の十三・五から千分の二十一・五まで」とあるのは「千分の十三から千分の二十一まで」と、「千分の十四・五から千分の二十二・五まで」とあるのは「千分の十四から千分の二十二まで」とし、第六項中「千分の三・五」とあるのは「千分の三」と、「千分の四・五」とあるのは「千分の四」とする。

11　前項の規定にかかわらず、第九項の規定により雇用保険率が変更されている場合においては、第五項中「千分の十一・五から千分の十九・五まで」とあるのは「千分の十・五から千分の十八・五まで」と、「千分の十三・五から千分の二十一・五まで」とあるのは「千分の十二・五から千分の二十・五まで」と、「千分の十四・五から千分の二十二・五まで」とあるのは「千分の十三・五から千分の二十一・五まで」とし、第六項中「千分の三・五」とあるのは「千分の二・五」と、「千分の四・五」とあるのは「千分の三・五」とする。

（労災保険率の特例）

第十二条の二　前条第三項の場合において、厚生労働省令で定める数以下の労働者を使用する事業主が、連続する三保険年度中のいずれかの保険年度においてその事業に使用する労働者の安全又は衛生を確保するための措置で厚生労働省令で定めるものを講じたときであつて、当該措置が講じられた保険年度のいずれかの保険年度の次の保険年度の初日から六箇月以内に、当該事業に係る労災保険率につきこの条の規定の適用を受けようとする旨その他厚生労働省令で定める事項を記載した申告書を提出しているときは、当該連続する三保険年度中の最後の保険年度の次の次の保険年度の同項の労災保険率については、同項中「百分の四十」とあるのは、「百分の四十五」として、同項の規定を適用する。

（第一種特別加入保険料の額）

第十三条　第一種特別加入保険料の額は、労災保険法第三十四条第一項の規定により保険給付を受けることができることとされた者について同項第三号の給付基礎日額その他の事情を考慮して厚生労働省令で定める額の総額にこれらの者に係る事業についての第十二条第二項の規定による労災保険率

（その率が同条第三項の規定により引き上げ又は引き下げられたときは、その引き上げ又は引き下げられた率）と同一の率から労災保険法の適用を受けるすべての事業の過去三年間の二次健康診断等給付に要した費用の額を考慮して厚生労働大臣の定める率を減じた率（以下「第一種特別加入保険料率」という。）を乗じて得た額とする。

（第二種特別加入保険料の額）

第十四条　第二種特別加入保険料の額は、労災保険法第三十五条第一項の規定により労災保険の適用を受けることができることとされた者（次項において「第二種特別加入者」という。）について同条第一項第六号の給付基礎日額その他の事情を考慮して厚生労働省令で定める額の総額に労災保険法第三十三条第三号の事業と同種若しくは類似の事業又は同条第五号の作業と同種若しくは類似の作業を行う事業についての業務災害、複数業務要因災害及び通勤災害に係る災害率（労災保険法第三十五条第一項の厚生労働省令で定める者に関しては、当該同種若しくは類似の事業又は当該同種若しくは類似の作業を行う事業についての業務災害及び複数業務要因災害に係る災害率）、社会復帰促進等事業として行う事業の種類及び内容その他の事情を考慮して厚生労働大臣の定める率（以下「第二種特別加入保険料率」という。）を乗じて得た額とする。

2　第二種特別加入保険料率は、第二種特別加入者に係る保険給付及び社会復帰促進等事業に要する費用の予想額に照らし、将来にわたつて、労災保険の事業に係る財政の均衡を保つことができるものでなければならない。

（第三種特別加入保険料の額）

第十四条の二　第三種特別加入保険料の額は、第三種特別加入者について労災保険法第三十六条第一項第二号において準用する労災保険法第三十四条第一項第三号の給付基礎日額その他の事情を考慮して厚生労働省令で定める額の総額に労災保険法第三十三条第六号又は第七号に掲げる者が従事している事業と同種又は類似のこの法律の施行地内で行われている事業についての業務災害、複数業務要因災害及び通勤災害に係る災害率、社会復帰促進等事業として行う事業の種類及び内容その他の事情を考慮して厚生労働大臣の定める率（以下「第三種特別加入保険料率」という。）を乗じて得た額とする。

2　前条第二項の規定は、第三種特別加入保険料率について準用する。この場合において、同項中「第二種特別加入者」とあるのは、「第三種特別加入者」と読み替えるものとする。

（概算保険料の納付）

第十五条　事業主は、保険年度ごとに、次に掲げる労働保険料を、その労働保険料の額その他厚生労働省令で定める事項を記載した申告書に添えて、その保険年度の六月一日から四十日以内（保険年度の中途に保険関係が成立したものについては、当該保険関係が成立した日（保険年度の中途に労災保険法第三十四条第一項の承認があつた事業に係る第一種特別加入保険料及び保険年度の中途に労災保険法第三十六条第一項の承認があつた事業に係る第三種特別加入保険料に関しては、それぞれ当該承認があつた日）から五十日以内）に納付しなければならない。

一　次号及び第三号の事業以外の事業にあつては、その保険年度に使用するすべての労働者（保険年度の中途に保険関係が成立したものについては、当該保険関係が成立した日からその保険年度の末日までに使用するすべての労働者）に係る賃金総額（その額に千円未満の端数があるときは、その端数は、切り捨てる。以下同じ。）の見込額（厚生労働省令で定める場合にあつては、直前の保険年度に使用したすべての労働者に係る賃金総額）に当該事業についての第十二

条の規定による一般保険料に係る保険料率（以下「一般保険料率」という。）を乗じて算定した一般保険料

二　労災保険法第三十四条第一項の承認に係る事業又は労災保険法第三十六条第一項の承認に係る事業にあつては、次に掲げる労働保険料

イ　労災保険法第三十四条第一項の承認に係る事業（ハの事業を除く。）にあつては、その使用するすべての労働者に係る賃金総額の見込額について前号の規定の例により算定した一般保険料及びその保険年度における第十三条の厚生労働省令で定める額の総額（その額に千円未満の端数があるときは、その端数は、切り捨てる。以下同じ。）の見込額（厚生労働省令で定める場合にあつては、直前の保険年度における同条の厚生労働省令で定める額の総額。ハにおいて同じ。）に当該事業についての第一種特別加入保険料率を乗じて算定した第一種特別加入保険料

ロ　労災保険法第三十六条第一項の承認に係る事業（ハの事業を除く。）にあつては、その使用するすべての労働者に係る賃金総額の見込額について前号の規定の例により算定した一般保険料及びその保険年度における前条第一項の厚生労働省令で定める額の総額（その額に千円未満の端数があるときは、その端数は、切り捨てる。以下同じ。）の見込額（厚生労働省令で定める場合にあつては、直前の保険年度における同項の厚生労働省令で定める額の総額。ハにおいて同じ。）に当該事業についての第三種特別加入保険料率を乗じて算定した第三種特別加入保険料

ハ　労災保険法第三十四条第一項の承認及び労災保険法第三十六条第一項の承認に係る事業にあつては、その使用するすべての労働者に係る賃金総額の見込額について前号の規定の例により算定した一般保険料並びにその保険年度における第十三条の厚生労働省令で定める額の総額の見込額についてイの規定の例により算定した第一種特別加入保険料及び前条第一項の厚生労働省令で定める額の総額の見込額についてロの規定の例により算定した第三種特別加入保険料

三　労災保険法第三十五条第一項の承認に係る事業にあつては、その保険年度における第十四条第一項の厚生労働省令で定める額の総額（その額に千円未満の端数があるときは、その端数は、切り捨てる。以下同じ。）の見込額（厚生労働省令で定める場合にあつては、直前の保険年度における同項の厚生労働省令で定める額の総額）に当該事業についての第二種特別加入保険料率を乗じて算定した第二種特別加入保険料

2　有期事業については、その事業主は、前項の規定にかかわらず、次に掲げる労働保険料を、その労働保険料の額その他厚生労働省令で定める事項を記載した申告書に添えて、保険関係が成立した日（当該保険関係が成立した日の翌日以後に労災保険法第三十四条第一項の承認があつた事業に係る第一種特別加入保険料に関しては、当該承認があつた日）から二十日以内に納付しなければならない。

一　前項第一号の事業にあつては、当該保険関係に係る全期間に使用するすべての労働者に係る賃金総額の見込額に当該事業についての一般保険料率を乗じて算定した一般保険料

二　前項第二号イの事業にあつては、その使用するすべての労働者に係る賃金総額の見込額について前号の規定の例により算定した一般保険料及び労災保険法第三十四条第一項の承認に係る全期間における第十三条の厚生労働省令で定める額

の総額の見込額に当該事業についての第一種特別加入保険料率を乗じて算定した第一種特別加入保険料

三　前項第三号の事業にあつては、当該保険関係に係る全期間における第十四条第一項の厚生労働省令で定める額の総額の見込額に当該事業についての第二種特別加入保険料率を乗じて算定した第二種特別加入保険料

3　政府は、事業主が前二項の申告書を提出しないとき、又はその申告書の記載に誤りがあると認めるときは、労働保険料の額を決定し、これを事業主に通知する。

4　前項の規定による通知を受けた事業主は、納付した労働保険料の額が同項の規定により政府の決定した労働保険料の額に足りないときはその不足額を、納付した労働保険料がないときは同項の規定により政府の決定した労働保険料を、その通知を受けた日から十五日以内に納付しなければならない。

（増加概算保険料の納付）

第十六条　事業主は、前条第一項又は第二項に規定する賃金総額の見込額、第十三条の厚生労働省令で定める額の総額の見込額、第十四条第一項の厚生労働省令で定める額の総額の見込額又は第十四条の二第一項の厚生労働省令で定める額の総額の見込額が増加した場合において厚生労働省令で定める要件に該当するときは、その日から三十日以内に、増加後の見込額に基づく労働保険料の額と納付した労働保険料の額との差額を、その額その他厚生労働省令で定める事項を記載した申告書に添えて納付しなければならない。

（概算保険料の追加徴収）

第十七条　政府は、一般保険料率、第一種特別加入保険料率、第二種特別加入保険料率又は第三種特別加入保険料率の引上げを行つたときは、労働保険料を追加徴収する。

2　政府は、前項の規定により労働保険料を追加徴収する場合には、厚生労働省令で定めるところにより、事業主に対して、期限を指定して、その納付すべき労働保険料の額を通知しなければならない。

（概算保険料の延納）

第十八条　政府は、厚生労働省令で定めるところにより、事業主の申請に基づき、その者が第十五条から前条の規定により納付すべき労働保険料を延納させることができる。

（確定保険料）

第十九条　事業主は、保険年度ごとに、次に掲げる労働保険料の額その他厚生労働省令で定める事項を記載した申告書を、次の保険年度の六月一日から四十日以内（保険年度の中途に保険関係が消滅したものについては、当該保険関係が消滅した日（保険年度の中途に労災保険法第三十四条第一項の承認が取り消された事業に係る第一種特別加入保険料及び保険年度の中途に労災保険法第三十六条第一項の承認が取り消された事業に係る第三種特別加入保険料に関しては、それぞれ当該承認が取り消された日。第三項において同じ。）から五十日以内）に提出しなければならない。

一　第十五条第一項第一号の事業にあつては、その保険年度に使用したすべての労働者（保険年度の中途に保険関係が成立し、又は消滅したものについては、その保険年度において、当該保険関係が成立していた期間に使用したすべての労働者）に係る賃金総額に当該事業についての一般保険料率を乗じて算定した一般保険料

二　第十五条第一項第二号の事業にあつては、次に掲げる労働保険料

イ　第十五条第一項第二号イの事業にあつては、その使用したすべての労働者に係る賃金総額について前号の規定の例により算定した一般保険料及びその保険年度における第十三条の厚生労働省令で定める額の総額に当該事業につ

いての第一種特別加入保険料率を乗じて算定した第一種特別加入保険料

ロ　第十五条第一項第二号ロの事業にあつては、その使用したすべての労働者に係る賃金総額について前号の規定の例により算定した一般保険料及びその保険年度における第十四条の二第一項の厚生労働省令で定める額の総額に当該事業についての第三種特別加入保険料率を乗じて算定した第三種特別加入保険料

ハ　第十五条第一項第二号ハの事業にあつては、その使用したすべての労働者に係る賃金総額について前号の規定の例により算定した一般保険料並びにその保険年度における第十三条の厚生労働省令で定める額の総額についてイの規定の例により算定した第一種特別加入保険料及びその保険年度における第十四条の二第一項の厚生労働省令で定める額の総額についてロの規定の例により算定した第三種特別加入保険料

三　第十五条第一項第三号の事業にあつては、その保険年度における第十四条第一項の厚生労働省令で定める額の総額に当該事業についての第二種特別加入保険料率を乗じて算定した第二種特別加入保険料

2　有期事業については、その事業主は、前項の規定にかかわらず、次に掲げる労働保険料の額その他厚生労働省令で定める事項を記載した申告書を、保険関係が消滅した日（当該保険関係が消滅した日前に労災保険法第三十四条第一項の承認が取り消された事業に係る第一種特別加入保険料に関しては、当該承認が取り消された日。次項において同じ。）から五十日以内に提出しなければならない。

一　第十五条第一項第一号の事業にあつては、当該保険関係に係る全期間に使用したすべての労働者に係る賃金総額に当該事業についての一般保険料率を乗じて算定した一般保険料

二　第十五条第一項第二号イの事業にあつては、その使用したすべての労働者に係る賃金総額について前号の規定の例により算定した一般保険料及び労災保険法第三十四条第一項の承認に係る全期間における第十三条の厚生労働省令で定める額の総額に当該事業についての第一種特別加入保険料率を乗じて算定した第一種特別加入保険料

三　第十五条第一項第三号の事業にあつては、当該保険関係に係る全期間における第十四条第一項の厚生労働省令で定める額の総額に当該事業についての第二種特別加入保険料率を乗じて算定した第二種特別加入保険料

3　事業主は、納付した労働保険料の額が前二項の労働保険料の額に足りないときはその不足額を、納付した労働保険料がないときは前二項の労働保険料を、前二項の申告書に添えて、有期事業以外の事業にあつては次の保険年度の六月一日から四十日以内（保険年度の中途に保険関係が消滅したものについては、当該保険関係が消滅した日から五十日以内）に、有期事業にあつては保険関係が消滅した日から五十日以内に納付しなければならない。

4　政府は、事業主が第一項又は第二項の申告書を提出しないとき、又はその申告書の記載に誤りがあると認めるときは、労働保険料の額を決定し、これを事業主に通知する。

5　前項の規定による通知を受けた事業主は、納付した労働保険料の額が同項の規定により政府の決定した労働保険料の額に足りないときはその不足額を、納付した労働保険料がないときは同項の規定により政府の決定した労働保険料を、その通知を受けた日から十五日以内に納付しなければならない。ただし、厚生労働省令で定める要件に該当する場合は、この限りでない。

6　事業主が納付した労働保険料の額が、第一項又は第二項の労働保険料の額（第四項

の規定により政府が労働保険料の額を決定した場合には、その決定した額。以下「確定保険料の額」という。）をこえる場合には、政府は、厚生労働省令で定めるところにより、そのこえる額を次の保険年度の労働保険料若しくは未納の労働保険料その他この法律の規定による徴収金に充当し、又は還付する。

（確定保険料の特例）

第二十条　労災保険に係る保険関係が成立している有期事業であつて厚生労働省令で定めるものが次の各号のいずれかに該当する場合には、第十一条第一項の規定にかかわらず、政府は、その事業の一般保険料に係る確定保険料の額をその額（第十二条第一項第一号の事業についての一般保険料に係るものにあつては、当該事業についての労災保険率に応ずる部分の額）から非業務災害率に応ずる部分の額を減じた額に百分の四十の範囲内において厚生労働省令で定める率を乗じて得た額だけ引き上げ又は引き下げて得た額を、その事業についての一般保険料の額とすることができる。

一　事業が終了した日から三箇月を経過した日前における労災保険法の規定による業務災害に関する保険給付（労災保険法第十六条の六第一項第二号の場合に支給される遺族補償一時金及び特定疾病にかかつた者に係る保険給付を除く。）の額に第十二条第三項の厚生労働省令で定める給付金の額を加えた額と一般保険料に係る確定保険料の額（同条第一項第一号の事業については、労災保険率に応ずる部分の額。次号において同じ。）から非業務災害率に応ずる部分の額を減じた額に第一種特別加入保険料に係る確定保険料の額から特別加入非業務災害率に応ずる部分の額を減じた額を加えた額に第一種調整率を乗じて得た額との割合が百分の八十五を超え、又は百分の七十五以下であつて、その割合がその日以後において変動せず、又は厚生労働省令で定める範囲を超えて変動しないと認められるとき。

二　前号に該当する場合を除き、事業が終了した日から九箇月を経過した日前における労災保険法の規定による業務災害に関する保険給付（労災保険法第十六条の六第一項第二号の場合に支給される遺族補償一時金及び特定疾病にかかつた者に係る保険給付を除く。）の額に第十二条第三項の厚生労働省令で定める給付金の額を加えた額と一般保険料に係る確定保険料の額から非業務災害率に応ずる部分の額を減じた額に第一種特別加入保険料に係る確定保険料の額から特別加入非業務災害率に応ずる部分の額を減じた額を加えた額に第二種調整率（業務災害に関する年金たる保険給付に要する費用、特定疾病にかかつた者に係る保険給付に要する費用、有期事業に係る業務災害に関する保険給付で当該事業が終了した日から九箇月を経過した日以後におけるものに要する費用その他の事情を考慮して厚生労働省令で定める率をいう。）を乗じて得た額との割合が百分の八十五を超え、又は百分の七十五以下であるとき。

2　前項の規定は、第一種特別加入保険料に係る確定保険料の額について準用する。この場合において、同項各号列記以外の部分中「第十一条第一項」とあるのは「第十三条」と、「非業務災害率」とあるのは「特別加入非業務災害率」と読み替えるものとする。

3　政府は、第一項（前項において準用する場合を含む。）の規定により労働保険料の額を引き上げ又は引き下げた場合には、厚生労働省令で定めるところにより、その引き上げ又は引き下げられた労働保険料の額と確定保険料の額との差額を徴収し、未納の労働保険料その他この法律の規定による徴収金に充当し、又は還付するものとする。

4　第十七条第二項の規定は、前項の規定により差額を徴収する場合について準用する。

（追徴金）

第二十一条　政府は、事業主が第十九条第五項の規定による労働保険料又はその不足額を納付しなければならない場合には、その納付すべき額（その額に千円未満の端数があるときは、その端数は、切り捨てる。）に百分の十を乗じて得た額の追徴金を徴収する。ただし、事業主が天災その他やむを得ない理由により、同項の規定による労働保険料又はその不足額を納付しなければならなくなつた場合は、この限りでない。

2　前項の規定にかかわらず、同項に規定する労働保険料又はその不足額が千円未満であるときは、同項の規定による追徴金を徴収しない。

3　第十七条第二項の規定は、第一項の規定により追徴金を徴収する場合について準用する。

（口座振替による納付等）

第二十一条の二　政府は、事業主から、預金又は貯金の払出しとその払い出した金銭による印紙保険料以外の労働保険料（以下この条において単に「労働保険料」という。）の納付（厚生労働省令で定めるものに限る。）をその預金口座又は貯金口座のある金融機関に委託して行うことを希望する旨の申出があつた場合には、その納付が確実と認められ、かつ、その申出を承認することが労働保険料の徴収上有利と認められるときに限り、その申出を承認することができる。

2　前項の承認を受けた事業主に係る労働保険料のうち、この章の規定によりその納付に際し添えることとされている申告書の提出期限とその納期限とが同時に到来するものが厚生労働省令で定める日までに納付された場合には、その納付の日が納期限後であるときにおいても、その納付は、納期限においてされたものとみなして、第二十七条及び第二十八条の規定を適用する。

（印紙保険料の額）

第二十二条　印紙保険料の額は、雇用保険法第四十三条第一項に規定する日雇労働被保険者（以下「日雇労働被保険者」という。）一人につき、一日当たり、次に掲げる額とする。

一　賃金の日額が一万千三百円以上の者については、百七十六円

二　賃金の日額が八千二百円以上一万千三百円未満の者については、百四十六円

三　賃金の日額が八千二百円未満の者については、九十六円

2　厚生労働大臣は、第十二条第五項の規定により雇用保険率を変更した場合には、前項第一号の印紙保険料の額（その額がこの項又は第四項の規定により変更されたときは、その変更された額。以下「第一級保険料日額」という。）、前項第二号の印紙保険料の額（その額がこの項又は第四項の規定により変更されたときは、その変更された額。以下「第二級保険料日額」という。）及び前項第三号の印紙保険料の額（その額がこの項又は第四項の規定により変更されたときは、その変更された額。以下「第三級保険料日額」という。）を、次項に定めるところにより、変更するものとする。

3　前項の場合において、第一級保険料日額、第二級保険料日額及び第三級保険料日額は、日雇労働被保険者一人につき、これらの保険料日額の変更前と変更後における第三十一条第一項及び第二項の規定による労働保険料の負担額が均衡するように、厚生労働省令で定める基準により算定した額に変更するものとする。

4　厚生労働大臣は、雇用保険法第四十九条第一項の規定により同項に規定する第一級給付金の日額、第二級給付金の日額及び第三級給付金の日額を変更する場合には、第一級保険料日額、第二級保険料日額及び第三級保険料日額を、それぞれ同項の規定による第一級給付金の日額、第二級給付金の

日額及び第三級給付金の日額の変更の比率に応じて変更するものとする。

5 毎月末日において、既に徴収した印紙保険料の総額に相当する額に厚生労働省令で定める率を乗じて得た額と雇用保険法の規定により既に支給した日雇労働被保険者に係る失業等給付の総額の三分の二に相当する額との差額が、当該月の翌月から六箇月間に同法の規定により支給されるべき日雇労働被保険者に係る失業等給付の額の二分の一に相当する額に満たないと認められるに至つた場合において、国会の閉会又は衆議院の解散のために、印紙保険料の額の変更の手続をすることができず、かつ、緊急の必要があるときは、厚生労働大臣は、労働政策審議会の意見を聴いて、第一級保険料日額、第二級保険料日額及び第三級保険料日額を変更することができる。

6 前項の場合には、厚生労働大臣は、次の国会において、第一級保険料日額、第二級保険料日額及び第三級保険料日額を変更する手続を執らなければならない。この場合において、同項の規定による変更のあつた日から一年以内に、その変更に関して、国会の議決がなかつたときは、同項の規定によつて変更された第一級保険料日額、第二級保険料日額及び第三級保険料日額は、その変更のあつた日から一年を経過した日から、同項の規定による変更前の第一級保険料日額、第二級保険料日額及び第三級保険料日額に変更されたものとみなす。

（印紙保険料の納付）

第二十三条 事業主（第八条第一項又は第二項の規定により元請負人が事業主とされる場合にあつては、当該事業に係る労働者のうち元請負人が使用する労働者以外の日雇労働被保険者に係る印紙保険料については、当該日雇労働被保険者を使用する下請負人。以下この条から第二十五条まで、第三十一条、第三十二条、第四十二条、第四十三条及び第四十六条において同じ。）は、日雇労働被保険者に賃金を支払う都度その者に係る印紙保険料を納付しなければならない。

2 前項の規定による印紙保険料の納付は、事業主が、雇用保険法第四十四条の規定により当該日雇労働被保険者に交付された日雇労働被保険者手帳（以下「日雇労働被保険者手帳」という。）に雇用保険印紙をはり、これに消印して行わなければならない。

3 事業主は、厚生労働省令で定めるところにより、印紙保険料納付計器（印紙保険料の保全上支障がないことにつき、厚生労働省令で定めるところにより、厚生労働大臣の指定を受けた計器で、厚生労働省令で定める形式の印影を生ずべき印（以下「納付印」という。）を付したものをいう。以下同じ。）を、厚生労働大臣の承認を受けて設置した場合には、前項の規定にかかわらず、当該印紙保険料納付計器により、日雇労働被保険者が所持する日雇労働被保険者手帳に納付すべき印紙保険料の額に相当する金額を表示して納付印を押すことによつて印紙保険料を納付することができる。

4 厚生労働大臣は、前項の承認を受けた事業主が、この法律若しくは雇用保険法又はこれらの法律に基づく厚生労働省令の規定に違反した場合には、同項の承認を取り消すことができる。

5 第三項の規定による印紙保険料の納付の方法について必要な事項は、厚生労働省令で定める。

6 事業主は、日雇労働被保険者を使用する場合には、その者の日雇労働被保険者手帳を提出させなければならない。その提出を受けた日雇労働被保険者手帳は、その者から請求があつたときは、これを返還しなければならない。

（帳簿の調整及び報告）

第二十四条 事業主は、日雇労働被保険者を使用した場合には、厚生労働省令で定めるところにより、印紙保険料の納付に関する帳簿を備えて、毎月におけるその納付状況を記載し、かつ、翌月末日までに当該納付状況を政府に報告しなければならない。

（印紙保険料の決定及び追徴金）

第二十五条　事業主が印紙保険料の納付を怠つた場合には、政府は、その納付すべき印紙保険料の額を決定し、これを事業主に通知する。

2　事業主が、正当な理由がないと認められるにもかかわらず、印紙保険料の納付を怠つたときは、政府は、厚生労働省令で定めるところにより、前項の規定により決定された印紙保険料の額（その額に千円未満の端数があるときは、その端数は、切り捨てる。）の百分の二十五に相当する額の追徴金を徴収する。ただし、納付を怠つた印紙保険料の額が千円未満であるときは、この限りでない。

3　第十七条第二項の規定は、前項の規定により追徴金を徴収する場合について準用する。

（特例納付保険料の納付等）

第二十六条　雇用保険法第二十二条第五項に規定する者（以下この項において「特例対象者」という。）を雇用していた事業主が、第四条の規定により雇用保険に係る保険関係が成立していたにもかかわらず、第四条の二第一項の規定による届出をしていなかつた場合には、当該事業主（当該事業主の事業を承継する者を含む。以下この条において「対象事業主」という。）は、特例納付保険料として、対象事業主が第十五条第一項の規定による納付する義務を履行していない一般保険料（同法第十四条第二項第二号に規定する厚生労働省令で定める日から当該特例対象者の離職の日までの期間に係るものであつて、その徴収する権利が時効によつて消滅しているものに限る。）の額（雇用保険率に応ずる部分の額に限る。）のうち当該特例対象者に係る額に相当する額として厚生労働省令で定めるところにより算定した額に厚生労働省令で定める額を加算した額を納付することができる。

2　厚生労働大臣は、対象事業主に対して、特例納付保険料の納付を勧奨しなければならない。ただし、やむを得ない事情のため当該勧奨を行うことができない場合は、この限りでない。

3　対象事業主は、前項の規定により勧奨を受けた場合においては、特例納付保険料を納付する旨を、厚生労働省令で定めるところにより、厚生労働大臣に対し、書面により申し出ることができる。

4　政府は、前項の規定による申出を受けた場合には、特例納付保険料の額を決定し、厚生労働省令で定めるところにより、期限を指定して、これを対象事業主に通知するものとする。

5　対象事業主は、第三項の規定による申出を行つた場合には、前項の期限までに、厚生労働省令で定めるところにより、同項に規定する特例納付保険料を納付しなければならない。

（督促及び滞納処分）

第二十七条　労働保険料その他この法律の規定による徴収金を納付しない者があるときは、政府は、期限を指定して督促しなければならない。

2　前項の規定によつて督促するときは、政府は、納付義務者に対して督促状を発する。この場合において、督促状により指定すべき期限は、督促状を発する日から起算して十日以上経過した日でなければならない。

3　第一項の規定による督促を受けた者が、その指定の期限までに、労働保険料その他この法律の規定による徴収金を納付しないときは、政府は、国税滞納処分の例によつて、これを処分する。

（延滞金）

第二十八条　政府は、前条第一項の規定により労働保険料の納付を督促したときは、労働保険料の額に、納期限の翌日からその完納又は財産差押えの日の前日までの期間の日数に応じ、年十四・六パーセント（当該納期限の翌日から二月を経過する日までの期間については、年七・三パーセント）の割合を乗じて計算した延滞金を徴収する。ただし、労働保険料の額が千円未満であるときは、延滞金を徴収しない。

2　前項の場合において、労働保険料の額の一部につき納付があつたときは、その納付の日以後の期間に係る延滞金の額の計算の基礎となる労働保険料の額は、その納付のあつた労働保険料の額を控除した額とする。

3　延滞金の計算において、前二項の労働保険料の額に千円未満の端数があるときは、その端数は、切り捨てる。

4　前三項の規定によつて計算した延滞金の額に百円未満の端数があるときは、その端数は、切り捨てる。

5　延滞金は、次の各号のいずれかに該当する場合には、徴収しない。ただし、第四号の場合には、その執行を停止し、又は猶予した期間に対応する部分の金額に限る。

一　督促状に指定した期限までに労働保険料その他この法律の規定による徴収金を完納したとき。

二　納付義務者の住所又は居所がわからないため、公示送達の方法によつて督促したとき。

三　延滞金の額が百円未満であるとき。

四　労働保険料について滞納処分の執行を停止し、又は猶予したとき。

五　労働保険料を納付しないことについてやむを得ない理由があると認められるとき。

（先取特権の順位）

第二十九条　労働保険料その他この法律の規定による徴収金の先取特権の順位は、国税及び地方税に次ぐものとする。

（徴収金の徴収手続）

第三十条　労働保険料その他この法律の規定による徴収金は、この法律に別段の定めがある場合を除き、国税徴収の例により徴収する。

（労働保険料の負担）

第三十一条　次の各号に掲げる被保険者は、当該各号に掲げる額を負担するものとする。

一　第十二条第一項第一号の事業に係る被保険者　イに掲げる額からロに掲げる額を減じた額の二分の一の額

イ　当該事業に係る一般保険料の額のうち雇用保険率に応ずる部分の額

ロ　イの額に相当する額に二事業率を乗じて得た額

二　第十二条第一項第三号の事業に係る被保険者　イに掲げる額からロに掲げる額を減じた額の二分の一の額

イ　当該事業に係る一般保険料の額

ロ　イの額に相当する額に二事業率を乗じて得た額

2　日雇労働被保険者は、前項の規定によるその者の負担すべき額のほか、印紙保険料の額の二分の一の額（その額に一円未満の端数があるときは、その端数は、切り捨てる。）を負担するものとする。

3　事業主は、当該事業に係る労働保険料の額のうち当該労働保険料の額から前二項の規定による被保険者の負担すべき額を控除した額を負担するものとする。

（賃金からの控除）

第三十二条　事業主は、厚生労働省令で定めるところにより、前条第一項又は第二項の規定による被保険者の負担すべき額に相当する額を当該被保険者に支払う賃金から控除することができる。この場合において、事業主は、労働保険料控除に関する計算書を作成し、その控除額を当該被保険者に知らせなければならない。

2　第八条第一項又は第二項の規定により事業主とされる元請負人は、前条第一項の規定によるその使用する労働者以外の被保険者の負担すべき額に相当する額の賃金からの控除を、当該被保険者を使用する下請負人に委託することができる。

3　第一項の規定は、前項の規定により下請負人が委託を受けた場合について準用する。

第四章　労働保険事務組合

（労働保険事務組合）

第三十三条　中小企業等協同組合法（昭和二十四年法律第百八十一号）第三条の事業協同組合又は協同組合連合会その他の事業主の団体又はその連合団体（法人でない団体又は連合団体であつて代表者の定めがないものを除く。以下同じ。）は、団体の構成員又は連合団体を構成する団体の構成員である事業主その他厚生労働省令で定める事業主（厚生労働省令で定める数を超える数の労働者を使用する事業主を除く。）の委託を受けて、この章の定めるところにより、これらの者が行うべき労働保険料の納付その他の労働保険に関する事項（印紙保険料に関する事項を除く。以下「労働保険事務」という。）を処理することができる。

2　事業主の団体又はその連合団体は、前項に規定する業務を行なおうとするときは、厚生労働大臣の認可を受けなければならない。

3　前項の認可を受けた事業主の団体又はその連合団体（以下「労働保険事務組合」という。）は、第一項に規定する業務を廃止しようとするときは、六十日前までに、その旨を厚生労働大臣に届け出なければならない。

4　厚生労働大臣は、労働保険事務組合がこの法律、労災保険法若しくは雇用保険法若しくはこれらの法律に基づく厚生労働省令（以下「労働保険関係法令」という。）の規定に違反したとき、又はその行うべき労働保険事務の処理を怠り、若しくはその処理が著しく不当であると認めるときは、第二項の認可を取り消すことができる。

（労働保険事務組合に対する通知等）

第三十四条　政府は、労働保険事務組合に労働保険事務の処理を委託した事業主に対してすべき労働保険関係法令の規定による労働保険料の納入の告知その他の通知及び還付金の還付については、これを労働保険事務組合に対してすることができる。この場合において、労働保険事務組合に対してした労働保険料の納入の告知その他の通知及び還付金の還付は、当該事業主に対してしたものとみなす。

（労働保険事務組合の責任等）

第三十五条　第三十三条第一項の委託に基づき、事業主が労働保険関係法令の規定による労働保険料その他の徴収金の納付のため、金銭を労働保険事務組合に交付したときは、その金額の限度で、労働保険事務組合は、政府に対して当該徴収金の納付の責めに任ずるものとする。

2　労働保険関係法令の規定により政府が追徴金又は延滞金を徴収する場合において、その徴収について労働保険事務組合の責めに帰すべき理由があるときは、その限度で、労働保険事務組合は、政府に対して当該徴収金の納付の責めに任ずるものとする。

3　政府は、前二項の規定により労働保険事務組合が納付すべき徴収金については、当該労働保険事務組合に対して第二十七条第三項（労災保険法第十二条の三第三項及び第三十一条第四項並びに雇用保険法第十条の四第三項において準用する場合を含む。）の規定による処分をしてもなお徴収すべき残余がある場合に限り、その残余の額を当該事業主から徴収することができる。

4　労働保険事務組合は、労災保険法第十二条の三第二項の規定及び雇用保険法第十条の四第二項の規定の適用については、事業主とみなす。

（帳簿の備付け）

第三十六条　労働保険事務組合は、厚生労働

省令で定めるところにより、その処理する労働保険事務に関する事項を記載した帳簿を事務所に備えておかなければならない。

第五章　行政手続法との関係

（行政手続法の適用除外）

第三十七条　この法律（第三十三条第二項及び第四項を除く。）の規定による処分については、行政手続法（平成五年法律第八十八号）第二章及び第三章の規定は、適用しない。

第三十八条　削除

第六章　雑則

（適用の特例）

第三十九条　都道府県及び市町村の行う事業その他厚生労働省令で定める事業については、当該事業を労災保険に係る保険関係及び雇用保険に係る保険関係ごとに別個の事業とみなしてこの法律を適用する。

2　国の行なう事業及び前項に規定する事業については、労働者の範囲（同項に規定する事業のうち厚生労働省令で定める事業については、労働者の範囲及び一般保険料の納付）に関し、厚生労働省令で別段の定めをすることができる。

第四十条　削除

（時効）

第四十一条　労働保険料その他この法律の規定による徴収金を徴収し、又はその還付を受ける権利は、これらを行使することができる時から二年を経過したときは、時効によつて消滅する。

2　政府が行う労働保険料その他この法律の規定による徴収金の徴収の告知又は督促は、時効の更新の効力を生ずる。

（報告等）

第四十二条　行政庁は、厚生労働省令で定めるところにより、保険関係が成立し、若しくは成立していた事業の事業主又は労働保険事務組合若しくは労働保険事務組合であつた団体に対して、この法律の施行に関し必要な報告、文書の提出又は出頭を命ずることができる。

（立入禁止）

第四十三条　行政庁は、この法律の施行のため必要があると認めるときは、当該職員に、保険関係が成立し、若しくは成立していた事業の事業主又は労働保険事務組合若しくは労働保険事務組合であつた団体の事務所に立ち入り、関係者に対して質問させ、又は帳簿書類（その作成、備付け又は保存に代えて電磁的記録（電子的方式、磁気的方式その他人の知覚によつては認識することができない方式で作られる記録であつて、電子計算機による情報処理の用に供されるものをいう。）の作成、備付け又は保存がされている場合における当該電磁的記録を含む。）の検査をさせることができる。

2　前項の規定により立入検査をする職員は、その身分を示す証票を携帯し、関係人の請求があるときは、これを提示しなければならない。

3　第一項の規定による立入検査の権限は、犯罪捜査のために認められたものと解釈してはならない。

（資料の提供）

第四十三条の二　行政庁は、保険関係の成立又は労働保険料に関し必要があると認めるときは、官公署に対し、法人の事業所の名称、所在地その他必要な資料の提供を求めることができる。

（経過措置の命令への委任）

第四十四条　この法律に基づき政令又は厚生労働省令を制定し、又は改廃する場合においては、それぞれ政令又は厚生労働省令で、その制定又は改廃に伴い合理的に必要と判断される範囲内において、所要の経過措置を定めることができる。この法律に基づき、厚生労働大臣が労災保険率その他の事項を定め、又はこれを改廃する場合においても、同様とする。

（権限の委任）

第四十五条　この法律に定める厚生労働大臣の権限は、厚生労働省令で定めるところにより、その一部を都道府県労働局長に委任することができる。

（厚生労働省への委任）

第四十五条の二　この法律に規定するもののほか、労働保険料の納付の手続その他この法律の実施に関し必要な事項は、厚生労働省令で定める。

第七章　罰則

第四十六条　事業主が次の各号のいずれかに該当するときは、六月以下の懲役又は三十万円以下の罰金に処する。労災保険法第三十五条第一項に規定する団体が第五号又は第六号に該当する場合におけるその違反行為をした当該団体の代表者又は代理人、使用人その他の従業者も、同様とする。

一　第二十三条第二項の規定に違反して雇用保険印紙をはらず、又は消印しなかつた場合

二　第二十四条の規定に違反して帳簿を備えておかず、帳簿に記載せず、若しくは虚偽の記載をし、又は報告をせず、若しくは虚偽の報告をした場合

三　第四十二条の規定による命令に違反して報告をせず、若しくは虚偽の報告をし、又は文書を提出せず、若しくは虚偽の記載をした文書を提出した場合

四　第四十三条第一項の規定による当該職員の質問に対して答弁をせず、若しくは虚偽の答弁をし、又は検査を拒み、妨げ、若しくは忌避した場合

第四十七条　労働保険事務組合が次の各号のいずれかに該当するときは、その違反行為をした労働保険事務組合の代表者又は代理人、使用人その他の従業者は、六月以下の懲役又は三十万円以下の罰金に処する。

一　第三十六条の規定に違反して帳簿を備えておかず、又は帳簿に労働保険事務に関する事項を記載せず、若しくは虚偽の記載をした場合

二　第四十二条の規定による命令に違反して報告をせず、若しくは虚偽の報告をし、又は文書を提出せず、若しくは虚偽の記載をした文書を提出した場合

三　第四十三条第一項の規定による当該職員の質問に対して答弁をせず、若しくは虚偽の答弁をし、又は検査を拒み、妨げ、若しくは忌避した場合

第四十八条　法人（法人でない労働保険事務組合及び労災保険法第三十五条第一項に規定する団体を含む。以下この項において同じ。）の代表者又は法人若しくは人の代理人、使用人その他の従業者が、その法人又は人の業務に関して、前二条の違反行為をしたときは、行為者を罰するほか、その法人又は人に対しても、各本条の罰金刑を科する。

2　前項の規定により法人でない労働保険事務組合又は労災保険法第三十五条第一項に規定する団体を処罰する場合においては、その代表者が訴訟行為につきその労働保険事務組合又は団体を代表するほか、法人を被告人又は被疑者とする場合の刑事訴訟に関する法律の規定を準用する。

附則

（施行期日）

第一条　この法律は、別に法律で定める日から施行する。

（雇用保険に係る保険関係の成立に関する暫定措置）

第二条　雇用保険法附則第二条第一項の任意適用事業（以下この条及び次条において「雇用保険暫定任意適用事業」という。）の事業主については、その者が雇用保険の加入の申請をし、厚生労働大臣の認可があつた日に、その事業につき第四条に規定する雇用保険に係る保険関係が成立する。

2　前項の申請は、その事業に使用される労働者の二分の一以上の同意を得なければ行うことができない。

3　雇用保険暫定任意適用事業の事業主は、その事業に使用される労働者の二分の一以上が希望するときは、第一項の申請をしなければならない。

4　雇用保険法第五条第一項の適用事業に該当する事業が雇用保険暫定任意適用事業に該当するに至つたときは、その翌日に、その事業につき第一項の認可があつたものとみなす。

第三条　雇用保険暫定任意適用事業に該当する事業が雇用保険法第五条第一項の適用事業に該当するに至つた場合における第四条の規定の適用については、その該当するに至つた日に、その事業が開始されたものとみなす。

（雇用保険に係る保険関係の消滅に関する暫定措置）

第四条　附則第二条第一項又は第四項の規定により雇用保険に係る保険関係が成立している事業の事業主については、第五条の規定によるほか、その者が当該保険関係の消滅の申請をし、厚生労働大臣の認可があつた日の翌日に、その事業についての当該保険関係が消滅する。

2　前項の申請は、その事業に使用される労働者の四分の三以上の同意を得なければ行うことができない。

（増加概算保険料の納付に関する暫定措置）

第五条　第十六条の規定は、第十二条第一項第二号又は第三号の事業が同項第一号の事業に該当するに至つたため当該事業に係る一般保険料率が変更した場合において厚生労働省令で定める要件に該当するときにおける当該変更に伴う労働保険料の増加額の納付について準用する。

（不利益取扱いの禁止）

第六条　事業主は、労働者が附則第二条第一項の規定による保険関係の成立を希望したことを理由として、労働者に対して解雇その他不利益な取扱いをしてはならない。

（罰則）

第七条　事業主が附則第二条第三項又は前条の規定に違反したときは、六箇月以下の懲役又は三十万円以下の罰金に処する。

2　法人の代表者又は法人若しくは人の代理人、使用人その他の従業者が、その法人又は人の業務に関して、前項の違反行為をしたときは、行為者を罰するほか、その法人又は人に対しても、同項の罰金刑を科する。

第八条　削除

（印紙保険料の額の変更に関する暫定措置）

第九条　当分の間、第二十二条第四項の規定による印紙保険料の額の変更については、同項中「雇用保険法第四十九条第一項」とあるのは「雇用保険法第四十九条第一項並びに雇用保険法等の一部を改正する法律（平成六年法律第五十七号）附則第十一条第三項及び第四項」と、「同項に」とあるのは「雇用保険法第四十九条第二項に」と、「同項の」とあるのは「同項並びに雇用保険法等の一部を改正する法律附則第十一条第三項及び第四項の」として、同項の規定を適用する。

（雇用保険率の変更に関する暫定措置）

第十条　雇用保険法附則第 13 条第 1 項の規定が適用される会計年度における第 12 条第 5 項の規定の適用については、同項中「第 66 条第 1 項、第 2 項及び第 5 項の規定による国庫の負担額（同条第 1 項第 4 号の規定による国庫の負担額を除く。）、同条第六項の規定による国庫の負担額（同法による雇用保険事業の事務の執行に要する経費に係る分を除く。）並びに同法第 67 条の規定による国庫の負担額」とあるのは、「附則第 13 条第 1 項の規定による国庫の負担額（育児休業給付金に係る国庫の負担額を除く。）及び同条第 3 項において読み替えて適用する同法第66条第6項の規定による国庫の負担額（同法による雇用保険事業の事務の執行に要する経費に係る分を除く。）」とする。

第十条の二　平成二十九年度から令和三年度までの各年度における前条の規定の適用については、同条中「附則第十三条第一項の規定」とあるのは、「附則第十四条第一項の規定」とする。

（雇用保険率に関する暫定措置）

第十一条　平成二十九年度から令和三年度までの各年度における第十二条第四項の雇用保険率については、同項中「千分の十五・五」とあるのは「千分の十三・五」と、「千分の十七・五」とあるのは「千分の十五・五」と、「千分の十八・五」とあるのは「千分の十六・五」として、同項の規定を適用する。

2　前項の場合において、第十二条第五項中「千分の十一・五から千分の十九・五まで」とあるのは「千分の九・五から千分の十七・五まで」と、「千分の十三・五から千分の二十一・五まで」とあるのは「千分の十一・五から千分の十九・五まで」と、「千分の十四・五から千分の二十二・五まで」とあるのは「千分の十二・五から千分の二十・五まで」と、同条第十項中「千分の十一・五から千分の十九・五まで」とあるのは「千分の九・五から千分の十七・五まで」と、「千分の十一から千分の十九まで」とあるのは「千分の九から千分の十七まで」と、「千分の十三・五から千分の二十一・五まで」とあるのは「千分の十一・五から千分の十九・五まで」と、「千分の十三から千分の二十一まで」とあるのは「千分の十一から千分の十九まで」と、「千分の十四・五から千分の二十二・五まで」とあるのは「千分の十二・五から千分の二十・五まで」と、「千分の十四から千分の二十二まで」とあるのは「千分の十二から千分の二十まで」と、同条第十一項中「千分の十一・五から千分の十九・五まで」とあるのは「千分の九・五から千分の十七・五まで」と、「千分の十・五から千分の十八・五まで」とあるのは「千分の八・五から千分の十六・五まで」と、「千分の十三・五から千分の二十一・五まで」とあるのは「千分の十一・五から千分の十九・五まで」と、「千分の十二・五から千分の二十・五まで」とあるのは「千分の十・五から千分の十八・五まで」と、「千分の十四・五から千分の二十二・五まで」とあるのは「千分の十二・五から千分の二十・五まで」とする。

（延滞金の割合の特例）

第十二条　第二十八条第一項に規定する延滞金の年十四・六パーセントの割合及び年七・三パーセントの割合は、当分の間、同項の規定にかかわらず、各年の延滞税特例基準割合（租税特別措置法（昭和三十二年法律第二十六号）第九十四条第一項に規定する延滞税特例基準割合をいう。以下この条において同じ。）が年七・三パーセントの割合に満たない場合には、その年中においては、年十四・六パーセントの割合にあつては当該延滞税特例基準割合に年七・三パーセントの割合を加算した割合とし、年七・三パーセントの割合にあつては当該延滞税特例基準割合に年一パーセントの割合を加算した割合（当該加算した割合が年七・三パーセントの割合を超える場合には、年七・三パーセントの割合）とする。

労災保険率適用事業細目・労務費率及び労災保険率表

（令和6年年4月1日改定）

事業の種類の分類	事業の種類の番号	事業の種類	事業の種類の細目	備考	労務費率	労災保険率
林業	02 又は 03	林業	A　木材伐出業 0201　伐木、造材、集材若しくは運材の事業又はこれらに付随する事業 B　その他の林業 0301　植林若しくは造林の事業又はこれらに付随する事業 0302　竹の伐出業 0304　薪の切出製造若しくは木炭の製造又はこれらに付随する搬出の事業 0303　その他の各種林業			1,000分の52
漁業	11	海面漁業((12)定置網漁業又は海面漁類養殖業を除く。)	1101　海面において行う水産動物（貝類を除く。）の採捕の事業			1,000分の18
	12	定置網漁業又は海面漁類養殖業	1201　海面において定置網を用いて行う漁業 1202　海面において行う魚類の養殖の事業			1,000分の37
鉱業	21	金属鉱業、非金属鉱業((23)石灰石鉱業又はドロマイド鉱業を除く。)又は石灰鉱業	2101　金属鉱業 金鉱、銀鉱、銅鉱、鉛鉱、蒼鉛鉱、すず鉱、アンチモニー鉱、水銀鉱、亜鉛鉱、鉄鉱、硫化鉄鉱、クローム鉄鉱、マンガン鉱、タングステン鉱、モリブデン鉱、砒鉱、ニッケル鉱、コバルト鉱、ウラン鉱、又はトリウム鉱の鉱業 2102　非金属鉱業 りん鉱、黒鉛、アスファルト、硫黄、石膏、重晶石、明ばん石、ほたる石、石綿、けい石、長石、ろう石、滑石又は耐火粘土の鉱業 2103　無煙炭鉱業 2104　れき青炭鉱業 2105　その他の石炭鉱業	(2601)砂鉱業、(2602)石炭選別業及び(2603)亜炭鉱業（亜炭選別業を含む。）を除く		1,000分の88
	23	石灰石鉱業又はドロマイド鉱業	2301　石灰石鉱業又はドロマイド鉱業			1,000分の13
	24	原油又は天然ガス鉱業	2401　原油鉱業 2402　天然ガス鉱業又は圧縮天然ガス生産業			1,000分の2.5
	25	採石業	2501　花こう岩、せん緑岩、斑糲岩、かんらん岩、斑岩、玢岩、輝緑岩、粗面岩、安山岩、玄武岩、礫岩、砂岩、頁岩、粘板岩、ぎょう岩、片麻岩、蛇紋岩、結晶片岩、ベントナイト、酸性白土、	(2604)砂利砂等の採取業を除き、一貫して行う岩石又は		1,000分の37

			けいそう土、陶石、雲母又はひる石の採取業 2502　その他の岩石又は粘土（耐火粘土を除く。）等の採取業	粘土（耐火粘土を除く。）の破砕等の（4907）その他の各種窯業又は土石製品製造業を含む		
	26	その他の鉱業	2601　砂鉱業 2602　石炭選別業 2603　亜炭鉱業（亜炭選別業を含む。） 2604　砂利、砂等の採取業			1,000分の26
建設事業	31	水力発電施設、隧道等新設事業	3101　水力発電施設新設事業 水力発電施設の新設に関する建設事業及びこれに附帯して当該事業現場内において行われる事業（発電所又は変電所の家屋の建築事業、水力発電施設新設事業現場に至るまでの工事用資材の運送のための道路、鉄道又は軌道の建設事業、建設工事用機械以外の機械若しくは鉄管の組立て又はすえ付けの事業、送電線路の建設事業及び水力発電施設新設事業現場外における索道の建設事業を除く。） 3102　高えん堤新設事業 基礎地盤から堤頂までの高さ20メートル以上のえん堤（フイルダムを除く。）の新設に関する建設事業及びこれに附帯して当該事業現場内において行われる事業（高えん堤新設事業現場に至るまでの工事用資材の運送のための道路、鉄道又は軌道の建設事業、建設工事用機械以外の機械の組立て又はすえ付けの事業及び高えん堤新設事業現場以外における索道の建設事業を除く。） 3103　隧道新設事業 隧道の新設に関する建設事業、隧道の内面巻替えの事業及びこれらに附帯して当該事業現場内において行われる事業（隧道新設事業の態様をもって行われる道路、鉄道、軌道、水路、煙道、建設物等の建設事業（推進工法による管の埋設の事業を除く。）を含み、内面巻立て後の隧道内において路面ほ装、砂利散布又は軌条の敷設を行う事業及び内面巻立て後の隧道内における建築物の建設事業を除く。）		19%	1,000分の34
	32	道路新設事業	3201　道路の新設に関する建設事業及びこれに附帯して行われる事業	（3103）隧道新設事業及び（35）建築事業を除く	19%	1,000分の11

33	舗装工事業	3301 道路、広場、プラットホーム等の舗装事業 3302 砂利散布の事業 3303 広場の展圧又は芝張りの事業		17%	1,000分の9
34	鉄道又は軌道新設事業	次に掲げる事業及びこれに附帯して行われる事業（建設工事用機械以外の機械の組立て又はすえ付けの事業を除く。） 3401 開さく式地下鉄道の新設に関する建設事業 3402 その他の鉄道又は軌道の新設に関する建設事業	（3103）隧（ずい）道新設事業及び（35）建築事業を除く。	24%	1,000分の9
35	建築事業（（38）既設建築物設備工事業を除く。）	次に掲げる事業及びこれに附帯して行われる事業（建設工事用機械以外の機械の組立て又はすえ付けの事業を除く。） 3501 鉄骨造り又は鉄骨鉄筋若しくは鉄筋コンクリート造りの家屋の建築事業（（3103）隧（ずい）道新設事業の態様をもって行われるものを除く。） 3502 木造、れんが造り、石造り、ブロック造り等の家屋の建設事業 3503 橋りょう建設事業 イ 一般橋りょうの建設事業 ロ 道路又は鉄道の鉄骨鉄筋若しくは鉄筋コンクリート造りの高架橋の建設事業 ハ 跨（こ）線道路橋の建設事業 ニ さん橋の建設事業 3504 建築物の新設に伴う設備工事業（（3507）建築物の新設に伴う電気の設備工事業及び（3715）さく井事業を除く。） イ 電話の設備工事業 ロ 給水、給湯等の設備工事業 ハ 衛生、消火等の設備工事業 ニ 暖房、冷房、換気、乾燥、温湿度調整等の設備工事業 ホ 工作物の塗装工事業 ヘ その他の設備工事業 3507 建築物の新設に伴う電気の設備工事業 3508 送電線路又は配電線路の建設（埋設を除く。）の事業 3505 工作物の解体、移動、取りはずし又は撤去の事業 3506 その他の建築事業 イ 野球場、競技場等の鉄骨造り又は鉄骨鉄筋若しくは鉄筋コンクリート造りのスタンドの建設事業 ロ たい雪覆（おお）い、雪止め柵、落石覆い、落石防止柵等の建設事業 ハ 鉄塔又は跨（こ）線橋（跨線道路橋を除く。）の建設事業		23%	1,000分の9.5

			ニ　煙突、煙道、風洞等の建設事業（(3103) 隧道新設事業の態様をもって行われるものを除く。） ホ　やぐら、鳥居、広告塔、タンク等の建設事業 ヘ　門、塀、柵、庭園等の建設事業 ト　炉の建設事業 チ　通信線路又は鉄管の建設（埋設を除く。）の事業 リ　信号機の建設事業 ヌ　その他の各種建築事業			
	38	既設建築物設備工事業	3801　既設建築物の内部において主として行われる次に掲げる事業及びこれに附帯して行われる事業（建設工事用機械以外の機械の組立て又はすえ付けの事業（3802）既設建築物の内部において主として行われる電気設備工事業及び（3715）さく井事業を除く。） イ　電話の設備工事業 ロ　給水、給油等の設備工事業 ハ　衛生、消化等の設備工事業 ニ　暖房、冷房、換気、乾燥、温湿度調整等の設備工事業 ホ　工作物の塗装工事業 ヘ　その他の設備工事業 3802　既設建築物の内部において主として行われる電気の設備工事業 3803　既設建築物における建具の取付け、床張りその他の内装工事業		23%	1,000分の12
	36	機械装置の組立て又はすえ付けの事業	次に掲げる事業及びこれに附帯して行われる事業 3601　各種機械装置の組立て又はすえ付けの事業 3602　索道建設事業		38％ 組立て又は取付けに関するもの 21％ その他のもの	1,000分の6
	37	その他の建設事業	次に掲げる事業及びこれに附帯して行われる事業 3701　えん堤の建設事業（(3102) 高えん堤新設事業を除く。） 3702　隧道の改修、復旧若しくは維持の事業又は推進工法による管の埋設の事業（(3103) 内面巻替えの事業を除く。） 3703　道路の改修、復旧又は維持の事業 3704　鉄道又は軌道の改修、復旧又は維持の事業	（33）舗装工事業及び（3505）工作物の解体、移動、取りはずし又は撤去の事業を除く	24%	1,000分の15

			3705　河川又はその附属物の改修、復旧又は維持の事業 3706　運河若しくは水路又はこれらの附属物の建設事業 3707　貯水池、鉱毒沈殿池、プール等の建設事業 3708　水門、樋門等の建設事業 3709　砂防設備（植林のみによるものを除く。）の建設事業 3710　海岸又は港湾における防波堤、岸壁、船だまり場等の建設事業 3711　湖沼、河川又は海面の浚渫、干拓又は埋立ての事業 3712　開墾、耕地整理又は敷地若しくは広場の造成の事業（一貫して行う（3719）造園の事業を含む。） 3719　造園の事業 3713　地下に構築する各種タンクの建設事業 3714　鉄管、コンクリート管、ケーブル、鋼材等の埋設の事業 3715　さく井事業 3716　工作物の破壊事業 3717　沈没物の引揚げ事業 3718　その他の各種建設事業			
製造業	41	食料品製造業	4101　食料品製造業（たばこ等製造業を除く。） 4112　たばこ等製造業			1,000分の5.5
	42	繊維工業又は繊維製品製造業	4201　繊維工業又は繊維製品製造業			1,000分の4
	44	木材又は木製品製造業	4401　木材又は木製品製造業	（6108）竹、籐又はきりゆう製品製造業を除く。		1,000分の13
	45	パルプ又は紙製造業	4501　パルプ又は紙製造業			1,000分の7
	46	印刷又は製本業	4601　印刷又は製本業			1,000分の3.5
	47	化学工業	4701　化学工業	（42）繊維工業又は繊維製品製造業及び（6110）くずゴム製品製造業を除く		1,000分の4.5

48	ガラス又はセメント製造業	4801 ガラス又はセメント製造業			1,000分の6
66	コンクリート製造業	6601 コンクリート製造業			1,000分の13
62	陶磁器製品製造業	6201 陶磁器製品製造業			1,000分の17
49	その他の窯業又は土石製品製造業	4901 その他の窯業又は土石製品製造業			1,000分の23
50	金属精錬業((51) 非鉄金属精錬業を除く。)	5001 金属精錬業	一貫して行う(52) 金属材料品製造業を含む。		1,000分の6.5
51	非鉄金属精錬業	5101 非鉄金属精錬業	一貫して行う(52) 金属材料品製造業を含む。		1,000分の7
52	金属材料品製造業((53) 鋳物業を除く。)	5201 金属材料品製造業	一貫して(50) 金属精錬業又は(51) 非鉄金属精錬業を行うものを除く。		1,000分の5
53	鋳 物 業	5301 鋳物業			1,000分の16
54	金属製品製造業又は金属加工業((63) 洋食器、刃物、手工具又は一般金物製造業及び(55) めつき業を除く。)	5401 金属製品製造業又は金属加工業			1,000分の9
63	洋食器、刃物、手工具又は一般金物製造業(55) めつき業を除く。)	6301 洋食器、刃物、手工具又は一般金物製造業			1,000分の6.5
55	めつき業	5501 めつき業			1,000分の6.5

	56	機械器具製造業（(57) 電気機械器具製造業、(58) 輸送用機械器具製造業、(59) 船舶製造又は修理業及び (60) 計量器、光学機械、時計等製造業を除く。）	5601　機械器具製造業			1,000 分の 5
	57	電気機械器具製造業	5701　電気機械器具製造業			1,000 分の 3
	58	輸送用機械器具製造業（(59) 船舶製造又は修理業を除く。）	5801　輸送用機械器具製造業			1,000 分の 4
	59	船舶製造又は修理業	5901　船舶製造又は修理業			1,000 分の 23
	60	計量器、光学機械、時計等製造業（(57) 電気機械器具製造業を除く。）	6001　計量器、光学機械、時計等製造業			1,000 分の 2.5
	64	貴金属製品、装身具、皮革製品等製造業	6401　貴金属製品、装身具、皮革製品等製造業			1,000 分の 3.5
	61	その他の製造業	6102　ペン、ペンシルその他の事務用品又は絵画用品製造業 6104　可塑物製品製造業（購入材料によるものに限る。） 6105　漆器製造業 6107　加工紙、紙製品、紙製容器又は紙加工品製造業 6108　竹、籐又はきりゆう製品製造業 6109　わら類製品製造業 6110　くずゴム製品製造業 6115　塗装業 6116　その他の各種製造業			1,000 分の 6

運輸業	71	交通運輸事業	7101 鉄道、軌道又は索道による旅客又は貨物の運送事業（(7202) 貨物の積みおろし又は集配を伴う貨物の運送事業を除く。） 7102 自動車又は軽車両による旅客の運送事業 7104 航空機による旅客又は貨物の運送事業 7105 船舶による旅客の運送事業 7103 自動車、航空機等を使用して宣伝、広告、測量等を行う事業 7106 その他の交通運輸事業			1,000分の4
	72	貨物取扱事業（(73) 港湾貨物取扱事業及び(74) 港湾荷役業を除く。）	7201 停車場、倉庫、工場、道路等における貨物取扱いの事業 7202 貨物の積みおろし又は集配を伴う鉄道軌道又は索道による貨物の運送事業 7203 自動車又は軽車両による貨物の運送事業 7206 船舶による貨物の運送事業 7204 貨物の荷造り又はこん包の事業 7205 自動車により砂利その他の土石を運搬して販売する事業			1,000分の8.5
	73	港湾貨物取扱事業((74) 港湾荷役業を除く。）	7301 港湾の上屋、倉庫等における貨物取扱いの事業 7302 はしけ又は引船による貨物の運送事業	一貫して(74) 港湾荷役業を行うものを除く。		1,000分の9
	74	港湾荷役業	7401 沿岸において船舶に荷を積み又は船舶から荷をおろすために貨物を取り扱う事業 7402 船舶内において船舶に荷を積み又は船舶から荷をおろすために貨物を取り扱う事業（一貫して行う (7401) 沿岸において船舶に荷を積み又は船舶から荷をおろすために貨物を取り扱う事業を含む。）	一貫して行う (73) 港湾貨物取扱事業を含む。		1,000分の12
電気、ガス、水道又は熱供給の事業	81	電気、ガス、水道又は熱供給の事業	A 電気業 8101 発電、送電、変電又は配電の事業 B ガス業 8102 天然ガスの採取供給又はガスの製造供給の事業 8103 天然ガス又はガスの供給の事業 C 水道業 8104 上水道業 8105 下水道業 D 熱供給業 8106 熱供給業			1,000分の3

その他の事業	95	農業又は海面漁業以外の漁業	9501 土地の耕作又は植物の栽植、栽培若しくは採取の事業その他の農業 9502 動物の飼育若しくは畜産の事業又は養蚕の事業 9503 水産動植物の採捕又は養殖の事業((11) 海面漁業及び (12) 定置網漁業又は海面魚類養殖業を除く。)			1,000 分の 13
	91	清掃、火葬又はと畜の事業	9101 清掃業 9102 火葬業 9103 と畜業			1,000 分の 13
	93	ビルメンテナンス業	9301 ビルの総合的な管理等の事業			1,000 分の 6
	96	倉庫業、警備業、消毒又は害虫駆除の事業又はゴルフ場の事業	9601 倉庫業 9602 警備業 9603 消毒又は害虫駆除の事業 9606 ゴルフ場の事業			1,000 分の 6.5
	97	通信業、放送業、新聞業又は出版業	9701 通信業 9702 放送業 9703 新聞業又は出版業			1,000 分の 2.5
	98	卸売業・小売業、飲食店又は宿泊業	9801 卸売業・小売業 9802 飲食店 9803 宿泊業			1,000 分の 3
	99	金融業、保険業又は不動産業	9901 金融業 9902 保険業 9903 不動産業			1,000 分の 2.5
	94	その他の各種事業	9411 広告、興信、紹介又は案内の事業 9412 速記、筆耕、謄写印刷又は青写真業 9418 映画の製作、演劇等の事業 9419 劇場、遊戯場その他の娯楽の事業 9420 洗たく、洗張又は染物の事業 9421 理容、美容又は浴場の事業 9422 物品賃貸業 9423 写真、物品預り等の事業 9425 教育業 9426 研究又は調査の事業 9431 医療業 9432 社会福祉又は介護事業 9433 幼稚園 9434 保育所 9435 認定こども園 9436 情報サービス業 9416 前各項に該当しない事業			1,000 分の 3
	90	船舶所有者の事業	9001 水産動植物の採捕又は養殖の事業 9002 外航旅客運送事業 9003 外航貨物運送事業 9004 内航旅客運送事業 9005 内航貨物運送事業 9006 その他の船舶所有者の事業			1,000 分の 42

第２種特別加入保険料率表

（令和６年４月１日施行）

事業又は作業の種類の番号	事業又は作業の種類	第二種特別加入保険料率
特　1	労働者災害補償保険法施行規則（以下「労災保険法施行規則」という）第46条の17第１号の事業（個人タクシー、個人貨物運送業者、自転車配達員）	1,000分の11
特　2	労災保険法施行規則第46条の17第２号の事業（建設業の一人親方）	1,000分の17
特　3	労災保険法施行規則第46条の17第３号の事業（漁船による自営業者）	1,000分の45
特　4	労災保険法施行規則第46条の17第４号の事業（林業の一人親方）	1,000分の52
特　5	労災保険法施行規則第46条の17第５号の事業（医薬品の配置販売業者）	1,000分の６
特　6	労災保険法施行規則第46条の17第６号の事業（再生資源取扱業者）	1,000分の14
特　7	労災保険法施行規則第46条の17第７号の事業（船員法第一条に規定する船員が行う事業）	1,000分の48
特　8	労災保険法施行規則第46条の17第８号の事業（柔道整復師の事業）	1,000分の３
特　9	労災保険法施行規則第46条の17第９号事業（創業支援等措置に基づき事業を行う高年齢者）	1,000分の３
特　10	労災保険法施行規則第46条の17第10号事業（あん摩マッサージ指圧師、はり師又はきゆう師の事業）	1,000分の３
特　11	労災保険法施行規則第46条の17第11号事業（歯科技工士の事業）	1,000分の３
特　12	労災保険法施行規則第46条の18第１号ロの作業（指定農業機械従事者）	1,000分の３
特　13	労災保険法施行規則第46条の18第２号イの作業（職場適応訓練受講者）	1,000分の３
特　14	労災保険法施行規則第46条の18第３号イ又はロの作業（金属等の加工、洋食器加工作業）	1,000分の14
特　15	労災保険法施行規則第46条の18第３号ハの作業（履物等の加工の作業）	1,000分の５
特　16	労災保険法施行規則第46条の18第３号ニの作業（陶磁器製造の作業）	1,000分の17
特　17	労災保険法施行規則第46条の18第３号ホの作業（動力機械による作業）	1,000分の３
特　18	労災保険法施行規則第46条の18第３号への作業（仏壇、食器の加工の作業）	1,000分の18
特　19	労災保険法施行規則第46条の18第２号ロの作業（事業主団体等委託訓練従事者）	1,000分の３
特　20	労災保険法施行規則第46条の18第１号イの作業（特定農作業従事者）	1,000分の９
特　21	労災保険法施行規則第46条の18第４号の作業（労働組合等常勤役員）	1,000分の３
特　22	労災保険法施行規則第46条の18第５号の作業（介護作業従事者）	1,000分の５
特　23	労災保険法施行規則第46条の18第６号の事業（芸能従事者）	1,000分の３
特　24	労災保険法施行規則第46条の17第８号の事業（アニメーション制作従事者）	1,000分の３
特　25	労災保険法施行規則第46条の18第８号の作業（情報処理システムの設計等の情報処理に係る作業従事者）	1,000分の３

※令和６年に上記に加え、「労災保険法施行規則第46条の17第12号の事業（特定受託事業者が業務委託事業者から業務委託を受けて行う事業）」が追加（料率1000分の3）される予定です。

別表第３（第20条関係）

労災保険率から非業務災害率を減じた率の増減表

<table>
<tr><th rowspan="2">労災保険の規定による業務災害に関する保険給付の額（労災保険法第16条の６第１項第２号の場合に支給される遺族補償一時金、第17条の２の表の第４欄に掲げる者に係るもの及び第３種特別加入者に係るものの額を除く。）に特別支給規則の規定による特別支給金で業務災害に係るものの額（労災保険法第16条の６第１項第２号の場合に支給される遺族補償一時金の受給権者に支給される遺族特別一時金、第17条の２の表の第４欄に掲げる者に係るもの及び第３種特別加入者に係るものの額を除く。）を加えた額と一般保険料の額（労災保険率（その率が法第12条第３項（法第12条の２の規定により読み替えて適用する場合を含む。）の規定により引き上げ又は引き下げられたときは、その引き上げ又は引き下げられた率）に応ずる部分の額に限る。）から非業務災害率に応ずる部分の額を減じた額に第１種特別加入保険料の額から特別加入非業務災害率に応ずる部分の額を減じた額を加えた額に第19条の２の第１種調整率を乗じて得た額との割合</th><th colspan="2">労災保険率から非業務災害率を減じた率に対する増減の割合</th></tr>
<tr><th>立木の伐採の事業以外の事業</th><th>立木の伐採の事業</th></tr>
<tr><td>10%以下</td><td>40%減</td><td>35%減</td></tr>
<tr><td>10%を超え　20%まで</td><td>35%減</td><td>30%減</td></tr>
<tr><td>20%を超え　30%まで</td><td>30%減</td><td>25%減</td></tr>
<tr><td>30%を超え　40%まで</td><td>25%減</td><td>20%減</td></tr>
<tr><td>40%を超え　50%まで</td><td>20%減</td><td>15%減</td></tr>
<tr><td>50%を超え　60%まで</td><td>15%減</td><td rowspan="2">10%減</td></tr>
<tr><td>60%を超え　70%まで</td><td>10%減</td></tr>
<tr><td>70%を超え　75%まで</td><td>５%減</td><td>５%減</td></tr>
<tr><td>85%を超え　90%まで</td><td>５%増加</td><td>５%増加</td></tr>
<tr><td>90%を超え　100%まで</td><td>10%増加</td><td rowspan="2">10%増加</td></tr>
<tr><td>100%を超え　110%まで</td><td>15%増加</td></tr>
<tr><td>110%を超え　120%まで</td><td>20%増加</td><td>15%増加</td></tr>
<tr><td>120%を超え　130%まで</td><td>25%増加</td><td>20%増加</td></tr>
<tr><td>130%を超え　140%まで</td><td>30%増加</td><td>25%増加</td></tr>
<tr><td>140%を超え　150%まで</td><td>35%増加</td><td>30%増加</td></tr>
<tr><td>150%を超え　160%まで</td><td>40%増加</td><td>35%増加</td></tr>
</table>

別表第３の２（第 20 条関係）

労災保険率から非業務災害率を減じた率の増減表

（平成 24 年４月１日改定）

労災保険の規定による業務災害に関する保険給付の額（労災保険法第 16 条の６第１項第２号の場合に支給される遺族補償一時金、第 17 条の２の表の第４欄に掲げる者に係るもの及び第３種特別加入者に係るものの額を除く。）に特別支給金規則の規定による特別支給金で業務災害に係るものの額（労災保険法第 16 条の６第１項第２号の場合に支給される遺族補償一時金の受給権者に支給される遺族特別一時金、第 17 条の２の表の第４欄に掲げる者に係るもの及び第３種特別加入者に係るものの額を除く。）を加えた額と一般保険料の額（労災保険率（その率が法第 12 条第３項（法第 12 条の２の規定により読み替えて適用する場合を含む。）の規定により引き上げ又は引き下げられたときは、その引き上げ又は引き下げられた率）に応ずる部分の額に限る。）から非業務災害率に応ずる部分の額を減じた額に第１種特別加入保険料の額から特別加入非業務災害率に応ずる部分の額を減じた額を加えた額に第 19 条の２の第１種調整率を乗じて得た額との割合	労災保険率から非業務災害率を減じた率に対増減の割合
10%以下	30%減
10%を超え　20%まで	25%減
20%を超え　30%まで	20%減
30%を超え　50%まで	15%減
50%を超え　70%まで	10%減
70%を超え　75%まで	５％減
85%を超え　90%まで	５％増加
90%を超え　110%まで	10%増加
110%を超え　130%まで	15%増加
130%を超え　140%まで	20%増加
140%を超え　150%まで	25%増加
150%を超えるもの	30%増加

特別加入保険料算定基礎額表

（平成25年8月1日改定）

給付基礎日額	保険料算定基礎額	給付基礎日額	保険料算定基礎額
25,000円	9,125,000円	8,000円	2,920,000円
24,000円	8,760,000円	7,000円	2,550,000円
22,000円	8,030,000円	6,000円	2,190,000円
20,000円	7,300,000円	5,000円	1,825,000円
18,000円	6,570,000円	4,000円	1,460,000円
16,000円	5,840,000円	3,500円	1,277,000円
14,000円	5,110,000円	（3,000円）	（1,095,000円）
12,000円	4,380,000円	（2,500円）	（912,500円）
10,000円	3,650,000円	（2,000円）	（730,000円）
9,000円	3,285,000円		

注1　（　　）内は家内労働者のみ適用されます

工事用物に関する告示

事業の種類の分類	事業の種類の番号	事業の種類	控除対象工事用物（当該価格に相当する額を請負代金の額に加算しない物）
建設事業	36	機械装置の組立て又は据付けの事業	機械装置

工事用物

事業の種類＼区分	請負代金から控除されるもの	
	事業開始時期が58年3月31日以前のもの	事業開始時期が58年4月1日以降のもの
水力発電施設、隧道等新設事業	なし	なし
道路新設事業	なし	なし
舗装工事業	なし	なし
鉄道又は軌道新設事業	軌条、分岐器、枕木	なし
建築事業（既設建築物設備工事業を除く）	なし	なし
既設建築物設備工事業	なし	なし
機械装置の組立て又は据付けの事業	機械装置	機械装置
その他の建設事業	鉄管、鉄パイル、型鋼、鋼矢板、地中用ケーブル、合成樹脂管、陶管、コンクリート管、コンクリートパイル、コンクリート矢板、金属製蛇篭、揚水機、排水機、軌条、分岐器及び枕木	なし

建設事業における労災保険率及び労務費率表

番号	事業の種類	事業開始日が平成27年4月1日～平成30年3月31日のもの		事業開始日が平成30年4月1日～令和6年3月31日のもの		事業開始日が令和6年4月1日以降のもの	
		労災保険率	労務費率	労災保険率	労務費率	労災保険率	労務費率
31	水力発電施設、隧道等新設事業	1,000分の79	19%	1,000分の62	19%	1,000分の34	19%
32	道路新設事業	1,000分の11	20%	1,000分の11	19%	1,000分の11	19%
33	舗装工事業	1,000分の 9	18%	1,000分の 9	17%	1,000分の 9	17%
34	鉄道又は軌道新設事業	1,000分の9.5	25%	1,000分の 9	24%	1,000分の 9	19%
35	建築事業 （既設建築物設備工事業を除く）	1,000分の11	23%	1,000分の9.5	23%	1,000分の9.5	23%
38	既設建築物設備工事業	1,000分の15	23%	1,000分の12	23%	1,000分の12	23%
36	機械装置の組立て又はすえ付けの事業 組立て又は取付けに関するもの その他のもの	1,000分の6.5	 40% 22%	1,000分の6.5	 38% 21%	1,000分の6	 38% 21%
37	その他の建設事業	1,000分の17	24%	1,000分の15	24%	1,000分の15	23%

雇用保険率

令和6年度の雇用保険料率　　（令和6年4月1日施行、令和7年3月31日まで）

負担者 事業の種類	① 労働者負担 （失業等給付・育児休業給付の保険料率のみ）	② 事業主負担	失業等給付・育児休業給付の保険料率	雇用保険二事業の保険料率	①+② 雇用保険料率
一般の事業	6/1000	9.5/1000	6/1000	3.5/1000	15.5/1000
農林水産・ 清酒製造の事業	7/1000	10.5/1000	7/1000	3.5/1000	17.5/1000
建設の事業	7/1000	11.5/1000	7/1000	4.5/1000	18.5/1000

隣接する都道府県労働局の管轄区域
（厚生労働大臣が指定する都道府県労働局の管轄区域を含む）一覧表

事務所の所在地の都道府県	有期事業の一括ができる近接都道府県
北海道	青森県
青森県	北海道　岩手県　秋田県
岩手県	青森県　宮城県　秋田県
宮城県	岩手県　秋田県　山形県　福島県
秋田県	青森県　岩手県　宮城県　山形県
山形県	宮城県　秋田県　福島県　新潟県
福島県	宮城県　山形県　茨城県　栃木県　群馬県　新潟県
茨城県	福島県　栃木県　群馬県　埼玉県　千葉県　東京都　神奈川県
栃木県	福島県　茨城県　群馬県　埼玉県　千葉県　東京都　神奈川県
群馬県	福島県　茨城県　栃木県　埼玉県　千葉県　東京都　神奈川県　新潟県　長野県
埼玉県	茨城県　栃木県　群馬県　千葉県　東京都　神奈川県　山梨県　長野県　静岡県
千葉県	茨城県　栃木県　群馬県　埼玉県　東京都　神奈川県　静岡県
東京都	茨城県　栃木県　群馬県　埼玉県　千葉県　神奈川県　山梨県　静岡県
神奈川県	茨城県　栃木県　群馬県　埼玉県　千葉県　東京都　山梨県　静岡県
新潟県	山形県　福島県　群馬県　東京都　富山県　長野県
富山県	新潟県　石川県　長野県　岐阜県
石川県	富山県　福井県　岐阜県
福井県	石川県　岐阜県　滋賀県　京都府
山梨県	埼玉県　東京都　神奈川県　長野県　静岡県
長野県	群馬県　埼玉県　新潟県　富山県　山梨県　岐阜県　静岡県　愛知県
岐阜県	富山県　石川県　福井県　長野県　愛知県　三重県　滋賀県
静岡県	埼玉県　千葉県　東京都　神奈川県　山梨県　長野県　愛知県
愛知県	長野県　岐阜県　静岡県　三重県
三重県	岐阜県　愛知県　滋賀県　京都府　大阪府　兵庫県　奈良県　和歌山県
滋賀県	福井県　岐阜県　三重県　京都府　大阪府　兵庫県　奈良県
京都府	福井県　三重県　滋賀県　大阪府　兵庫県　奈良県　和歌山県　鳥取県　岡山県
大阪府	三重県　滋賀県　京都府　兵庫県　奈良県　和歌山県　鳥取県　岡山県　徳島県　香川県
兵庫県	三重県　滋賀県　京都府　大阪府　奈良県　和歌山県　鳥取県　岡山県　徳島県　香川県
奈良県	三重県　滋賀県　京都府　大阪府　兵庫県　和歌山県
和歌山県	三重県　京都府　大阪府　兵庫県　奈良県　徳島県
鳥取県	京都府　兵庫県　島根県　岡山県　広島県
島根県	鳥取県　岡山県　広島県　山口県
岡山県	京都府　大阪府　兵庫県　鳥取県　島根県　広島県　香川県　愛媛県
広島県	鳥取県　島根県　岡山県　山口県　香川県　愛媛県
山口県	島根県　広島県　愛媛県　福岡県　大分県
徳島県	大阪府　兵庫県　和歌山県　香川県　愛媛県　高知県

香川県	大阪府　兵庫県　岡山県　広島県　徳島県　愛媛県　高知県
高知県	徳島県　香川県　愛媛県
愛媛県	岡山県　広島県　山口県　徳島県　香川県　高知県　大分県
福岡県	山口県　佐賀県　長崎県　熊本県　大分県　宮崎県　鹿児島県
佐賀県	福岡県　長崎県　熊本県　大分県
長崎県	福岡県　佐賀県　熊本県
熊本県	福岡県　佐賀県　長崎県　大分県　宮崎県　鹿児島県
大分県	山口県　愛媛県　福岡県　佐賀県　熊本県　宮崎県
宮崎県	熊本県　大分県　鹿児島県
鹿児島県	熊本県　宮崎県
沖縄県	――

厚生労働省関係機関等所在地一覧

◇厚生労働省

東京都千代田区霞が関１－２－２　中央合同庁舎第５号館

〒100-8916　電話03（5253）1111（代）

◇労災保険業務室

東京都練馬区上石神井４－８－４

〒177-0044　電話03（3920）3311（代）

◇労働保険審査会

東京都港区芝公園１－５－32　労働委員会会館８階

〒105-0011　電話03（5403）2211

◇独立行政法人労働者健康安全機構

神奈川県川崎市中原区木月住吉町１番１号

〒211-0021　電話044（431）8600（総務部）

都道府県労働局所在地一覧

労働局名	所在地及び電話番号
北海道労働局	〒060-8566　札幌市北区北八条西 2-1-1　札幌第 1 合同庁舎 **労働保険徴収課、労働保険適用室、労災補償課、職業安定課**　011-709-2311（代）
青森労働局	〒030-8558　青森市新町 2-4-25　青森合同庁舎 **労働保険徴収室**　017−734-4145　**労災補償課**　017-734-4115 **職業安定課**　017-721-2000
岩手労働局	〒020-8522　盛岡市盛岡駅西通 1 丁目 9 番 15 号 盛岡第 2 合同庁舎 5 階 **労働保険徴収室**　019-604-3003　**職業安定課**　019-604-3004 **労災補償課**　019-604-3009
宮城労働局	〒983-8585　仙台市宮城野区鉄砲町 1-1　仙台第 4 合同庁舎 **労働保険徴収課**　022-299-8842　**労災補償課**　022-299-8843 **職業安定課**　022-299-8061
秋田労働局	〒010-0951　秋田市山王 6-1-24　山王セントラルビル 6 階 **労働保険徴収室**　018-883-4267
（第 1 庁舎）	〒010-0951　秋田市山王 7-1-3　秋田合同庁舎 **労災補償課**　018-883-4275
（第 2 庁舎）	〒010-0951　秋田市山王 3-1-7　東カンビル 5 階 **職業安定課**　018-883-0007~9
山形労働局	〒990-8567　山形市香澄町 3-2-1　山交ビル 3 階 **労働保険徴収室**　023-624-8225　**労災補償課**　023-624-8227 **職業安定課**　023-626-6109
福島労働局	〒960-8513　福島市花園町 5-46　福島第二地方合同庁舎 **労働保険徴収室**　024-536-4607~8　**労災補償課**　024-536-4605 **職業安定課**　024-529-5338（代）
茨城労働局	〒310-8511　水戸市宮町 1-8-31　茨城労働総合庁舎 **労働保険徴収室**　029-224-6213　**労災補償課**　029-224-6217 **職業安定課**　029-224-6218
栃木労働局	〒320-0845　宇都宮市明保野町 1-4　宇都宮第 2 地方合同庁舎 **労働保険徴収室**　028-634-9113　**労災補償課**　028-634-9118 **職業安定課**　028-610-3555
群馬労働局	〒371-8567　前橋市大手町 2-3-1　前橋地方合同庁舎 8F（基準・雇均）　9F（総務・雇均） 8F　027-896-4739　9F　027-896-4733

群馬労働局 （大渡町分庁舎）	〒 371-0854　前橋市大渡町 1-10-7　群馬県公社総合ビル 9 階 **労働保険徴収室**　027-896-4734　**労災補償課**　027-896-4738 **職業安定課**　027-210-5007
埼玉労働局	〒330-6016　さいたま市中央区新都心 11-2 ランド・アクシス・タワー 14・15・16 階 14F（安定）15F（総務・基準・安定）16F（総務・雇均） **労働保険徴収課**　048-600-6203　**労災補償課**　048-600-6207 **職業安定課**　048-600-6208
千葉労働局	〒 260-0013　千葉市中央区中央 4 丁目 11- 1　千葉第 2 地方合同庁舎 **労働保険徴収課**　043-221-4317　**労災補償課**　043-221-4313 **職業安定課**　043-221-4081
東京労働局	〒 102-8305　千代田区九段南 1-2-1　九段第 3 合同庁舎 12 階～ 14 階 **徴収課**　03-3512-1627　**適用・事務組合課**　03-3512-1628（適用担当） **適用・事務組合課**　03-3512-1629（事務組合担当）　**労災補償課**　03-3512-1617 **職業安定課**　03-3512-1653　**雇用保険課**　03-3512-1670
神奈川労働局 （分庁舎）	〒 231-0015　横浜市中区尾上町 5-77-2　馬車道ウエストビル **労働保険徴収課**　045-650-2802（9 階）　**職業安定課**　045-650-2800（3 階）
（本庁舎）	〒 231-8434　横浜市中区北仲通 5-57　横浜第 2 合同庁舎 **労災補償課**　045-211-7355
（労災補償課分室）	〒 231-0006 横浜市南仲通 3-32-1　みなとファンタジアビル 5 階 **労災補償課**　045-222-6625（直通）
新潟労働局	〒 950-8625　新潟市中央区美咲町 1-2-1　新潟美咲合同庁舎 2 号館 **労働保険徴収課**　025-288-3502　**労災補償課**　025-288-3506 **職業安定課**　025-288-3507
富山労働局	〒 930-8509　富山市神通本町 1-5-5　富山労働総合庁舎 **労働保険徴収室**　076-432-2714　**労災補償課**　076-432-2739 **職業安定課**　076-432-2782
石川労働局	〒 920-0024　金沢市西念 3-4-1　金沢駅西合同庁舎 5 階・6 階 **労働保険徴収室**　076-265-4422　**労災補償課**　076-265-4426 **職業安定課**　076-265-4427
福井労働局	〒 910-8559　福井市春山 1-1-54　福井春山合同庁舎 **労働保険徴収室**　0776-22-0112　**労災補償課**　0776-22-2656 **職業安定課**　0776-26-8609
山梨労働局	〒 400-8577　甲府市丸の内 1－1-11 **労働保険徴収室**　055-225-2852　**労災補償課**　055-225-2856 **職業安定課**　055-225-2857
長野労働局	〒 380-8572　長野市中御所 1-22-1 **労働保険徴収室**　026-223-0552　**労災補償課**　026-223-0556 **職業安定課**　026-226-0865

岐阜労働局	〒500-8723　岐阜市金竜町 5-13　　岐阜合同庁舎 3 階・4 階 労働保険徴収室（3 階）058-245-8115　　労災補償課　058-245-8105 職業安定課　058-245-1311
静岡労働局	〒420-8639　静岡市葵区追手町 9-50　　静岡地方合同庁舎 3 階・5 階 労働保険徴収課　054-254-6316　　労災補償課　054-254-6369 職業安定課　054-271-9950
愛知労働局 （広小路庁舎）	〒460-0008　名古屋市中区栄 2-3-1　名古屋広小路ビルヂング 6F・11F・15F 労働保険徴収課　052-219-5501　労働保険適用・事務組合課　052-219-5502,5503 職業安定課　052-219-5504~6. 5568
（三の丸庁舎）	〒460-8507　名古屋市中区三の丸 2-5-1　　名古屋合同庁舎第 2 号館 労災補償課　052-972-0260,0261
三重労働局	〒514-8524　津市島崎町 327-2　　津第 2 地方合同庁舎 労働保険徴収室　059-226-2100　　労災補償課　059-226-2109 職業安定課　059-226-2305
滋賀労働局	〒520-0806　大津市打出浜 14-15　　滋賀労働総合庁舎 4 階 労働保険徴収室　077-522-6520　　労災補償課　077-522-6630 職業安定課　077-526-8609　　（安定部）（雇用環境・均等室）
京都労働局	〒604-0846　京都市中京区両替町通御池上ル金吹町 451 労働保険徴収課　075-241-3213　　労災補償課　075-241-3217 職業安定課　075-241-3268
大阪労働局 （第 2 庁舎）	〒540-0028　大阪市中央区常盤町 1-3-8　中央大通 FN ビル 9F・14F・17F・21F 労働保険徴収課　06-4790-6330　労働保険適用・事務組合課　06-4790-6340 職業安定課　06-4790-6300
（第 1 庁舎）	〒540-8527　大阪市中央区大手前 4-1-67　大阪合同庁舎第 2 号館 8F・9F 労災補償課　06-6949-6507　　（総務・雇均）（基準）
（労災補償課分室）	〒540-0003　大阪市中央区森ノ宮中央 1-15-10 大阪中央労働総合庁舎 3 階　06-7711-0740（直通）
兵庫労働局	〒650-0044　神戸市中央区東川崎町 1-1-3 神戸クリスタルタワー 14・15・16 階・17 階 労働保険徴収課　078-367-0780　　労働保険適用室　078-367-0790 労災補償課　078-367-9155　　職業安定課　078-367-0800
奈良労働局	〒630-8570　奈良市法蓮町 387　　奈良第 3 地方合同庁舎 労働保険徴収室　0742-32-0203　　労災補償課　0742-32-0207 職業安定課　0742-32-0208
和歌山労働局	〒640-8581　和歌山市黒田 2-3-3　　和歌山労働総合庁舎 労働保険徴収室　073-488-1102　　労災補償課　073-488-1153 職業安定課　073-488-1160

鳥取労働局	〒 680-8522　鳥取市富安 2-89-9 **労働保険徴収室**　0857-29-1702　**労災補償課**　0857-29-1706 **職業安定課**　0857-29-1707
島根労働局	〒 690-0841　松江市向島町 134-10　松江地方合同庁舎 5 階 **労働保険徴収室**　0852−20-7010~4　**労災補償課**　0852-31-1159,1160 **職業安定課**　0852-20-7016~9
岡山労働局	〒 700-8611　岡山市北区下石井 1-4-1　岡山第 2 合同庁舎 **労働保険徴収室**　086-225-2012　**労災補償課**　086-225-2019 **職業安定課**　086-801-5103
広島労働局 **（上八丁堀庁舎）**	〒 730-8538　広島市中区上八丁堀 6-30　広島合同庁舎第 2 号館 **労働保険徴収課**　082-221-9246　**労災補償課**　082-221-9245
（職業安定部庁舎）	〒 730-0013　広島市中区八丁堀 5-7　広島 KS ビル 4F **職業安定課**　082-502-7831
山口労働局	〒 753-8510　山口市中河原町 6-16　山口地方合同庁舎 2 号館 **労働保険徴収室**　083-995-0366　**労災補償課**　083-995-0374 **職業安定課**　083-995-0380
徳島労働局	〒 770-0851　徳島市徳島町城内 6-6　徳島地方合同庁舎 **労働保険徴収室**　088-652-9143　**労災補償課**　088-652-9144 **職業安定課**　088-611-5383
香川労働局	〒 760-0019　高松市サンポート 3-33　高松サンポート合同庁舎 2・3 階 **労働保険徴収室**　087-811-8917　**労災補償課**　087-811-8921 **職業安定課**　087-811-8922
愛媛労働局	〒 790-8538　松山市若草町 4-3　松山若草合同庁舎 5F・6F **労働保険徴収室**　089-935-5202　**労災補償課**　089-935-5206 **職業安定課**　089-943-5221
高知労働局	〒 780-8548　高知市南金田 1-39 **労働保険徴収室**　088-885-6026　**労災補償課**　088-885-6025 **職業安定課**　088-885-6051
（労災補償課分室）	〒 780-0870　高知市本町 4-3-41　高知地方合同庁舎 1 階 088-820-5135（直通）
福岡労働局	〒 812-0013　福岡市博多区博多駅東 2-11-1 福岡合同庁舎新館 4F・5F・6F **労働保険徴収課（徴収関係）**　092-434-9831,9832 **（適用関係）**　092-434-9833~9836 **労災補償課**　092-411-4799　**職業安定課**　092-434-9801~4
佐賀労働局	〒 840-0801　佐賀市駅前中央 3-3-20　佐賀第 2 合同庁舎 **労働保険徴収室**　0952-32-7168　**労災補償課**　0952-32-7193 **職業安定課**　0952-32-7216

長崎労働局	〒850-0033　長崎市万才町 7-1　住友生命長崎ビル 3・4・6 階 **労働保険徴収室**　095-801-0025　**労災補償課**　095-801-0034 **職業安定課**　095-801-0040
熊本労働局	〒860-8514　熊本市西区春日 2-10-1　熊本地方合同庁舎 A 棟 9 階 **労働保険徴収室**　096-211-1702　**労災補償課**　096-355-3183 **職業安定課**　096-211-1703
大分労働局	〒870-0037　大分市東春日町 17-20 大分第 2 ソフィアプラザビル 3 階・4 階・6 階 **労働保険徴収室**　097-536-7095　**労災補償課**　097-536-3214 **職業安定課**　097-535-2090
宮崎労働局	〒880-0805　宮崎市橘通東 3-1-22　宮崎合同庁舎 **労働保険徴収室**　0985-38-8822　**労災補償課**　0985-38-8837 **職業安定課**　0985-38-8823
鹿児島労働局 **（山下町庁舎）**	〒892-8535　鹿児島市山下町 13-21　鹿児島合同庁舎 2 階 **労働保険徴収室**　099-223-8276　**労災補償課**　099-223-8280
（西千石庁舎）	〒892-0847　鹿児島市西千石町 1-1 鹿児島西千石第一生命ビル1階～3 階（安定）、2F（均等） **職業安定課**　099-219-8711
沖縄労働局	〒900-0006　那覇市おもろまち 2-1-1 那覇第 2 地方合同庁舎（1 号館）3 階 **労働保険徴収室**　098-868-4038　**労災補償課**　098-868-3559 **職業安定課**　098-868-1655

労働基準監督署・所在地・管轄区域一覧

労働基準監督署		所在地及び電話番号	管轄区域
北海道			
01	札幌中央	〒060-8587 札幌市北区北8条西2丁目1番1号札幌第1合同庁舎 011-737-1195	札幌市のうち中央区、北区、南区、西区、手稲区、石狩市（浜益区を除く）
18	札幌東	〒004-8518 札幌市厚別区厚別中央二条1-2-5 011-894-1121	札幌市のうち白石区、東区、厚別区、豊平区、清田区、江別市、恵庭市、北広島市、新篠津村、当別町
02	函館	〒040-0032 函館市新川町25-18 函館地方合同庁舎 0138-87-7600	函館市、北斗市、福島町、松前町、木古内町、知内町、七飯町、鹿部町、森町、長万部町、今金町、厚沢部町、江差町、上ノ国町、乙部町、せたな町、奥尻町、八雲町
03	小樽	〒047-0007 小樽市港町5-2 小樽地方合同庁舎 0134-33-7651	小樽市、積丹町、古平町、赤井川村、仁木町、余市町
04	岩見沢	〒068-0005 岩見沢市5条東15-7-7 岩見沢地方合同庁舎 0126-28-2430	岩見沢市、夕張市、美唄市、三笠市、月形町、浦臼町、南幌町、栗山町、長沼町、由仁町
05	旭川	〒078-8505 旭川市宮前1条3-3-15 旭川合同庁舎西館6階 0166-99-4703	旭川市、富良野市、鷹栖町、東神楽町、当麻町、比布町、愛別町、上川町、東川町、美瑛町、上富良野町、中富良野町、南富良野町、占冠村、雨竜郡（幌加内町）
06	帯広	〒080-0016 帯広市西6条南7丁目3 帯広地方合同庁舎 0155-97-1242	帯広市、音更町、上士幌町、鹿追町、士幌町、更別村、中札内村、芽室町、大樹町、広尾町、池田町、豊頃町、本別町、幕別町、浦幌町、足寄町、陸別町、新得町、清水町（十勝管内の1市16町2村）
07	滝川	〒073-8502 滝川市緑町2-5-30 0125-24-7361	滝川市、芦別市、赤平市、砂川市、歌志内市、深川市、雨竜町、秩父別町、沼田町、北竜町、妹背牛町、奈井江町、上砂川町、新十津川町、石狩市のうち浜益区
08	北見	〒090-8540 北見市青葉町6-8 北見地方合同庁舎 0157-88-3982	北見市、網走市、大空町、津別町、美幌町、置戸町、訓子府町、佐呂間町、清里町、小清水町、斜里町、湧別町、遠軽町
09	室蘭	〒051-0023 室蘭市入江町1-13 室蘭地方合同庁舎 0143-23-6131	室蘭市、登別市、伊達市、壮瞥町、洞爺湖町、豊浦町
17	苫小牧	〒053-8540 苫小牧市港町1-6-15 苫小牧港湾合同庁舎 0144-88-8898	苫小牧市、千歳市、白老町、厚真町、安平町、むかわ町
10	釧路	〒085-8510 釧路市柏木町2-12 0154-45-7834	釧路市、根室市、釧路町、厚岸町、浜中町、標茶町、弟子屈町、鶴居村、白糠町、別海町、標津町、中標津町、羅臼町
11	名寄	〒096-0014 名寄市西四条南9丁目16番地 01654-2-3186	名寄市、紋別市、士別市、美深町、音威子府村、中川町、雄武町、興部町、滝上町、西興部村、剣淵町、和寒町、下川町

13	留萌	〒077-0048 留萌市大町2 留萌地方合同庁舎 0164-42-0463	留萌市、増毛町、小平町、初山別村、苫前町、羽幌町
14	稚内	〒097-0001 稚内市末広5丁目6番1号 稚内地方合同庁舎3階 0162-73-0777	稚内市、猿払村、枝幸町、中頓別町、浜頓別町、礼文町、利尻町、利尻富士町、遠別町、天塩町、豊富町、幌延町
15	浦河	〒057-0034 浦河郡浦河町堺町西1-3-31 0146-22-2113	日高町、平取町、新冠町、浦河町、様似町、えりも町、新ひだか町
12	小樽署倶知安支署	〒044-0011 虻田郡倶知安町南1条東3-1 倶知安地方合同庁舎4階 0136-22-0206	黒松内町、寿都町、蘭越町、岩内町、共和町、神恵内村、泊村、島牧村、喜茂別町、京極町、倶知安町、ニセコ町、真狩村、留寿都村
青森			
01	青森	〒030-0861 青森市長島1-3-5 青森第2合同庁舎 017-734-4444	青森市（浪岡を除く）、東津軽郡
02	弘前	〒036-8172 弘前市大字南富田町5-1 0172-33-6411	弘前市、黒石市、平川市、中津軽郡、南津軽郡、青森市のうち浪岡
03	八戸	〒039-1166 八戸市根城9-13-9 八戸合同庁舎 0178-46-3311	八戸市、三戸郡
04	五所川原	〒037-0004 五所川原市大字唐笠柳字藤巻507-5 五所川原合同庁舎 0173-35-2309	五所川原市、つがる市、北津軽郡、西津軽郡
05	十和田	〒034-0082 十和田市西二番町14-12 十和田奥入瀬合同庁舎 0176-23-2780	十和田市、三沢市、上北郡のうち、おいらせ町、七戸町、東北町、野辺地町、六戸町
06	むつ	〒035-0072 むつ市金谷2-6-15 下北合同庁舎 0175-22-3136	むつ市、下北郡、上北郡のうち横浜町、六ヶ所村
岩手			
01	盛岡	〒020-8523 盛岡市盛岡駅西通1丁目9-15 盛岡第2合同庁舎6階 019-604-2530	盛岡市、八幡平市、滝沢市、葛巻町、岩手町、雫石町、矢巾町、紫波町
02	宮古	〒027-0073 宮古市緑ケ丘5-29 0193-62-6455	宮古市、田野畑村、 岩泉町、山田町
04	釜石	〒026-0041 釜石市上中島町4-3-50 NTT東日本上中島ビル1階 0193-23-0651	釜石市、大槌町、 遠野市(宮守町を除く)
03	花巻	〒025-0076 花巻市城内9-27 花巻合同庁舎2階 0198-23-5231	花巻市、西和賀町、遠野市のうち宮守町、北上市、金ケ崎町、奥州市のうち水沢・江刺・胆沢
05	一関	〒021-0864 一関市旭町5-11 0191-23-4125	一関市、西磐井郡、奥州市のうち前沢、衣川

０７	大船渡	〒022-0002 大船渡市大船渡町字台 13-14 0192-26-5231	大船渡市、住田町、陸前高田市
０６	二　戸	〒028-6103 二戸市石切所字荷渡 6-1 二戸合同庁舎 0195-23-4131	二戸市、洋野町、軽米町、一戸町、九戸村、久慈市、野田村、普代村
宮　城			
０１	仙　台	〒983-8507 仙台市宮城野区鉄砲町 1 番地 仙台第四合同庁舎 022-299-9074	仙台市、塩釜市、名取市、岩沼市、多賀城市、富谷市、亘理郡、山元町、松島町、七ヶ浜町、利府町
０２	石　巻 石　巻 気仙沼 臨時窓口	〒986-0832 石巻市泉町 4-1-18 石巻合同庁舎 0225-85-3484 〒988-0077 気仙沼市古町 3-3-8 気仙沼駅前プラザ 2 階 0226-25-6921	石巻市、気仙沼市、東松島市、女川町、南三陸町
０３	古　川	〒989-6161 大崎市古川駅南 2-9-47 0229-22-2112	大崎市、大和町、大郷町、大衡村、加美町、色麻町、涌谷町、美里町
０４	大河原	〒989-1246 柴田郡大河原町字新東 24-25 0224-53-2154	白石市、角田市、蔵王町、七ヶ宿町、川崎町、村田町、大河原町、柴田町、丸森町
０６	瀬　峰	〒989-4521 栗原市瀬峰下田 50-8 0228-38-3131	登米市、栗原市
秋　田			
０１	秋　田	〒010-0951 秋田市山王 7-1-4 秋田第 2 合同庁舎 2 F 018-865-3671	秋田市、男鹿市、潟上市、南秋田郡
０２	能　代	〒016-0895 能代市末広町 4-20 能代地方合同庁舎 3 F 0185-52-6151	能代市、山本郡
０３	大　館	〒017-0897 大館市字三の丸 6-2 0186-42-4033	大館市、鹿角市、北秋田市、北秋田郡、鹿角郡
０４	横　手	〒013-0033 横手市旭川 1-2-23 0182-32-3111	横手市、湯沢市、雄勝郡
０５	大　曲	〒014-0063 大仙市大曲日の出町 1-3-4 0187-63-5151	大仙市、仙北市、仙北郡
０６	本　荘	〒015-0874 由利本荘市給人町 17 本荘合同庁舎 2F 0184-22-4124	由利本荘市、にかほ市
山　形			
０１	山　形	〒990-0041 山形市緑町 1-5-48 山形地方合同庁舎 023-624-6211	山形市、天童市、上山市、寒河江市、山辺町、中山町、大江町、河北町、朝日町、西川町
０２	米　沢	〒992-0012 米沢市金池 3-1-39 米沢地方合同庁舎 0238-23-7120	米沢市、長井市、南陽市、川西町、高畠町、小国町、飯豊町、白鷹町

０３	庄　内	〒997-0047	鶴岡市大塚町 17-27 鶴岡合同庁舎　0235-22-0714	鶴岡市、酒田市、庄内町、三川町、遊佐町
０５	新　庄	〒996-0011	新庄市東谷地田町 6-4 新庄合同庁舎　0233-22-0227	新庄市、舟形町、真室川町、金山町、最上町、鮭川村、大蔵村、戸沢村
０６	村　山	〒995-0021	村山市楯岡楯 2-28 村山地方合同庁舎 2F 0237-55-2815	村山市、東根市、尾花沢市、大石田町
福　島				
０１	福　島	〒960-8021	福島市霞町 1-46 福島合同庁舎 1F 024-536-4611	福島市、二本松市、伊達市、伊達郡、相馬郡飯舘村
０２	郡　山	〒963-8071	郡山市富久山町久保田愛宕 78-1　2F 024-922-1370	郡山市、田村市、本宮市、田村郡、安達郡
０３	いわき	〒970-8026	いわき市平堂根町 4-11 いわき地方合同庁舎４Ｆ 0246-23-2255	いわき市
０４	会　津	〒965-0803	会津若松市城前 2-10 0242-26-6494	会津若松市、大沼郡、南会津郡、耶麻郡（猪苗代町、磐梯町）河沼郡
０６	白　河	〒961-0074	白河市郭内 1-136 白河小峰城合同庁舎 5F 0248-24-1391	白河市、西白河郡、東白川郡
０５	須賀川	〒962-0834	須賀川市旭町 204-1 0248-75-3519	須賀川市、岩瀬郡、石川郡
０７	喜多方	〒966-0896	喜多方市諏訪 91 0241-22-4211	喜多方市、耶麻郡（西会津町、北塩原村）
０８	相　馬	〒976-0042	相馬市中村字桜ケ丘 68 0244-36-4175	相馬市、南相馬市、相馬郡新地町
０９	富　岡	〒979-1112	双葉郡富岡町中央 2-104 0240-22-3003	双葉郡
茨　城				
０１	水　戸	〒310-0015	水戸市宮町１丁目 8-31 茨城労働総合庁舎 029-226-2237	水戸市、常陸太田市、ひたちなか市、常陸大宮市、那珂市、笠間市、茨城町、大洗町、城里町、大子町、東海村
０２	日　立	〒317-0073	日立市幸町 2-9-4 0294-22-5187	日立市、高萩市、北茨城市
０３	土　浦	〒300-0805	土浦市宍塚 1838 土浦労働総合庁舎 4F 029-821-5127	土浦市、石岡市、つくば市、かすみがうら市、小美玉市、阿見町
０４	筑　西	〒308-0825	筑西市下中山 581-2 0296-22-4564	筑西市、結城市、下妻市、桜川市、八千代町
０５	古　河	〒306-0011	古河市東 3-7-32 0280-32-3232	古河市、境町、五霞町

０７	常　　総	〒303-0022 常総市水海道淵頭町3114-4 0297-22-0264	常総市、守谷市、坂東市、つくばみらい市
０８	龍ヶ崎	〒301-0005 龍ヶ崎市川原代町4-6336-1 0297-62-3331	龍ヶ崎市、取手市、牛久市、稲敷市、利根町、河内町、美浦村
０９	鹿　　嶋	〒314-0031 鹿嶋市宮中1995-1 鹿嶋労働総合庁舎 0299-83-8461	鹿嶋市、潮来市、神栖市、行方市、鉾田市
栃　木			
０１	宇都宮	〒320-0845 宇都宮市明保野町1-4 宇都宮第２地方合同庁舎別館 028-633-4251	宇都宮市、さくら市、那須烏山市、高根沢町、那珂川町
０２	足　　利	〒326-0807 足利市大正町864 0284-41-1188	足利市
０３	栃　　木	〒328-0042 栃木市沼和田町20-24 0282-24-7766	栃木市、小山市、下野市、壬生町、野木町、佐野市
０５	鹿　　沼	〒322-0063 鹿沼市戸張町2365-5 0289-64-3215	鹿沼市
０６	大田原	〒324-0041 大田原市本町2-2828-19 0287-22-2279	大田原市、矢板市、那須塩原市、那須町
０７	日　　光	〒321-1261 日光市今市305-1 0288-22-0273	日光市、塩谷町
０８	真　　岡	〒321-4305 真岡市荒町5203 0285-82-4443	真岡市、益子町、茂木町、市貝町、芳賀町、上三川町
群　馬			
０１	高　　崎	〒370-0045 高崎市東町134-12 高崎地方合同庁舎 027-322-4661	高崎市（藤岡労働基準監督署の管轄区域を除く）、富岡市、安中市、甘楽郡（甘楽町・下仁田町・南牧村）
０２	前　　橋	〒371-0026 前橋市大手町2-3-1 前橋地方合同庁舎7F 027-896-3019	前橋市、渋川市、北群馬郡（榛東村・吉岡町）、伊勢崎市、佐波郡（玉村町）
	前橋伊勢崎分庁舎	〒372-0024 伊勢崎市下植木町517 0270-25-3363	
０４	桐　　生	〒376-0045 桐生市末広町13番地5 桐生地方合同庁舎 0277-44-3523	桐生市、みどり市
０５	太　　田	〒373-0817 太田市飯塚町104-1 0276-45-9920	太田市、館林市、邑楽郡
０６	沼　　田	〒378-0031 沼田市薄根町4468-4 0278-23-0323	沼田市、利根郡（片品村・川場村・昭和村・みなかみ町）
０７	藤　　岡	〒375-0014 藤岡市下栗須124-10 0274-22-1418	藤岡市、多野郡、高崎市のうち新町、吉井町、多野郡（上野村・神流町）
０８	中之条	〒377-0424 吾妻郡中之条町中之条664-1 0279-75-3034	吾妻郡（東吾妻町・草津町・高山村・嬬恋村・中之条町・長野原町）

埼　玉			
01	さいたま	〒330-6014 さいたま市中央区新都心 11-2 ランド・アクシス・タワー 14F 048-600-4801	さいたま市（岩槻区を除く）、鴻巣市（旧川里町　赤城、赤城台、新井、上会下、北根、屈巣、境、関新田、広田を除く）、上尾市、朝霞市、志木市、和光市、新座市、桶川市、北本市、北足立郡伊奈町
02	川　口	〒332-0015 川口市川口 2-10-2 048-252-3773	川口市、蕨市、戸田市
04	熊　谷	〒360-0856 熊谷市別府 5-95 048-533-3611	熊谷市、本庄市、深谷市、大里郡寄居町、児玉郡（美里町、神川町、上里町）
05	川　越	〒350-1118 川越市豊田本 1-19-8 川越合同庁舎 049-242-0891	川越市、東松山市、富士見市、坂戸市、鶴ヶ島市、ふじみ野市、比企郡（滑川町、嵐山町、小川町、ときがわ町、川島町、吉見町、鳩山町）、入間郡（毛呂山町、越生町）、秩父郡東秩父村
06	春日部	〒344-8506 春日部市南 3-10-13 048-735-5226	春日部市、さいたま市（のうち岩槻区）、草加市、八潮市、三郷市、久喜市、越谷市、蓮田市、幸手市、吉川市、白岡市、南埼玉郡宮代町、北葛飾郡（杉戸町、松伏町）
07	所　沢	〒359-0042 所沢市並木 6-1-3 所沢合同庁舎 04-2995-2555	所沢市、飯能市、狭山市、入間市、日高市、入間郡三芳町
08	行　田	〒361-8504 行田市桜町 2-6-14 048-556-4195	行田市、加須市、羽生市、鴻巣市（のうち旧川里町 赤城、赤城台、新井、上会下、北根、屈巣、境、関新田、広田）
09	秩　父	〒368-0024 秩父市上宮地町 23-24 0494-22-3725	秩父市、秩父郡（皆野町、長瀞町、小鹿野町、横瀬町）
千　葉			
01	千　葉	〒260-8506 千葉市中央区中央 4-11-1 千葉第 2 地方合同庁舎 業務課（庶務、経理）043-308-0670 方面（賃金・解雇・労働時間等）043-308-0671 安全衛生課 043-308-0672 労災第一・第二課 043-308-0673	千葉市、市原市、四街道市
02	船　橋	〒273-0022 船橋市海神町 2-3-13 業務課 047-431-0181 方面（労働基準法関係）047-431-0182 労災課（労災保険法関係）047-431-0183 安全衛生課（安衛法関係）047-431-0196	船橋市、市川市、習志野市、八千代市、鎌ヶ谷市、浦安市、白井市
03	柏	〒277-0021 柏市中央町 3-2 柏トーセイビル 3 階 04-7163-0245（代）	柏市、松戸市、野田市、流山市、我孫子市
04	銚　子	〒288-0041 銚子市中央町 8-16 0479-22-8100	銚子市、匝瑳市、旭市、香取郡（東庄町）
06	木更津	〒292-0831 木更津市富士見 2-4-14 木更津地方合同庁舎 0438-22-6165	木更津市、君津市、富津市、袖ヶ浦市、館山市、鴨川市、南房総市、安房郡

０７	茂　原	〒 297-0018 茂原市萩原町 3-20-3 0475-22-4551	茂原市、勝浦市、いすみ市、長生郡、夷隅郡
０８	成　田	〒 286-0134 成田市東和田 553-4 0476-22-5666	成田市、香取市、印西市、富里市、印旛郡（栄町）、香取郡（神崎町　多古町）
０９	東　金	〒 283-0005 東金市田間 65 0475-52-4358	東金市、佐倉市、八街市、山武市、大網白里市、山武郡、印旛郡のうち酒々井町
東　京			
０１	中　央	〒 112-8573 文京区後楽 1-9-20 飯田橋合同庁舎６・７階 方面（監督）03-5803-7381 安全衛生課 03-5803-7382 労災課 03-5803-7383 総合労働相談コーナー 03-6866-0008	千代田区、中央区、文京区、大島町、八丈町、利島村、新島村、神津島村、三宅村、御蔵島村、青ヶ島村
０３	上　野	〒 110-0008 台東区池之端 1-2-22 上野合同庁舎７階 方面（監督）03-6872-1230 安全衛生担当 03-6872-1315 労災課 03-6872-1316 総合労働相談コーナー 03-6872-1144	台東区
０４	三　田	〒 108-0014 港区芝 5-35-2 安全衛生総合会館３階 方面（監督）03-3452-5473 安全衛生課 03-3452-5474 労災課 03-3452-5472 総合労働相談コーナー 03-6858-0769	港区
０５	品　川	〒 141-0021 品川区上大崎 3-13-26 方面（監督）03-3443-5742 安全衛生課 03-3443-5743 労災課 03-3443-5744 総合労働相談コーナー 03-6681-1521	品川区、目黒区
０６	大　田	〒 144-8606 大田区蒲田 5-40-3 TT 蒲田駅前ビル８・９階 方面（監督）03-3732-0174 安全衛生課 03-3732-0175 労災課 03-3732-0173 総合労働相談コーナー 03-6842-2143	大田区
０７	渋　谷	〒 150-0041 渋谷区神南 1-3-5 渋谷神南合同庁舎 方面（監督）03-3780-6527 安全衛生課 03-3780-6535 労災課 03-3780-6507 総合労働相談コーナー 03-6849-1167	渋谷区、世田谷区

08	新　宿	〒169-0073 新宿区百人町 4-4-1 新宿労働総合庁舎 4・5 階 方面（監督） 03-3361-3949 安全衛生課 03-3361-3974 労災課 03-3361-4402 総合労働相談コーナー 03-6849-4460	新宿区、中野区、杉並区
09	池　袋	〒171-8502 豊島区池袋 4-30-20 豊島地方合同庁舎 1 階 方面（監督） 03-3971-1257 安全衛生課 03-3971-1258 労災課 03-3971-1259 総合労働相談コーナー 03-6871-6537	豊島区、板橋区、練馬区
10	王　子	〒115-0045 北区赤羽 2-8-5 方面（監督） 03-6679-0183 安全衛生担当 03-6679-0186 労災課 03-6679-0226 総合労働相談コーナー 03-6679-0133	北区
11	足　立	〒120-0026 足立区千住旭町 4-21 足立地方合同庁舎 4 階 方面（監督） 03-3882-1188 安全衛生課 03-3882-1190 労災課 03-3882-1189 総合労働相談コーナー 03-6684-4573	足立区、荒川区
12	向　島	〒131-0032 墨田区東向島 4-33-13 方面（監督） 03-5630-1031 安全衛生課 03-5630-1032 労災課 03-5630-1033 総合労働相談コーナー 03-5630-1043	墨田区、葛飾区
13	亀　戸	〒136-8513 江東区亀戸 2-19-1 カメリアプラザ 8 階 方面（監督） 03-3637-8130 安全衛生課 03-3637-8131 労災課 03-3637-8132	江東区
14	江戸川	〒134-0091 江戸川区船堀 2-4-11 方面（監督） 03-6681-8212 安全衛生担当 03-6681-8213 労災課 03-6681-8232 総合労働相談コーナー 03-6681-8125	江戸川区
15	八王子	〒192-0046 八王子市明神町 4-21-2 方面（監督） 042-680-8752 安全衛生課 042-680-8785 労災課 042-680-8923 総合労働相談コーナー 042-680-8081	八王子市、日野市、多摩市、稲城市
16	立　川	〒190-8516 立川市緑町 4-2 立川地方合同庁舎 3 階 方面（監督） 042-523-4472 安全衛生課 042-523-4473 労災課 042-523-4474 総合労働相談コーナー 042-846-4821	立川市、昭島市、府中市、小金井市、小平市、東村山市、国分寺市、国立市、東大和市、武蔵村山市

17	青梅	〒198-0042 青梅市東青梅 2-6-2 監督課 0428-28-0058 安全衛生課 0428-28-0331 労災課 0428-28-0392 総合労働相談コーナー 0428-28-0854	青梅市、福生市、あきる野市、羽村市、西多摩郡
18	三鷹	〒180-8518 武蔵野市御殿山 1-1-3 クリスタルパークビル 3 階 方面（監督） 0422-67-0651 安全衛生担当 0422-67-1502 労災課 0422-67-3422 総合労働相談コーナー 0422-67-6340	三鷹市、武蔵野市、調布市、狛江市、清瀬市、東久留米市、西東京市
19	町田	〒194-0022 町田市森野 2-28-14 町田地方合同庁舎 2 階 監督担当 042-718-8610 安全衛生課 042-718-9134 労災課 042-718-8592 総合労働相談コーナー 042-718-8342	町田市
	小笠原総合事務所	〒100-2101 東京都小笠原村父島字東町152 04998-2-2245	小笠原村
神奈川			
01	横浜南	〒231-0003 横浜市中区北仲通 5 丁目 57 横浜第 2 合同庁舎 9 階 監督担当 045-211-7374 安全衛生課 045-211-7375 労災課 045-211-7376	横浜市（中区、南区、港南区、磯子区、金沢区）
06	横浜北	〒222-0033 横浜市港北区新横浜 2-4-1 日本生命新横浜ビル 3・4 階 方面 045-474-1251 安全衛生課 045-474-1252 労災課 045-474-1253	横浜市（神奈川区、西区、港北区、緑区、青葉区、都筑区）
12	横浜西	〒240-8612 横浜市保土ケ谷区岩井町 1-7 保土ケ谷駅ビル 4 階 045-332-9311	横浜市（戸塚区、栄区、泉区、旭区、瀬谷区、保土ケ谷区）
03	川崎南	〒210-0012 川崎市川崎区宮前町 8-2 監督・労働条件 044-244-1271 労災保険関係 044-244-1272 安全衛生関係 044-244-1273	川崎市（川崎区、幸区）、横浜市（鶴見区扇島）
04	川崎北	〒213-0001 川崎市高津区溝口 1-21-9 監督・労働条件関係 044-382-3190 安全衛生関係 044-382-3191 労災保険関係 044-382-3192	川崎市（中原区、宮前区、高津区、多摩区、麻生区）
02	鶴見	〒230-0051 横浜市鶴見区鶴見中央 2-6-18 監督・労働条件関係 045-501-4968 安全衛生関係 045-279-5486 労災保険関係 045-279-5487	横浜市（鶴見区（扇島を除く））
05	横須賀	〒238-0005 横須賀市新港町 1-8 横須賀地方合同庁舎 5 階 046-823-0858	横須賀市、三浦市、逗子市、葉山町

０７	平　塚	〒254-0041 平塚市浅間町 10-22 平塚地方合同庁舎３階 監督課・安全衛生課 0463-43-8615 労災課 0463-43-8616	平塚市、伊勢原市、秦野市、大磯町、二宮町
０８	藤　沢	〒251-0054 藤沢市朝日町 5-12 藤沢労働総合庁舎３階 監督・労働条件関係 0466-23-6753 安全衛生関係 0466-97-6748 労災保険関係 0466-97-6749	藤沢市、茅ヶ崎市、鎌倉市、寒川町
０９	小田原	〒250-0011 小田原市栄町 1-1-15 ミナカ小田原９階 0465-22-0074	小田原市、南足柄市、足柄上郡、足柄下郡
１０	厚　木	〒243-0018 厚木市中町 3-2-6 厚木Ｔビル５階 監督・労働条件関係 046-401-1641 安全衛生関係 046-401-1960 労災保険関係 046-401-1642	厚木市、大和市、海老名市、座間市、綾瀬市、愛甲郡
１１	相模原	〒252-0236 相模原市中央区富士見 6-10-10 相模原地方合同庁舎４階 監督・労働条件関係 042-752-2051 安全衛生関係 042-861-8631 労災保険関係 042-401-8632	相模原市
新　潟			
０１	新　潟	〒950-8624 新潟市中央区美咲町 1-2-1 新潟美咲合同庁舎２号館 監督・労働条件関係 025-288-3572 安全衛生関係 025-288-3573 労災保険関係 025-288-3574	新潟市（秋葉区・南区を除く）
０２	長　岡	〒940-0082 長岡市千歳 1-3-88 長岡地方合同庁舎７階 0258-33-8711	長岡市（小出監督署の管轄区域を除く）、柏崎市、三島郡、刈羽郡
０３	上　越	〒943-0803 上越市春日野 1-5-22 上越地方合同庁舎３階 025-524-2111	上越市、糸魚川市、妙高市
０４	三　条	〒955-0055 三条市塚野目 2-5-11 0256-32-1150	三条市、加茂市、見附市、燕市、西蒲原郡、南蒲原郡
０６	新発田	〒957-8506 新発田市日渡 96 新発田地方合同庁舎 0254-27-6680	新発田市、村上市、阿賀野市、胎内市、北蒲原郡、岩船郡
０７	新　津	〒956-0864 新潟市秋葉区新津本町 4-18-8 新津労働総合庁舎 0250-22-4161	新潟市のうち秋葉区・南区、五泉市、東蒲原郡
０８	小　出	〒946-0004 魚沼市大塚新田 87-3 025-792-0241	長岡市のうち川口相川、川口荒谷、川口牛ヶ島、東川口、川口木沢、川口田麦山、川口峠、川口中山、西川口、川口武道窪、川口和南津、小千谷市、魚沼市、南魚沼市、南魚沼郡

０９	十日町	〒948-0073 十日町市稲荷町２丁目９番地３ 025-752-2079	十日町市、中魚沼郡
１１	佐渡	〒952-0016 佐渡市原黒 333-38 0259-23-4500	佐渡市
富　山			
01	富山	〒930-0008 富山市神通本町１丁目５番５ 富山労働総合庁舎２階 076-432-9141	富山市
02	高岡	〒933-0046 高岡市中川本町 10-21 高岡法務合同庁舎２階 0766-23-6446	高岡市、氷見市、射水市
０３	魚津	〒937-0801 魚津市新金屋 1-12-31 魚津合同庁舎４階 0765-22-0579	魚津市、滑川市、黒部市、中新川郡、下新川郡
０４	砺波	〒939-1367 砺波市広上町 5-3 0763-32-3323	砺波市、小矢部市、南砺市
石　川			
０１	金沢	〒921-8013 金沢市新神田 4-3-10 金沢新神田合同庁舎３階 076-292-7933（代）	金沢市、かほく市、白山市、野々市市、河北郡
０２	小松	〒923-0868 小松市日の出町 1-120 小松日の出合同庁舎７階 0761-22-4231（代）	小松市、加賀市、能美市、能美郡
０３	七尾	〒926-0852 七尾市小島町西部２ 七尾地方合同庁舎２階 0767-52-3294	七尾市、羽咋市、鹿島郡、羽咋郡
０５	穴水	〒927-0027 鳳珠郡穴水町川島キ 84 穴水地方合同庁舎２階 0768-52-1140	輪島市、珠洲市、鳳珠郡
福　井			
０１	福井	〒910-0842 福井市開発 1-121-5 0776-54-7722	福井市、あわら市、坂井市、吉田郡
０２	敦賀	〒914-0055 敦賀市鉄輪町 1-7-3 敦賀駅前合同庁舎２階 0770-22-0745	敦賀市、小浜市、三方郡、大飯郡、三方上中郡
０３	武生	〒915-0814 越前市中央 1-6-4 0778-23-1440	鯖江市、越前市、今立郡、南条郡、丹生郡
０４	大野	〒912-0052 大野市弥生町 1-31 0779-66-3838	大野市、勝山市
山　梨			
０１	甲府	〒400-8579 甲府市下飯田 2-5-51 方面（監督）055-224-5616 安全衛生課 055-224-5617 労災課 055-224-5619	甲府市、山梨市、韮崎市、南アルプス市、北杜市、甲斐市、笛吹市、甲州市、中央市、中巨摩郡

０２	都　留	〒402-0005 都留市四日市場 23-2 0554-43-2195	都留市、富士吉田市、大月市、上野原市、南都留郡、北都留郡
０３	鰍　沢	〒400-0601 南巨摩郡富士川町鰍沢 1760-1 0556-22-3181	南巨摩郡、西八代郡
長　野			
０１	松　本	〒390-0852 松本市大字島立 1696 0263-48-5693	松本市（大町労働基準監督署の管轄区域を除く）、塩尻市、安曇野市のうち明科東川手、明科中川手、明科光、明科七貴、明科南陸郷、東筑摩郡、木曽郡
０２	長　野	〒380-8573 長野市中御所 1 丁目 22-1 026-223-6310	長野市（中野労働基準監督署の管轄区域を除く）、千曲市、上水内郡、埴科郡
03	岡　谷	〒394-0027 岡谷市中央町 1-8-4 0266-22-3454	岡谷市、諏訪市、茅野市、諏訪郡
０４	上　田	〒386-0025 上田市天神 2-4-70 上田労働総合庁舎 0268-22-0338	上田市、東御市、小県郡
０５	飯　田	〒395-0051 飯田市高羽町 6-1-5 飯田高羽合同庁舎 0265-22-2635	飯田市、下伊那郡
０６	中　野	〒383-0022 中野市中央 1-2-21 0269-22-2105	中野市、須坂市、飯山市、長野市のうち若穂綿内、若穂川田、若穂牛島、若穂保科、上高井郡、下高井郡、下水内郡
０７	小　諸	〒384-0017 小諸市三和 1-6-22 0267-22-1760	小諸市、佐久市、北佐久郡、南佐久郡
０８	伊　那	〒396-0015 伊那市中央 5033-2 0265-72-6181	伊那市、駒ヶ根市、上伊那郡
１０	大　町	〒398-0002 大町市大町 2943-5 大町地方合同庁舎 4F 0261-22-2001	松本市のうち梓川上野、梓川梓、梓川倭、大町市、安曇野市（松本労働基準監督署の管轄区域を除く）、北安曇郡
岐　阜			
０１	岐　阜	〒500-8157 岐阜市五坪 1-9-1 岐阜労働総合庁舎 058-247-1101	岐阜市、羽島市、各務原市、山県市、瑞穂市、本巣市、羽島郡、本巣郡
０２	大　垣	〒503-0893 大垣市藤江町 1-1-1 0584-78-5184	大垣市、海津市、養老郡、不破郡、安八郡、揖斐郡
０３	高　山	〒506-0009 高山市花岡町 3-6-6 0577-32-1180	高山市、飛騨市、下呂市、大野郡
０４	多治見	〒507-0037 多治見市音羽町 5-39-1 多治見労働総合庁舎 0572-22-6381	多治見市、瑞浪市、土岐市、可児市、可児郡
０５	関	〒501-3803 関市西本郷通 3-1-15 0575-22-3251	関市、美濃市、美濃加茂市、加茂郡

06	恵　　那	〒509-7203 恵那市長島町正家 1-3-12 恵那合同庁舎 0573-26-2175	恵那市、中津川市
07	岐阜八幡	〒501-4235 郡上市八幡町有坂 1209-2 郡上八幡地方合同庁舎 0575-65-2101	郡上市
静　岡			
01	浜　　松	〒430-8639 浜松市中区中央 1-12-4 浜松合同庁舎 8 階 監督関係 053-456-8148 安衛関係 053-456-8149 労災関係 053-456-8150 庶務関係 053-456-8151	浜松市、湖西市
02	静　　岡	〒420-0837 静岡市葵区伝馬町 24-2 伝馬町ビル 監督関係 054-252-8106 安衛関係 054-252-8107 労災関係 054-252-8108 庶務関係 054-252-8165	静岡市
03	沼　　津	〒410-0831 沼津市市場町 9-1 沼津合同庁舎 4 階 055-933-5830	沼津市、御殿場市、裾野市、駿東郡
05	三　　島 下田駐在事務所	〒411-0033 三島市文教町 1-3-112 三島労働総合庁舎 3 階 055-986-9100 〒415-0036 下田市西本郷 2-55-33 下田地方合同庁舎 1 階 0558-22-0649	熱海市、三島市、伊東市、下田市、伊豆市、伊豆の国市、賀茂郡、田方郡
06	富　　士	〒417-0041 富士市御幸町 13-28 0545-51-2255	富士市、富士宮市
07	磐　　田	〒438-8585 磐田市見付 3599-6 磐田地方合同庁舎 4 階 0538-32-2205	磐田市、掛川市、袋井市、御前崎市、菊川市、周智郡
08	島　　田	〒427-8508 島田市本通 1 丁目 4677-4 島田労働総合庁舎 3 階 0547-37-3148	島田市、焼津市、藤枝市、榛原郡、牧之原市
愛　知			
01	名古屋北	〒461-8575 名古屋市東区白壁 1-15-1 名古屋合同庁舎第 3 号館 8 階 監督関係 052-961-8653 安衛関係 052-961-8654 労災関係 052-961-8655 業務課 052-961-8652	名古屋市（東区、北区、中区、守山区、春日井市、小牧市）

１４	名古屋西	〒453-0813 名古屋市中村区二ツ橋町 3-37 監督関係 052-481-9533 安衛関係 052-855-2572 労災関係 052-481-9534 業務関係 052-481-9532	名古屋市（西区、中村区、清須市、北名古屋市、西春日井郡豊山町）
０２	名古屋南	〒455-8525 名古屋市港区港明 1-10-4 監督関係 052-651-9207 安衛関係 052-651-9208 労災関係 052-651-9209 業務関係 052-651-9206	名古屋市（中川区、港区、南区）
０３	名古屋東	〒468-8551 名古屋市天白区中平 5-2101 監督関係 052-800-0792 安衛関係 052-800-0793 労災関係 052-800-0794 業務関係 052-800-0795	名古屋市（千種区、昭和区、瑞穂区、熱田区、緑区、名東区、天白区、豊明市、日進市、愛知郡東郷町）
０４	豊　　橋	〒440-8506 豊橋市大国町 111 豊橋地方合同庁舎６階 監督関係 0532-54-1192 安衛関係 0532-54-1193 労災関係 0532-54-1194 業務関係 0532-54-1191	豊橋市、豊川市、蒲郡市、新城市、田原市、北設楽郡設楽町、東栄町、豊根村
０６	岡　　崎	〒444-0813 岡崎市羽根町字北乾地 50-1 岡崎合同庁舎５階 0564-52-3161	岡崎市、額田郡幸田町
	岡崎署西尾支署	〒445-0072 西尾市徳次町下十五夜 13 0563-57-7161	西尾市
１５	豊　　田	〒471-0867 豊田市常盤町 3-25-2 0565-35-2323	豊田市、みよし市
０７	一　　宮	〒491-0903 一宮市八幡 4-8-7 一宮労働総合庁舎 0586-45-0206	一宮市、稲沢市
０８	半　　田	〒475-8560 半田市宮路町 200-4 半田地方合同庁舎 0569-21-1030	半田市、常滑市、東海市、大府市、知多市、知多郡阿久比町、東浦町、南知多町、美浜町、武豊町
０９	津　　島	〒496-0042 津島市寺前町 3-87-4 0567-26-4155	津島市、愛西市、弥富市、あま市、海部郡大治町、蟹江町、飛島村
１０	瀬　　戸	〒489-0881 瀬戸市熊野町 100 0561-82-2103	瀬戸市、尾張旭市、長久手市
１１	刈　　谷	〒448-0858 刈谷市若松町 1-46-1 刈谷合同庁舎３階 0566-21-4885	刈谷市、碧南市、安城市、知立市、高浜市
１３	江　　南	〒483-8162 江南市尾崎町河原 101 0587-54-2443	江南市、犬山市、岩倉市、丹羽郡大口町、扶桑町
三　重			
０１	四 日 市	〒510-0064 四日市市新正 2-5-23 059-351-1661	四日市市、桑名市、いなべ市、桑名郡、員弁郡、三重郡

02	松　　阪	〒515-0011 松阪市高町 493-6 松阪合同庁舎 3 階 0598-51-0015	松阪市、多気郡
	津	〒514-0002 津市島崎町 327 番 2 津第二地方合同庁舎 1 階 方面（監督） 059-227-1282 安全衛生課 059-227-1284 労災課 059-227-1286	津市、鈴鹿市、亀山市
0 4	伊　　勢	〒516-0008 伊勢市船江 1-12-16 0596-28-2164	伊勢市、鳥羽市、志摩市、度会郡
0 6	伊　　賀	〒518-0836 伊賀市緑ケ丘本町 1507-3 伊賀上野地方合同庁舎 0595-21-0802	伊賀市、名張市
0 7	熊　　野	〒519-4324 熊野市井戸町 672-3 0597-85-2277	熊野市、尾鷲市、北牟婁郡、南牟婁郡
滋　賀			
0 1	大　　津	〒520-0806 大津市打出浜 14-15 滋賀労働総合庁舎 3 階 077-522-6616	大津市、草津市、守山市、栗東市、野洲市、高島市
0 2	彦　　根	〒522-0054 彦根市西今町 58-3 彦根地方合同庁舎 3 階 0749-22-0654	彦根市、長浜市、米原市、愛知郡、犬上郡
0 4	東 近 江	〒527-8554 東近江市八日市緑町 8-14 0748-22-0394	近江八幡市、東近江市、甲賀市、湖南市、蒲生郡
京　都			
0 1	京 都 上	〒604-8467 京都市中京区西ノ京大炊御門町 19-19 075-462-5112	京都市（上京区、中京区、左京区、右京区、西京区、北区）
0 2	京 都 下	〒600-8009 京都市下京区四条通室町東入函谷鉾町 101 アーバンネット四条烏丸ビル 5 階 075-254-3195	京都市（下京区、東山区、山科区、南区、長岡京市、向日市、乙訓郡）
0 3	京 都 南	〒612-8108 京都市伏見区奉行前町 6 番地 075-601-8321	京都市（伏見区、宇治市、城陽市、京田辺市、木津川市、八幡市、久世郡、綴喜郡、相楽郡）
0 4	福 知 山	〒620-0035 福知山市内記 1-10-29 福知山地方合同庁舎 4 階 0773-22-2181	福知山市、綾部市
0 5	舞　　鶴	〒624-0946 舞鶴市字下福井 901 舞鶴港湾合同庁舎 6 階 0773-75-0680	舞鶴市
0 6	丹　　後	〒627-0012 京丹後市峰山町杉谷 147-14 0772-62-1214	宮津市、京丹後市、与謝郡
0 7	園　　部	〒622-0003 南丹市園部町新町 118-13 0771-62-0567	亀岡市、南丹市、船井郡

大　阪			
01	大阪中央	〒540-0003 大阪市中央区森ノ宮中央1-15-10 06-7669-8726	大阪市（中央区、天王寺区、浪速区、東成区、生野区、城東区、鶴見区）
02	大阪南	〒557-8502 大阪市西成区玉出中2-13-27 06-7688-5580	大阪市（住之江区、住吉区、西成区、阿倍野区、東住吉区、平野区）
04	天満	〒530-6007 大阪市北区天満橋1-8-30 OAPタワー7階 06-7713-2003	大阪市（北区、都島区、旭区）
05	大阪西	〒550-0014 大阪市西区北堀江1-2-19 アステリオ北堀江ビル9階 06-7713-2021	大阪市（西区、港区、大正区）
06	西野田	〒554-0012 大阪市此花区西九条5-3-63 06-7669-8787	大阪市（此花区、西淀川区、福島区
07	淀川	〒532-8507 大阪市淀川区西三国4-1-12 06-7668-0268	大阪市（淀川区、東淀川区、池田市、豊中市、箕面市、豊能郡）
08	東大阪	〒577-0809 東大阪市永和2-1-1 東大阪商工会議所3階 06-7713-2025	東大阪市、八尾市
09	岸和田	〒596-0073 岸和田市岸城町23-16 072-498-1012	岸和田市、貝塚市、泉佐野市、泉南市、阪南市、泉南郡
10	堺	〒590-0078 堺市堺区南瓦町2-29 堺地方合同庁舎3階 072-340-3829	堺市
11	羽曳野	〒583-0857 羽曳野市誉田3-15-17 072-942-1308	富田林市、河内長野市、松原市、柏原市、羽曳野市、藤井寺市、大阪狭山市、南河内郡
12	北大阪	〒573-8512 枚方市東田宮1-6-8 072-391-5825	守口市、枚方市、寝屋川市、大東市、門真市、四條畷市、交野市
13	泉大津	〒595-0025 泉大津市旭町22-45 テクスピア大阪6階 0725-27-1211	泉大津市、和泉市、高石市、泉北郡
14	茨木	〒567-8530 茨木市上中条2-5-7 072-604-5308	茨木市、高槻市、吹田市、摂津市、三島郡
兵　庫			
01	神戸東	〒650-0024 神戸市中央区海岸通29 神戸地方合同庁舎3階 078-332-5353	神戸市中央区、灘区
02	神戸西	〒652-0802 神戸市兵庫区水木通10-1-5 078-576-1831	神戸市（兵庫区、北区、長田区、須磨区、垂水区、西区）
03	尼崎	〒660-0892 尼崎市東難波町4-18-36 尼崎地方合同庁舎 06-6481-1541	尼崎市

04	姫　　路	〒670-0947 姫路市北条 1-83 079-224-1481	姫路市、宍粟市、たつの市、神崎郡、揖保郡
05	伊　　丹	〒664-0881 伊丹市昆陽 1-1-6 伊丹労働総合庁舎 072-772-6224	伊丹市、川西市、三田市、篠山市、川辺郡
06	西　　宮	〒662-0942 西宮市浜町 7-35 西宮地方合同庁舎 0798-24-8603	西宮市、芦屋市、宝塚市、神戸市（東灘区）
07	加 古 川	〒675-0017 加古川市野口町良野 1737 079-422-5001	明石市、加古川市、三木市、高砂市、小野市、加古郡
08	西　　脇	〒677-0015 西脇市西脇 885-30 西脇地方合同庁舎 0795-22-3366	西脇市、加西市、丹波市、加東市、多可郡
09	但　　馬	〒668-0031 豊岡市大手町 9-15 0796-22-5145	豊岡市、養父市、朝来市、美方郡
10	相　　生	〒678-0031 相生市旭 1-3-18 相生地方合同庁舎 0791-22-1020	相生市、赤穂市、赤穂郡、佐用郡
11	淡　　路	〒656-0014 洲本市桑間 280-2 0799-22-2591	洲本市、南あわじ市、淡路市
奈　良			
01	奈　　良	〒630-8301 奈良市高畑町 552 奈良第２地方合同庁舎 0742-23-0435	奈良市、大和郡山市、天理市、生駒市、生駒郡、山辺郡
02	葛　　城	〒635-0095 大和高田市大中 393 0745-52-5891	大和高田市、橿原市、御所市、香芝市、葛城市、北葛城郡、高市郡
03	桜　　井	〒633-0062 桜井市粟殿 1012 0744-42-6901	桜井市、宇陀市、磯城郡、宇陀郡、吉野郡（東吉野村）
04	大　　淀	〒638-0821 吉野郡大淀町下渕 364-1 0747-52-0261	五條市、吉野郡（東吉野村を除く各町村）
和歌山			
01	和 歌 山	〒640-8582 和歌山市黒田二丁目３番３号 和歌山労働総合庁舎 073-407-2200	和歌山市、海南市、岩出市、海草郡
02	御　　坊	〒644-0011 御坊市湯川町財部 1132 0738-22-3571	御坊市、有田市、有田郡、日高郡（みなべ町を除く）
03	橋　　本	〒648-0072 橋本市東家 6-9-2 0736-32-1190	橋本市、紀の川市、伊都郡
04	田　　辺	〒646-8511 田辺市明洋二丁目 24-1 0739-22-4694	田辺市、西牟婁郡、日高郡（みなべ町）
05	新　　宮	〒647-0033 新宮市清水元 1-2-9 0735-22-5295	新宮市、東牟婁郡

鳥取			
01	鳥取	〒680-0845 鳥取市富安 2-89-4 鳥取第 1 地方合同庁舎 4F 0857-24-3211	鳥取市、岩美郡、八頭町
02	米子	〒683-0067 米子市東町 124-16 米子地方合同庁舎 5F 0859-34-2231	米子市、境港市、西伯郡、日野郡
03	倉吉	〒682-0816 倉吉市駄経寺町 2-15 倉吉地方合同庁舎 3F 0858-22-6274	倉吉市、東伯郡
島根			
01	松江	〒690-0841 松江市向島町 134 番 10 松江地方合同庁舎 0852-31-1165	松江市、安来市、 雲南市（大東町、加茂町、木次町、仁多郡、隠岐郡）
02	出雲	〒693-0028 出雲市塩冶善行町 13-3 出雲地方合同庁舎 0853-21-1240	出雲市、大田市、 雲南市（三刀屋町、吉田町、掛合町）、飯石郡
03	浜田	〒697-0026 浜田市田町 116-9 0855-22-1840	浜田市、江津市、邑智郡
04	益田	〒698-0027 益田市あけぼの東町 4-6 益田地方合同庁舎 0856-22-2351	益田市、鹿足郡
岡山			
01	岡山	〒700-0913 岡山市北区大供 2-11-20 086-225-0591	岡山市、玉野市、瀬戸内市、 吉備中央町（旧加茂川町地域）
02	倉敷	〒710-0047 倉敷市大島 407-1 086-422-8177	倉敷市、総社市、早島町
04	津山	〒708-0022 津山市山下 9-6 0868-22-7157	津山市、真庭市、美作市、久米南町、美咲町、勝央町、奈義町、鏡野町、西粟倉村、新庄村
05	笠岡	〒714-0081 笠岡市笠岡 5891 0865-62-4196	笠岡市、井原市、浅口市、里庄町、矢掛町
06	和気	〒709-0442 和気郡和気町福富 313 0869-93-1358	備前市、赤磐市、和気町
07	新見	〒718-0011 新見市新見 811-1 0867-72-1136	新見市、高梁市、 吉備中央町（旧賀陽町地域）
広島			
01	広島中央	〒730-8528 広島市中区上八丁堀 6-30 広島合同庁舎第 2 号館 1F 082-221-2460	広島市（中区、東区、南区、西区、安芸区） 東広島市（呉労働基準監督署、三原労働基準監督署の管轄区域を除く）、安芸郡
02	呉	〒737-0051 呉市中央 3-9-15 呉地方合同庁舎 5F 0823-22-0005	呉市、江田島市、 東広島市（黒瀬町、黒瀬学園台、黒瀬春日野、黒瀬切田が丘、黒瀬桜が丘、黒瀬松ヶ丘、黒瀬楢原北、黒瀬楢原東、黒瀬楢原西）

03	福山	〒720-8503 福山市旭町 1-7 084-923-0005	福山市、府中市、神石郡（神石高原町）
04	三原	〒723-0016 三原市宮沖 2-13-20 0848-63-3939	三原市、竹原市、豊田郡、東広島市（安芸津町、河内町、福富町、豊栄町）
05	尾道	〒722-0002 尾道市古浜町 27-13 0848-22-4158	尾道市、世羅郡
06	三次	〒728-0013 三次市十日市東 1-9-9 0824-62-2104	三次市、安芸高田市、庄原市
07	広島北	〒731-0223 広島市安佐北区可部南 3-3-28 082-812-2115	広島市のうち安佐南区、安佐北区、山県郡
09	廿日市	〒738-0024 廿日市市新宮 1-15-40 廿日市地方合同庁舎 0829-32-1155	廿日市市、大竹市、 広島市（佐伯区）
山口			
01	下関	〒750-8522 下関市東大和町 2-5-15 083-266-5476	下関市
02	宇部	〒755-0044 宇部市新町 10-33 宇部地方合同庁舎 0836-31-4500	宇部市、山陽小野田市、美祢市（秋芳町、美東町を除く）
03	徳山	〒745-0844 周南市速玉町 3-41 0834-21-1788	周南市（下松労働基準監督署の管轄区域を除く）
04	下松	〒744-0078 下松市西市 2-10-25 0833-41-1780	下松市、光市、柳井市（大畠、神代、遠崎を除く）、周南市の旧熊毛町地域（大河内、奥関屋、勝間原、小松原、御所尾原、幸ヶ丘、新清光台、自由ヶ丘、清尾、鶴見台、中村、原、樋口、緑が丘、八代、安田、夢ヶ丘、呼坂、清光台町、高水原、呼坂本町、熊毛中央町、勝間ヶ丘、藤ケ台）、熊毛郡
05	岩国	〒740-0027 岩国市中津町 2-15-10 0827-24-1133	岩国市、柳井市大畠、柳井市神代、柳井市遠崎、大島郡、玖珂郡
08	山口	〒753-0088 山口市中河原町 6-16 山口地方合同庁舎 1 号館 083-922-1238	山口市、防府市、 美祢市（秋芳町、美東町）
09	萩	〒758-0074 萩市大字平安古町 599-3 萩地方合同庁舎 0838-22-0750	萩市、長門市、阿武郡
徳島			
01	徳島	〒770-8533 徳島市万代町 3-5 徳島第 2 地方合同庁舎 088-622-8138	徳島市、小松島市、吉野川市、名東郡、名西郡、勝浦郡
02	鳴門	〒772-0003 鳴門市撫養町南浜字馬目木 119-6 088-686-5164	鳴門市、阿波市、板野郡
03	三好	〒778-0002 三好市池田町マチ 2429-12 0883-72-1105	美馬市、三好市、美馬郡、三好郡

０４	阿　　南	〒774-0011 阿南市領家町本荘ヶ内 120-6 0884-22-0890	阿南市、那賀郡、海部郡
香　川			
０１	高　　松	〒760-0019 高松市サンポート３番33号 高松サンポート合同庁舎２階 087-811-8945	高松市（国分寺町を除く）、香川郡、木田郡、小豆郡
０２	丸　　亀	〒763-0034 丸亀市大手町 3-1-2 0877-22-6244	丸亀市（飯山町、綾歌町を除く）、善通寺市、仲多度郡
０３	坂　　出	〒762-0003 坂出市久米町 1-15-55 0877-46-3196	坂出市、綾歌郡、 高松市（国分寺町）、丸亀市（飯山町、綾歌町）
０４	観 音 寺	〒768-0060 観音寺市観音寺町甲 3167-1 0875-25-2138	観音寺市、三豊市
０５	東かがわ	〒769-2601 東かがわ市三本松 591-1 大内地方合同庁舎 0879-25-3137	さぬき市、東かがわ市
愛　媛			
０１	松　　山	〒791-8523 松山市六軒家町 3-27 松山労働総合庁舎 4F 089-917-5250	松山市、伊予市、東温市、伊予郡、上浮穴郡
０２	新 居 浜	〒792-0025 新居浜市一宮町 1-5-3 0897-37-0151	新居浜市、西条市、四国中央市、 今治市（宮窪町四阪島）
０３	今　　治	〒794-0042 今治市旭町 1-3-1 0898-32-4560	今治市（新居浜労働基準監督署の管轄区域を除く）、越智郡
０４	八 幡 浜	〒796-0031 八幡浜市江戸岡 1-1-10 0894-22-1750	八幡浜市、大洲市、西予市、西宇和郡、喜多郡
０５	宇 和 島	〒798-0036 宇和島市天神町 4-40 宇和島地方合同庁舎３階 0895-22-4655	宇和島市、北宇和郡、南宇和郡
高　知			
０１	高　　知	〒781-9526 高知市南金田１番39 088-885-6031	高知市、南国市、香美市、長岡郡、土佐郡、吾川郡（仁淀川町を除く）
０２	須　　崎	〒785-8511 須崎市緑町 7-11 0889-42-1866	土佐市、須崎市、 吾川郡（仁淀川町、高岡郡）
０３	四 万 十	〒787-0012 四万十市右山五月町 3-12 中村地方合同庁舎 0880-35-3148	宿毛市、土佐清水市、四万十市、幡多郡
０４	安　　芸	〒784-0001 安芸市矢の丸 2-1-6 安芸地方合同庁舎 0887-35-2128	室戸市、安芸市、香南市、安芸郡

福　岡			
01	福岡中央	〒810-8605 福岡市中央区長浜 2-1-1 労働条件等監督関係 092-761-5607 安全衛生課 092-761-5608 労災課 092-761-5604 総合労働相談コーナー 092-761-5600	福岡市（東区を除く） 春日市、大野城市、筑紫野市、太宰府市、糸島市、那珂川市
13	福岡東	〒813-0016 福岡市東区香椎浜 1-3-26 092-661-3770	福岡市（東区、宗像市、古賀市、福津市、糟屋郡）
02	大牟田	〒836-8502 大牟田市小浜町 24-13 0944-53-3987	大牟田市、柳川市、みやま市
03	久留米	〒830-0037 久留米市諏訪野町 2401 0942-33-7251	久留米市、大川市、小郡市、うきは市、朝倉市、朝倉郡、三井郡、三潴郡
04	飯　塚	〒820-0018 飯塚市芳雄町 13-6 飯塚合同庁舎 0948-22-3200	飯塚市、嘉麻市、嘉穂郡
06	北九州西	〒806-8540 北九州市八幡西区岸の浦 1-5-10 093-622-6550	北九州市（八幡西区、若松区、戸畑区、八幡東区、中間市、遠賀郡）
07	北九州東	〒803-0814 北九州市小倉北区大手町 13-26 093-561-0881	北九州市（小倉北区、小倉南区）
	北九州東門司支署	〒800-0004 北九州市門司区北川町 1-18 093-381-5361	北九州市（門司区）
09	田　川	〒825-0013 田川市中央町 4-12 0947-42-0380	田川市、田川郡
10	直　方	〒822-0017 直方市殿町 9-17 0949-22-0544	直方市、宮若市、鞍手郡
11	行　橋	〒824-0005 行橋市中央 1-12-35 0930-23-0454	行橋市、豊前市、京都郡、築上郡
12	八　女	〒834-0047 八女市稲富 132 0943-23-2121	八女市、筑後市、八女郡
佐　賀			
01	佐　賀	〒840-0801 佐賀市駅前中央 3-3-20 佐賀第 2 合同庁舎 3F 0952-32-7133	佐賀市、鳥栖市、多久市、小城市、神埼市、神埼郡、三養基郡
02	唐　津	〒847-0861 唐津市二夕子 3-214-6 唐津港湾合同庁舎 1F 0955-73-2179	唐津市、東松浦郡
03	武　雄	〒843-0023 武雄市武雄町昭和 758 0954-22-2165	武雄市、鹿島市、嬉野市、杵島郡、藤津郡
04	伊万里	〒848-0027 伊万里市立花町大尾 1891-64 0955-23-4155	伊万里市、西松浦郡
長　崎			
01	長　崎	〒852-8542 長崎市岩川町 16-16 長崎合同庁舎 2F 095-846-6353	長崎市、五島市、西海市、西彼杵郡、南松浦郡

０２	佐世保	〒857-0041	佐世保市木場田町 2-19 佐世保合同庁舎 3F 0956-24-4161	佐佐世保市（江迎町、鹿町町を除く） 東彼杵郡（川棚町、波佐見町） 北松浦郡（小値賀町）
０３	江迎	〒859-6101	佐世保市江迎町長坂 123-19 0956-65-2141	佐世保市（江迎町、鹿町町、平戸市、松浦市） 北松浦郡（佐々町）
０４	島原	〒855-0033	島原市新馬場町 905-1 0957-62-5145	島原市、雲仙市、南島原市
０５	諫早	〒854-0081	諫早市栄田町 47-37 0957-26-3310	諫早市、大村市 東彼杵郡（東彼杵町）
０６	対馬	〒817-0016	対馬市厳原町東里 341-42 厳原地方合同庁舎 0920-52-0234	対馬市、壱岐市
熊本				
０１	熊本	〒862-8688	熊本市中央区大江 3-1-53 熊本第 2 合同庁舎 096-362-7100	熊本市（旧植木町を除く） 宇土市、宇城市、下益城郡、上益城郡
０２	八代	〒866-0852	八代市大手町 2-3-11 0965-32-3151	八代市、水俣市、八代郡、葦北郡
０３	玉名	〒865-0016	玉名市岩崎 273 玉名合同庁舎 0968-73-4411	玉名市、荒尾市、玉名郡
０４	人吉	〒868-0014	人吉市下薩摩瀬町 1602-1 0966-22-5151	人吉市、球磨郡
０５	天草	〒863-0050	天草市丸尾町 16 番 48 号 0969-23-2266	天草市、上天草市、天草郡
０６	菊池	〒861-1306	菊池市大琳寺 236-4 0968-25-3136	菊池市、山鹿市、合志市、菊池郡、阿蘇市、阿蘇郡 熊本市（旧植木町）
大分				
０１	大分	〒870-0016	大分市新川町 2-1-36 大分合同庁舎 2F 097-535-1511	大分市、別府市、杵築市、由布市、国東市、東国東郡姫島村、速見郡日出町
０２	中津	〒871-0031	中津市大字中殿 550 番地 20 中津合同庁舎 2F 0979-22-2720	中津市、豊後高田市、宇佐市
０３	佐伯	〒876-0811	佐伯市鶴谷町 1-3-28 佐伯労働総合庁舎 3F 0972-22-3421	佐伯市、臼杵市、津久見市
０４	日田	〒877-0012	日田市淡窓 1-1-61 0973-22-6191	日田市、玖珠郡玖珠町、玖珠郡九重町
０５	豊後大野	〒879-7131	豊後大野市三重町市場 1225-9 三重合同庁舎 4F 0974-22-0153	竹田市、豊後大野市

宮　崎			
０１	宮　　崎	〒880-0813 宮崎市丸島町 1-15 0985-29-6000	宮崎市、西都市、東諸県郡、児湯郡
０２	延　　岡	〒882-0803 延岡市大貫町 1-2885-1 0982-34-3331	延岡市、日向市、東臼杵郡、西臼杵郡
０３	都　　城	〒885-0072 都城市上町２街区 11 号 都城合同庁舎 6F 0986-23-0192	都城市、小林市、えびの市、北諸県郡、西諸県郡
０４	日　　南	〒887-0031 日南市戸高 1-3-17 0987-23-5277	日南市、串間市
鹿児島			
０１	鹿 児 島	〒890-8545 鹿児島市薬師 1-6-3 099-214-9175	鹿児島市、枕崎市、指宿市、西之表市、日置市、いちき串木野市、南さつま市、南九州市、鹿児島郡、熊毛郡
０２	川　　内	〒895-0063 薩摩川内市若葉町 4-24 川内地方合同庁舎 0996-22-3225	薩摩川内市、阿久根市、出水市、薩摩郡、出水郡
	鹿　　屋	〒893-0064 鹿屋市西原 4-5-1 0994-43-3385	鹿屋市、垂水市、曽於市、志布志市、曽於郡、肝属郡
	加 治 木	〒899-5211 姶良市加治木町新富町 98-6 0995-63-2035	霧島市、姶良市、伊佐市、姶良郡
０７	名　　瀬	〒894-0036 奄美市名瀬長浜町 1-1 0997-52-0574	奄美市、大島郡
沖　縄			
０１	那　　覇	〒900-0006 那覇市おもろまち 2-1-1 那覇第２地方合同庁舎 2F 098-868-8033	那覇市、浦添市、豊見城市、西原町、与那原町、南風原町、南城市、八重瀬町、糸満市、座間味村、渡嘉敷村、久米島町、粟国村、渡名喜村、北大東村、南大東村
０２	沖　　縄	〒904-0003 沖縄市住吉 1-23-1 沖縄労働総合庁舎 3F 098-982-1263	沖縄市、、宜野湾市、うるま市、恩納村、宜野座村、嘉手納町、北谷町、金武町、読谷村、北中城村、中城村村
０３	名　　護	〒905-0011 名護市字宮里 452-3 名護地方合同庁舎 1F 0980-52-2691	名護市、国頭村、大宜味村、東村、今帰仁村、本部町、伊平屋村、伊是名村、伊江村
０４	宮　　古	〒906-0013 宮古島市平良字下里 1016 平良地方合同庁舎 1F 0980-72-2303	宮古島市、多良間村
０５	八 重 山	〒907-0004 石垣市登野城 55-4 石垣地方合同庁舎 2F 0980-82-2344	石垣市、竹富町、与那国町

公共職業安定所・所在地・管轄区域一覧

	公共職業安定所	所在地及び電話番号	管轄区域
北海道			
0101	札　幌	〒064-8609 札幌市中央区南十条西 14 丁目 011-562-0101	札幌市（中央区、南区、西区、手稲区）
	ハローワークプラザ札幌	〒060-0004 札幌市中央区北四条西 5 丁目 1-4 大樹生命札幌共同ビル 5 階 011-242-8689	
0102	函　館	〒040-8609 函館市新川町 26-6 函館地方合同庁舎分庁舎 0138-26-0735	函館市、北斗市、松前町、福島町、木古内町、知内町、七飯町、鹿部町、森町
	ハローワークプラザ函館	〒041-0806 函館市美原 1-4-3 エスポワール石沢ビル 0138-45-8609	
	八雲（出）	〒049-3113 二海郡八雲町相生町 108-8 八雲地方合同庁舎 0137-62-2509	八雲町（熊石を除く）、長万部町、今金町、せたな町北檜山区、せたな町瀬棚区
	江差（出）	〒043-8609 檜山郡江差町字姥神町 167 江差地方合同庁舎 0139-52-0178	江差町、上ノ国町、厚沢部町、乙部町、せたな町大成区、八雲町熊石、奥尻町
0103	旭　川	〒070-0902 旭川市春光町 10-58 0166-51-0176	旭川市、鷹栖町、東神楽町、当麻町、比布町、愛別町、上川町、東川町、美瑛町、雨竜郡（幌加内町）
	富良野（出）	〒076-8609 富良野市緑町 9-1 0167-23-4121	富良野市、上富良野町、中富良野町、南富良野町、占冠村
0104	帯　広	〒080-8609 帯広市西 5 条南 5-2 0155-23-8296	帯広市、芽室町、更別村、中札内村、新得町、清水町、音更町、上士幌町、鹿追町、士幌町、幕別町、大樹町、広尾町
	しごとプラザ帯広	〒080-0012 帯広市西 2 条南 12-4 エスタ帯広東館 2 階 0155-26-1810	
	池田（分）	〒083-0022 中川郡池田町西 2 条 2-10 015-572-2561	池田町、豊頃町、本別町、浦幌町、足寄町、陸別町
0105	北　見	〒090-0018 北見市青葉町 6-8 北見地方合同庁舎 0157-23-6251	北見市（常呂町を除く）、置戸町、訓子府町
	美幌（分）	〒092-0004 網走郡美幌町仲町 1-44 0152-73-3555	美幌町、津別町
	遠軽（出）	〒099-0403 紋別郡遠軽町 1 条通北 4 0158-42-2779	遠軽町、湧別町、佐呂間町
0106	紋　別	〒094-8609 紋別市南が丘町 7-45-33 0158-23-5291	紋別市、雄武町、興部町、滝上町、西興部村

0107	小　樽	〒047-8609 小樽市色内1-10-15 0134-32-8689	小樽市
	余市（分）	〒046-0004 余市郡余市町大川町2-26 0135-22-3288	余市町、仁木町、赤井川村、積丹町、古平町
0108	滝　川	〒073-0023 滝川市緑町2-5-1 0125-22-3416	滝川市、芦別市、赤平市、新十津川町、石狩市浜益区
	深川（分）	〒074-0001 深川市1条18-10 0164-23-2148	深川市、妹背牛町、秩父別町、沼田町、北竜町、雨竜町
	砂川（出）	〒073-0166 砂川市西6条北5-1 0125-54-3147	砂川市、歌志内市、上砂川町、奈井江町
0109	釧　路	〒085-0832 釧路市富士見3-2-3 0154-41-1201	釧路市、釧路町、厚岸町、浜中町、標茶町、弟子屈町、鶴居村、白糠町
	ハローワークプラザ釧路	〒085-0016 釧路市錦町2-4 釧路フィッシャーマンズワーフMOO 2階　0154-23-8609	
0110	室　蘭	〒051-0022 室蘭市海岸町1-20-28 0143-22-8689	室蘭市、登別市
	ハローワークプラザ中島	〒050-0074 室蘭市中島2-24-1 栗林中島ビル1階 0143-47-8103	
	伊達（分）	〒052-0025 伊達市網代町5-4 0142-23-2034	伊達市、豊浦町、洞爺湖町、壮瞥町
0111	岩見沢	〒068-8609 岩見沢市5条東15 岩見沢地方合同庁舎 0126-22-3450	岩見沢市、美唄市、三笠市、南幌町、浦臼町、月形町
0112	稚　内	〒097-8609 稚内市末広4-1-25 0162-34-1120	稚内市、猿払村、天塩町、遠別町、豊富町、幌延町、利尻町、利尻富士町、礼文町
0113	岩　内	〒045-8609 岩内郡岩内町字相生199-1 0135-62-1262	岩内町、共和町、蘭越町、黒松内町、寿都町、島牧村、神恵内村、泊村
	倶知安（分）	〒044-0011 虻田郡倶知安町南1条東3丁目1番地 倶知安地方合同庁舎 0136-22-0248	倶知安町、京極町、喜茂別町、留寿都村、ニセコ町、真狩村
0114	留　萌	〒077-0048 留萌市大町2-12 留萌地方合同庁舎 0164-42-0388	留萌市、小平町、増毛町、苫前町、羽幌町、初山別村
0115	名　寄	〒096-8609 名寄市西5条南10丁目 01654-2-4326	名寄市、下川町、美深町、音威子府村、中川町、枝幸町、中頓別町、浜頓別町
	士別（出）	〒095-8609 士別市東4条3丁目 0165-23-3138	士別市、和寒町、剣淵町
0116	浦　河	〒057-0033 浦河郡浦河町堺町東1-5-21 0146-22-3036	浦河町、様似町、えりも町、新ひだか町三石

	静内（分）	〒056-0017	日高郡新ひだか町静内御幸町2丁目1-40 ショッピングセンターピュア3階　0146-42-1734	新ひだか町静内、新冠町
0118	網　走	〒093-8609	網走市大曲1丁目1-3 0152-44-6287	網走市、北見市常呂町、大空町、清里町、小清水町、斜里町
0119	苫小牧	〒053-8609	苫小牧市港町1-6-15 苫小牧港湾合同庁舎 0144-32-5221	苫小牧市、安平町、むかわ町、厚真町、白老町、日高町、平取町
	ワークプラザとまこまい	〒053-0022	苫小牧市表町5-11-5 ふれんどビル3階 0144-35-8689	
0120	根　室	〒087-8609	根室市弥栄町1丁目18 根室地方合同庁舎4階 0153-23-2161	根室市、別海町
	中標津（分）	〒086-1002	標津郡中標津町東2条南2-1-1 中標津経済センタービル 0153-72-2544	中標津町、標津町、羅臼町
0123	札幌東	〒062-8609	札幌市豊平区月寒東1条3丁目2-10 011-853-0101	札幌市（白石区、厚別区、豊平区、清田区、北広島市）
	江別（出）	〒067-0014	江別市4条1丁目 011-382-2377	江別市、新篠津村
0124	札幌北	〒065-8609	札幌市東区北16条東4丁目3-1 011-743-8609	札幌市のうち北区、東区、石狩市（浜益区を除く）、当別町
	ハローワークプラザ北24	〒001-0024	札幌市北区北24条西5丁目 札幌サンプラザ1階 011-738-3163	
0125	千　歳	〒066-8609	千歳市東雲町4-2-6 0123-24-2177	千歳市、恵庭市
	夕張（出）	〒068-0403	夕張市本町5-5 0123-52-4411	夕張市、長沼町、栗山町、由仁町
青　森				
0201	青　森	〒030-0822	青森市中央2-10-10 017-776-1561	青森市（浪岡を除く）東津軽郡
0202	八　戸	〒031-0071	八戸市沼館4-7-120 0178-22-8609	八戸市、三戸郡
0203	弘　前	〒036-8502	弘前市大字南富田町5-1 0172-38-8609	弘前市 平川市（管轄区域） 南津軽郡（大鰐町、藤崎町） 中津軽郡 北津軽郡（板柳町）
0204	む　つ	〒035-0063	むつ市若松町10-3 0175-22-1331	むつ市、下北郡

0205	野辺地	〒039-3128 上北郡野辺地町字昼場 12-1 0175-64-8609	上北郡（七戸町、東北町、野辺地町、横浜町、六ヶ所村）
0206	五所川原	〒037-0067 五所川原市敷島町 37-6 0173-34-3171	五所川原市、つがる市、西津軽郡 北津軽郡（鶴田町、中泊町）
0208	三　沢	〒033-0031 三沢市桜町 3-1-22 0176-53-4178	三沢市、上北郡（おいらせ町、六戸町）
0208	十和田（出）	〒034-0082 十和田市西二番町 14-12 十和田奥入瀬合同庁舎 0176-23-5361	十和田市
0209	黒　石	〒036-0383 黒石市緑町 2-214 0172-53-8609	黒石市 平川市（管轄区域） 南津軽郡（田舎館村） 青森市（浪岡）
岩　手			
0301	盛　岡	〒020-0885 盛岡市紺屋町 7-26 019-624-8902～8	盛岡市、八幡平市、滝沢市、紫波郡、岩手郡
0351	沼宮内（出）	〒028-4301 岩手郡岩手町大字沼宮内 7-11-3　0195-62-2139	岩手郡（岩手町、葛巻町）
0302	釜　石	〒026-0043 釜石市新町 6-55 0193-23-8609	釜石市、遠野市、上閉伊郡
0352	遠野（出）	〒028-0524 遠野市新町 2-7 0198-62-2842	遠野市
0303	宮　古	〒027-0038 宮古市小山田 1-1-1 宮古合同庁舎 0193-63-8609	宮古市、下閉伊郡（普代村を除く）
0304	花　巻	〒025-0076 花巻市城内 9-27 花巻合同庁舎 1 階 0198-23-5118	花巻市
0305	一　関	〒021-0026 一関市山目字前田 13-3 0191-23-4135	一関市、西磐井郡
0306	水　沢	〒023-8502 奥州市水沢区東中通り 1-5-35 0197-24-8609	奥州市、胆沢郡
0307	北　上	〒024-0091 北上市大曲町 5-17 0197-63-3314	北上市、和賀郡
0308	大船渡	〒022-0002 大船渡市大船渡町字赤沢 17-3 大船渡合同庁舎 0192-27-4165	大船渡市、陸前高田市、気仙郡
0309	二　戸	〒028-6103 二戸市石切所字荷渡 6-1 二戸合同庁舎　0195-23-3341	二戸市、二戸郡 九戸郡（軽米町、九戸村）
0310	久　慈	〒028-0051 久慈市川崎町 2-15 0194-53-3374	久慈市 九戸郡（軽米町、九戸村を除く） 下閉伊郡（普代村）

宮　城			
0401	仙　　台	〒983-0852 仙台市宮城野区榴岡 4-2-3 仙台ＭＴビル３階，４階，５階 022-299-8811	仙台市、名取市、岩沼市、亘理町、山元町
	ハローワークプラザ青葉	〒980-0021 仙台市青葉区中央 2-11-1 オルタス仙台ビル４階 022-266-8609	
	ハローワークプラザ泉	〒981-3133 仙台市泉区泉中央 1-7-1 地下鉄泉中央駅ビル４階 022-771-1217	
	大　　和	〒981-3626 黒川郡大和町吉岡南２丁目 3-15　022-345-2350	富谷市、大和町、大衡村
0402	石　　巻	〒986-0832 石巻市泉町 4-1-18 0225-95-0158	石巻市、東松島市、女川町
0403	塩　　釜	〒985-0016 塩釜市港町 1-4-1 022-362-3361	塩釜市、多賀城市、大郷町、松島町、七ヶ浜町、利府町
0404	古　　川	〒989-6143 大崎市古川中里 6-7-10 古川合同庁舎 0229-22-2305	大崎市、加美町、色麻町、涌谷町、美里町
0405	大河原	〒989-1201 柴田郡大河原町字町向 126-4 オーガ（orga）１階 0224-53-1042	角田市、川崎町、村田町、大河原町、柴田町、丸森町
0409	白　　石	〒989-0229 白石市字銚子ケ森 37-8 0224-25-3107	白石市、蔵王町、七ヶ宿町
0406	築　　館	〒987-2252 栗原市築館薬師 2-2-1 築館合同庁舎 0228-22-2531	栗原市
0407	迫	〒987-0511 登米市迫町佐沼字内町 42-10 0220-22-8609	登米市
0408	気仙沼	〒988-0077 気仙沼市古町 3-3-8 気仙沼駅前プラザ２階 0226-24-1716	気仙沼市、南三陸町
秋　田			
0501	秋　　田	〒010-0065 秋田市茨島 1-12-16 018-864-4111	秋田市、潟上市、南秋田郡
	ハローワークプラザアトリオン（マザーズ、コーナー秋田）	〒010-0001 秋田市中通 2-3-8 アトリオンビル３階 018-836-7820	
	ハローワークプラザ御所野（秋田新卒応援ハローワーク）	〒010-1413 秋田市御所野地蔵田 3-1-1 秋田テルサ３階 018-889-8609	

0509	男鹿（出）	〒010-0511 男鹿市船川港船川字新浜町 1-3 0185-23-2411~2	男鹿市
0502	能　代	〒016-0851 能代市緑町 5-29 0185-54-7311	能代市、山本郡
0503	大　館	〒017-0046 大館市清水 1-5-20 0186-42-2531	大館市
0551	鷹巣（出）	〒018-3331 北秋田市鷹巣字東中岱 26-1 0186-60-1586	北秋田市、北秋田郡
0504	大　曲	〒014-0034 大仙市大曲住吉町 33-3 0187-63-0335	大仙市、仙北郡
0552	角館（出）	〒014-0372 仙北市角館町小館 32-3 0187-54-2434	仙北市
0505	本　荘	〒015-0013 由利本荘市石脇字田尻野 18-1 0184-22-3421	由利本荘市、にかほ市
0506	横　手	〒013-0033 横手市旭川 1-2-26 0182-32-1165	横手市
0507	湯　沢	〒012-0033 湯沢市清水町 4-4-3 0183-73-6117	湯沢市、雄勝郡
0508	鹿　角	〒018-5201 鹿角市花輪字荒田 82-4 0186-23-2173	鹿角市、鹿角郡
山　形			
0601	山　形	〒990-0813 山形市桧町 2-6-13 023-684-1521	山形市、天童市、上山市、山辺町、中山町
	ハローワークプラザやまがた	〒990-0828 山形市双葉町 1-2-3 山形テルサ１F 023-646-7360	
	ハローワークやまがた天童ワークプラザ	〒994-0034 天童市本町 1-1-2 パルテ１F 023-654-5848	
0602	米　沢	〒992-0012 米沢市金池 3-1-39 米沢地方合同庁舎 0238-22-8155	米沢市、南陽市、川西町、高畠町
0603	酒　田	〒998-8555 酒田市上安町 1-6-6 0234-27-3111	酒田市、庄内町、遊佐町
	ハローワークプラザさかた	〒998-0044 酒田市中町 1-4-10 酒田市役所中町庁舎２F 0234-24-6611	
0604	鶴　岡	〒997-0035 鶴岡市馬場町 2-12 鶴岡第２地方合同庁舎 1F 0235-25-2501	鶴岡市、三川町
0605	新　庄	〒996-0011 新庄市東谷地田町 6-4 新庄合同庁舎内 0233-22-8609	新庄市、舟形町、真室川町、金山町、最上町、鮭川村、大蔵村、戸沢村

0606	長　井	〒993-0051 長井市幸町 15-5 0238-84-8609	長井市、白鷹町、飯豊町、小国町
0607	村　山	〒995-0034 村山市楯岡五日町 14-30 0237-55-8609	村山市、東根市、尾花沢市、大石田町
0608	寒 河 江	〒991-8505 寒河江市大字西根字石川西 340　0237-86-4221	寒河江市、大江町、朝日町、西川町、河北町
福　島			
0701	福　島	〒960-8589 福島市狐塚 17-40 024-534-4121	福島市、伊達市、伊達郡
0702	いわき	〒970-8026 いわき市平字堂根町 4-11 いわき地方合同庁舎 0246-23-1421	いわき市（小名浜・勿来出張所の管轄区域を除く）
	小名浜	〒971-8111 いわき市小名浜大原字六反田 65-3 0246-54-6666	いわき市（江名，折戸，中之作，永崎，小名浜，鹿島町，泉町，渡辺町，洋向台，泉ケ丘，泉玉露，湘南台）
	勿来	〒974-8212 いわき市東田町 1-28-3 0246-63-3171	いわき市（植田町、後田町、中岡町、仁井田町、高倉町、江畑町、添野町、石塚町、東田町、佐糠町、岩間町、金山町、小浜町、錦町、勿来町、川部町、沼部町、瀬戸町、三沢町、山玉町、山田町、富津町、遠野町、田人町）
0703	会津若松	〒965-0877 会津若松市西栄町 2-23 0242-26-3333	会津若松市、大沼郡、耶麻郡のうち磐梯町、猪苗代町、河沼郡
	南会津	〒967-0004 南会津郡南会津町田島字行司 12 0241-62-1101	南会津郡
	喜多方	〒966-0853 喜多方市字千苅 8374 0241-22-4111	喜多方市、耶麻郡のうち西会津町、北塩原村
0704	郡　山	〒963-8609 郡山市方八町 2-1-26 024-942-8609	郡山市、田村市、田村郡
0705	白　河	〒961-0074 白河市字郭内 1-136 白河小峰城合同庁舎 0248-24-1256	白河市、西白河郡、東白川郡
0706	須 賀 川	〒962-0865 須賀川市妙見 121-1 0248-76-8609	須賀川市、岩瀬郡、石川郡
	相　双	〒975-0032 南相馬市原町区桜井町 1-127 0244-24-3531	南相馬市、相馬郡のうち飯舘村
	相　馬	〒976-0042 相馬市中村 1-12-1 0244-36-0211	相馬市、相馬郡のうち新地町
	富　岡	〒979-1111 双葉郡富岡町大字小浜字大膳 109-1　0240-22-3121	双葉郡
0708	二 本 松	〒964-0906 二本松市若宮 2-162-5 0243-23-0343	二本松市、本宮市、安達郡

茨　城			
0801	水　　戸	〒 310-8509 水戸市水府町 1573-1 029-231-6221	水戸市、ひたちなか市、那珂市、茨城町、大洗町、城里町、東海村
	笠間（出）	〒 309-1613 笠間市石井 2026-1 0296-72-0252	笠間市
0802	日　　立	〒 317-0063 日立市若葉町 2-6-2 0294-21-6441	目立市
0803	筑　　西	〒 308-0821 筑西市成田 628-1 0296-22-2188	結城市、下妻市、筑西市、桜川市、結城郡
	下妻（出）	〒 304-0067 下妻市下妻乙 124-2 下妻地方合同庁舎 0296-43-3737	下妻市、結城郡
0804	土　　浦	〒 300-0805 土浦市宍塚 1838 029-822-5124	土浦市、つくば市、かすみがうら市、阿見町
0805	古　　河	〒 306-0011 古河市東 3-7-23 0280-32-0461	古河市、猿島郡
0806	常　　総	〒 303-0034 常総市水海道天満町 4798 0297-22-8609	守谷市、坂東市、常総市、つくばみらい市
0808	石　　岡	〒 315-0037 石岡市東石岡 5-7-40 0299-26-8141	石岡市、小美玉市
0809	常陸大宮	〒 319-2255 常陸大宮市野中町 3083-1 0295-52-3185	常陸太田市、常陸大宮市、大子町
0810	龍ヶ崎	〒 301-0041 龍ヶ崎市若柴町 1229-1 0297-60-2727	龍ケ崎市　取手市　牛久市、稲敷市、稲敷郡（土浦安定所の管轄区域を除く）、北相馬郡
0811	高　　萩	〒 318-0033 高萩市本町 4-8-5 0293-22-2549	高萩市、北茨城市
0812	常陸鹿嶋	〒 314-0031 鹿嶋市宮中 1995-1 鹿嶋労働総合庁舎 0299-83-2318	鹿嶋市、潮来市、神栖市、行方市、鉾田市
栃　木			
0901	宇 都 宮	〒 320-0845 宇都宮市明保野町 1-4 宇都宮第 2 地方合同庁舎 028-638-0369	宇都宮市、那須烏山市、河内郡、塩谷郡（矢板公共職業安定所の管轄区域を除く）、那須郡（黒磯公共職業安定所の管轄区域を除く）
0910	那須烏山（出）	〒 321-0622 那須烏山市城東 4-18 0287-82-2213	那須烏山市、那須郡のうち那珂川町
	ハローワーク宇都宮駅前プラザ	〒 321-0964 宇都宮市駅前通り 1-3-1 ＫＤＸ宇都宮ビル 2F 028-623-8609	
0902	鹿　　沼	〒 322-0031 鹿沼市睦町 287-20 0289-62-5125	鹿沼市

0903	栃　　木	〒328-0041 栃木市河合町 1-29 栃木地方合同庁舎 1 F 0282-22-4135	栃木市、下都賀郡（小山公共職業安定所の管轄区域を除く）
0904	佐　　野	〒327-0014 佐野市天明町 2553 0283-22-6260	佐野市
0905	足　　利	〒326-0057 足利市丸山町 688-14 0284-41-3178	足利市
0906	真　　岡	〒321-4305 真岡市荒町 5101 0285-82-8655	真岡市、芳賀郡
0907	矢　　板	〒329-2162 矢板市末広町 3-2 0287-43-0121	矢板市、さくら市、塩谷郡のうち塩谷町
0908	大 田 原	〒324-0058 大田原市紫塚 1-14-2 0287-22-2268	大田原市、那須塩原市（黒磯公共職業安定所の管轄区域を除く）
0909	小　　山	〒323-0014 小山市喜沢 1475 おやまゆうえんハーヴェスト ウォーク内 0285-22-1524	小山市、下野市、野木町
0911	日　　光	〒321-1272 日光市今市本町 32-1 0288-22-0353	日光市
0912	黒　　磯	〒325-0027 那須塩原市共墾社 119-1 0287-62-0144	那須塩原市（旧黒磯市全域） 那須町
群　馬			
1001	前　　橋	〒379-2154 前橋市天川大島町 130-1 027-290-2111	前橋市
1002	高　　崎	〒370-0842 高崎市北双葉町 5-17 027-327-8609	高崎市（藤岡公共職業安定所の管轄区域を除く）、安中市
	安中（出）	〒379-0116 安中市安中 1-1-26 027-382-8609	安中市
1003	桐　　生	〒376-0023 桐生市錦町 2-11-14 0277-22-8609	桐生市、みどり市
1004	伊 勢 崎	〒372-0006 伊勢崎市太田町 554-10 0270-23-8609	伊勢崎市、佐波郡
1005	太　　田	〒373-0851 太田市飯田町 893 0276-46-8609	太田市
1006	館　　林	〒374-0066 館林市大街道 1-3-37 0276-75-8609	館林市、邑楽郡
1007	沼　　田	〒378-0044 沼田市下之町 888 テラス沼田 5F 0278-22-8609	沼田市、利根郡
1008	群馬富岡	〒370-2316 富岡市富岡 1414-14 0274-62-8609	富岡市、甘楽郡

1009	藤　岡	〒375-0054 藤岡市上大塚368-1 0274-22-8609	藤岡市、多野郡、高崎市のうち新町、吉井町
1010	渋　川	〒377-0008 渋川市渋川1696-15 0279-22-2636	渋川市、北群馬郡、吾妻郡
1010	中之条（出）	〒377-0425 吾妻郡中之条町大字西中之条207 0279-75-2227	吾妻郡
埼　玉			
1101	川　口	〒332-0031 川口市青木3-2-7 048-251-2901	川口市、蕨市、戸田市
	ハローワークプラザ川口	〒332-0015 川口市3-2-2 リプレ川口一番街2号棟1F 048-255-8070	
1102	熊　谷	〒360-0014 熊谷市箱田5-6-2 048-522-5656	熊谷市、深谷市、寄居町
	本庄（出）	〒367-0053 本庄市中央2-5-1 0495-22-2448	本庄市、上里町、美里町、神川町
1103	大　宮	〒330-0852 さいたま市大宮区大成町1-525 048-667-8609	さいたま市のうち西区、北区、大宮区、見沼区、岩槻区、鴻巣市（旧吹上町、旧川里町を除く）、上尾市、桶川市、北本市、蓮田市、伊奈町
	ハローワークプラザ大宮	〒330-0854 さいたま市大宮区桜木町1-9-4 エクセレント大宮ビル4F 048-658-1145	
1104	川　越	〒350-1118 川越市豊田本1-19-8 川越合同庁舎 049-242-0197	川越市、富士見市、ふじみ野市、坂戸市、鶴ヶ島市
	東松山（出）	〒355-0073 東松山市上野本1088-4 0493-22-0240	東松山市、小川町、嵐山町、川島町、吉見町、滑川町、鳩山町、ときがわ町、東秩父村
1105	浦　和	〒330-0061 さいたま市浦和区常盤5-8-40 048-832-2461	さいたま市のうち中央区、桜区、浦和区、南区、緑区
	所　沢	〒359-0042 所沢市並木6-1-3 所沢合同庁舎 04-2992-8609	所沢市、狭山市、入間市（仏子、野田、新光を除く）、三芳町
	ハローワークプラザ所沢	〒359-0042 所沢市並木2-4-1 所沢航空公園駅ビル2F 04-2993-5334	
	飯能（出）	〒357-0021 飯能市双柳94-15 飯能合同庁舎 042-974-2345	飯能市，入間市（仏子、野田、新光），日高市，毛呂山町，越生町
1107	秩　父	〒369-1871 秩父市下影森1002-1 0494-22-3215	秩父市、秩父郡（皆野町、長瀞町、小鹿野町、横瀬町）
1108	春日部	〒344-0036 春日部市下大増新田61-3 048-736-7611	春日部市、久喜市、幸手市、白岡市、北葛飾郡杉戸町、南埼玉郡宮代町
1109	行　田	〒361-0023 行田市長野943 048-556-3151	行田市、加須市、羽生市、鴻巣市のうち旧吹上町、旧川里町

1110	草　加	〒340-8509 草加市弁天 4-10-7 048-931-6111	草加市、三郷市、八潮市
1111	朝　霞	〒351-0011 朝霞市本町 1-1-37 048-463-2233	朝霞市、志木市、和光市、新座市
1112	越　谷	〒343-0023 越谷市東越谷 1-5-6 048-969-8609	越谷市、吉川市、北葛飾郡松伏町
千　葉			
1201	千　葉	〒261-0001 千葉市美浜区幸町 1-1-3 043-242-1181	千葉市のうち中央区（千葉南公共職業安定所の管轄区域を除く）、花見川区、美浜区、稲毛区、若葉区、四街道市、八街市、山武市、山武郡のうち横芝光町
	ハローワークプラザちば	〒260-0028 千葉市中央区新町 3-13 千葉 TN ビル 1 階 043-238-8300	
1202	市　川	〒272-8543 市川市南八幡 5-11-21 047-370-8609	市川市、浦安市
1203	銚　子	〒288-0041 銚子市中央区 8-16 0479-22-7406	銚子市、匝瑳市、旭市
1204	館　山	〒294-0047 館山市八幡 815-2 0470-22-2236	館山市、鴨川市、南房総市、安房郡
1205	木更津	〒292-0831 木更津市富士見 1-2-1 アクア木更津ビル 5F 0438-25-8609	木更津市、君津市、富津市、袖ヶ浦市
1206	佐　原	〒287-0002 香取市北 1-3-2 0478-55-1132	香取市、香取郡
1207	茂　原	〒297-0078 茂原市高師台 1-5-1 茂原地方合同庁舎 1F 0475-25-8609	茂原市、勝浦市、いすみ市、長生郡、夷隅郡
	いすみ（出）	〒298-0004 いすみ市大原 8000-1 0470-62-3551	いすみ市、勝浦市、夷隅郡
	松　戸	〒271-0092 松戸市松戸 1307-1 松戸ビル 3F　047-367-8609	松戸市、柏市、流山市、我孫子市
	ハローワークプラザ柏	〒277-0005 柏市柏 4-8-1 柏東口金子ビル 3F 04-7166-8609	
	野田（出）	〒278-0027 野田市みずき 2-6-1 04-7124-4181	野田市
1209	船橋（第一庁舎）	〒273-0011 船橋市湊町 2-10-17 047-431-8287	船橋市、習志野市、八千代市、鎌ヶ谷市、白井市
	（第二庁舎）	〒273-0005 船橋市本町 2-1-1 船橋スクエア 21 ビル 047-420-8609	

1210	成　田	〒286-0036 成田市加良部 3-4-2 0476-27-8609	成田市、佐倉市、印西市、富里市、印旛郡、山武郡のうち芝山町
	（駅前庁舎）	〒286-0033 成田市花崎町 828-11 スカイタウン成田 3F 0476-89-1700	
1211	千葉南	〒260-0842 千葉市中央区南町 2-16-3 海気館蘇我駅前ビル 3F・4F 043-300-8609	千葉市のうち中央区（赤井町、今井、今井町、鵜の森町、大森町、生実町、川崎町、川戸町、塩田町、白旗、蘇我、蘇我町、大巌寺町、新浜町、仁戸名町、花輪町、浜野町、星久喜町、松ヶ丘町、南生実町、南町、宮崎、宮崎町、村田町、若草）、緑区、市原市、東金市、大網白里市、山武郡のうち九十九里町
	ハローワークプラザ市原	〒290-0050 市原市更級 5-1-18 市原市勤労会館（you ホール）1F 0436-23-6941	
東　京			
1301～2	飯田橋（本庁舎）	〒112-8577 文京区後楽 1-9-20 飯田橋合同庁舎内 1～5F 03-3812-8609	千代田区、中央区、文京区、大島町、八丈町、利島村、新島村、神津島村、三宅村、御蔵島村、青ヶ島村
1303	上　野	〒110-8609 台東区東上野 4-1-2 03-3847-8609	台東区
	玉姫労働（出）	〒111-0022 台東区清川 2-23-2 03-3876-3347	
1304	品　川	〒108-0014 港区芝 5-35-3 03-5419-8609	港区、品川区
1306	大　森	〒143-8588 大田区大森北 4-16-7 03-5493-8609	大田区
	ハローワークプラザ蒲田	〒144-0052 大田区蒲田 5-15-8 蒲田月村ビル 4F 03-5711-8609	
1307	渋　谷	〒150-0041 渋谷区神南 1-3-5 03-3476-8609	目黒区、世田谷区、渋谷区
1308	新宿（歌舞伎町庁舎） （西新宿庁舎）	〒160-8489 新宿区歌舞伎町 2-42-10 03-3200-8609 〒163-1523 新宿区西新宿 1-6-1 新宿エルタワービル 23F 03-5325-9593	中野区、杉並区、新宿区
1309	池袋（本庁舎） （サンシャイン庁舎）	〒170-8409 豊島区東池袋 3-5-13 03-3987-8609 〒170-6003 豊島区東池袋 3-1-1 サンシャイン 60 ビル 3F 雇用保険給付課　03-5958-8609 職業相談　03-5911-8609	豊島区、板橋区、練馬区

	ハローワークプラザ成増	〒175-0094	板橋区成増 3-13-1 アリエス 2F 03-5968-8609	
1310	王　子	〒114-0002	北区王子 6-1-17 03-5390-8609	北区
1311	足　立	〒120-8530	足立区千住 1-4-1 03-3870-8609	足立区、荒川区
	ハローワークプラザ足立	〒120-8510	足立区中央本町 1-17-1 足立区役所北館 2F 03-3880-0957	
	河原町労働（出）	〒120-0037	足立区千住河原町 19-3 03-3882-1601	
1312	墨　田	〒130-8609	墨田区江東橋 2-19-12 03-5669-8609	墨田区、葛飾区
	かつしかワークプラザ	〒124-0003	葛飾区お花茶屋 1-19-18 ダイアパレスステーションプラザお花茶屋 2F 03-3604-8609	
1313	木　場	〒135-8609	江東区木場 2-13-19 03-643-8609	江戸川区、江東区
	ハローワークプラザ船堀	〒134-0091	江戸川区船堀 3-7-17 第 5 トヨダビル 6F 03-5659-8609	
1314	八王子	〒192-0904	八王子市子安町 1-13-1 042-648-8609	八王子市、日野市
1315	立　川	〒190-8509	立川市緑町 4-2 立川地方合同庁舎 1~3F 042-525-8609	立川市、昭島市、小金井市、小平市、東村山市、国分寺市、国立市、東大和市、武蔵村山市
	ワークプラザ立川南	〒190-0023	立川市芝崎町 3-9-2 立川駅南口 東京都・立川市合同施設 042-523-1509	
1316	青　梅 （本庁舎）	〒198-0042	青梅市東青梅 3-12-16 0428-24-8609	青梅市、福生市、羽村市、あきる野市、西多摩郡
1317	三　鷹	〒181-8517	三鷹市下連雀 4-15-18 0422-47-8609	三鷹市、武蔵野市、清瀬市、東久留米市、西東京市
1319	町　田	〒194-0022	町田市森野 2-28-14 町田合同庁舎 1 F 042-732-8609	町田市
1320	府　中	〒183-0045	府中市美好町 1-3-1 042-336-8609	府中市、調布市、狛江市、多摩市、稲城市
	永山ワークプラザ	〒206-0025	多摩市永山 1-5 ベルブ守永山 4F 042-375-0951	

	ハローワークプラザ調布国領	〒182-0022 調布市国領町 2-5-15 コクティー 2F 042-480-8103	
神奈川			
1401	横　浜（本庁舎）	〒231-0001 横浜市中区新港 1-6-1 よこはま新港合同庁舎 1F・2 F 045-663-8609	横浜市（神奈川区、西区、中区、南区、保土ヶ谷区、磯子区、港南区、旭区）
	横　浜（分庁舎）	〒220-0004 横浜市西区北幸 1-11-15 横浜 ST ビル 4 F 045-663-8609	
1413	横浜港労働（出）	〒231-0002 横浜市中区海岸通 4-23 045-201-2031	
	ハローワークプラザよこはま	〒220-0004 横浜市西区北幸 1-11-15 横浜ＳＴビル　045-410-1010	
1403	戸　　塚	〒244-8560 横浜市戸塚区戸塚町 3722 045-864-8609	横浜市（戸塚区、瀬谷区、栄区、泉区）
1404	川　　崎	〒210-0015 川崎市川崎区南町 17-2 044-244-8609	川崎市のうち川崎区、幸区横浜市のうち鶴見区
1405	横 須 賀	〒238-0013 横須賀市平成町 2-14-19 046-824-8609	横須賀市（横浜南公共職業安定所の管轄区域を除く）、三浦市
1406	平　　塚	〒254-0041 平塚市浅間町 10-22 平塚地方合同庁舎 1・2F 0463-24-8609	平塚市、伊勢原市、中郡
1407	小 田 原	〒250-0011 小田原市栄町 1-1-15 ミナカ小田原 9F 0465-23-8609	小田原市、足柄下郡
1408	藤　　沢	〒251-0054 藤沢市朝日町 5-12 藤沢労働総合庁舎 1・2F 0466-23-8609	藤沢市、鎌倉市、茅ヶ崎市、高座郡
	ハローワークプラザ湘南	〒252-0804 藤沢市湘南台 1-4-2 ピノスビル 6F 0466-42-1616	
1409	相 模 原	〒252-0236 相模原市中央区富士見 6-10-10 相模原地方合同庁舎 1 階 042-776-8609	相模原市南区、相模原市中央区、相模原市緑区
1410	厚　　木	〒243-0003 厚木市寿町 3-7-10 046-296-8609	厚木市、海老名市、座間市、愛甲郡
1411	松　　田	〒258-0003 足柄上郡松田町松田惣領 2037 0465-82-8609	秦野市、南足柄市、足柄上郡

1412	横 浜 南	〒236-8609 横浜市金沢区寺前 1-9-6 045-788-8609	横横浜市のうち金沢区、横須賀市のうち船越町、田浦港町、田浦町、港が丘、田浦大作町、田浦泉町、長浦町、箱崎町、鷹取町、湘南鷹取、追浜本町、夏島町、浦郷町、追浜東町、追浜町、浜見台、追浜南町、逗子市、三浦郡
1414	川崎北（本庁舎） （溝ノ口庁舎）	〒213-8573 川崎市高津区千年 698-1 044-777-8609 〒213-0011 川崎市高津区久本 3-5-7 新溝ノ口ビル 4F 044-777-8609	川崎市のうち中原区、高津区、多摩区、宮前区、麻生区
	ハローワークプラザ新百合ヶ丘	〒215-0004 川崎市麻生区万福寺 1-2-2 新百合トウェンティワン1階 044-969-8615	
1415	港　北	〒222-0033 横浜市港北区新横浜 3-24-6 横浜港北地方合同庁舎 045-474-1221	横浜市のうち港北区、緑区、青葉区、都筑区
1416	大　和	〒242-0018 大和市深見西 3-3-21 046-260-8609	大和市、綾瀬市
新 潟			
1501	新　潟	〒950-8532 新潟市中央区美咲町 1-2-1 新潟美咲合同庁舎 2 号館 025-280-8609	新潟市（新津及び巻公共職業安定所の管轄区域を除く）
	ハローワークプラザ新潟 ときめきしごと館 若者しごと館	〒950-0901 新潟市中央区弁天 2-2-18 新潟 KS ビル 025-240-4510	
1502	長　岡	〒940-8609 長岡市千歳 1-3-88 長岡地方合同庁舎 0258-32-1181	長岡市（小千谷出張所の管轄区域を除く）
	ハローワークプラザ長岡	〒940-0062 長岡市大手通 2-2-6 ながおか市民センター 3F 0258-34-8010	
	小千谷（出）	〒947-0028 小千谷市城内 2-6-5 0258-82-2441	小千谷市、長岡市（川口相川、川口荒谷、川口牛ヶ島、東川口、川口木沢、川口田麦山、川口峠、川口中山、西川口、川口武道窪、川口和南津、小千谷市）
1503	上　越	〒943-0803 上越市春日野 1-5-22 上越地方合同庁舎 025-523-6121	上越市（妙高市、上越市）
	ハローワークプラザ上越	〒943-0832 上越市本町 3-4-1 チャレンジショップ CEN-VAN2F 025-523-0453	
	妙高（出）	〒944-0048 妙高市下町 9-3 0255-73-7611	妙高市、上越市（板倉区、中郷区）
1504	三　条	〒955-0053 三条市北入蔵 1-3-10 0256-38-5431	三条市、加茂市、見附市、田上町

1505	柏　崎	〒945-8501 柏崎市田中 26-23 柏崎地方合同庁舎 0257-23-2140	柏崎市、刈羽村、出雲崎町
1506	新発田	〒957-8506 新発田市日渡 96 新発田地方合同庁舎 0254-27-6677	新発田市、、阿賀野市、胎内市、北蒲原郡
1507	新　津	〒956-0864 新潟市秋葉区新津本町 4-18-8 新津労働総合庁舎 0250-22-2233	新潟市（秋葉区・南区、五泉市、東蒲原郡）
1508	十日町	〒948-0004 十日町市下川原町 43 025-757-2407	十日町市、中魚沼郡
1510	糸魚川	〒941-0067 糸魚川市横町 5-9-50 025-552-0333	糸魚川市
1511	巻	〒953-0041 新潟市西蒲区巻甲 4087 0256-72-3155	新潟市（西蒲区、燕市、西蒲原郡）
1512	南魚沼	〒949-6609 南魚沼市八幡 20-1 025-772-3157	魚沼市、南魚沼市、南魚沼郡
	小出（出）	〒946-0021 魚沼市佐梨 682-2 025-792-8609	魚沼市
1513	佐　渡	〒952-0011 佐渡市両津夷 269-8 0259-27-2248	佐渡市
1514	村　上	〒958-0033 村上市緑町 1-6-8 0254-53-4141	村上市、岩船郡
富　山			
1601	富　山	〒930-0857 富山市奥田新町 45 076-431-8609	富山市
1602	高　岡	〒933-0902 高岡市向野町 3-43-4 0766-21-1515	高岡市、射水市
1604	魚　津	〒937-0801 魚津市新金屋 1-12-31 魚津合同庁舎 1F 0765-24-0365	魚津市、黒部市、下新川郡
1605	砺　波	〒939-1363 砺波市太郎丸 1-2-5 0763-32-2914	砺波市、小矢部市、南砺市
1608	小矢部（出）	〒932-8508 小矢部市綾子 5185 0766-67-0310	小矢部市
1606	氷　見	〒935-0023 氷見市朝日丘 9-17 0766-74-0445	氷見市
1607	滑　川	〒936-0024 滑川市辰野 11-6 076-475-0324	滑川市、中新川郡
石　川			
1701	金　沢	〒920-8609 金沢市鳴和 1-18-42 076-253-3030	金沢市

	津幡（分）	〒929-0326 河北郡津幡町字清水ア 66-4 076-289-2530	かほく市、津幡町、内灘町
1702	小　松	〒923-8609 小松市日の出町 1-120 小松日の出合同庁舎 2F 0761-24-8609	小松市、能美市、川北町
1703	七　尾	〒926-8609 七尾市小島町西部 2 七尾地方合同庁舎 1F 0767-52-3255	七尾市、中能登町
1706	羽咋（出）	〒925-8609 羽咋市南中央町キ 105-6 0767-22-1241	羽咋市、志賀町、宝達志水町
1705	加　賀	〒922-8609 加賀市大聖寺菅生イ 78-3 0761-72-8609	加賀市
	白　山	〒924-0871 白山市西新町 235 076-275-8533	白山市、野々市市
	輪　島	〒928-8609 輪島市鳳至町畠田 99-3 輪島地方合同庁舎 1F 0768-22-0325	輪島市、穴水町
	能登（出）	〒927-0435 鳳珠郡能登町宇出津新港 3-2-2 0768-62-1242	珠洲市、能登町
福　井			
1801	福　井	〒910-8509 福井市開発 1-121-1 0776-52-8150	福井市、永平寺町、坂井市（春江町）
1802	武　生	〒915-0071 越前市府中 1 丁目 11-2 平和堂アル・プラザ武生 4 階 0778-22-4078	越前市、鯖江市、池田町、南越前町、越前町
	ハローワークプラザさばえ	〒916-0027 鯖江市桜町 2-7-1 響陽会館 1 階　0778-51-8800	
1803	大　野	〒912-0087 大野市城町 8-5 0779-66-2408	大野市、勝山市
1804	三　国	〒913-0041 坂井市三国町覚善 69-1 0776-81-3262	あわら市、坂井市（福井公共職業安定所の管轄区域を除く）
1805	敦　賀	〒914-0055 敦賀市鉄輪町 1-7-3 敦賀駅前合同庁舎 1F 0770-22-4220	敦賀市、三方郡、三方上中郡若狭町のうち倉見、白屋、成願寺、上野、能登野、横渡、井崎、岩屋、田上、東黒田、相田、藤井、南前川、北前川、佐古、田名、向笠、鳥浜、中央、館川、三方、生倉、気山、上瀬、成出、田井、島の内、海山、世久見、塩坂越、遊子、小川、神子、常神
1806	小　浜	〒917-8544 小浜市後瀬町 7-10 小浜地方合同庁舎 1 階 0770-52-1260	小浜市、大飯郡、三方上中郡（敦賀公職業安定所の管轄区域を除く）

山　梨			
1901	甲　　府	〒400-0851 甲府市住吉 1-17-5 055-232-6060	甲府市、南アルプス市、甲斐市、笛吹市、中央市、中巨摩郡
1907	富士吉田	〒403-0014 富士吉田市竜ヶ丘 2-4-3 0555-23-8609	富士吉田市、南都留郡（忍野村、山中湖村、鳴沢村、富士河口湖町）
	大月（出）	〒401-0013 大月市大月 3-2-17 0554-22-8609	大月市、上野原市、北都留郡
	都留（出）	〒402-0051 都留市下谷 3-7-31 0554-43-5141	都留市、南都留郡（西桂町、道志村）
1903	塩　　山	〒404-0042 甲州市塩山上於曽 1777-1 0553-33-8609	山梨市、甲州市
1904	韮　　崎	〒407-0015 韮崎市若宮 1-10-41 0551-22-1331	韮崎市、北杜市
1905	鰍　　沢	〒400-0601 南巨摩郡富士川町鰍沢 1760-1 富士川地方合同庁舎 2F 0556-22-8689	南巨摩郡、西八代郡
長　野			
2001	長　　野	〒380-0935 長野市中御所 3-2-3 026-228-1300	長野市（篠ノ井公共職業安定所及び須坂公共職業安定所の管轄区域を除く）、上水内郡
2002	松　　本	〒390-0828 松本市庄内 3-6-21 0263-27-0111	松本市、塩尻市（木曽福島公共職業安定所の管轄区域を除く）、安曇野市、東筑摩郡
2003	岡谷（出）	〒394-0027 岡谷市中央町 1-8-4 0266-23-8609	岡谷市、諏訪郡（下諏訪町）
2004	上　　田	〒386-8609 上田市天神 2-4-70 0268-23-8609	上田市、東御市、小県郡
2005	飯　　田	〒395-8609 飯田市大久保町 2637-3 0265-24-8609	飯田市、下伊那郡
2006	伊　　那	〒396-8609 伊那市狐島 4098-3 0265-73-8609	伊那市、駒ヶ根市、上伊那郡
2007	篠ノ井	〒388-8007 長野市篠ノ井布施高田 826-1 026-293-8609	長野市（篠ノ井、松代町、川中島町、稲里町、真島町、小島田町、青木島町、丹波島、三本柳、信更町、大岡の各地域）、千曲市、埴科郡
2008	飯　　山	〒389-2253 飯山市飯山 186-4 0269-62-8609	中野市、飯山市、下水内郡、下高井郡
2009	小諸（出）	〒384-8609 小諸市御幸町 2-3-18 0267-23-8609	小諸市、北佐久郡（立科町を除く）
2010	木曽福島	〒397-8609 木曽郡木曽町福島 5056-1 0264-22-2233	木曽郡、塩尻市（贄川・木曽平沢・奈良井）
2011	佐　　久	〒385-8609 佐久市大字原 565-1 0267-62-8609	佐久市、南佐久郡、北佐久郡立科町
2012	大　　町	〒398-0002 大町市大町 2715-4 0261-22-0340	大町市、北安曇郡

2013	須　坂	〒382-0099 須坂市墨坂 2-2-17 026-248-8609	須坂市、長野市（若穂綿内、若穂川田、若穂牛島、若穂保科、上高井郡）
2014	諏　訪	〒392-0021 諏訪市上川 3-2503-1 0266-58-8609	諏訪市、茅野市、諏訪郡（下諏訪町を除く）
岐　阜			
2101	岐　阜	〒500-8719 岐阜市五坪 1-9-1 岐阜労働総合庁舎内 058-247-3211	岐阜市、羽島市、各務原市、山県市、瑞穂市、本巣市、羽島郡、本巣郡
2102	大　垣	〒503-0893 大垣市藤江町 1-1-8 0584-73-8609	大垣市、海津市、養老郡、不破郡、安八郡
	揖斐（出）	〒501-0605 揖斐郡揖斐川町極楽寺字村前 95-1　0585-22-0149	揖斐郡
2103	多治見	〒507-0037 多治見市音羽町 5-39-1 多治見労働総合庁舎内 0572-22-3381	多治見市、瑞浪市、土岐市、可児市、可児郡
	ハローワークプラザ 可児	〒509-0214 可児市広見１丁目５番地 可児市総合会館１F 0574-60-5585	
2104	高　山	〒506-0053 高山市昭和町 2-220 高山合同庁舎１F 0577-32-1144	高山市、飛騨市、下呂市（美濃加茂公共職業安定所の管轄区域を除く）、大野郡
2105	恵　那	〒509-7203 恵那市長島町正家 1-3-12 恵那合同庁舎１F 0573-26-1341	恵那市
2106	関	〒501-3803 関市西本郷通 4-6-10 0575-22-3223	関市、美濃市
	岐阜八幡（出）	〒501-4235 郡上市八幡町有坂 1209-2 郡上八幡地方合同庁舎 1F 0575-65-3108	郡上市
2107	美濃加茂	〒505-0043 美濃加茂市深田町 1-206-9 0574-25-2178	美濃加茂市、下呂市のうち金山町、加茂郡
2109	中津川	〒508-0045 中津川市かやの木町 4-3 中津川合同庁舎１F 0573-66-1337	中津川市
静　岡			
	静　岡	〒422-8045 静岡市駿河区西島 235-1 054-238-8609	静岡市（清水公共職業安定所の管轄区域を除く）
	ハローワークプラザ静岡	〒420-0853 静岡市葵区追手町 5-4 アーバンネット静岡追手町ビル１F 054-250-8609	
	浜　松	〒432-8537 浜松市中区浅田町 50-2 053-541-8609	浜松市、湖西市

	ハローワーク浜松アクトタワー庁舎	〒430-7707 浜松市中区板屋町 111-2 アクトタワー 7 F 053-457-5160	
	細江（出）	〒431-1302 浜松市北区細江町広岡 312-3 053-522-0165	浜松市（北区）
	浜北（出）	〒434-0037 浜松市浜北区沼 269-1 053-584-2233	浜松市（天竜区、浜北区）
2203	沼　津	〒410-0831 沼津市市場町 9-1 沼津合同庁舎 1F 055-931-0145	沼津市、御殿場市、裾野市、駿東郡
	御殿場（出）	〒412-0039 御殿場市竈字水道 1111 0550-82-0540	御殿場市、駿東郡（小山町）
	ハローワークプラザ裾野	〒410-1118 裾野市佐野 1039 ベルシティー裾野 3F ベルホール内 055-993-8631	
2204	清　水	〒424-0825 静岡市清水区松原町 2-15 清水合同庁舎 1F 054-351-8609	静岡市（清水区）
2205	三　島	〒411-0033 三島市文教町 1-3-112 三島労働総合庁舎 1F 055-980-1300	熱海市、三島市、伊豆市、伊豆の国市、田方郡
	伊東（出）	〒414-0046 伊東市大原 1-5-15 0557-37-2605	伊東市
2206	掛　川	〒436-0073 掛川市金城 71 0537-22-4185	掛川市、御前崎市、菊川市
2207	富士宮	〒418-0031 富士宮市神田川町 14-3 0544-26-3128	富士宮市
2208	島　田	〒427-8509 島田市本通 1 丁目 4677-4 島田労働総合庁舎 1F 0547-36-8609	島田市、榛原郡、牧之原市
	榛原（出）	〒421-0421 牧之原市細江 4138-1 0548-22-0148	牧之原市、榛原郡（吉田町）
2209	磐　田	〒438-0086 磐田市見付 3599-6 磐田地方合同庁舎 1F 0538-32-6181	磐田市、袋井市、周智郡
	ハローワークプラザ袋井	〒437-0125 袋井市上山梨 4-1-2 パティオ 1 F 0538-49-4400	磐田市・袋井市・森町
2210	富　士	〒417-8609 富士市南町 1-4 0545-51-2151	富士市
2211	下　田	〒415-8509 下田市 4-5-26 0558-22-0288	下田市、賀茂郡
2212	焼　津	〒425-0028 焼津市駅北 1-6-22 054-628-5155	焼津市、藤枝市

	ハローワークプラザ藤枝	〒426-0067 藤枝市前島 1-7-10 「Bivi 藤枝」２F 054-636-2126	焼津市・藤枝市
愛　知			
2301	名古屋東	〒465-8609 名古屋市名東区平和が丘 1-2 052-774-1115	名古屋市のうち千種区、東区、昭和区、守山区、名東区、天白区、日進市、長久手市、愛知郡（東郷町）
2302	名古屋中	〒450-0003 名古屋市中区錦 2-14-25 ヤマイチビル 052-855-3740	名古屋市のうち北区、西区、中村区、中区、中川区、清須市、北名古屋市、西春日井郡
	名古屋人材銀行	〒450-0003 名古屋市中村区名駅南 2-14-19 住友生命名古屋ビル 23F 052-581-0821	
2303	名古屋南	〒456-8503 名古屋市熱田区旗屋 2-22-21 052-681-1211	名古屋市のうち瑞穂区、熱田区、港区、南区、緑区、豊明市
	ハローワークプラザなるみ	〒458-0831 名古屋市緑区鳴海町字向田 1-3 名鉄鳴海駅２F 052-629-4151	
2304	豊　橋	〒440-8507 豊橋市大国町 111 豊橋地方合同庁舎内 0532-52-7191	豊橋市、田原市
	豊橋外国人職業相談センター	〒440-8506 豊橋市大国町 73 大国ビル庁舎２F 0532-57-1356	
2305	岡　崎	〒444-0813 岡崎市羽根町字北乾地 50-1 岡崎合同庁舎内 0564-52-8609	岡崎市、額田郡
2306	一　宮	〒491-8509 一宮市八幡 4-8-7 一宮労働総合庁舎 0586-45-2048	一宮市、稲沢市（津島公共職業安定所の管轄区域を除く）
2307	半　田	〒475-8502 半田市宮路町 200-4 半田地方合同庁舎 0569-21-0023	半田市、常滑市、東海市、知多市、知多郡
2308	瀬　戸	〒489-0871 瀬戸市東長根町 86 0561-82-5123	瀬戸市、尾張旭市
2309	豊　田	〒471-8609 豊田市常盤町 3-25-7 0565-31-1400	豊田市、みよし市
2310	津　島	〒496-0042 津島市寺前町 2-3 0567-26-3158	津島市、稲沢市のうち平和町、愛西市、弥富市、海部郡、あま市
2311	刈　谷	〒448-8609 刈谷市若松町 1-46-3 0566-21-5001	刈谷市、安城市、知立市、高浜市、大府市
	碧南（出）	〒447-0865 碧南市浅間町 1-41-4 0566-41-0327	碧南市

2312	西　尾	〒445-0071 西尾市熊味町小松島 41-1 0563-56-3622	西尾市
2313	犬　山	〒484-8609 犬山市松本町 2-10 0568-61-2185	犬山市、江南市、岩倉市、丹羽郡
2314	豊　川	〒442-0888 豊川市千歳通 1-34 0533-86-3178	豊川市
2318	蒲郡（出）	〒443-0034 蒲郡市港町 16-9 0533-67-8609	蒲郡市
2315	新　城	〒441-1384 新城市西入船 24-1 0536-22-1160	新城市、北設楽郡
2317	春日井	〒486-0841 春日井市南下原町 2 丁目 14-6 0568-81-5135	春日井市、小牧市
三　重			
2401	四日市	〒510-0093 四日市市本町 3-95 059-353-5566	四日市市、三重郡（桑名公共職業安定所の管轄区域を除く）
2402	伊　勢	〒516-8543 伊勢市宮後 1 丁目 1 番 35 号 MiraISE 8F 0596-27-8609	伊勢市、鳥羽市、志摩市、度会郡（尾鷲公共職業安定所の管轄区域を除く）
2403	津	〒514-8521 津市島崎町 327-1 059-228-9161	津市
2404	松　阪	〒515-8509 松阪市高町 493-6 松阪合同庁舎 1F 0598-51-0860	松阪市、多気郡
2405	桑　名	〒511-0078 桑名市桑栄町 1-2 サンファーレ北館 1F 0594-22-5141	桑名市、いなべ市、桑名郡、員弁郡、三重郡のうち朝日町
2406	伊　賀	〒518-0823 伊賀市四十九町 3074-2 0595-21-3221	伊賀市、名張市
	ハローワークプラザ名張	〒518-0718 名張市丸の内 79 名張市総合福祉センターふれあい 1 階 0595-63-0900	
	熊野（出）	〒519-4324 熊野市井戸町赤坂 739-3 0597-89-5351	熊野市、南牟婁郡
2408	尾　鷲	〒519-3612 尾鷲市林町 2-35 0597-22-0327	尾鷲市、北牟婁郡、度会郡のうち大紀町錦
2409	鈴　鹿	〒513-8609 鈴鹿市神戸 9-13-3 059-382-8609	鈴鹿市、亀山市
滋　賀			
2501	大　津	〒520-0806 大津市打出浜 14-15 滋賀労働総合庁舎 1・2F 077-522-3773	大津市、高島市

2501	高島（出）	〒520-1214 高島市安曇川町末広 4-37 0740-32-0047	高島市
2502	長　浜	〒526-0032 長浜市南高田町辻村 110 0749-62-2030	長浜市、米原市
2503	彦　根	〒522-0054 彦根市西今町 58-3 彦根地方合同庁舎 1F 0749-22-2500	彦根市、愛知郡、犬上郡
2504	東 近 江	〒527-0023 東近江市八日市緑町 11-19 0748-22-1020	近江八幡市、東近江市、蒲生郡
2505	甲　賀	〒528-0031 甲賀市水口町本町 3-1-16 0748-62-0651	甲賀市、湖南市
2506	草　津	〒525-0027 草津市野村 5-17-1 077-562-3720	草津市、守山市、栗東市、野洲市
京 都			
2601	京都西陣	〒602-8258 京都市上京区大宮通中立売下ル和水町 439-1 075-451-8609	京都市のうち上京区、北区、左京区、中京区、右京区、西京区、亀岡市、南丹市、船井郡
2601	園部（出）	〒622-0001 南丹市園部町宮町 71 0771-62-0246	亀岡市，船井郡，南丹市，京都市右京区のうち京北
	ハローワーク烏丸御池	〒604-0845 京都市中京区烏丸御池上ル北西角 明治安田生命京都ビル１F 075-255-1161	
	ハローワークプラザかめおか	〒621-0805 亀岡市安町中畠 100 スカイビル５F 0771-24-6010	
2602	京都七条	〒600-8235 京都市下京区西洞院通塩小路下ル東油小路町 803 075-341-8609	京都市のうち下京区、南区、東山区、山科区、長岡京市、向日市、乙訓郡
	京都七条　労働課	〒600-8841 京都市下京区朱雀正会町 1 075-284-0221	
	ハローワークプラザ山科	〒607-8145 京都市山科区東野八反畑町 22-8　豊栄ビル２F 075-595-2699	
2603	伏　見	〒612-8058 京都市伏見区風呂屋町 232 075-602-8609	京都市のうち伏見区、八幡市
2604	京都田辺	〒610-0334 京田辺市田辺中央 2-1-23 0774-65-8609	京田辺市、綴喜郡のうち井手町、相楽郡、木津川市
2604	木津（出）	〒619-0214 木津川市木津駅前 1-50 木津地方合同庁舎１階 0774-73-8609	木津川市、相楽郡のうち笠置町、和束町、南山城村
2605	福 知 山	〒620-0933 福知山市東羽合町 37 0773-23-8609	福知山市、綾部市

	綾部（出）	〒623-0053 綾部市宮代町宮ノ下 23 0773-42-8609	綾部市
2606	舞　鶴	〒624-0937 舞鶴市字西小字西町 107-4 0773-75-8609	舞鶴市
2607	峰　山	〒627-0012 京丹後市峰山町杉谷 147-13 0772-62-8609	宮津市、京丹後市、与謝郡
	宮津（出）	〒626-0046 宮津市字中ノ丁 2534 宮津地方合同庁舎 0772-22-8609	宮津市、与謝郡
2608	宇　治	〒611-0021 宇治市宇治池森 16-4 0774-20-8609	宇治市、城陽市、久世郡、綴喜郡のうち宇治田原町
	ハローワークプラザ城南	〒611-0033 宇治市大久保町上ノ山 43-1 藤和ライブタウン宇治大久保 1F　0774-46-4010	
大　阪			
2701	大 阪 東	〒540-0011 大阪市中央区農人橋 2-1-36 ピップビル 1F～3F 06-6942-4771	大阪市のうち中央区（大阪西公共職業安定所の管轄区域を除く）、天王寺区、東成区、生野区、城東区、鶴見区
2702	梅　田	〒530-0001 大阪市北区梅田 1-2-2 大阪駅前第２ビル 16F 06-6344-8609	大阪市のうち北区、都島区、福島区、此花区、西淀川区、旭区
	大阪新卒応援ハローワーク	〒530-0017 大阪市北区角田町 8-47 阪急グランドビル 18F 06-7709-9455	
	大阪わかものハローワーク	〒530-0017 大阪市北区角田町 8-47 阪急グランドビル 18F 06-7709-9470	
2703	大 阪 西	〒552-0011 大阪市港区南市岡 1-2-34 06-6582-5271	大阪市中央区のうち安堂寺町、上本町西、東平、上汐、中寺、松屋町、瓦屋町、高津、南船場、島之内、道頓堀、千日前、難波千日前、難波、日本橋、東心斎橋、心斎橋筋、西心斎橋、宗右衛門町、谷町六丁目、谷町七丁目、谷町八丁目、谷町九丁目、西区、港区、大正区、浪速区
	大阪マザーズハローワーク	〒542-0076 大阪市中央区難波 2-2-3 御堂筋グランドビル４階 06-7653-1098	
	ハローワークプラザ難波	〒542-0076 大阪市中央区難波 2-2-3 御堂筋グランドビル４階 06-6214-9200	
2717	大阪港労働 （港湾事業所及び日雇い労働者専門のハローワーク）	〒552-0021 大阪市港区築港 1-12-18 06-6572-5191	（取扱い内容により管轄が異なります。詳細については、直接お問い合わせください。）

2704	阿 倍 野	〒545-0004 大阪市阿倍野区文の里１丁目 4-2 06-4399-6007	大阪市のうち住之江区、住吉区、西成区、阿倍野区、東住吉区、平野区
	職業紹介コーナー（ルシアス庁舎）	〒545-0052 大阪市阿倍野区阿倍野筋 1-5-1 あべのルシアスオフィス棟 8F 06-6631-1675	
2719	あいりん労働	〒557-0004 大阪市西成区萩之茶屋 1-11-18（南海線高架下） 06-6649-1491	（取扱い内容により管轄が異なります、詳細については、直接お問い合わせください。）
2706	淀　　川	〒532-0024 大阪市淀川区十三本町 3-4-11 06-6302-4771	大阪市のうち淀川区、東淀川区、吹田市
2707	布　　施	〒577-0056 東大阪市長堂 1-8-37 イオン布施駅前店４F 06-6782-4221	東大阪市、八尾市
2708	堺	〒590-0078 堺市堺区南瓦町 2-29 堺地方合同庁舎１～3F 072-238-8301	堺市
	堺東駅前庁舎	〒590-0028 堺市堺区三国ヶ丘御幸通 59 高島屋堺店９F 072-340-0944	
	ハローワークプラザ泉北	〒590-0115 堺市南区茶山台 1-3-1 パンジョ４F 072-291-0606	
2709	岸 和 田	〒596-0826 岸和田市作才町 1264 072-431-5541	岸和田市、貝塚市
2710	池　　田	〒563-0058 池田市栄本町 12-9 072-751-2595	池田市、豊中市、箕面市、豊能郡
	ハローワークプラザ千里	〒560-0082 豊中市新千里東町 1-4-1 阪急千里中央ビル 10F 06-6833-7811	
2711	泉 大 津	〒595-0025 泉大津市旭町 22-45 テクスピア大阪２F 0725-32-5181	泉大津市、和泉市、高石市、泉北郡
2712	藤 井 寺	〒583-0027 藤井寺市岡 2-10-18 ＤＨ藤井寺駅前ビル３F 072-955-2570	柏原市、松原市、羽曳野市、藤井寺市
2713	枚　　方	〒573-0031 枚方市岡本町 7-1 ビオルネ６階 072-841-3363	枚方市、寝屋川市、交野市
2714	泉 佐 野	〒598-0007 泉佐野市上町 2-1-20 072-463-0565	泉佐野市、泉南市、阪南市、泉南郡
2715	茨　　木	〒567-0885 茨木市東中条町 1-12 072-623-2551	茨木市、高槻市、摂津市、三島郡島本町

2716	河内長野	〒 586-0025 河内長野市昭栄町 7-2 0721-53-3081	河内長野市、富田林市、大阪狭山市 南河内郡
2718	門　　真	〒 571-0045 門真市殿島町 6-4 守口門真商工会館２F 06-6906-6831	守口市、大東市、門真市、四條畷市
兵　庫			
2801	神　　戸 （学卒部門）	〒 650-0025 神戸市中央区相生町 1-3-1 078-362-8609 〒 650-0025 神戸市中央区東川崎町 1-1-3 神戸クリスタルタワー 12F 078-362-4581	神戸市（灘公共職業安定所、明石公共職業安定所及び西神公共職業安定所の管轄区域を除く）、三田市
280-3	神戸港労働（出）	〒 650-0042 神戸市中央区波止場町 6-11 078-351-1671	
280-2	三田（出）	〒 669-1531 三田市天神 1-5-25 079-563-8609	神戸市北区のうち有野台，有野町，有野中町，唐櫃六甲台，有馬町，淡河町，大沢町，赤松台，鹿の子台北町，鹿の子台南町，唐櫃台，京地，菖蒲が丘，道場町，長尾町，上津台，西山，八多町，東有野台，東大池，藤原台北町，藤原台中町，藤原台南町，三田市
2802	灘	〒 657-0833 神戸市灘区大内通 5-2-2 078-861-8609	神戸市のうち東灘区、灘区、中央区のうち旭通、吾妻通、生田町、磯上通、磯辺通、小野柄通、小野浜町、籠池通、上筒井通、神若通、北本町通、国香通、雲井通、熊内町、熊内橋通、御幸通、琴ノ緒町、坂口通、東雲通、神仙寺通、大日通、筒井町、中尾町、中島通、二宮町、布引町、野崎通、旗塚通、八幡通、浜辺通、日暮通、葺合町、真砂通、南本町通、宮本通、八雲通、若菜通、脇浜海岸通、脇浜町、割塚通
	ハローワークプラザ三宮	〒 651-0088 神戸市中央区小野柄通 7-1-1 日本生命三宮駅前ビル１F 078-231-8609	
2803	尼　　崎	〒 660-0827 尼崎市西大物町 12-41 アマゴッタ２F 06-7664-8609	尼崎市
2804	西　　宮	〒 662-0911 西宮市池田町 13-3 JR 西宮駅南庁舎 0798-22-8600	西宮市、芦屋市、宝塚市
2805	姫　　路	〒 670-0947 姫路市北条宇中道 250 079-222-8609	姫路市（龍野公共職業安定所の管轄区域を除く）、神崎郡、揖保郡
	ハローワークステーション姫路	〒 670-0927 姫路市駅前町 265 番地 姫路 KT ビル３F 079-285-1186	
2806	加 古 川	〒 675-0017 加古川市野口町良野 1742 079-421-8609	加古川市、高砂市、加古郡

2807	伊　丹	〒664-0881 伊丹市昆陽 1-1-6 伊丹労働総合庁舎 072-772-8609	伊丹市、川西市、川辺郡
2808	明　石	〒673-0891 明石市大明石町 2-3-37 078-912-2277	神戸市西区のうち曙町、天が岡、伊川谷町有瀬、伊川谷町上脇、伊川谷町潤和、伊川谷町長坂、伊川谷町別府、池上、今寺、岩岡町、枝吉、王塚台、大沢、大津和、上新地、北別府、小山、白水、玉津町、天王山、中野、長畑町、福吉台、二ツ屋、丸塚、水谷、南別府、宮下、持子、森友、竜が岡、和井取、明石市
2809	豊　岡	〒668-0024 豊岡市寿町 8-4 豊岡地方合同庁舎 0796-23-3101	豊岡市、美方郡
	香住（出）	〒669-6544 美方郡香美町香住区香住 844-1 0796-36-0136	美方郡
2817	八鹿（出）	〒667-0021 養父市八鹿町八鹿 1121-1 079-662-2217	養父市、朝来市
	和田山（分）	〒669-5202 朝来市和田山町東谷 105-2 079-672-2116	朝来市
2810	西　脇	〒677-0015 西脇市西脇 885-30 西脇地方合同庁舎 0795-22-3181	西脇市、小野市、加西市、加東市、多可郡
2811	洲　本	〒656-0021 洲本市塩屋 2-4-5 兵庫県洲本総合庁舎 0799-22-0620	洲本市、南あわじ市、淡路市
2813	柏　原	〒669-3309 丹波市柏原町柏原字八之坪 1569 0795-72-1070	篠山市、丹波市
	篠山（出）	〒669-2341 篠山市郡家 403-11 079-552-0092	篠山市
2820	西　神	〒651-2273 神戸市西区糀台 5-3-8 078-991-1100	神戸市のうち西区（明石公共職業安定所の管轄区域を除く）、三木市
2814	龍　野	〒679-4167 たつの市龍野町富永 1005-48 0791-62-0981	姫路市のうち安富町、宍粟市、たつの市、佐用郡
2815	相生（出）	〒678-0031 相生市旭 1-3-18 相生地方合同庁舎 0791-22-0920	相生市、赤穂市、赤穂郡
	赤穂（出）	〒678-0232 赤穂市中広字北 907-8 0791-42-2376	赤穂市（西有年，東有年，有年横尾，有年楢原，有年原，有年牟礼を除く）
奈　良			
2901	奈　良	〒630-8113 奈良市法蓮町 387 奈良第 3 地方合同庁舎 0742-36-1601	奈良市、天理市、生駒市、山辺郡

2902	大和高田	〒635-8585 大和高田市池田 574-6 0745-52-5801	大和高田市、橿原市、御所市、香芝市、葛城市、北葛城郡、高市郡
2903	桜　井	〒633-0007 桜井市外山 285-4-5 0744-45-0112	桜井市、宇陀市、磯城郡、宇陀郡、吉野郡のうち東吉野村
2904	下　市	〒638-0041 吉野郡下市町下市 2772-1 0747-52-3867	五條市、吉野郡（桜井公共職業安定所の管轄区域を除く）
2905	大和郡山	〒639-1161 大和郡山市観音寺町 168-1 0743-52-4355	大和郡山市、生駒郡
和歌山			
3001	和 歌 山	〒640-8331 和歌山市美園町 5-4-7 073-425-8609	和歌山市、紀の川市、岩出市
	ワークプラザ紀ノ川	〒649-6216 岩出市上野 97 岩出中央ショッピングセンター内 0736-61-3100	
3002	新　宮	〒647-0044 新宮市神倉 4-2-4 0735-22-6285	新宮市、田辺市のうち本宮町 東牟婁郡（串本出張所の管轄区域を除く）
3008	串本（出）	〒649-3503 東牟婁郡串本町串本 2000-9 0735-62-0121	西牟婁郡のうちすさみ町、東牟婁郡のうち串本町、古座川町
3003	田　辺	〒646-0027 田辺市朝日ヶ丘 24-6 0739-22-2626	田辺市（新宮公共職業安定所の管轄区域を除く）、西牟婁郡（串本出張所の管轄区域を除く）、日高郡のうちみなべ町
3004	御　坊	〒644-0011 御坊市湯川町財部 943 0738-22-3527	御坊市、日高郡（田辺公共職業安定所の管轄区域を除く）
3005	湯　浅	〒643-0004 有田郡湯浅町湯浅 2430-81 0737-63-1144	有田市、有田郡
3006	海南	〒642-0001 海南市船尾 186-85 073-483-8609	海南市、海草郡
3007	橋　本	〒648-0072 橋本市東家 5-2-2 橋本地方合同庁舎 1F 0736-33-8609	橋本市、伊都郡
鳥　取			
3101	鳥　取	〒680-0845 鳥取市富安 2-89 0857-23-2021	鳥取市、岩美郡、八頭郡
3102	米　子	〒683-0043 米子市末広町 311 イオン米子駅前店 4F 0859-33-3911	米子市、境港市、西伯郡（日吉津村、大山町、南部町、伯耆町）、日野郡（日南町、日野町、江府町）
	根雨（出）	〒689-4503 日野郡日野町根雨 349-1 0859-72-0065	西伯郡伯耆町のうち二部、畑池、福岡、焼杉、福居、船越、福吉、福島、三部、溝口、谷川、宮原、大倉、白水、根雨原、宇代、中祖、古市、父原、荘、大江、長山、上野、金屋谷、岩立、貴住、栃原、大瀧、大阪、富江、福兼、添谷、大内、日野郡（日南町、日野町、江府町）

3103	倉　吉	〒682-0816 倉吉市駄経寺町 2-15 倉吉地方合同庁舎 0858-23-8609	倉吉市、東伯郡
島　根			
3201	松　江	〒690-0841 松江市向島町 134-10 松江地方合同庁舎 0852-22-8609	松江市
3251	隠岐の島（出）	〒685-0016 隠岐郡隠岐の島町城北町 55 08512-2-0161	隠岐郡
3252	安来（出）	〒692-0011 安来市安来町 903-1 0854-22-2545	安来市
3202	浜　田	〒697-0027 浜田市殿町 21-6 0855-22-8609	浜田市、江津市、邑智郡
3207	川本（出）	〒696-0001 邑智郡川本町川本 301-2 0855-72-0385	江津市のうち桜江町、邑智郡
3203	出　雲	〒693-0023 出雲市塩冶有原町 1-59 0853-21-8609	出雲市
3204	益　田	〒698-0027 益田市あけぼの東町 4-6 0856-22-8609	益田市、鹿足郡
3205	雲　南	〒699-1311 雲南市木次町里方 514-2 0854-42-0751	雲南市、仁多郡、飯石郡
3206	石見大田	〒694-0064 大田市大田町大田ロ 1182-1 0854-82-8609	大田市
岡　山			
3301	岡　山	〒700-0971 岡山市北区野田 1-1-20 086-241-3222	岡山市（西大寺公共職業安定所の管轄区域を除く）、加賀郡（高梁公共職業安定所の管轄区域を除く）岡山市（西大寺公共職業安定所の管轄区域を除く）、加賀郡（高梁公共職業安定所の管轄区域を除く）
	ハローワークプラザ岡山	〒700-0901 岡山市北区本町 6-36 第一セントラルビル 7F 086-222-2900	
3302	津　山	〒708-8609 津山市山下 9-6 津山労働総合庁舎 0868-22-8341	津山市、真庭市、苫田郡、久米郡、真庭郡
3302-A	美作（出）	〒707-0041 美作市林野 67-2 0868-72-1351	美作市、英田郡、勝田郡
3303	倉敷中央	〒710-0834 倉敷市笹沖 1378-1 086-424-3333	倉敷市（総社出張所、児島出張所の管轄区域を除く）、都窪郡

3303-A	総社（出）	〒719-1131 総社市中央 3-15-111 0866-92-6001	総社市、倉敷市のうち真備町有井、真備町岡田、真備町市場、真備町尾崎、真備町川辺、真備町上二万、真備町下二万、真備町妹、真備町辻田、真備町服部、真備町箭田
3305	児島（出）	〒711-0912 倉敷市児島小川町 3672-16 086-473-2411	倉敷市のうち児島稗田町、児島柳田町、児島小川町、児島小川一丁目、児島小川二丁目、児島小川三丁目、児島小川四丁目、児島小川五丁目、児島小川六丁目、児島小川七丁目、児島小川八丁目、児島小川九丁目、児島小川十丁目、下津井吹上、下津井田之浦、児島味野、児島味野一丁目、児島味野二丁目、児島味野三丁目、児島味野四丁目、児島味野五丁目、児島味野六丁目、児島味野城一丁目、児島味野城二丁目、児島味野上一丁目、児島味野上二丁目、児島味野山田町、児島味野城山、児島赤崎、児島赤崎一丁目、児島赤崎二丁目、児島赤崎三丁目、児島赤崎四丁目、児島通生、児島唐琴町、児島唐琴一丁目、児島唐琴二丁目、児島唐琴三丁目、児島唐琴四丁目、児島下の町一丁目、児島下の町二丁目、児島下の町三丁目、児島下の町四丁目、児島下の町五丁目、児島下の町六丁目、児島下の町七丁目、児島下の町八丁目、児島下の町九丁目、児島下の町十丁目、児島下の町、児島田の口一丁目、児島田の口二丁目、児島田の口三丁目、児島田の口四丁目、児島田の口五丁目、児島田の口六丁目、児島田の口七丁目、児島田の口、児島上の町、児島上の町一丁目、児島上の町二丁目、児島上の町三丁目、児島上の町四丁目、児島由加、児島白尾、菰池、菰池一丁目、菰池二丁目、菰池三丁目、下津井、下津井一丁目、下津井二丁目、下津井三丁目、下津井四丁目、下津井五丁目、下津井吹上一丁目、下津井吹上二丁目、下津井田之浦一丁目、下津井田之浦二丁目、大畠、大畠一丁目、大畠二丁目、林、串田、木見、尾原、曽原、福江、児島阿津一丁目、児島阿津二丁目、児島阿津三丁目、児島元浜町、児島駅前一丁目、児島駅前二丁目、児島駅前三丁目、児島駅前四丁目
3304	玉　野	〒706-0002 玉野市築港 2-23-12 0863-31-1555	玉野市
3306	和　気	〒709-0451 和気郡和気町和気 481-10 0869-93-1191	備前市（三石，八木山，野谷，今崎，岩崎，加賀美，金谷，神根本，笹目，高田，多麻，都留岐，福満，三股，南方，吉永中，和意谷を除く）

3306-A	備前（出）	〒705-0022 備前市東片上227 0869-64-2340	備前市（三石、八木山、野谷、今崎、岩崎、加賀美、金谷、神根本、笹目、高田、多麻、都留岐、福満、三股、南方、吉永中、和意谷を除く）
3307	高　梁	〒716-0047 高梁市段町1004-13 0866-22-2291	高梁市、加賀郡吉備中央町のうち上竹、納地、竹荘、豊野、黒土、田土、湯山、吉川（字日ノヘ7518番、宇日ノヘ7519番、字長坂7520番を除く）、黒山、北、岨谷、宮地、西
3307-A	新見（出）	〒718-0003 新見市高尾2379-1 0867-72-3151	新見市
3308	笠　岡	〒714-0081 笠岡市笠岡5891 0865-62-2147	笠岡市、井原市、浅口市、小田郡、浅口郡
3311	西大寺	〒704-8116 岡山市東区西大寺中1丁目13-35 NTT西日本 西大寺ビル 086-942-3212	岡山市東区、瀬戸内市
広　島			
3401	広　島	〒730-8513 広島市中区上八丁堀8-2 広島清水ビル 082-223-8609	広島市のうち中区、西区、安佐南区、佐伯区（廿日市公共職業安定所管轄区域を除く）
3402	広島西条	〒739-0041 東広島市西条町寺家6479-1 082-422-8609	東広島市
3409	竹原（出）	〒725-0026 竹原市中央5-2-11 0846-22-8609	竹原市、豊田郡
3403	呉	〒737-8609 呉市西中央1-5-2 0823-25-8609	呉市、東広島市のうち黒瀬学園台、黒瀬春日野一丁目、黒瀬春日野二丁目、黒瀬切田が丘一丁目、黒瀬切田が丘二丁目、黒瀬切田が丘三丁目、黒瀬桜が丘一丁目、黒瀬町、黒瀬松ヶ丘、黒瀬樽原、江田島市
3404	尾　道	〒722-0026 尾道市栗原西2-7-10 0848-23-8609	尾道市、世羅郡
3405	福　山	〒720-8609 福山市東桜町3-12 084-923-8609	福山市
3406	三　原	〒723-0004 三原市館町1-6-10 0848-64-8609	三原市
3407	三　次	〒728-0013 三次市十日市東3-4-6 0824-62-8609	三次市
	安芸高田（出）	〒731-0501 安芸高田市吉田町吉田1814-5 0826-42-0605	安芸高田市
3410	庄原（出）	〒727-0012 庄原市中本町1-20-1 0824-72-1197	庄原市
3408	可　部	〒731-0223 広島市安佐北区可部南3-3-36 082-815-8609	広島市のうち安佐北区、山県郡

3411	府　　中	〒 726-0005 府中市府中町 188-2 0847-43-8609	府中市、神石郡
3414	広 島 東	〒 732-0051 広島市東区光が丘 13-7 082-264-8609	広島市のうち東区、南区、安芸区、安芸郡
3415	廿 日 市	〒 738-0033 廿日市市串戸 4-9-32 0829-32-8609	廿日市市、広島市佐伯区のうち湯来町、杉並台
	大竹（出）	〒 739-0614 大竹市白石 1-18-16 0827-52-8609	大竹市
山　口			
3501	山　　口	〒 753-0064 山口市神田町 1-75 083-922-0043	山口市（防府公共職業安定所の管轄区域を除く）
3502	下　　関	〒 751-0823 下関市貴船町 3-4-1 083-222-4031	下関市
	ハローワークプラザ下関	〒 750-0025 下関市竹崎町 4-3-3 JR 下関駅ビル ripie ２F 083-231-8189	
3503	宇　　部	〒 755-8609 宇部市北琴芝 2-4-30 0836-31-0164	宇部市、山陽小野田市、美祢市
3505	防　　府	〒 747-0801 防府市駅南町 9-33 0835-22-3855	防府市 山口市（徳地）
3506	萩	〒 758-0074 萩市平安古町 599-3 0838-22-0714	萩市、長門市、阿武郡
	長門（分）	〒 759-4101 長門市東深川 1324-1 0837-22-8609	長門市
3507	徳　　山	〒 745-0866 周南市大字徳山 7510-8 0834-31-1950	周南市（下松公共職業安定所の管轄区域を除く）
3508	下　　松	〒 744-0017 下松市東柳 1-6-1 0833-41-0870	下松市、光市、周南市のうち大字大河内、大字奥関屋、大字小松原、大字清尾、大字中村、大字原、大字樋口、大字八代、大字安田、大字呼坂、勝間ヶ丘一丁目、勝間ヶ丘二丁目、勝間ヶ丘三丁目、熊毛中央町、新清光台一丁目、新清光台二丁目、新清光台三丁目、新清光台四丁目、清光台町、高水原一丁目、高水原二丁目、高水原三丁目、鶴見台一丁目、鶴見台二丁目、鶴見台三丁目、鶴見台四丁目、鶴見台五丁目、鶴見台六丁目、藤ヶ丘一丁目、藤ヶ丘二丁目、呼坂本町
3509	岩　　国	〒 740-0022 岩国市山手町 1-1-21 0827-21-3281	岩国市、玖珂郡
3510	柳　　井	〒 742-0031 柳井市南町 2-7-22 0820-22-2661	柳井市、大島郡、熊毛郡

徳　島			
3601	徳　　島	〒770-0823 徳島市出来島本町 1-5 088-622-6305	徳島市、名東郡、名西郡
3602	小松島（出）	〒773-0001 小松島市小松島町外開 1-11 小松島みなと合同庁舎 1 階 0885-32-3344	小松島市、勝浦郡
3603	三　　好	〒778-0002 三好市池田町マチ 2429-10 0883-72-1221	三好市、三好郡
3604	美　　馬	〒779-3602 美馬市脇町大字猪尻字東分 5 0883-52-8609	美馬市 阿波市（阿波町、美馬郡）
3605	阿　　南	〒774-0011 阿南市領家町本荘ヶ内 120-6 0884-22-2016	阿南市、那賀郡
3608	牟岐（出）	〒775-0006 海部郡牟岐町大字中村字本村 52-1　0884-72-1103	海部郡
3606	吉 野 川	〒776-0010 吉野川市鴨島町鴨島 388-27 0883-24-2166	吉野川市、阿波市（美馬公共職業安定所の管轄区域を除く）
3607	鳴　　門	〒772-0003 鳴門市撫養町南浜字権現 12 088-685-2270	鳴門市、板野郡（吉野川公共職業安定所の管轄区域を除く）
香　川			
3701	高　　松	〒761-8566 高松市花ノ宮町 2-2-3 087-869-8609	高松市、香川郡、木田郡
	ハローワークプラザ高松	〒760-0029 高松市丸亀町 13-12 087-823-8609	
3702	丸　　亀	〒763-0033 丸亀市中府町 1-6-36 0877-21-8609	丸亀市（坂出公共職業安定所の管轄区域を除く）、善通寺市、仲多度郡
3703	坂　　出	〒762-0001 坂出市京町 2-6-27 坂出合同庁舎 2F 0877-46-5545	丸亀市のうち綾歌町、飯山町、坂出市、綾歌郡
3704	観 音 寺	〒768-0067 観音寺市坂本町 7-8-6 0875-25-4521	観音寺市、三豊市
3705	さ ぬ き	〒769-2301 さぬき市長尾東 889-1 0879-52-2595	さぬき市、東かがわ市
	東かがわ（出）	〒769-2601 東かがわ市三本松 591-1 大内地方合同庁舎 0879-25-3167	東かがわ市
3706	土　　庄	〒761-4104 小豆郡土庄町甲 6195-3 0879-62-1411	小豆郡
愛　媛			
3801	松　　山	〒791-8522 松山市六軒家町 3-27 松山労働総合庁舎 089-917-8609	松山市、伊予市、東温市、伊予郡、上浮穴郡

	ハローワークプラザ松山	〒 790-0011 松山市千舟町 4-4-1 グランディア千舟２F 089-913-7401	
3802	今　　治	〒 794-0043 今治市南宝来町 2-1-6 0898-32-5020	今治市（新居浜公共職業安定所の管轄区域を除く）、越智郡
	ハローワークプラザ今治	〒 794-0027 今治市大門町 1-3-1 新棟１Ｆ 0898-31-8600	
3803	八 幡 浜	〒 796-0010 八幡浜市松柏丙 838-1 0894-22-4033	八幡浜市、西予市、西宇和郡
3804	宇 和 島	〒 798-0036 宇和島市天神町 4-7 0895-22-8609	宇和島市、北宇和郡、南宇和郡
3805	新 居 浜	〒 792-0025 新居浜市一宮町 1-14-16 0897-34-7100	今治市のうち宮窪町大字四阪島、新居浜市
3806	西　　条	〒 793-0030 西条市大町 315-4 0897-56-3015	西条市
3807	四国中央	〒 799-0405 四国中央市三島中央 1-16-72 0896-24-5770	四国中央市
3808	大　　洲	〒 795-0054 大洲市中村 210-6 0893-24-3191	大洲市、喜多郡
高　知			
3901	高　　知	〒 781-8560 高知市大津乙 2536-6 088-878-5320	高知市（いの公共職業安定所の管轄区域を除く）、南国市、香南市、香美市、長岡郡、土佐郡
	香美（出）	〒 782-0033 香美市土佐山田町旭町 1-4-10 0887-53-4171	香南市、香美市
3902	須　　崎	〒 785-0012 須崎市西糺町 4-3 0889-42-2566	須崎市、吾川郡のうち仁淀川町、高岡郡（いの公共職業安定所の管轄区域を除く）
3903	四 万 十	〒 787-0012 四万十市右山五月町 3-12 中村地方合同庁舎 0880-34-1155	宿毛市、土佐清水市、四万十市、幡多郡
3904	安　　芸	〒 784-0001 安芸市矢の丸 4-4-4 0887-34-2111	安芸市、室戸市、安芸郡
3905	い　　の	〒 781-2120 吾川郡いの町枝川 1943-1 088-893-1225	高知市のうち春野町、土佐市、吾川郡（須崎公共職業安定所の管轄区域を除く）、高岡郡のうち日高村
福　岡			
4001	福岡中央	＜職業紹介・求人・雇用保険の給付窓口＞ 〒 810-8609 福岡市中央区赤坂 1-6-19 092-712-8609（代）	福岡市のうち博多区、中央区、南区のうち那の川一丁目、那の川二丁目、城南区、早良区、糟屋郡のうち宇美町、志免町、須恵町
	福岡中央赤坂駅前庁舎	＜雇用保険の加入窓口＞ 〒 810-0041 福岡市中央区大名 2-4-22 新日本ビル 2F 092-712-6508	

	ハローワークプラザ福岡	〒810-0001 福岡市中央区天神 1-4-2 エルガーラ 12F 092-716-8609	
4002	飯　塚	〒820-8540 飯塚市芳雄町 12-1 0948-24-8609	飯塚市、嘉麻市、嘉穂郡
4003	大牟田	〒836-0047 大牟田市大正町 6-2-3 0944-53-1551	大牟田市、柳川市、みやま市
4004	八　幡	〒806-8509 北九州市八幡西区岸の浦 1-5-10 093-622-5566	北九州市のうち八幡東区、八幡西区、中間市、遠賀郡
	八幡黒崎駅前庁舎（職業紹介・雇用保険の給付窓口）	〒806-0021 北九州市八幡西区黒崎 3-15-3 コムシティ６F 093-622-5566	
4011	若松（出）	〒808-0034 北九州市若松区本町 1-14-12 093-771-5055	北九州市のうち若松区
	戸畑（分）	〒804-0067 北九州市戸畑区汐井町 1-6 ウエルとばた８F 093-871-1331	北九州市のうち戸畑区
4005	久留米	〒830-8505 久留米市諏訪野町 2401 0942-35-8609	久留米市（城島町を除く）、小郡市、うきは市、三井郡
	大川（出）	〒831-0041 大川市大字小保 614-6 0944-86-8609	久留米市のうち城島町、大川市、三潴郡
4006	小　倉	〒802-8507 北九州市小倉北区萩崎町 1-11 093-941-8609	北九州市のうち小倉北区、小倉南区
4013	門司（出）	〒800-0004 北九州市門司区北川町 1-18 093-381-8609	北九州市のうち門司区
4008	直　方	〒822-0002 直方市大字頓野 3334-5 0949-22-8609	直方市、宮若市、鞍手郡
4009	田　川	〒826-8609 田川市弓削田 184-1 0947-44-8609	田川市、田川郡
4010	行　橋	〒824-0031 行橋市西宮市 5-2-47 0930-25-8609	行橋市、京都郡、築上郡のうち築上町
	豊前（出）	〒828-0021 豊前市大字八屋 322-70 0979-82-8609	豊前市、築上郡のうち吉富町、上毛町
4012	福岡東	〒813-8609 福岡市東区千早 6-1-1 092-672-8609	福岡市のうち東区、宗像市、古賀市、福津市、糟屋郡のうち篠栗町、新宮町、久山町、粕屋町
4014	八　女	〒834-0023 八女市馬場 514-3 0943-23-6188	八女市、筑後市、八女郡
4015	朝　倉	〒838-0061 朝倉市菩提寺 480-3 0946-22-8609	朝倉市、朝倉郡
4018	福岡南	〒816-8577 春日市春日公園 3-2 092-513-8609	福岡市のうち南区（福岡中央公共職業安定所の管轄区域を除く）、筑紫野市、春日市、大野城市、太宰府市、那珂川市

	福岡西	〒819-8552 福岡市西区姪浜駅南 3-8-10 092-881-8609	福岡市のうち西区、糸島市
佐　賀			
4101	佐　賀	〒840-0826 佐賀市白山２丁目 1-15 0952-24-4361	佐賀市、多久市、小城市、神埼市
4102	唐　津	〒847-0817 唐津市熊原町 3193 0955-72-8609	唐津市、東松浦郡
4103	武　雄	〒843-0023 武雄市武雄町昭和 39-9 0954-22-4155	武雄市、杵島郡（鹿島公共職業安定所の管轄区域を除く）
4104	伊万里	〒848-0027 伊万里市立花町通谷 1542-25 0955-23-2131	伊万里市、西松浦郡
4105	鳥　栖	〒841-0035 鳥栖市東町１丁目 1073 0942-82-3108	鳥栖市、神埼郡、三養基郡
4106	鹿　島	〒849-1311 鹿島市高津原二本松 3524-3 0954-62-4168	鹿島市、嬉野市、藤津郡、杵島郡白石町のうち新開、牛屋、坂田、新明、田野上、戸ヶ里、深浦、辺田
長　崎			
4201	長　崎	〒852-8522 長崎市宝栄町 4-25 095-862-8609	長崎市、西彼杵郡（時津町、長与町）
	ハローワークプラザ長崎	〒850-0877 長崎市築町 3-18 メルカつきまち 3F 095-823-1001	
	西海（出）	〒857-2303 西海市大瀬戸町瀬戸西浜郷 412 0959-22-0033	西海市
4202	佐世保	〒857-0851 佐世保市稲荷町 2-30 0956-34-8609	佐世保市（江迎公共職業安定所の管轄区域を除く）、北松浦郡
	ハローワークプラザ佐世保	〒857-0052 佐世保市松浦町 2-28 JA ながさき西海会館３F 0956-24-0810	
4203	諫　早	〒854-0022 諫早市幸町 4-8 0957-21-8609	諫早市、雲仙市
4204	大　村	〒856-8609 大村市松並 1-213-9 0957-52-8609	大村市、東彼杵郡
4205	島　原	〒855-0042 島原市片町 633 0957-63-8609	島原市、南島原市
4206	江　迎	〒859-6101 佐世保市江迎町長坂 182-4 0956-66-3131	佐世保市のうち江迎町、鹿町町、平戸市、松浦市
4207	五　島	〒853-0007 五島市福江町 7-3 0959-72-3105	五島市、南松浦郡
4208	対　馬	〒817-0013 対馬市厳原町中村 642-2 0920-52-8609	対馬市、壱岐市

	壱岐（出）	〒811-5133 壱岐市郷ノ浦町本村触 620-4 0920-47-0054	壱岐市
熊　本			
4301	熊　　本	〒862-0971 熊本市中央区大江 6-1-38 096-371-8609	熊本市（旧植木町・旧城南町・旧富合町を除く）
	上益城（出）	〒861-3206 上益城郡御船町辺国見 395 096-282-0077	上益城郡、阿蘇郡（西原村）
4302	八　　代	〒866-0853 八代市清水町 1-34 0965-31-8609	八代市、八代郡
4303	菊　　池	〒861-1331 菊池市隈府 771-1 0968-24-8609	熊本市のうち植木町、菊池市、山鹿市、合志市、菊池郡
4304	玉　　名	〒865-0064 玉名市中 1334-2 0968-72-8609	玉名市、荒尾市、玉名郡
4306	天　　草	〒863-0050 天草市丸尾町 16 番 48 号 天草労働総合庁舎 1 F 0969-22-8609	天草市、上天草市、天草郡
4307	球　　磨	〒868-0014 人吉市下薩摩瀬町 1602-1 人吉労働総合庁舎 1 F 0966-24-8609	人吉市、球磨郡
4308	宇　　城	〒869-0502 宇城市松橋町松橋 266 0964-32-8609	熊本市のうち城南町・富合町、宇土市、宇城市、下益城郡
4309	阿　　蘇	〒869-2612 阿蘇市一の宮町宮地 2318-3 0967-22-8609	阿蘇市、阿蘇郡（西原村を除く）
4310	水　　俣	〒867-0061 水俣市八幡町 3-2-1 0966-62-8609	水俣市、葦北郡
大　分			
4401	大　　分	〒870-8555 大分市都町 4-1-20 097-538-8609	大分市、由布市
	OASIS ひろば 21 職業相談窓口	〒870-0029 大分市高砂町 2-50 OASIS ひろば 21 地下 1 F 097-538-8622	
4402	別　　府	〒874-0902 別府市青山町 11-22 0977-23-8609	別府市、杵築市、国東市、東国東郡姫島村、速見郡日出町
4403	中　　津	〒871-8609 中津市大字中殿 550-21 0979-24-8609	中津市
4404	日　　田	〒877-0012 日田市淡窓 1-43-1 0973-22-8609	日田市、玖珠郡
4406	佐　　伯	〒876-0811 佐伯市鶴谷町 1-3-28 佐伯労働総合庁舎 0972-24-8609	佐伯市、臼杵市、津久見市
4407	宇　　佐	〒879-0453 宇佐市大字上田 1055-1 0978-32-8609	宇佐市、豊後高田市

4408	豊後大野	〒879-7131 豊後大野市三重町市場 1225-9 0974-22-8609	竹田市、豊後大野市
宮　崎			
4501	宮　　崎	〒880-8533 宮崎市柳丸町 131 0985-23-2245	宮崎市、東諸県郡
	ハローワークプラザ宮崎	〒880-2105 宮崎市大塚台西 1 丁目 1-39 0985-62-4141	
4502	延　　岡	〒882-0803 延岡市大貫町 1-2885-1 延岡労働総合庁舎 1F 0982-32-5435	延岡市、西臼杵郡
4503	日　　向	〒883-0041 日向市北町 2-11 0982-52-4131	日向市、東臼杵郡
4504	都　　城	〒885-0072 都城市上町 2 街区 11 号 都城合同庁舎 1 F 0986-22-1745	都城市、北諸県郡
4505	日　　南	〒889-2536 日南市吾田西 1-7-23 0987-23-8609	日南市、串間市
4506	高　　鍋	〒884-0006 児湯郡高鍋町大字上江字高月 8340　0983-23-0848	西都市、児湯郡
4507	小　　林	〒886-0004 小林市大字細野 367-5 0984-23-2171	小林市、えびの市、西諸県郡
鹿児島			
4601	鹿 児 島	〒890-8555 鹿児島市下荒田 1-43-28 099-250-6060	鹿児島市、鹿児島郡
	熊毛（出）	〒891-3101 西之表市西之表 16314-6 0997-22-1318	西之表市、熊毛郡
	ハローワークかごしまワークプラザ天文館	〒892-0842 鹿児島市東千石町 1-38 鹿児島商工会議所ビル6 F 099-223-8010	
4602	川　　内	〒895-0063 薩摩川内市若葉町 4-24 川内地方合同庁舎 1 F 0996-22-8609	薩摩川内市
	宮之城（出）	〒895-1803 薩摩郡さつま町宮之城屋地 2035-3　0996-53-0153	薩摩郡
4603	鹿　　屋	〒893-0007 鹿屋市北田町 3-3-11 鹿屋産業支援センター 1 F 0994-42-4135	鹿屋市、垂水市、肝属郡
4604	国　　分	〒899-4332 霧島市国分中央 1-4-35 0995-45-5311	霧島市、姶良市
	大口（出）	〒895-2511 伊佐市大口里 768-1 0995-22-8609	伊佐市、姶良郡

4605	加世田	〒 897-0031 南さつま市加世田東本町 35-11 0993-53-5111	枕崎市、南さつま市、南九州市（指宿公共職業安定所の管轄区域を除く）
4606	伊集院	〒 899-2521 日置市伊集院町大田 825-3 099-273-3161	日置市、いちき串木野市
4608	大隅	〒 899-8102 曽於市大隅町岩川 5575-1 099-482-1265	曽於市、志布志市、曽於郡
4609	出水	〒 899-0201 出水市緑町 37-5 0996-62-0685	出水市、阿久根市、出水郡
4611	名瀬	〒 894-0036 奄美市名瀬長浜町 1-1 0997-52-4611	奄美市、大島郡のうち瀬戸内町、大和村、宇検村、龍郷町、喜界町、和泊町、知名町、与論町
	徳之島（分）	〒 891-7101 大島郡徳之島町亀津 553-1 0997-82-1438	大島郡のうち徳之島町、天城町、伊仙町
4612	指宿	〒 891-0404 指宿市東方 9489-11 0993-22-4135	指宿市、南九州市のうち頴娃町
沖　縄			
4701	那覇	〒 900-8601 那覇市おもろまち 1-3-25 沖縄職業総合庁舎 098-866-8609	那覇市、浦添市、糸満市、豊見城市、南城市、島尻郡（名護労働基準監督署の管轄区域を除く）、中頭郡のうち西原町
	ハローワークプラザ那覇	〒 900-0006 那覇市泉崎 1-20-1 カフーナ旭橋 A 街区 6F 098-867-8010	
4702	沖縄	〒 904-0003 沖縄市住吉 1-23-1 沖縄労働総合庁舎１・２F 098-939-3200	沖縄市、宜野湾市、うるま市、中頭郡（那覇公共職業安定所の管轄区域を除く）、国頭郡のうち金武町、宜野座村、恩納村
	ハローワークプラザ沖縄	〒 904-0004 沖縄市中央 2-28-1 沖縄市雇用促進等施設 3F 098-939-8010	
4703	名護	〒 905-0021 名護市東江 4-3-12 0980-52-2810	名護市、国頭郡（沖縄公共職業安定所の管轄区域を除く）、島尻郡のうち伊是名村、伊平屋村
4704	宮古	〒 906-0013 宮古島市平良字下里 1020 0980-72-3329	宮古島市、宮古郡
4705	八重山	〒 907-0004 石垣市字登野城 55-4 石垣市合同庁舎１F 0980-82-2327	石垣市、八重山郡

独立行政法人　労働者健康安全機構　労災病院所在地一覧

施設名	所在地及び電話番号
北海道中央労災病院	〒068-0004　北海道岩見沢市4条東16-5　0126-22-1300
釧路労災病院	〒085-8533　北海道釧路市中園町13-23　0154-22-7191
青森労災病院	〒031-8551　青森県八戸市白銀町字南ケ丘1　0178-33-1551
東北労災病院	〒981-8563　宮城県仙台市青葉区台原4-3-21　022-275-1111
秋田労災病院	〒018-5604　秋田県大館市軽井沢字下岱30　0186-52-3131
福島労災病院	〒973-8403　福島県いわき市内郷綴町沼尻3　0246-26-1111
千葉労災病院	〒290-0003　千葉県市原市辰巳台東2-16　0436-74-1111
東京労災病院	〒143-0013　東京都大田区大森南4-13-21　03-3742-7301
関東労災病院	〒211-8510　神奈川県川崎市中原区木月住吉町1-1　044-411-3131
横浜労災病院	〒222-0036　神奈川県横浜市港北区小机町3211　045-474-8111
新潟労災病院	〒942-8502　新潟県上越市東雲町1-7-12　025-543-3123
富山労災病院	〒937-0042　富山県魚津市六郎丸992　0765-22-1280
浜松労災病院	〒430-8525　静岡県浜松市東区将監町25　053-462-1211
中部労災病院	〒455-8530　愛知県名古屋市港区港明1-10-6　052-652-5511
旭労災病院	〒488-8585　愛知県尾張旭市平子町北61　0561-54-3131
大阪労災病院	〒591-8025　大阪府堺市北区長曽根町1179-3　072-252-3561

関西労災病院	〒660-8511　兵庫県尼崎市稲葉荘 3-1-69 06-6416-1221
神戸労災病院	〒651-0053　兵庫県神戸市中央区籠池通 4-1-23 078-231-5901
和歌山労災病院	〒640-8505　和歌山県和歌山市木ノ本 93-1 073-451-3181
山陰労災病院	〒683-8605　鳥取県米子市皆生新田 1-8-1 073-451-3181
岡山労災病院	〒702-8055　岡山県岡山市南区築港緑町 1-10-25 086-262-0131
中国労災病院	〒737-0193　広島県呉市広多賀谷 1-5-1 0823-72-7171
山口労災病院	〒756-0095　山口県山陽小野田市大字小野田 1315-4 0836-83-2881
香川労災病院	〒756-8502　香川県丸亀市城東町 3-3-1 0877-23-3111
愛媛労災病院	〒792-8550　愛媛県新居浜市南小松原町 13-27 0897-33-6191
九州労災病院	〒800-0296　福岡県北九州市小倉南区曽根北町 1-1 093-471-1121
九州労災病院 門司メディカルセンター	〒801-8502　福岡県北九州市門司区東港町 3-1 093-331-3461
長崎労災病院	〒857-0134　長崎県佐世保市瀬戸越 2-12-5 0956-49-2191
熊本労災病院	〒866-8533　熊本県八代市竹原町 1670 0956-33-4151
吉備高原医療 リハビリテーションセンター	〒716-1241　岡山県加賀郡吉備中央町吉川 7511 0866-56-7141
総合せき損センター	〒820-8508　福岡県飯塚市伊岐須 550-4 0948-24-7500
北海道せき損センター	〒072-0015　北海道美唄市東 4 条南 1-3-1 0126-63-2151

ひと目でわかる
労働保険徴収法の実務　―令和６年版―

2024年３月27日　初版

編集・発行　株式会社労働新聞社

〒173-0022　東京都板橋区仲町29-9
TEL：03-5926-6888（出版）03-3956-3151（代表）
FAX：03-5926-3180（出版）03-3956-1611（代表）
https://www.rodo.co.jp　pub@rodo.co.jp

表　紙　尾﨑 篤史
印　刷　モリモト印刷株式会社

ISBN978-4-89761-974-3